民法研究系列

2022年重排版

债法原理 第二版

王泽鉴 著

北京大学出版社
PEKING UNIVERSITY PRESS

版权局著作权合同登记号　图字：01-2009-3934
图书在版编目(CIP)数据

债法原理/王泽鉴著. —2版. —北京：北京大学出版社，2013.3
（民法研究系列）
ISBN 978-7-301-22098-6

Ⅰ. ①债… Ⅱ. ①王… Ⅲ. ①债权法—法的理论—研究 Ⅳ. ①D913.01
中国版本图书馆 CIP 数据核字（2013）第 026351 号

简体中文版由元照出版有限公司（Taiwan）授权出版发行
债法原理，王泽鉴著
2006 年 9 月版

书　　　名	债法原理（第二版） ZHAIFA YUANLI(DI-ER BAN)
著作责任者	王泽鉴　著
责 任 编 辑	李　娜
标 准 书 号	ISBN 978-7-301-22098-6
出 版 发 行	北京大学出版社
地　　　址	北京市海淀区成府路 205 号　100871
网　　　址	http://www.pup.cn　http://www.yandayuanzhao.com
电 子 邮 箱	编辑部 yandayuanzhao@pup.cn　总编室 zpup@pup.cn
新 浪 微 博	@北京大学出版社　@北大出版社燕大元照法律图书
电　　　话	邮购部 010-62752015　发行部 010-62750672　编辑部 010-62117788
印 刷 者	三河市北燕印装有限公司
经 销 者	新华书店
	650 毫米×980 毫米　16 开本　27.75 印张　454 千字 2009 年 12 月第 1 版 2013 年 3 月第 2 版　2024 年 3 月第 24 次印刷
定　　　价	69.00 元

未经许可，不得以任何方式复制或抄袭本书之部分或全部内容。
版权所有，侵权必究
举报电话：010-62752024　电子邮箱：fd@pup.cn
图书如有印装质量问题，请与出版部联系，电话：010-62756370

总　　序

　　拙著民法研究系列丛书包括《民法学说与判例研究》(八册)、《民法思维：请求权基础理论体系》《民法概要》《民法总则》《债法原理》《不当得利》《侵权行为》及《民法物权》，自2004年起曾在大陆发行简体字版，兹再配合法律发展增补资料，刊行新版，谨对读者的鼓励和支持，表示诚挚的谢意。

　　《民法学说与判例研究》的写作期间长达二十年，旨在论述1945年以来台湾地区民法实务及理论的演变，并在一定程度上参与、促进台湾地区民法的发展。《民法思维：请求权基础理论体系》乃在建构请求权基础体系，作为学习、研究民法，处理案例的思考及论证方法。其他各书系运用法释义学、案例研究及比较法阐述"民法"各编(尤其是总则、债权及物权)的基本原理、体系构造及解释适用的问题。现行台湾地区"民法"系于1929年制定于大陆，自1945年起适用于台湾地区，长达六十四年，乃传统民法的延续与发展，超过半个世纪的运作及多次的立法修正，累积了相当丰富的实务案例、学说见解及规范模式，对大陆民法的制定、解释适用，应有一定的参考价值，希望拙著的出版能有助于增进两岸法学交流，共为民法学的繁荣与进步而努力。

　　作者多年来致力于民法的教学研究，得到两岸许多法学界同仁的指教和勉励，元照出版公司与北京大学出版社协助、出版发行新版，认真负责，谨再致衷心的敬意。最要感谢的是，蒙　神的恩典，得在喜乐平安中从事卑微的工作，愿民法所体现的自由、平等、人格尊严的价值理念得获更大的实践与发展。

王泽鉴

二〇〇九年八月一日

2022 年重排版说明

　　拙著《债法原理》初版发行于 1988 年，多次再版重印，谨对读者表示敬意。债法在现代法上处于重要的地位，对市场经济的运作、意外事故的风险分配及损害填补、人民权益的保护发挥重大的作用，并以契约自由、产权制度及公平竞争建构私法秩序。本书内容包括债法基本原理、契约、代理及无因管理。关于不当得利、侵权行为、人格权及损害赔偿，另著有专书，敬请参阅。

　　本书的写作同于作者的其他著作，即以案例启发问题意识，引导思考，采用请求权基础及案例研习，就重要课题作较深入详细的阐述，尤其是结合判例学说建构理论体系。希望本书能有助于民法的学习，培养法之适用的思维方法及论证能力，并期待能继续参与债法理论与实务的发展。

　　本次重印由李昊教授负责专业审校，认真尽责，为本书增色不少，谨致谢意。

　　最要感恩的是家人的扶持及 神的保守，使我仍能持续不断地工作，彰显 祂的荣耀。

王泽鉴

2022 年 3 月 1 日

目　录

第一编　基本理论

第一章　债之关系的结构分析 …………………………………… 1
第一节　债之意义及发生原因 ………………………………… 1
第二节　债权的性质及相对性 ………………………………… 6
第三节　债权的实现与自然债务 ……………………………… 16
第四节　债务与责任 …………………………………………… 22
第五节　债之关系上的义务群 ………………………………… 27
第六节　债之关系之有机体性及程序性 ……………………… 41

第二章　债法的体系、任务与发展 ……………………………… 46
第一节　债法的编制体系 ……………………………………… 46
第二节　"民法"债编与民商合一 …………………………… 49
第三节　债法的社会任务与发展趋势 ………………………… 50
第四节　"民法"债编与债法现代化 ………………………… 52

第二编　契约法

第一章　基本理论 ………………………………………………… 61
第一节　契约与契约法 ………………………………………… 61
第二节　契约自由与基本权利 ………………………………… 65
第三节　契约自由与契约正义 ………………………………… 67
第四节　契约自由基本权利、防御权、第三人效力 ………… 72
第五节　契约自由与契约正义的调和机制 …………………… 78

第六节　债权契约的意义、类型及结构——债权契约类型自由 … 99

第二章　契约缔约 … 150
   第一节　请求权基础的体系构成 … 150
   第二节　要约与承诺 … 153
   第三节　契约与"好意施惠关系" … 185
   第四节　悬赏广告与契约原则——由单独行为到契约 … 190
   第五节　契约解释及契约漏洞的填补——契约法律人 … 202
   第六节　缔约上过失——台湾特色与法之续造 … 218

第三章　契约与代理 … 239
   第一节　代理制度 … 239
   第二节　意定代理权与代理权的授予 … 248
   第三节　意定代理权的种类、范围、限制及消灭 … 257
   第四节　无权代理 … 262
   第五节　表见代理 … 273

第四章　违约责任 … 284
   第一节　问题提出、规范模式、研究课题 … 284
   第二节　归责原则 … 286
   第三节　给付不能 … 298
   第四节　不完全给付
   　　　　——"民法"第227条："民法"发展史的回顾与展望 … 326
   第五节　给付迟延与受领迟延 … 343
   第六节　违约责任的法律效果——损害赔偿与解除契约 … 358
   第七节　契约的确保——定金与违约金 … 376

第三编　无因管理

第一章　利益衡量与体系构成 … 393
   第一节　概说 … 393
   第二节　真正无因管理与不真正无因管理 … 394

  第三节 真正无因管理的类型构成 …………………………… 395

第二章 无因管理的成立 …………………………………………… 400

第三章 适法的无因管理——正当的无因管理 ………………… 405
  第一节 构成要件 …………………………………………………… 405
  第二节 法律效果 …………………………………………………… 408
  第三节 例题解说:救助自杀之人 ……………………………………… 412

第四章 不适法的无因管理——不当的无因管理 ……………… 414
  第一节 构成要件 …………………………………………………… 414
  第二节 法律效果 …………………………………………………… 415
  第三节 例题解说:修缮他人预定拆除的房屋 ………………………… 417

第五章 不真正无因管理 …………………………………………… 419
  第一节 误信管理 …………………………………………………… 419
  第二节 不法管理 …………………………………………………… 420

第六章 无因管理之承认 ……………………………………………… 422

主要参考书目 ………………………………………………………………… 425

索引 …………………………………………………………………………… 429

第一编 基本理论

第一章 债之关系的结构分析①

第一节 债之意义及发生原因

试分析下列四则案例,阐释债之概念如何形成、何谓广义债之关系及狭义债之关系,并说明债之发生原因:

1. 甲雇用乙为电脑程序工程师,约定月酬10万元,乙不得在外兼职。
2. 乙患病昏迷于途,甲送乙赴医救治,支出医药费2000元。
3. 甲出售A车给乙,依让与合意交付后,甲因意思表示错误而撤销该买卖契约。
4. 乙驾车不慎撞伤路人甲。

第一款 债之意义

现行"民法"是由抽象的法律概念及严谨的体系所组成的法典。要了解其风格特色及解释适用的基本问题,首先需要认识其概念形成(Be-

---

① 参见 Gernhuber, Schuldverhältnis, 1989; Medicus, Probleme um das Schuldverhältnis, 1994。关于债之关系由罗马法上的 obligatio 到德国法上 Schuldverhältnis 的发展,参见 Hattenhauer, Grundbegriffe des Bürgerlichen Rechts: Historisch-dogmatike Einführung, 1982, S. 75-97. 关于法律概念及体系构成,参见 Bydlinski, Juristische Methodenlehre und Rechtsbegriff, 2. Aufl., 1994, S. 299 f.; Canaris, Systemdenken und Systembegriff in der Jurisprudenz, 1969; Larenz, Methodenlehre der Rechtswissenschaft, 6. Aufl., 1991, S. 420 f.

griffsbildung)及体系结构(Systemaufbau)。众所周知,"民法"总则编系以"权利"及"法律行为"为核心,规定适用于"民法"各编及整个私法的原理原则。"民法"第二编称为"债",然则,债之意义如何?债之概念如何形成?开宗明义,实有究明的必要。

关于"债"之意义的说明,可采演绎的方法。本书拟采归纳的方法,裨供对照,增加了解。上开四则问题均为债之关系,但属于不同的法律事实。其应研究的是,立法者究竟基于何种共同因素,将不同的法律事实归纳在一起,建立"债"之概念,组成"债编"体系?为解答此一问题,须先分析上开四则案例的内容(阅读条文):①

(1)甲雇用乙为电脑程序工程师,成立雇佣契约(第482条)。甲得向乙请求服劳务,及不得在外兼职。乙得向甲请求支付报酬。

(2)乙患病昏迷于途,甲送乙赴医救治,乃无法律上之义务,而为他人管理事务,成立无因管理(第172条)。甲管理事务利于乙,并不违反其意思,甲得向乙请求偿还所支出之必要费用2000元及自支出时起之利息(第176条)。

(3)甲出售A车给乙,并依让与合意移转其所有权(第761条)。其后甲因意思表示错误而撤销买卖契约(第88条)。乙系无法律上之原因而取得该车的所有权,成立不当得利(第179条),甲得请求返还之。

(4)乙驾车不慎撞伤路人甲,系因过失不法侵害他人之权利(人格权、健康权),成立侵权行为(第184条第1项前段)。甲得向乙请求损害赔偿(第193条、第195条、第213条)。

如前所述,上开四则案例事实,系不同的法律事实,具有不同的规律:

(1)雇佣契约为债权契约,因当事人互相意思表示一致而成立,旨在实践私法自治的理念,其须受保护的,乃当事人间的信赖及期待。

(2)无因管理制度旨在适当界限"禁止干预他人事务"与"奖励互助义行"两项原则,使无法律上义务而为他人管理事务者,在一定要件下得享有权利,负有义务。

(3)不当得利制度旨在调整欠缺法律上依据的财货变动,使无法律

---

① 本书条文未注明的,均为台湾地区"民法"规定。须特别强调的是,务请查阅本书引用的所有条文,经常阅读法律条文,了解其概念体系,构思检视得否适用的案例,来回思考于条文、案例、教科书之间,是学习法律、培养法律思维的不二法门!

上之原因而受利益,致他人受损害者,负返还所受利益之义务。

(4)侵权行为制度旨在填补因故意或过失不法侵害他人权益所生的损害,期能兼顾加害人的活动自由及被害人保护的需要。

由上述可知,关于契约、无因管理、不当得利及侵权行为的社会功能以及构成要件各有不同,不足以作为债的共同因素。其构成债之内在统一性的,乃其法律效果的相同性。① 易言之,即上述各种法律事实,在形式上均产生相同的法律效果:一方当事人得向他方当事人请求特定行为(给付)。此种特定人间得请求为特定行为的法律关系,是为债之关系(债务关系、Schuldverhältnis)。

为使读者对此民法上重要法律基本概念的构成有较清楚的认识,列表如下:

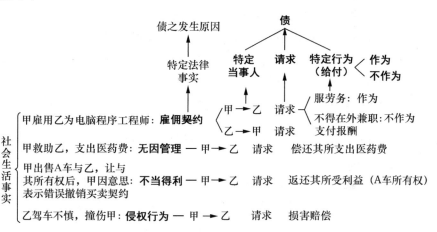

据上所述,债者,指特定当事人间得请求一定给付的法律关系。分析言之,债乃一种法律关系,又称为债之关系。其得请求给付的一方当事人,享有债权,称为债权人,其负有给付义务的一方当事人,称为债务人。给付则为债之标的,包括作为及不作为。第 199 条规定:"Ⅰ债权人基于债之关系,得向债务人请求给付。Ⅱ给付,不以有财产价格者为限。Ⅲ不

---

① 法律效果的相同性(Gleichheit der Rechtsfolgen)是债的构成因素。物权的构成因素在于其权利绝对性。亲属与继承的构成因素在于其构成要件的相同性(Gleichheit der Tatbestände),参见 Medicus, Schuldrecht Ⅰ, S. 16. 关于此种编制体例的形成,参见 Schwarz, Zur Entstehung des modernen Pandektensystems, Savigny-Zeitschrift Romanistische Abteilung 42 (1921) 578 ff.

作为亦得为给付。"①债权的对称,即为债务。"民法"多从债务方面设其规定,例如,第348条第1项规定:"物之出卖人,负交付其物于买受人,并使其取得该物所有权之义务。"又第367条规定:"买受人对于出卖人,有交付约定价金及受领标的物之义务。"相对言之,即物之买受人对出卖人,有请求交付其物,并移转其所有权之权利(第348条)。出卖人对于买受人,有请求交付约定价金及受领标的物之权利(第367条)。

第二款 狭义债之关系及广义债之关系

就前揭问题再进一步加以分析观察,债之关系可分为狭义债之关系及广义债之关系。此项区别对于了解债之关系,甚属重要,台湾判例学说多未论及,应予注意。

狭义债之关系(Schuldverhältnis im engeren Sinne),指个别的请求为给付行为的关系,自得请求给付的一方当事人而言,是为债权,自负有给付义务的一方当事人而言,则为债务。例如,物之出卖人对于买受人所负交付其物及移转其所有权之义务,买受人对出卖人所负支付价金,受领标的物之义务,均属狭义债之关系;第199条所谓债权人基于"债之关系",得向债务人请求给付,乃指狭义债之关系;第309条所谓依债务本旨,向债权人或其他有受领权人为清偿,经其受领者,"债之关系"消灭,亦系指狭义债之关系而言。

广义债之关系(Schuldverhältnis im weiteren Sinne),指包括多数债权、债务(即多数狭义债之关系)的法律关系。"民法"第二编债之分则所称各种之"债",乃指此种广义债之关系而言。在买卖契约中,当事人除各负交付其物并移转其所有权,或交付价金,受领标的物之义务外,尚有偿还支出费用(第375条)等义务。买受人依债之本旨支付价金时,其债之关系(狭义)虽归于消灭(第309条);但买卖契约(广义债之关系)仍继续存在,须待各当事人均已履行基于买卖契约所生之一切义务时,此种广义债之关系,始归于消灭,惟仍得作为当事人保有给付的法律上原因。出卖人交付之物具有瑕疵时,买受人得解除契约,请求减少价金或请求损害赔偿(第359条以下)。由此观之,可知广义债之关系犹如有机体(Organis-

---

① 参见拙著:《契约上的不作为义务》,载《民法学说与判例研究》(第八册),北京大学出版社2009年版,第86页。

mus),得产生各种权利义务。此种广义债之关系概念,对于债法理论的发展,具有重大的影响。

债之关系可分为广义及狭义,从不同角度加以观察。为便于了解,兹再以买卖契约为例,图示如下:

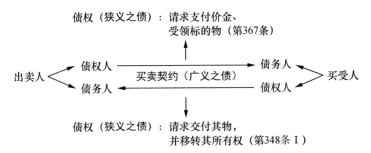

买卖契约系属双务契约,当事人各负"交付其物,并移转其所有权"或"交付约定价金,并受领标的物"的给付义务,互为债权人及债务人。个别债权得让与第三人(第 294 条以下),债务得由第三人承担(第 300 条以下),买卖契约(广义债之关系)的同一性并不因此而受影响。

第三款 债之发生原因

再就前述例题的四则案例更进一步加以分析,可知债之发生原因不一,可分为两类:一为基于法律行为,一为基于法律规定。

基于法律行为而发生之债,称为意定之债(或法律行为上债之关系)。契约系意定之债的主要发生原因。此种基于意思合致而发生之债,乃在实践私法自治的理念,故《德国民法典》第 311 条第 1 项明定:"以法律行为成立债之关系,及变更债之关系之内容者,除法律另有规定外,应以当事人间之契约为之。"是为契约原则(Vertragsprinzip)。台湾地区"民法"虽未设类似规定,但解释上理当如此;基于单独行为而发生债之关系,属于例外,遗赠(第 1200 条以下)为其著例。

基于法律规定而发生之债,称为法定之债。"民法"债编所规定的有:无因管理、不当得利及侵权行为。法定之债亦有在"民法"各编加以规定的,如法人侵权行为(第 28 条);因相邻关系而生的损害赔偿请求权(第 779 条第 2 项、第 782 条、第 786 条、第 787 条等);遗失物拾得人的报酬请求权(第 805 条第 2 项);婚约无效、解除或撤销时的赠与物返还请求权(第979条之1);亲属间的扶养请求权(第1114条以下);遗产管理人的报酬请求权(第1183条)。学说上所谓缔约上过失(culpa in contrahendo),例如甲因过失出卖业已灭失的古董与乙,其买卖契约无效(第246条),甲应对乙非因过失而信契约为有效致受之损害负赔偿责任(第247条),性质上亦属法定之债。兹将债之发生原因列表如下:

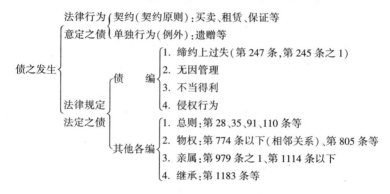

第二节 债权的性质及相对性

第一款 债权的性质

一、债权不是绝对权

要了解债权的性质,可从两方面加以观察:一为债权不是什么,一为债权究竟是什么。最好的研究方法是将债权与物权加以对照比较。

首先说明的是,债权非属支配权。支配权,指得直接对其客体予以作用,并排除他人干涉的权利。支配权的赋予具有双重性:一为将某特定客体归于权利人支配,以其意思作为支配该客体的准据;二为基于此种支配而生的排他性。所有权为典型的支配权,所有人于法令限制之范围内,得自由使用、收益、处分其所有物,并排除他人之干涉(第765条)。债权所赋予的,非属直接支配之力:不是对债务人人身的支配,不是对债务人行为(给付行为)的支配,也不是对债务人应为给付之客体的支配。分述如下:

债权不是对债务人的人身加以支配的权利。债法的基础在于当事人自由与平等原则,债务人固负有给付的义务,基此"当为"(sollen)而受拘束;但并不因此而成为相对人支配的客体。债权人不得直接强制债务人提出给付。在法院确定判决之后,债权人虽得依"强制执行法"的规定,使债务人履行其债务,债务人乃是处于法律之力之下,并非受制于债权人的直接支配。

债权并不赋予债权人对债务人给付行为的支配。德国法学家萨维尼(Savigny)曾认为,债权系存在于对债务人人身的支配,但其所支配者,不是债务人人身全部,而是其个别给付行为,并强调此种个别行为得由人格者分离,而使之屈服于他人意思之下。① 然而必须强调的是,行为是人格的直接表现,不是人格的产物,不能将之由人格本身分离,予以物体化,使之成为他人直接支配的客体。诚然,债权人得告知债务人其负有债务,唤醒其履行债务的意识,并使其明了不履行的结果,债权人仅得经由此等方法对债务人的意思加以影响。人的行为系以自由为其存在基础,自由不能成为他人支配的客体。

又债权也不是对给付标的物的支配。债之标的,为物之交付时,债权人对于该给付标的,亦无支配权之可言,例如,甲出卖某电脑给乙,在甲于依物权规定移转其所有权前(参阅第761条),债权人乙尚非该电脑的所有人,不得直接支配该物,排除第三人的干涉。

二、债权的本质在于有效受领债务人的给付

债权非属支配权已如前述,然则其本质何在?权利的基本思想,在于将某种利益在法律上归属某人。所有权系将对物的支配归属于某权利主体,使其于法令限制之范围内得自由使用、收益、处分其所有物,并排除他人之干涉(第765条)。债权系将债务人的给付归属于债权人,债权人亦因而得向债务人请求给付,受领债务人的给付。易言之,债权之本质内容,乃有效地受领债务人的给付,债权人得向债务人请求给付,则为债权的作用或权能。债权与请求权应予区别,此可从两方面加以观察:就请求权言,除债权请求权外,尚有物上请求权等。就债权言,除请求权外,尚有解除、终止等权能。债权请求权罹于消灭时效时,债权本身仍属存在,债务人仍为履行之给付者,不得以不知时效为理由,请求返还(第144条第2项)。

---

① Savigny, Das Obligationenrecht als Theil des heutigen Römischen Rechts, Bd. Ⅱ, 1853, §2.

第二款 债权的相对性

第一项 债权相对性及债权平等原则

一、债权相对性的意义

如上所述,债权人基于债之关系,得向债务人请求给付。债务人的义务与债权人的权利,乃同一给付关系的两面。此种仅特定债权人得向特定债务人请求给付的法律关系,学说上称为债权(或债之关系)的相对性(Relativität der Forderung),与物权所具得对抗一般不特定人的绝对性(Absolutheit des Sachenrechts)不同。1929年上字第1953号判例谓:"债权为对于特定人之权利,债权人只能向债务人请求给付,而不能向债务人以外之人请求给付。"又1932年上字第934号判例谓:"受任人以自己名义为委任人订立契约取得债权时,仅该受任人得向他方当事人请求履行债务,故在受任人未将其债权移转于委任人以前,委任人不得径向他方当事人请求履行。"均在说明债权的相对性。

二、债权平等原则

物权具有绝对性及排他性,故在同一标的物上只能存在一个所有权。虽得就同一标的物设定多数内容不冲突的限制物权(尤其是担保物权,如不动产抵押权),但应依其发生先后定其位序(第865条)。债权既仅具相对性,无排他的效力,因此数个债权,不论其发生先后,均以同等地位并存(债权平等性)。① 例如,甲先后出卖某屋给乙、丙、丁时,其买卖契约均属有效,各债权立于平等地位,乙、丙、丁均得向甲请求交付该屋,并移转其所有权。设甲将屋所有权移转于丁时,乙、丙的债权虽发生在前,仍不能向丁主张任何权利,仅得依债务不履行规定向甲请求损害赔偿(第226条)。又设甲先后向乙、丙、丁借款时,乙、丙、丁对甲的债权亦居于平等地位。债务人应以其全部财产对每一个债务的履行,负其责任。某债权人先为强制执行而受清偿时,其他债权人,纵其债权发生在前,亦仅能就剩余财产受偿。债务人破产时,债权不论其发生先后,均依比例参加分配

---

① "大法官释字"第484号解释其理由书谓:"在一物数卖之情形,其买卖契约均属有效成立,数买受人对出卖人不妨有同一内容之债权,本诸债权平等原则,其相互间并无排他之效力,均有请求所有权移转登记之权利。"可供参照。

(参阅"破产法"第 139 条)。

三、第三人侵害债权

基于债权的相对性,债权人仅能向债务人请求给付,债务人因可归责之事由致债务不履行时,应对债权人负损害赔偿责任。因此在实务及理论上发生一项重大争议:第三人得否侵害债权?例如,甲出卖某车与乙,交付前被丙不慎毁损,致甲给付不能时,乙就其所受的损害(如转售利益),得否向丙请求损害赔偿?又如,丁受雇于戊,庚以高薪延聘,使丁跳槽时,戊就其因此所受的损害,得否向庚请求损害赔偿?

此项问题的关键,在于第 184 条第 1 项前段规定:"因故意或过失不法侵害他人之权利者,负损害赔偿责任。"其所称"权利",除绝对权(如物权、人格权)外,是否尚包括债权?关于此点,学者虽有采肯定说,认为任何权利,既受法律之保护,当不容任何人侵害;物权为然,债权又何独不然?故债权亦得为侵权行为之客体。① 实则应以否定说为是。盖如前所述,债权系指特定人得请求特定人为特定行为的权利,不具对抗第三人的效力;第三人既不负义务,自无侵害的可能。于此理论,寓有一项法律政策上的价值判断,即维护第三人的活动自由,不致因过失侵害债务人的人身或债之标的(给付),而须对债权人负损害赔偿责任。例如,甲驾车不慎,撞伤将在乙歌厅作个人秀的歌星丙时,对丙身体健康受侵害而生的损害(财产上损害或非财产上损害),固应负赔偿责任(参阅第 184 条第 1 项前段、第 193 条、第 195 条及第 213 条以下),但对乙歌厅因辍演所受损害,则不必负赔偿责任,否则甲的责任范围,将漫无边际,诚非合理。须强调的是,否定债权系"民法"第 184 条第 1 项前段所称"权利",并非表示债权不受侵权行为法的保护。第 184 条第 1 项后段关于故意以悖于善良风俗之方法,加损害于他人者,亦负损害赔偿责任的规定,仍有适用余地。在上举之例,设丙系为妨碍乙转售该车,故意加以毁损;庚系为打击戊,故意以高薪诱丁违约;或甲系为与乙歌厅不正当竞争,故意撞伤丙歌星时,均应依第 184 条第 1 项后段规定负损害赔偿责任。②

---

① 参见王伯琦:《民法债篇总论》,第 73 页。
② 参见拙著:《侵害他人债权之侵权责任》,载《民法学说与判例研究》(第五册),北京大学出版社 2009 年版,第 134 页;拙著:《侵权行为》(第三版),北京大学出版社 2016 年版,第 325 页。

第二项 债权相对性及物权绝对性的案例解说

一、债权与物权：买卖标的物被盗

（一）案例研习

甲在深山捕获白猴，于3月1日出卖与在台北市华西街卖艺者乙①，约定3月5日交付。丙于3月4日趁甲疏于保管，盗取该猴。甲悬赏1000元寻猴。1个月后经他人告知丙盗猴之事。乙因甲未如期履行，丧失营业收入5000元，试问：

1. 当事人间的法律关系？（请先思考）
2. 甲得向丙主张何种权利？
3. 乙得向丙主张何种权利？
4. 乙得向甲主张何种权利？

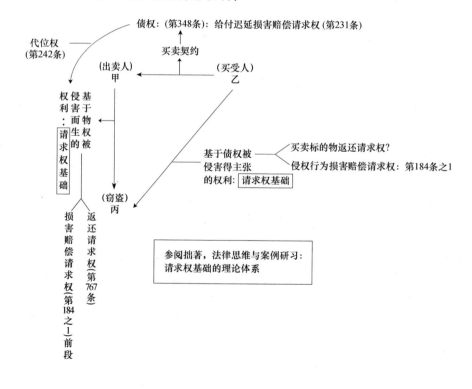

---

① 日前陪外籍友人到万华华西街"逛逛"，见一小猴，毛白眼亮，特设此例。

(二)解说(请先自行思考,写成书面)

1. 甲得对丙主张之权利①

(1)所有物返还请求权。甲得依第767条规定向丙请求返还白猴,其要件为甲系该白猴所有人,丙为无权占有。甲于深山捕获白猴,因无主物先占而取得其所有权(第802条)。甲出卖该猴与乙,迄未依让与合意,交付其物(参阅第761条),故甲仍为该猴的所有人。丙盗甲所有的白猴而占有之,欠缺占有本权,系属无权占有。甲得依第767条规定向丙请求返还白猴。

(2)侵权行为损害赔偿请求权。甲得否依第184条第1项前段规定向丙请求损害赔偿,其要件在于丙是否因故意或过失不法侵害甲的"权利"。所谓权利包括所有权,甲为该白猴的所有人,故甲得依第184条第1项后段规定向丙请求赔偿为寻猴而支出的悬赏广告1000元。②

2. 乙对丙得主张之权利

(1)关于乙对丙得主张的权利,首须检讨的是,乙得否基于其对甲的债权而请求丙交付白猴。对此,应采否定说。乙基于买卖契约,仅得向甲请求交付白猴,并移转其所有权,对于该给付标的物(白猴)并无支配的权利。买受人乙对第三人丙并无请求返还白猴的权利(请求权基础)。

(2)有争论的是,乙得否以债权受侵害为理由,依第184条第1项规定请求损害赔偿。就本条第1项前段言,问题在于债权是否属其所称的"权利"。关于此点,鉴于债权本身不具社会公示性,为维护社会交易活动及竞争秩序,应对第184条第1项前段所称权利作限缩解释,认为不包括债权在内。就第184条第1项后段言,其保护的客体虽不限于权利,但如案例事实所示,丙盗窃甲的白猴,并非出于故意以悖于善良风俗之方法加损害于乙。综据上述,乙不得依第184条第1项前段或后段规定向丙请求损害赔偿。

---

① 关于甲对丙的占有恢复请求权(第962条)及以"占有"为标的之不当得利请求权(第179条),略而不论,参见拙著:《不当得利》(第二版),北京大学出版社2015年版,第175页;拙著:《民法物权》(第二版),北京大学出版社2010年版,第409页。

② "司法院"院字第1662号解释:"侵权行为之赔偿责任,以加害人之故意或过失与损害有因果联络者为限,来问所称事主被盗失牛,悬红寻觅,此项花红如有必要,即不能谓无因果联络,至其数额是否相当,则属于事实问题。"参见拙著:《侵权行为》(第三版),北京大学出版社2016年版,第325页。

(3)基上说明,白猴的买受人乙不得向第三人丙请求返还白猴,仅能依买卖契约向甲请求交付白猴,并移转其所有权。甲得先向丙请求返还其物,再向乙提出给付。甲亦得让与其对丙之所有物返还请求权于乙,以代交付(第761条第3项)。于甲不履行其给付义务,又怠于行使对丙之权利时,乙为保全债权,得以自己之名义,行使甲之权利(第242条)。

3. 乙对甲得主张之权利

乙得否向甲请求赔偿因给付迟延而丧失的营业利益5000元,其请求权基础为第231条第1项规定。就其构成要件检讨之:

(1)出卖人甲基于买卖契约负有交付白猴与买受人乙,并移转其所有权之义务。

(2)甲之债务已届清偿期(第229条第1项)。

(3)被盗的白猴业已寻获,给付尚属可能。

(4)白猴因甲照顾疏失被盗,系因可归责于债务人之事由未为给付。

(5)乙丧失营业利益5000元,与甲之给付迟延,具有相当因果关系。故乙得依上开规定向甲请求损害赔偿。乙依法解除契约时(参阅第255条),其损害赔偿请求权不因此而受影响(第260条)。

二、不动产的二重买卖①

(一)案例研习

甲将其所有坐落闹区的某屋,出售与乙。甲的邻居丙知此买卖之事,为扩大自己营业店面,乃出高价向甲购买该屋,并即办理所有权移转登记。试问:

(1)甲与丙间的买卖契约是否有效?

(2)乙得向丙主张何种权利?

(3)设甲于让售该屋与丙之前,已将该屋交付给乙时,丙得否向乙请求返还其屋?

(二)解说(请先自行思考,写成书面)

1. 甲与丙间的买卖契约是否有效?

甲与丙间的买卖契约,于当事人就标的物及其价金互相同意时,即为成立(第153条)。先买受人乙对甲虽有债权,唯无论丙是否知之,均不影

---

① 参见拙著:《二重买卖》,载《民法学说与判例研究》(第四册),北京大学出版社2009年版,第114页。

响后买卖契约的效力。盖债权对于给付标的物并无支配的排他性;甲将其屋,先后出卖给乙、丙时,乙、丙各对甲取得请求交付其物,并移转其所有权的债权。此两个债权并存,居于平等地位。

2. 丙得否向乙请求返还房屋?

丙可得向乙主张返还其屋的请求权基础为第 767 条,其要件须丙为所有人,乙系无权占有。查丙因办理所有权移转登记而取得该屋所有权(第 758 条)。乙是否为无权占有,端视乙与甲之间关于该屋的买卖契约,可否作为占有本权。债之关系得作为占有本权,但此系对债之相对人而言,对第三人则无主张余地(债之关系的相对性)。对甲而言,乙系有权占有;但对自甲受让该屋所有权之丙言,则属无权占有。丙得依第 767 条规定,向乙请求返还其屋。①

3. 乙对丙得主张何种权利?

应检讨的是,乙得否依第 184 条第 1 项规定向丙请求损害赔偿。就本条项前段言,问题在于其所称权利是否包括债权在内。关于此点,应采否定说,前已论及(请参照其理由),故丙自甲受让该屋之所有权,致甲对乙给付不能,乙不得依第 184 条第 1 项前段规定向丙请求损害赔偿。就第 184 条第 1 项后段言,丙系为扩大自己营业店面而购屋,虽明知乙与甲的买卖在前,尚难认系故意以悖于善良风俗之方法加损害于乙,亦不成立侵权责任。

第三款 债权的物权化

一、甲有 A、B 二屋,甲将 A 屋出租予乙,B 屋无偿借丙使用,均已交付。其后甲将 A、B 二屋出卖于丁,并办理所有权移转登记。试问丁向乙、丙请求返还房屋,有无理由?

二、甲向乙购买 A 屋,约定半年后移转该屋所有权,甲如何预防乙将该屋转售与他人并移转其所有权?法律上有何种制度可供保护不动产买受?何谓预告登记?

---

① 参见 1983 年台上字第 938 号判例:"买卖契约仅有债之效力,不得以之对抗契约以外之第三人。本件上诉人虽向诉外人林某买受系争土地,唯在林某将系争土地之所有权移转登记与上诉人以前,既经执行法院查封拍卖,由被上诉人标买而取得所有权,则被上诉人基于所有权请求上诉人返还所有物,上诉人即不得以其与林某间之买卖关系,对抗被上诉人。"

为使相对性的债权亦具有对抗一般人的效力,以保护债权人,法律上设有两个制度:

(1)租赁权物权化。

(2)预告登记。

一、租赁权物权化

(一)买卖不破租赁

第425条规定:"Ⅰ出租人于租赁物交付后,承租人占有中,纵将其所有权让与第三人,其租赁契约,对于受让人仍继续存在。Ⅱ前项规定,于未经公证之不动产租赁契约,其期限逾五年或未定期限者,不适用之。"(注意:本条第1项、第2项系新修正)按租赁契约系债之关系,仅具相对性,存在于承租人与出租人之间。惟依第425条规定,租赁权(债权)对于第三人亦生效力,整个租赁关系依法律规定,移转于受让租赁物所有权的第三人;受让人即当然承受出租人地位,而行使或负担租赁契约所生之权利或义务;受让人对于承租人不得主张无权占有,而请求返还其物(例题一)。此项"买卖不破租赁"原则,乃为保护承租人而创设的重要制度。①

(二)使用借贷

债权相对性系民法的基本原则,故其物权化,须有法律依据。设某甲将某屋无偿供丁使用,其后又将该屋所有权让与丙时,丁不得主张其使用借贷契约对于受让人丙仍继续存在,应成立无权占有,丙得依第767条规定向丁请求返还其物(例题一),亦无类推适用之余地,提出两个"最高法院"判决,以供参照:

1. 1970年台上字第2490号判例谓:"使用借贷,非如租赁之有'民法'第425条之规定。纵令上诉人之前手将房屋及空地,概括允许被上诉人等使用,被上诉人等要不得以上诉人之前手,与其订有使用借贷契约,主张对现在之房地所有人即上诉人有使用该房地之权利。"可供参照。

2. 2014年台上字第1386号判决:"土地与其上之房屋之关系,究属使用借贷、租赁或其他情形,及当事人间如何行使权利,应由个案查

---

① 关于债权物权化的一般理论,参见Canaris, Verdinglichung obligatorischer Rechte, Festschrift für Flume, 1978, S. 371 f.; Dulckeit, Die Verdinglichung obligatorischer Rechte, 1951. 参见拙著:《买卖不破租赁:第425条规定之适用、准用及类推适用》,载《民法学说与判例研究》(第六册),北京大学出版社2009年版,第145页;许士宦:《买卖不破租赁:历年实务见解之整理(上)(下)》,载《植根法学》第4卷第9期、第10期。

明衡酌当事人继受情形、当事人间之关系、意思、使用情形、付费与否、双方间所得利益与所受损害、有无权利滥用、是否违反诚信原则及公共利益等情形,分别认定。又使用借贷为无偿契约,原属贷与人与使用人间之特定债之关系,仅于当事人间有其效力,非如租赁之有'民法'第425条之规定,纵令贷与人概括允许使用人使用墙壁及其坐落土地,使用人仍不当然得以其与贷与人原订有使用借贷契约,而对该墙壁及其坐落土地现所有权人即贷与人之后手(受让人)主张该使用借贷契约仍继续存在。"

二、预告登记[①]

"土地法"第79条之1规定,关于土地权利移转之请求权,得声请保全之预告登记(同条第1项第1款)。此项预告登记未涂销前,登记名义人就其土地所为之处分,对于所登记之请求权有妨碍者无效(同条第2项)。例如甲出售(或赠与)某地给乙,乙就其对移转标的物所有权之请求权为预告登记后,甲再就该地所有权让与第三人丙(设定抵押权于第三人)时,其处分妨碍乙所登记之请求权,无效。由是可知,经预告登记的债权亦具有物权之效力。

第四款 债之涉他关系

债之关系虽存在于特定债权人与债务人之间,但非谓第三人在债之关系上不具任何地位。第三人得受让债权(第294条)。第三人得承担债务(第300条以下)。第三人亦得承担契约,因而发生债之主体的变更。又债之清偿得由第三人为之(第311条第1项);对第三人清偿时,经债权人承认等,亦可发生清偿之效力(第310条)。

第三人之介入债之关系,最值得注意的是利益第三人契约,即契约当事人得约定使第三人直接对于当事人一方取得债权(第269条)。例如,甲向乙购车,约定第三人丙对于乙(债务人)亦有直接请求给付的权利。实务上以保险契约最属常见,例如,甲与乙保险公司订立人寿保险契

[①] 参见史尚宽:《土地法原论》,第131页。预告登记是一项重要制度,关于其理论与实务,值得深入探讨。参见卢佳香:《预告登记之研究》,辅仁大学法律学研究所硕士论文(1995年)。值得注意的是,关于承揽人的报酬请求权,第513条设有法定抵押权,为确保承揽人之利益并兼顾交易安全,新修正"民法"第513条规定设有"预为抵押权登记制度"(阅读之!),可供参照。

约,指定丙为受益人。此项涉他契约突破了罗马法上 alteri stipulari nemo potes(不得为他人订约)原则,构成债之关系相对性的例外,对于扩大契约的机能,具有重大意义。

第三节　债权的实现与自然债务

一、案例:

1. 乙向甲借款 100 万元,届期未还。
2. 甲自制高级家具,出售与乙,价金 10 万元,乙未付款,已逾 2 年。
3. 甲为乙做媒,约定报酬 20 万元。乙于事成后,仅付 5 万元。
4. 乙向甲签赌大家乐,乙因"明牌"失灵而输 100 万元。乙于支付 10 万元后,拒不付款。

二、问题

试就上开四例说明:

1. 甲得否向乙请求履行或强制执行?乙于履行后,得否向甲请求返还?设乙拒不履行时,甲得否向保证人请求代负履行之责任,或就担保物(质物或抵押物)求偿?
2. 甲得否以其债权与乙对自己的金钱债权抵销之?
3. 甲得否处分其对乙的债权(让与或设定质权)?
4. 上开四则案例,何者属于所谓自然债务?

第一款　债权的实现

"民法"第 199 条第 1 项规定,债权人基于债之关系,得向债务人请求给付。此项规定课债务人以给付义务,并赋予债权人以请求给付的权利。债务人怠于履行其义务时,法律并不主动采取行动,而是由债权人自行决定是否实现其权利。债权人一旦决定行使其权利时,法律规定一定的程序,使债权人得诉请履行("民事诉讼法"),必要时并得强制执行("强制执行法"),于特殊情形更容许债权人自力实现其债权("民法"第 151 条)。债权的处分亦具实现债权的机能。债权通常兼具诉请履行力、强制执行力、私力实现力、处分权能及保持力。分述如下：

一、诉请履行力(请求力)

债之关系乃以信赖为基础的法律上特别结合关系，债务人的善意固属重要，但难以完全依赖。债务人未依债之本旨提出给付时，债权人得向法院诉请履行(债权请求力)。第 199 条具有此项意义。

二、强制执行力(执行力)

债权人取得执行名义后，得依"强制执行法"的规定对债务人为强制执行(债权执行力)。关于强制执行的方法，"强制执行法"分别就金钱请求权、物之交付请求权、行为及不行为请求权，及假扣押假处分之执行等，设有详细规定。

三、私力实现

债权人依诉请求债务人履行给付，或声请法院强制执行，均借助公权力，系属公力救济，旨在维护法律秩序及社会和平。惟于例外情形，法律亦容许私力实现，例如，第 151 条规定："为保护自己权利，对于他人之自由或财产施以拘束、押收或毁损者，不负损害赔偿之责。但以不及受法院或其他有关机关援助，并非于其时为之，则请求权不得实行或其实行显有困难者为限。"例如，某甲向乙借款，于清偿期届至前数日，正图变卖财产后潜逃，时机紧迫，不及受法院或其他机关援助时，乙即得自行救助，拘束其人，押收其财物。惟债权人怠于实时向机关声请援助，或其声请被驳回者，不论有无过失，均应负损害赔偿之责(第 152 条)。现行"民法"承认的自助行为，除第 151 条规定的自助行为外，尚有出租人得不声请法院，径行阻止承租人取去留置物(第 447 条)，饮食店主人得留置客人行李及其物品(第 612 条)等。此等特别自助行为不必具备第 151 条的要件，应予注意。

债权人的抵销，亦属于此种无待乎起诉及强制执行的债权实现方法。第 334 条第 1 项前段规定："二人互负债务，而其给付种类相同，并均届清偿期者，各得以其债务，与他方之债务，互相抵销。"例如，甲有屋出租与乙，经营家具店，甲向乙购买家具，则甲及乙各得以租金债权及价金债权互相抵销。于此情形，双方债务的履行及债权的实现，依当事人单方的意思表示，一举完成之，从为抵销的债权人方面言，实为自助满足债权的方法，即债权人为满足自己的债权，而依抵销处分他人的债权。抵销足以节省互为给付的成本，确保债权的实现，虽属自我满足，但未涉及"实力",无害于法律秩序及社会和平,故原则上均允许之。禁止扣押之债、因故意侵权行为而负担之债,其债务人不得主张抵销的,则属例外(参阅第338条、第339条)。

四、处分权能

债权实现,广义言之,亦包括对债权的处分权能在内,除前述抵销外,其主要者有:免除(第343条)、债权让与(第294条)及权利质权的设定(第902条)等。

五、保有给付的法律上原因(保持力)

债务人自动或受法律的强制而提出给付时,债权人得保有此项给付,债权乃成为保持此项给付之法律上原因,故债权人虽因债务人的清偿而受利益,致他人受损害,并不成立不当得利。

第二款 不完全债权

债权,一般言之,均具有前述五种效力,惟于例外情形,债权欠缺某种效力的,亦属有之,学说上称为不完全债权(unvollständige Forderung),或不完全债务(unvollkommene Verbindlichkeiten)。分述如下:

一、请求力的排除

债权不具请求力的,以婚约最称典型,第975条规定,婚约不得请求强迫履行。1938年上字第695号判例认为,所谓婚约不得请求强迫履行,系指不得提起履行婚约之诉而言,结婚须由当事人以绝对的自由意思予以决定,义务人若甘受违反婚约之制裁,其履行与否,法律不应加以强制。

债权罹于消灭时效后,债务人得拒绝履行(第144条第1项)。债务人一旦行使此项消灭时效抗辩权,债权的请求力因而减损,难以依诉之方法强制实现。唯此种债权仍得受清偿,故债务人不知时效而为履行之给付者,不得请求返还,其以契约承认该债务,或提出担保者亦同(第144条第2项)。须注意的是,债权人对于债权的处分权能,原则上并不因完成时效而受影响,仍得将该债权让与他人(参阅第299条),与他人之债权互相抵销(参阅第337条),或设定权利质权。

二、强制力的排除

债权欠缺请求力时,固无执行力,债权有请求力,但欠缺执行力的,亦属有之,其情形有二:

（1）根本无执行力。例如，关于夫妻履行同居义务的判决，1938年抗字第63号判例谓："命夫妻一方同居之判决，既不得拘束身体之自由而为直接之强制执行。'民事诉讼执行规则'第88条第1项所定间接强制之执行方法，依同条第2项之规定又属不能适用，此种判决自不得为强制执行。"（参阅"强制执行法"第128条第1项、第2项）。

（2）不得就应履行之给付为强制执行。例如，甲约定为乙绘像，不为履行时，仍不能强制使甲为绘像之行为。其行为可代替者，"执行法院"得以债务人之费用，命第三人代为履行（"强制执行法"第127条），其行为非他人所能代为履行者，债务人不为履行时，"执行法院"得定债务人履行之期间。债务人不履行时，得拘提管收之或处新台币3万元以上30万元以下之怠金。其续经定期履行而仍不履行者，得再处怠金。（"强制执行法"第128条第1项，1996年10月9日修正）。

三、处分权能的排除

破产人因破产之宣告，对于应属破产财团之财产，丧失其管理及处分权（"破产法"第75条），约定债权不得让与者，其处分权亦受限制，惟不得对抗善意第三人（第294条）。

第三款 自然债务①

据上所述，可知债权欠缺请求力（诉请履行力）者有之，欠缺执行力者有之，关于此等债权，学说上有称为不完全债权（或不完全债务）。应特别说明的是，所谓的自然债务（Naturalobligation, natürliche Verbindichkeit）。此项源自罗马法之概念，究何所指，尚无定论，兹就婚约居间约定报酬及赌债说明如下：

一、婚姻居间而约定报酬

婚姻居间而约定报酬，其约定是否有效？有无请求权？给付报酬后，得否请求返还？请再思考这个问题，并说明理由。

修正前"民法"第573条规定："因婚姻居间而约定报酬者，其约定无效。"依此规定，当事人间根本不发生报酬请求权（债权），无从诉请履

---

① 关于自然债务的基本问题，参阅德国法上文献，Klingmüller, Die Lehre von den natürlichen Verbindlichkeiten, 1905; Siber, Der Rechtszwang im Schuldverhältnis, 1903.

行,设定担保或处分。倘已受领报酬时,乃无法律上原因而受利益,致他人受损害,应成立不当得利,而负返还责任(第179条)。惟婚姻既已成立,当事人致送报酬,乃人情之常,应认系履行道德上义务之给付,而不得请求返还(第180条第1款)。至于此种债务是否为自然债务,系属定义问题。倘认为所谓自然债务,系指债权人有债权而请求权已不完整①,则因婚姻居间而约定报酬,应非属自然债务,因约定报酬既属无效(依修正前规定),根本不发生债权,实无请求权不完整之可言。

"民法"第573条规定已经修正为:"因婚姻居间而约定报酬者,就其报酬无请求权。"立法说明谓:"本条立法原意,系因婚姻居间而约定报酬,有害善良风俗,故不使其有效。惟近代工商业发达,社会上道德标准,亦有转变,民间已有专门居间报告结婚机会或介绍婚姻而酌收费用之行业,此项服务,亦渐受肯定,为配合实际状况,爰仿《德国民法典》第656条规定,修正本条为非禁止规定,仅居间人对报酬无请求权,如已为给付,给付不得请求返还。"

二、赌债

关于赌债,"最高法院"屡著判决。1955年台上字第421号判例认为,赌博系法令禁止之行为,其因该行为所生债之关系,原无请求权之可言。1965年台上字第404号判决认为,清偿赌债系不法之原因而为给付,不得请求返还不当得利。1954年台上字第225号判决认为,给付赌博输款,为不法原因,系属自然债务,依法无请求返还之余地。②

此三则判决的见解似有未尽协和之处。赌博既属法令禁止(或违反公序良俗)之行为,应属无效(第71条、第72条),根本不生债之关系,似不得认系"因该行为所生债之关系,原无请求权之可言"。又不法原因给付之所以不得请求返还,并非债权人为本于权利而受领,具有法律上原因,不成立不当得利;而是受领"赌债"之给付,虽属不当得利,但因属不法原因,故不得请求返还(第180条第4款)。准此以言,"最高法院"认为赌债系属自然债务,系指不法原因而生的债务。

---

① 王伯琦先生认为自然债务者,系指债权人有债权而请求权已不完整。参见王伯琦:《民法债篇总论》,第5页。

② 关于此三则判决,参见拙著:《赌债与不法原因给付》,载《民法学说与判例研究》(第二册),北京大学出版社2009年版,第88页。

三、自然债务概念的检讨

自然债务此一概念,有时用于不能依诉请求的给付义务(如消灭时效的债务)。有时指基于道德上义务而生的"债务";有时指因不法原因而生的"债务"。有时更不加区别,兼指诸此各种情形而言。① 用语分歧,殊失原义,实不宜再为使用。② 倘予使用,亦须明辨其究指何种情形而言,尤应避免由此而导出不合理的推论。

第四款 例题解说

关于债权实现及自然债务,因涉及若干易于混淆的观点,为使读者便于了解,兹就上开四则例题综合说明如下:

(1)完全债权:乙向甲借款 100 万元,应于约定期限内返还(参阅第 478 条)。关于此项借用物返还的债权,甲有请求力、执行力、保持力,及享有处分的权能。债务人或第三人并得为此债权提供担保(保证、设定担保物权)。

(2)消灭时效:甲自制家具,出售与乙,价金 10 万元的请求权因 2 年间不行使而消灭(第 127 条第 8 款)。③ 时效完成后,债务人乙得拒绝给付,甲之债权的请求力虽不完全,但仍有保持力,故请求权已罹时效消灭,债务人仍为履行之给付者,不得以不知时效为理由,请求返还,其以契约承认该债务,或提出担保者,亦同(第 144 条)。甲对该债权的处分权能亦不受影响。又甲之请求权虽因罹于时效而消灭,如在时效未完成前,其

---

① 王伯琦先生谓:消灭时效完成之债务(第 144 条第 2 项),因不法原因而生之债务或基于道德上义务之债务(第 180 条),此种债务,学说上称为自然债务。即债权人有债权而请求权已不完整。债权人请求给付时,债务人得拒绝给付,但如债务人为给付,债权人得本于权利而受领,并非不当得利,债务人不得请求返还。参见王伯琦:《民法债篇总论》,第 5 页。应说明的是,于消灭时效完成之债务,债权人有债权而请求权已不完整,固属无误,但因不法原因而生债务(如赌债)及基于道德义务上之债务(如婚姻居间约定报酬,注意第 573 条规定之修正)两种情形,均难认为有债权存在,故给付之受领人应成立不当得利,只是不得请求返还而已(第 180 条)。"不成立不当得利"与"虽属不当得利,但不得请求返还",在概念上应有区别的必要。

② Larenz, Schuldrecht. I, S. 21; Fikentscher 认为自然债务(Naturalobligation)的用语已属过时(veraltet),应弃置不用,改称为不完全债务,并分别其类型加以观察(Schuldrecht, S. 48)。

③ 第 127 条第 8 款所定之商人、制造人、手工业人所供给之商品及产物之代价,其请求权因 2 年间不行使而消灭,系指商人就其所供给之商品及制造人、手工业人就其所供给之产物之代价,不包括基于委任关系所生之债(1962 年台上字第 294 号判例);其所谓商人所供给之商品,系指动产而言,不包括不动产,故建筑商人,制造房屋出售,其不动产代价之请求权,无上开条款所定消灭时效之适用。[1989 年第 9 次民事庭会议决议(1)]。

债务已适于抵销者,亦得为抵销(第337条)。

(3)婚姻居间:甲为乙居间婚姻,约定报酬者,就其报酬无请求权(新修正第573条规定),即其报酬债权欠缺请求力及执行力,并无从为其提供担保,但非不得为处分。如乙为履行之给付,甲因债权之保持力不构成不当得利,乙不得请求返还。

(4)赌债:甲与乙赌博,赢得100万元,因赌博行为违反法律强行规定(或公序良俗)无效,根本不发生"赌债"请求权(债权),故无请求力及执行力,亦无从为其提供担保,或对之为处分。乙清偿赌债时,甲并无债权上的保持力,应成立不当得利;惟此项清偿系不法原因给付,乙不得请求返还。(第180条第4款)。

第四节　债务与责任

1. 甲女为医治母病,向乙借款,约定倘届期不能清偿,愿任乙割肉偿债,或终身为仆,其效力如何?

2. 甲向乙购买原料,积欠货款1000万元,由丙保证,由丁提供土地设定抵押。试说明甲、丙、丁的债务与责任。

3. 甲经营成衣外销工厂,为运转资金,先向丙借款600万元,复向丁借款500万元,以工厂土地房屋设定抵押。甲经营不善,积欠工资50万元,欠缴营业税10万元,濒临倒闭,乃急于收取货款,并贱售成衣与知情的亲友。试就此例说明确保债权的问题。

第一款　债务与责任的意义及发展

一、债务与责任的意义

债务(Schuld),指应为一定给付的义务。责任(Haftung),指强制实现此项义务的手段,亦即履行此项义务的担保。应注意的是,"责任"一词,有多种意义。如第184条第1项前段规定,因故意或过失不法侵害他人之权利者,负损害赔偿"责任"(过失责任);第91条规定,表意人依第88条及第89条之规定撤销意思表示时,对于信其意思表示为有效致受损害之相对人或第三人应负赔偿"责任"(无过失责任)。前二者,均指应就其行为所生的结果"负责",即应对其行为所生损害予以赔偿。对于此项损害赔偿义务(债务),债务人应以全部财产为其担保,负其"责任"。

二、由人的责任至物的责任

债务人就其债务,原则上应以全部财产对其债权人负其责任,今日视之,乃当然自明之理,实已历经变迁。在罗马法及日耳曼法上,债务人系以其人身负责,债务人不履行其债务时,债权人得径为直接强制,拘束其人身,贩卖为奴。由于社会进步,公权力日臻发达,对债务人直接强制,使其屈服于债权人的意思及实力的因素渐次消逝,给付当为(Leistensollen)的伦理因素渐次增强,经过长期的发展,终于演变成为纯粹财产责任。① 台湾地区亦采此种物之责任制度,因此甲欠乙债,约定割肉偿债,或终身为奴时,均有悖于公序良俗,无效(参阅例题1)。②

在现行法上,债务与责任互相结合,原则上并属无限财产责任。申言之,负有债务者,于不履行时,即应以其全部财产负其责任;有债务即有责任。诚然,债务与责任在概念上应予区别;无责任的债务(如罹于时效的债务)及无债务的责任(如物上保证人的责任)(参阅例题2),亦属有之,但终属例外。债务与责任原则上系相伴而生,如影随身,难以分开。负债务者,不仅在法律上负有当为义务,而且也承担了其财产之一部或全部将因强制执行而丧失的危险性。盖非如此,实不能保障债权的满足也。在〔例题二〕:甲向乙购买材料,积欠货款 1000 万元,甲应负无限财产责任,丙为保证人,亦应就保证债务负无限财产责任。丁提供土地设定抵押,对乙负无限债务的责任(物上保证人责任),债权人(抵押权人)仅得拍卖抵押权受偿。

第二款 责任类型

债务人应以其财产,就其债务负其责任的形态,可分为两类:一为无

---

① 此种由人身责任至物之责任的发展过程,各国和地区皆有,在中国台湾地区亦曾有卖身偿债之事。在英国 19 世纪有专为债务人而设的监牢,参见英国文豪狄更斯(Dickens)所著小说,尤其是《大卫·科波菲尔》,情节动人,颇值一读。

② 关于"割肉偿债",参见莎士比亚:《威尼斯商人》一书,在法理上具有启示性。参见拙著:《举重明轻、衡平原则与类推适用》,载《民法学说与判例研究》(第八册),北京大学出版社 2009 年版,第 1 页以下(第 19 页);Kohler, Shakespeare vor dem Forum der Jurisprudenz, 2. Aufl., 1919. (此为古典名著,台大法学院图书馆藏有此书); Hood Philips, Shakespeare and the Lawyers, 1972, pp. 71-118.

限责任,一为有限责任。

一、无限责任

债务人原则上应负无限责任,即应以财产的全部——除不得查封的物品或不得为强制执行的权利外——供债权人得依"强制执行法"的规定,满足其债权的担保。所谓不得查封之物品,系指债务人及其共同生活之亲属所必需之衣服、寝具、其他物品及职业上或教育上所必需之器具、物品;遗像、牌位、墓碑及其他祭祀、礼拜所用之物等("强制执行法"第53条)。所谓不得强制执行之权利,系指债务人对于第三人之债权,为维持债务人及其共同生活之亲属生活所必需者而言("强制执行法"第122条)。

二、有限责任

有限责任,指债务人以特定财产为限度,负其责任(物的有限责任)。债权人仅得就该特定财产满足其债权,纵其债权未因此而全部获偿,对于其他财产,亦不得再为强制执行。关于此种有限责任,当事人得自为约定,但实际上甚属少见。法律所明定的,以限定继承最为重要。即继承人得依一定的程序,将遗产与继承人的其他财产分开,限定以因继承所得之遗产,偿还被继承人之债务(第1154条以下),遗产债权人仅得就遗产为强制执行,继承人不就自己的财产负责。

应特别说明的是,所谓"量的有限责任",即以一定的数额为限度,负清偿的责任,例如,股份有限公司股东就其所认股份,对公司负其责任("公司法"第2条第1项第4款)。此种计算上有限责任,非属真正的责任限制,因为对于此种约定或法定的"定额有限责任",股东于股款缴足后,对于公司之债权人或其他第三人,均不负任何责任。

第三款 债权保全与担保制度

一、债权保全

债务人就其债务,原则上应以其财产全部负其责任,此项责任财产为债权的一般担保,故其减少,关系债权人利害至巨。责任财产的减少,有为债务人消极的行为,如对第三人有所有物返还请求权而怠于行使;有为债务人积极的行为,如将其房屋赠与他人或贱卖古董车。"民法"为确保债权的获偿,特赋予债权人两种权利,以资救济:

(1)代位权,即债务人怠于行使其权利时,债权人因保全债权,得以自己之名义行使其权利(第242条),以维持债务人财产。

（2）撤销权，即债权人对于债务人所为有害债权之行为，得声请法院撤销之，以恢复债务人之财产（第244条）。

债权请求权已罹于消灭时效时，债权人是否仍得行使撤销权？"最高法院"1982年4月20日，1982年度第7次民事庭会议决议："'民法'第244条所定之撤销权，乃为保全债权之履行而设。甲对乙基于债权之请求权，既因罹于消灭时效而经判决败诉确定不能行使，则甲之撤销权，显无由成立。"

此两种确保债权的手段，在实务上至为重要，案例不少，应值重视（参阅例题二）。

二、为债权的实现而奋斗[①]

债权人的代位权及撤销权，对维护债务人的责任财产，裨益虽巨，但尚不足确保债权的获偿，其主要原因有三：①构成债务人责任客体的财产，变化不定，景气无常，财产的散佚非债权人所能预见或控制。②债权不论其发生先后，均居于平等地位，债权重叠又为现代交易的通常现象，责任财产纵能维持不减，众人参与分配，亦难期全获清偿。③为政府财政之目的而创设税捐的优先权[②]，为保护劳工，另建立工资优先受偿制度。[③] 处此情势，一般债权人不能不为其债权的担保而奋斗（Kampf um die Sicherheit）。

为适应债权担保的需要，法律乃提供人之保证及物之担保两种制度，供债权人选择使用。所谓人之保证，指第739条以下所规定的保证而言。保证人得与债权人约定，于主债务人不履行债务时，由其代负履行责任。保证人原则上系以全部财产供履行债务的担保，债权人于主债务人外，尚有保证人的全部财产供其债权担保，债权的实现，更获保障。至于物之担保，系指担保物权；就广义而言，包括"民法"规定的抵押权（不动产抵押及权利抵押）、质权（动产质权及权利质权），及"动产担保交易法"

---

① 参见拙著：《附条件买卖中买受人之期待权》，载《民法学说与判例研究》（第七册），北京大学出版社2009年版，第177页。

② "税捐稽征法"第6条第1项规定："税捐之征收，优先于普通债权"，第2项规定："土地增值税、地价税、房屋税，优先于一切债权及抵押权。"

③ "劳动基准法"第28条第1项规定："雇主因歇业、清算或宣告破产，本于劳动契约所积欠之工资未满6个月部分，有最优先受偿之权。"所谓最优先受清偿之权，仍属债权之性质，不优先于担保物权，对劳工之保护乃未周全，为此"劳动基准法"第28条第2项又设积欠工资垫偿基金。请参见1996年6月9日修正发布之"积欠工资垫偿基金提缴及垫偿管理办法"。

上的动产抵押权、保留所有权(附条件买卖)及信托占有等。担保物权系就债务人或第三人所提供的特定不动产、动产或权利而设定，不受人的因素的影响，且具有优先、排他及追及等效力，其担保性尤胜于人之保证。

据上所述，债权的实现及优先次序，事关当事人利益、资金融通(如银行贷款)、社会政策(如劳工工资)及公共利益(如租税债权)，可归为四类：

(1)普通债权(一般债权)。即无担保不具优先受偿性的债权，无论其发生时间之先后，均居于平等的地位。

(2)优先受偿的债权。其发生须基于法律的规定，故又称为法定优先受偿权，如劳工工资最优先受偿权("劳动基准法"第28条第1项)、"海商法"上的海事优先权("海商法"第24条)。海事优先权，顾名思义，优先于一般债权，但除法律有特别规定外，并不优先于担保物权(参阅"海商法"第24条第2项)。

(3)有担保的债权。如设有抵押权担保的债权。除法律有特别规定外，担保物权恒优先于债权。同一标的物上的担保物权，原则上依其发生之先后定其次序(第874条；但请参阅"动产担保交易法"第5条、第25条)。

(4)租税债权。①税捐之征收，优先于普通债权("税捐稽征法"第6条第1项)。②土地增值税、地价税、房屋税之征收，优先于一切债权及抵押权("税捐稽征法"第6条第2项)。①

第四款　债权的交易性

综据前述，可知债务人原则上应以其全部财产供履行债务的担保，为维持此项责任财产，"民法"赋予债权人以代位权及撤销权，以保全债权的清偿。为使债权之实现更臻巩固，复设人保及物保两种制度，俾供使用。关于债权的实现，法律规定可谓备极周详，债权的变现性大为增高，使债权成为交易的客体，得为让与(第294条)，设定权利质权(第900条)，并得作为强制执行之标的("强制执行法"第115条)。

---

① 优先受偿之债权，种类甚多，如"工会法"第38条规定："工会于其债务人破产时，对其财产有优先受清偿之权"，"职工福利金条例"第9条规定："职工福利金有优先受清偿之权"等。关于各类债权优先级所涉及之特别问题，详阅拙著《租捐、工资与抵押权》，载《民法学说与判例研究》(第四册)，北京大学出版社2009年版，第243页。

第五节 债之关系上的义务群

债之关系的核心在于给付。除给付义务以外,债之关系上尚有所谓的附随义务及不真正义务。债法的变迁和进步是建立在债之关系上各种义务的形成和发展。"民法"债编修正增订第245条之1明定在缔约过程中的"先契约义务",具有重大深远意义。以下拟对债之关系上的义务群作简要综合的说明,此对了解债法的功能、体系变迁及进步发展最属重要,希望读者特别留意,在研究债法的过程中,经常思考、反省、检讨批评,而能有较深刻的了解。

第一款 给付义务

例一:甲患眼病失明,请乙医生开刀,乙虽尽医疗之能事,仍未能使甲复明。甲以"给付不能"为理由拒绝支付报酬,法律上有无依据?

例二:甲向乙购买系出名门的A马,准备参加比赛,价金100万元。乙已移转该马之所有权于甲,但血统证明书迄未交付。试问:

1. 甲得否向乙请求交付A马的血统证明书?
2. 甲得否以乙未交付A马的血统证明书,而拒绝支付价金?
3. 甲得否以乙迟延给付A马的血统证明书,而解除契约?

一、给付行为与给付效果[1]

给付,指债之关系上特定人间得请求的特定行为,不作为亦得为给付,且不以有财产价格者为限(第199条)。给付具有双重意义,指给付行为(Leistungshandlung)或给付效果(Leistungserfolge)而言。前者指所谓给付存在于给付本身,后者指给付须达其目的。二者区别具有重要实益,分述如下:

---

[1] Wieacker, Leistungshandlung und Leistungserfolge im bürgerlichen Schuldrecht, Festschrift für Nipperdey Wieacker, …, Bd. Ⅰ, 1965, S.783.

(一) 给付行为

在雇佣契约,受雇人的给付为劳务的提供(第482条),是否因此使雇用人获得预期利益,在所不问。例如,甲受雇于乙在梨山种植果树,只要善尽其义务,即已履行其给付,纵使果树未能丰收,仍有报酬请求权;丙为丁补习功课,投考大学,丙的给付在于补习本身,故丁纵落榜,丙的报酬请求权并不因此而受影响。

(二) 给付效果

反之,在承揽契约,承揽人必须完成约定的工作(第490条),始属履行其给付义务,盖既曰"承揽",债务人自须能掌握其工作范畴,理应承担不能达成给付效果的危险性。买卖、赠与或租赁等均以给付效果为内容,故于赴偿之债,出卖人于寄送标的物时,虽已完成其给付行为,但该物于途中遭意外事故灭失时,因未发生给付效果,出卖人仍未依债之本旨清偿其债务,仅因不可归责之事由致给付不能,免给付义务,但亦因此丧失对待给付请求权(第225条第1项、第266条)。

(三) 区别实益

至于何种行为及效果构成给付的内容,应就各个债之关系,依其所欲达成之目的决定,自不待言。甲患眼病失明,由乙医生开刀,乙虽尽医疗能事,仍未能使甲复明,甲主张拒绝给付报酬的法律依据为第266条第1项:"因不可归责于双方当事人之事由,致一方之给付全部不能者,他方免为对待给付之义务。"首先须认定的是,乙究负何种给付义务。通说认为,医疗系属委任性契约,受任人负有处理一定事务的义务。乙的给付义务乃为甲开刀治疗眼疾(给付行为),而非在于使甲眼睛复明(给付效果),乙以善良管理人的注意,尽其治疗能事,即系依债之本旨提出给付,不生给付不能的问题,故甲有支付约定报酬的义务。设甲与乙所约定的,系所谓的"包医"时,则属承揽契约,乙负有为甲完成一定工作的义务(给付效果),若乙不能使甲眼睛复明,系属给付不能,甲免支付报酬的义务。

二、主给付义务与从给付义务

(一) 主给付义务

现行"民法"上债之关系乃建立在"给付义务"之上,学说上称为"主给付义务"(Hauptleistungspflicht)。主给付义务,指债之关系(尤其是契约)上固有、必备,并用以决定债之关系(契约)类型的基本义务(债之关系的要素),例如,在买卖契约,物之出卖人负交付其物并移转其所有权的义务(第348条),买受人负支付价金及受领标的物的义务(第367条)。在租赁契约,出租人负交付租赁物于承租人供其使用收益的义务,承租人负支付租金的义务(第421条)。在雇佣契约,受雇人负于一定或不定之期限内为他方服劳务,雇用人负给付报酬的义务(第482条)。此等义务均属所谓的主给付义务。就双务契约言,主给付义务构成对待给付义务,于他方当事人未为对待给付前,得拒绝自己之给付(第264条第1项本文、第265条);因不可归责于双方当事人之事由,致一方之给付一部或全部不能者,他方免为对待给付之义务(第266条第1项)。因可归责于债务人之事由,致给付不能、给付迟延或不完全给付时,债权人得请求赔偿损害或解除契约(参阅第226条、第227条、第231条、第254条、第256条等)。

(二)从给付义务

在债之关系上,除主给付义务外,尚有所谓的从给付义务(Nebenleistungspflicht),其发生之原因有三:

(1)基于法律明文规定:如债权让与人应将证明债权之文件交付受让人,并告以关于主张该债权所必要之一切情形(第296条,告知义务)。受任人应将委任事务进行之状况报告委任人,委任关系终止时,应报告其颠末("民法"第540条,报告义务);受任人因处理委任事务,所收取之金钱、物品及孳息,应交付于委任人,受任人以自己名义为委任人取得之权利应移转于委任人(第541条,计算义务)。

(2)基于当事人的约定:如甲出卖其经营的企业与乙,约定甲应提供全省经销商的名单。甲医院雇用乙医生,约定夜间不得自行营业(不作为义务)。

(3)基于诚实信用原则及补充的契约解释(ergänzende Vertragsauslegung):如房屋的出卖人应交付办理所有权移转登记的文件;名马的出卖人应交付该马的血统证明书。

从给付义务具补助主给付义务的功能,不在于决定债之关系的类型,乃在于确保债权人的利益能够获得最大满足。须注意的是,从给付义务亦得依诉请求之(einklagbar)。在双务契约上,一方的从给付义务与他方的给付,是否立于互为对待给付之关系,能否发生同时履行抗辩(参阅第264条),应视其对契约目的之达成是否必要而定。又从给付义务的债务不履行,债权人得否解除契约亦应依此标准加以判断。① 准此以言,甲以高价购买乙的名马,乙非交付血统证明书不足以达转售或参加比赛等目的,故甲除得依诉请求乙交付血统证明书外,尚得以乙未交付血统证明书,而拒绝给付价金;或于乙给付不能或给付迟延时,依法解除买卖契约。

三、原给付义务(第一次给付义务)及次给付义务(第二次给付义务)②

给付义务(主给付义务及从给付义务),更可分为原给付义务(primäre Leistungspflicht)(第一次给付义务)及次给付义务(sekundäre Leistungspflicht)(第二次给付义务)。

原给付义务(第一次给付义务),指债之关系上原有的义务,就契约而言,如名马的出卖人所负交付其马,并移转其所有权之义务(主给付义务),及交付该马血统证明书之义务(从给付义务);就侵权行为言,如因故意或过失不法侵害他人权利所生之损害赔偿义务(第184条第1项前段)。

次给付义务(第二次给付义务),指原给付义务于履行过程中,因特定事由演变而生的义务,其主要情形有二:①因原给付义务之给付不能、给付迟延或不完全给付而生之损害赔偿义务。此种损害赔偿义务,有系替代原给付义务(如给付不能,第226条),亦有与原给付义务并存的(如给付迟延,第231条)。②契约解除时所生恢复原状之义务(第259条)。次给付义务亦系根基于原来债之关系,债之关系的内容虽因之而有所改变或扩张,但其同一性仍维持不变。

第二款 附随义务

例一:出卖人交付病鸡,致买受人的鸡群亦感染死亡。或出卖人未告知机器的特殊使用方法,致买受人因使用方法不当引

---

① 关于此等问题,俟于讨论同时履行抗辩权及解除契约时,再行详述。参见 Esser/Schmidt, Schuldrecht, I, S. 87 f.;林诚二:《论附随债务之不履行与契约之解除》,载《中兴法学》第18期,第245页。

② 关于 primäre Leistungspflicht 及 sekundäre Leistungspflicht,参见 Larenz, Schuldrecht I, S. 8 f.。关于第一次义务及第二次义务,洪逊欣先生作有如下之说明:"依义务之相互关系而区别时,义务复可分为第一次的义务与第二次的义务两种。前者系已存在,非待义务人之不履行而后始发生之义务;后者,系因第一次的义务不履行而发生之义务。例如,原有义务,系第一次的义务;因债务不履行而发生之损害赔偿义务,乃第二次的义务。"(《中国民法总则》,第65页)。

起机器爆破,侵害其人身或其他财产。试分别说明买受人的请求权基础。

例二:甲受雇于乙,乙提供的机器具有瑕疵,发生事故,致甲身体受损害,乙未为甲投保劳工保险。试问:

1. 乙违反何种义务?
2. 甲得主张何种权利?

一、附随义务的概念

债之关系在其发展的过程中,除前述给付义务外,依其情形,尚会发生其他义务,例如,雇主应为受雇人加入劳工保险(照顾义务);出卖人于标的物交付前,应妥为保管(保管义务);房屋出租人应协力使承租人取得建筑执照,以从事必要的修缮(协力义务);电脑工程师不得泄露雇用人开发新产品的机密(保密义务,不作为义务);医生不得泄露病患的隐私等。此类义务的发生,系以诚实信用原则为依据,固为通说所承认,但关于其名称,则尚无定论。德国学者有称之为 Schutzpflicht(保护义务),有称之为 weitere Verhaltenspflicht(其他行为义务)。① 在台湾地区,有称为附从义务②,有称为附随义务③,均属德国判例学说上所谓Nebenpflicht 的翻译。附随义务较能表现其特征,本书采之。

二、附随义务与给付义务的区别

附随义务与主给付义务的区别,可分三点言之:

(1)主给付义务自始确定,并决定债之关系的类型。反之,附随义务系随着债之关系的发展,于个别情况要求当事人的一方有所作为或不作为,以维护相对人的利益,于任何债之关系(尤其是契约)均可发生,不受特定债之关系类型的限制。

(2)主给付义务构成双务契约的对待给付,一方当事人于他方当事人未为对待给付前,得拒绝自己之给付(第264条第1项)。反之,附随义务原则上非属对待给付,不发生同时履行抗辩。

(3)因给付义务的不履行,债权人得解除契约。反之,附随义务的

---

① Larenz, Schuldrecht,Ⅰ,S. 10.
② 参见蔡章麟:《私法上诚实信用原则》,载《社会科学论丛》第3辑,第12页。
③ 参见梅仲协:《民法要义》,第242页、第243页;史尚宽:《债法总论》,第329页、第335页。参见詹文馨:《债之关系上之附随义务》,台湾大学法律学研究所硕士论文(1989年)。

不履行,债权人原则上不得解除契约,但就其所受损害,得依债务不履行规定,请求损害赔偿。须注意的是,某种契约上的义务,究为给付义务或附随义务,难免争论。第367条规定:"买受人对于出卖人,有交付约定价金及受领标的物之义务。"支付价金之义务,系买受人的给付义务,固无疑问,但受领标的物之义务,究为何种义务?实务上认为系给付义务,"最高法院"1975年台上字第2367号判例谓:"买受人对于出卖人有受领标的物之义务,为'民法'第367条所明定,故出卖人已有给付之合法提出而买受人不履行其受领义务时,买受人非但陷于受领迟延,并陷于给付迟延,出卖人非不得依'民法'第254条规定据以解除契约。"可供参照。

关于如何区别附随义务与从给付义务,德国通说认为应以得否独立以诉请求履行(selbständig einklagbar)为判断标准[1],其得独立以诉请求的,为从给付义务(亦有称之为独立的附随义务),其不得独立以诉请求的,则为附随义务(或称为不独立的附随义务)。如甲出卖某车给乙,交付该车并移转其所有权为甲的主给付义务,提供必要文件(如行车执照或保险契约书)为从给付义务,告知该车的特殊危险性,则为附随义务。

三、附随义务的功能

附随义务种类甚多,就其功能言,可分为两类:

①具给付关联的附随义务:此类附随义务旨在促进实现主给付义务,使债权人的给付利益获得最大可能的满足(辅助功能),例如,花瓶的出卖人应妥为包装,使买受人得安全携回;运动器材的出卖人应告知其使用方法。

②不具给付关联的附随义务:此类附随义务旨在维护他方当事人人身或财产上利益(保护义务)。此种附随义务所保护利益,在德国判例学说上称为 Integritätsinteresse(完整利益)或 Erhaltungsinteresse(维持利益)。例如,雇主应注意其所提供工具的安全性,避免受雇人因此而受损害;油漆工人应注意不要污损定作人的地毯;书籍的借用人于返还时,应告知其书籍曾经接触患麻风病者之手。须注意的是,附随义务兼具上述两种功能的,亦属有之,例如,汽锅的出卖人应告知其使用上应注意事

---

[1] 此为德国曾经的通说,有关两者区分的学说发展,请参见李昊:《德国新债法中附随义务的构造》,载《环球法律评论》2009年第5期。

项,一方面使买受人给付上的利益得获满足,一方面亦维护买受人的人身或财产上的利益不因汽锅爆破而遭受损害。

基上所述,可知债之关系系以主给付义务为核心,决定债之关系(尤其是契约)的类型。与主给付义务最具密切关系的,为从给付义务,债权人得诉请履行,其功能在于使债权人的主给付利益得获满足。附随义务则在辅助实现债权人给付利益(如花瓶出卖人的包装义务)。

值得特别提出的是,契约附随义务中的保护义务(Schutzpflicht),论其性质,相当于侵权行为法上的往来交易安全义务(Verkehrssicherungspflicht、Verkehrspflicht)①,与给付义务的关系较远。债之关系乃一种法律上的特别结合关系,依诚实信用原则,一方当事人应善尽必要注意,以保护相对人的权益不受侵害,例如,运动器材的出卖人应告知其使用方法及危险性。

四、附随义务的违反与不完全给付

"民法"系以给付义务(主给付义务)为核心,新修正第 227 条规定:"Ⅰ因可归责于债务人之事由,致为不完全给付者,债权人得依关于给付迟延或给付不能之规定行使其权利。Ⅱ因不完全给付而生前项以外之损害者,债权人并得请求赔偿。"所谓不完全"给付",解释上除主给付义务外,尚应包括从给付义务,如甲出卖 A 马与乙,其所交付的 A 马患有疾病,致感染他马时,构成主给付不完全。设甲所交付的该马血统证明书具有瑕疵,难为必要的证明,致乙不能参加赛马或转售时,应认系构成从给付的不完全,亦应有第 227 条的适用。

有疑问的是,因可归责于债务人之事由,违反契约上的附随义务,致债权人受有损害时,债权人得否依不完全给付债务不履行规定,请求损害赔偿,例如,雇主不为受雇人加入劳工保险,受雇人不能依"劳工保险条例"的规定请领保险给付时,得否主张雇主应负债务不履行责任?于此情形,雇主所违反的是雇主未为受雇人加入劳工保险的附随义务,问题在于不完全给付得否扩张解释及于附随义务的违反。对此问题,应采肯定说,应说明的有三:

---

① Verkehrssicherungspflicht,有译为交通安全义务,有译为交易安全义务,有译为社会安全义务。最近多称为往来交易安全义务,实务上采之(2017 年台上字第 1148 号),参阅拙著:《侵权行为》(第三版),北京大学出版社 2016 年版,第 316 页。

(1)关于新修正第227条规定,"立法说明书"谓:"不完全给付如为加害给付,除发生原来债务不履行之损害外,更发生超过履行利益之损害,例如,出卖人交付病鸡致买受人之鸡群亦感染而死亡,或出卖人未告知机器之特殊使用方法,致买受人因使用方法不当引起机器爆破,伤害买受人之人身或其他财产等。遇此情形,固可依侵权行为之规定请求损害赔偿,但被害人应就加害人之过失行为负举证责任,保护尚嫌不周,且学者间亦有持不同之见解者,为使被害人之权益受更周全之保障,并杜疑义,源于本条增订第2项,明定被害人就履行利益以外之损害,得依不完全给付之理论请求损害赔偿。"须注意的是,"出卖人交付病鸡致买受人之鸡感染而死亡",乃不完全给付(加害给付),"出卖人未告知机器之特殊使用方法",则属附随义务的违反。由此可知,立法者亦认附随义务的违反得构成不完全给付,而有第227条的适用。

(2)台湾地区"侵权行为法"关于一般侵权行为未采概括主义。第184条第1项前段规定:"因故意或过失不法侵害他人之权利者,负损害赔偿责任",其保护客体不及于纯粹财产上损害(纯粹经济上损失)。① 被害人对加害人的过失须负举证责任。雇用人得证明对受雇人的选任、监督并无过失而免责(第188条第1项但书)。因此肯定违反附随义务亦得成立债务不履行责任,具有补充"侵权行为法"的功能。

雇主未为受雇人办理加入劳工保险,致受雇人于保险事故发生时不能请领保险给付,"最高法院"一向认为雇主应负侵权责任,1997年台上字第3746号判决谓:"劳工保险为强制保险,雇主如未为劳工办理劳工保险或将其退保,致劳工于退休时未能领取老年给付者,自属侵害劳工之权利,应负损害赔偿责任。又该老年给付之请求权,于劳工退休时始发生,其消灭时效应自斯时起算。"实则,劳工未能领取保险给付,其被侵害的不是劳工之权利(何种权利?),而是纯粹经济上利益。就侵权行为言,应适用第184条第2项规定。就契约责任言,得认雇主违反其为受雇人加入劳工保险的照顾义务,应依债务不履行规定负损害赔偿责任。②

---

① 参见拙著:《侵权行为》(第三版),北京大学出版社2016年版,第360页。
② 参见拙著:《雇主未为受雇人办理加入劳工保险之民事责任》,载《民法学说与判例研究》(第二册),北京大学出版社2009年版,第167页。

(3) 关于附随义务，"民法"未设一般规定，应肯定其与给付义务同属契约上的义务，发挥法院造法的功能，有助于完善"民法民事责任体系"。在德国，自 Staub 发现积极侵害契约（积极侵害债权）以来，即包括不良给付（Schlechtleistung）及附随义务的违反（Verletzung der Nebenspflicht）两种类型，实务上以后者更为常见。台湾地区继受德国法上积极侵害债权的理论，而称之不完全给付，是否及于附随义务的违反，未臻明确。为期涵盖，得扩张解释不完全"给付"，使之包括二者。附随义务的违反与不完全给付介于侵权责任与契约责任之间，涉及民事责任制度的变革及发展，如何调整现行"民法"的概念和体系，实有赖于判例学说的协力，达成共识，期能在法之发现过程上更向前迈进一步。

第三款 先契约义务与后契约义务

例一、甲因过失不知某屋业已灭失，仍出售与乙。试问：
1. 甲违反何种义务？
2. 乙得主张何种权利？

例二、甲受雇于乙公司担任电脑工程师，因待遇调整问题，发生争吵，乙公司乃终止契约，拒绝发给服务证明书，甲愤而泄露乙公司开发新机种之秘密。试问：
1. 甲违反何种义务，乙公司得主张何种权利？
2. 乙公司违反何种义务，甲得主张何种权利？

一、先契约义务

因债之关系的成立而发生各种义务群，已如上述。须特别指出的是，当事人为缔结契约而接触、准备或磋商时，亦会发生各种说明、告知、保密、保护等其他义务，学说上称为先契约义务（vorvertragliche Pflicht），违反者，得成立缔约上过失[1]（culpa in contrahendo），或先契约责任（pre-contractual liability）。第247条第1项谓："契约因以不能之给付为标的而无效者，当事人于订约时知其不能或可得而知者，对于非因过失而信契约为有效致受损害之他方当事人，负赔偿责任。"系现行"民法"关于先契约义务及缔约上过失的特别规定。例如，甲因过失不知某屋业已毁于火灾，仍与乙订立买卖契约，对乙所支出的代书或登记费用，应负赔

---

[1] Hondius (ed.), Precontractual Liability, 1991.

偿责任。梅仲协先生更进一步认为:当事人所欲订立之契约,其必要之点不合意时,契约固属不能成立。但当事人一方,因可归责于自己之事由,使事实不克臻于明了,致引起他方当事人之误解,酿成不合意者,则应负契约过失之责任,该他方当事人因契约不成立而蒙受损害时,得请求相对人赔偿其消极利益。① 值得注意的是,"民法"修正增订第245条之1:"Ⅰ契约未成立时,当事人为准备或商议订立契约而有下列情形之一者,对于非因过失而信契约能成立致受损害之他方当事人,负赔偿责任:一、就订约有重要关系之事项,对他方之询问,恶意隐匿或为不实之说明者。二、知悉或持有他方之秘密,经他方明示应予保密,而因故意或重大过失泄露之者。三、其他显然违反诚实及信用方法者。Ⅱ前项损害赔偿请求权,因二年间不行使而消灭。"明确肯定基于诚实信用原则而发生的先契约义务,对民法的发展深具意义。

二、后契约义务

契约关系消灭后,当事人尚负有某种作为或不作为义务,以维护给付效果,或协助相对人处理契约终了的善后事务,学说上称为后契约义务(nachvertragliche Pflichten)。② 此项义务的发生,有基于法律特别规定的,如"劳动基准法"第19条规定:"劳动契约终止时,劳工如请求发给服务证明书,雇主或其代理人不得拒绝。""医疗法"第71条规定:"医疗机构对出院病人,应依病人要求,提供病历复制本,必要时提供中文病历摘要,不得无故拖延或拒绝:其所需费用,由病人负担。"基于补充的契约解释而发生的后契约义务,其主要者有:企业的出卖人不得再为营业竞争;离职的受雇人仍应保守雇主的营业秘密;房屋的出租人于租赁关系消灭后,应容许承租人于适当地方悬挂迁移启事等。对于后契约义务,债权人亦得请求履行(如发给服务证书、病历摘要、悬挂迁移启事)。债务人违反后契约义务时,与违反一般契约义务同,应依债务不履行规定负其责任。

---

① 参见梅仲协:《民法要义》,第93页。
② 参见拙著:《雇主对离职劳工发给服务证明书之义务》,载《民法学说与判例研究》(第七册),北京大学出版社2009年版,第123页以下;Esser/Schmidt, Schuldrecht I, S. 91 f.; Strätz, Über die sogenannte Nachwirkungen des Schuldverhältnisses und den Haftungsmassstab bei Schutzpflichtverstössen, Festschrift für Bosch, 1976, S. 699; v. Bar, Nachwirkende Vertragspflichten, AcP 179 (1979), 452 f.。

第四款　不真正义务

例一、甲明知乙无驾照而搭乘其车郊游,乙驾车违规超速,发生车祸,致甲受伤,甲向乙请求损害赔偿。试问:
1. 甲违反何种义务?
2. 乙得为何种主张?

例二、甲有一件宋代瓷器高价出售与乙,乙受领后,发现瑕疵,乃向甲为解除买卖契约之表示。其后证实,该件瓷器于解除前因乙保管疏懈而灭失。试问:
1. 乙违反何种义务?
2. 甲得为何种主张?

债之关系,除给付义务及附随义务外,尚有所谓的 Obliegenheit(暂译为不真正义务,亦有称为间接义务)。Obliegenheit 为一种强度较弱的义务(Pflichten geringerer Intensität),其主要特征在于相对人通常不得请求履行,其违反并不发生损害赔偿责任,仅使负担此项义务者遭受权利减损或丧失的不利益而已。此种不真正义务,在"保险法"上最为常见(参阅"保险法"第 56 条以下规定),"民法"上亦有之,兹举两种主要情形说明如下:

(1)第 217 条规定:"Ⅰ 损害之发生或扩大,被害人与有过失者,法院得减轻赔偿金额或免除之。Ⅱ 重大之损害原因,为债务人所不及知,而被害人不预促其注意或怠于避免或减少损害者,为与有过失。"被害人所违反的,系对自己利益的维护照顾义务(不真正义务),即所谓对自己之过失(Verschulden gegen sich selbst)。1981 年台上字第 375 号判决谓:"第 217 条所谓损害之发生或扩大,被害人与有过失云者,系指被害人苟能尽善良管理人之注意,即得避免其损害之发生或扩大,乃竟不注意,致有损害发生或扩大之情形而言,是与固有意义过失,以违反法律上注意义务为要件者,尚属有间。"亦同此见解。被害人在法律上虽未负有不损害自己权益的义务,但既因自己之疏懈造成损害之发生或扩大,与有责任,依公平原则,自应依其程度忍受减免赔偿金额的不利益。例如,甲明知乙无驾照而乘其车,对损害的发生与有过失,法院得减轻乙之赔偿金额。

(2)第262条规定,有解除权人因可归责于自己之事由,致其所受领之给付物有毁损灭失,或其他情形不能返还者,解除权消灭。本条所谓可归责之事由(故意或过失),亦属违反不真正义务。盖解除权人于因故意或过失致其所受领之给付物不能返还时,解除权或尚未发生;或虽已发生,但无从知之,难以计及法律上返还义务的存在。惟解除契约之基本目的在于恢复原状,解除权人既不能返还其所受领之给付物,理应承受解除权消灭的不利益。例如,买受人因买卖标的物(瓷器)具有瑕疵,虽有解除权(参阅第359条),但因可归责于自己之事由,致其受领之瓷器灭失,不能返还时,其解除权消灭。

第五款 债之关系上义务的体系构成及实务发展

一、体系构成

债之关系上的义务群,乃债法的核心问题。在处理债之问题时,需要考虑的是,相对人负有何种义务,得否请求履行,得否主张同时履行抗辩,违反义务时的法律效果?得否请求损害赔偿或解除契约等?例如,甲出售某名马给乙,价金1000万元,乙得否请求甲交付血统证明书;于甲未交付血统证明书前,乙得否拒绝支付价金?甲交付血统证明书迟延时,乙得否请求损害赔偿或解除契约?甲交付的血统证明书系伪造时,乙得主张何种权利?

台湾地区现行"民法"系以主给付义务为规律对象,基于诚信原则,由近而远,渐次发生从给付义务及其他附随义务,辅助实现给付利益,维护他方当事人的人身及财产上利益。其因此而组成的义务体系(Pflichtsystem),其发展形成多赖乎判例学说,名称犹未统一,界限亦难完全确定,例如,从给付义务与附随义务如何区别?对何种附随义务得诉请履行(Klagbarkeit)?以维护他方当事人人身及财产完整为目的之附随义务(保护义务),与侵权行为法上的社会安全义务,性质上如何区别?诸多问题仍未获完全澄清。现代债法的发展,在某种意义上,可以说是债之关系上义务群的发展,为便于观察,列表如下,并请参照本节各款之例题,至其涉及的问题俟后于论及相关制度时,再为详述。

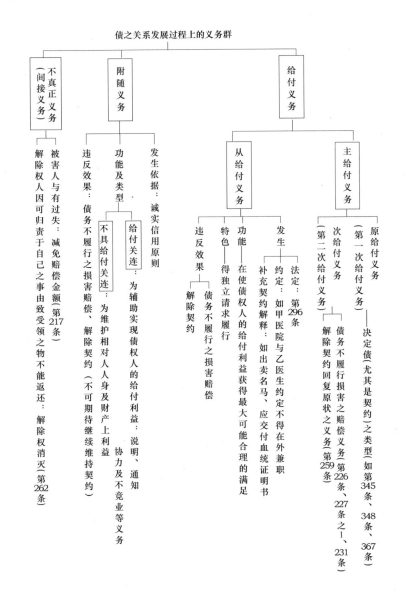

二、实务案例

债之关系(尤其是契约)的义务群的建构系债法发展的重要课题,本书特详为论述,并体现于实务案例,兹举若干"最高法院"判决,以供参照:

1. 买卖契约(2006年台上字第804号)："按于债之关系中,债务人之给付义务包括主给付义务与从给付义务在内。从给付义务之违反,若致主给付义务无法依债之本旨履行,即构成不完全给付,债权人自得请求债务人赔偿损害。本件上诉人仅将系争七笔土地所有权移转登记与被上诉人,未依约对杨○木等三人提起诉讼,又未依约由杨○木等三人所有之上开三笔土地分割出八米宽道路供被上诉人通行使用并将道路用地所有权移转登记与被上诉人,属不完全给付,为原审所确定之事实,则债权人即被上诉人自得对债务人即上诉人就系争七笔土地及其上建物欠缺八公尺宽道路供通行使用所减损之价值,请求损害赔偿。"

2. 租赁契约(2009年台上字第222号)："按出租人应以合于所约定使用、收益之租赁物交付承租人,并应于租赁关系存续中保持其合于约定使用、收益之状态,'民法'第423条定有明文。此项义务,为出租人之主给付义务,如出租人交付之租赁物,不合于约定之使用目的或于租赁关系存续中未保持合于约定使用、收益之状态者,即与债之本旨不符,承租人得主张同时履行抗辩权,拒绝租金之支付,并得依债务不履行之规定请求损害赔偿,或依瑕疵担保责任之规定行使瑕疵担保请求权。又契约成立生效后,债务人除负有给付义务(包括主给付义务与从给付义务)外,尚应尽其附随义务,以辅助债权人实现契约订立之目的,倘债务人未尽此项附随义务,债权人得依'民法'第227条不完全给付之规定行使其权利。"

3. 雇佣契约(2005年台上字第2406号)："查上诉人于原审主张:被上诉人离职后未保守雇主之营业秘密,反而趁伊公司业务中断之际掠夺伊公司之年度合约客户,并将伊原已进行之项目服务由采杰公司完成、收费,自已违反后契约义务,伊自得依'民法'第227条及第226条给付不能之规定,请求损害赔偿等情,自属重要之攻击方法,原审恝置不论,遽为上诉人败诉之判决,难谓无判决不备理由之违法。"

4. 委任契约(2006年台上字第1076号)："按学说上所称之'后契约义务',系在契约关系消灭后,为维护相对人人身及财产上之利益,当事人间衍生以保护义务为内容,所负某种作为或不作为之义务,诸如离职后之受雇人得请求雇主开具服务证明书、受雇人离职后不得泄露任职期间获知之营业秘密之类,其乃脱离契约而独立,不以契约存在为前提,违反此项义务,即构成契约终了后之过失责任,应依债务不履行之规定,负损害赔偿责任,与当事人间就契约本身应负之原给付义务未尽相同."

5. 医疗契约(2010年台上字第2428号):"按对人体施行手术所为侵入性之医疗行为,本具一定程度之危险性,修正前'医疗法'第46条(现行法为第63条)第1项前段并规定:医院实施手术时,应取得病人或其配偶、亲属或关系人之同意,签具手术同意书及麻醉同意书;在签具之前,医师应向其本人或配偶、亲属或关系人说明手术原因,手术成功率或可能发生之并发症及危险,在其同意下,始得为之。寻绎上揭有关'告知后同意法则'之规范,旨在经由危险之说明,使病人得以知悉侵入性医疗行为之危险性而自由决定是否接受,以减少医疗纠纷之发生,并展现病人身体及健康之自主权。是以医院由其使用人即医师对病人之说明告知,乃医院依医疗契约提供医疗服务,为准备、确定、支持及完全履行医院本身之主给付义务,而对病人所负之'从给付义务'(又称独立之附随义务,或提升为给付义务之一种)。于此情形,该病人可独立诉请医院履行,以完全满足给付之利益,倘医院对病人未尽其告知说明义务,病人固得依'民法'第227条不完全给付之规定,请求医院赔偿其损害."

6. 承揽契约(2007年台上字第448号):"系争契约固未就中势公司施工时造成之现场损害或邻损约定由何人负责,但按诸工程承揽契约之特性,承揽人对定作人除负有完成工作物之义务外,当然亦负有于施工期间防止工作物施工现场及邻地受损害之义务,此等义务纵未见诸契约约定,然依'民法'第148条诚信原则之法则,亦应认为承揽人之附随义务之一。是以中势公司既负有施工期间不得损害工地现场及邻地之义务,竟仍违背之而造成损害,致祥源公司因此须代负修缮之责,则就系争契约而言,中势公司即有不为完全给付之情形,且可归责于中势公司。依'民法'第227条之规定,祥源公司就其所支出之修缮费即为中势公司不完全给付所致生之损害,自得请求中势公司负赔偿之责."

第六节 债之关系之有机体性及程序性

甲出卖A牛给乙,价金5万元,甲将其对乙的价金债权赠与丙,并即让与之。甲于乙对丙支付价金时,即依让与合意将A牛交付与乙。A牛患有传染病,甲因过失而未发现,乙之牛群遭受感染,损失 30 万元,而乙怠于采取必要措施,对损害之扩大,与有20%的过失。乙对甲表示解除契约并请求损害赔偿。试就此例分析说明债之关系的结构。

由前面各款的论述,可知债之关系可分为狭义债之关系及广义债之关系,而广义债之关系的内容系由给付义务、附随义务及不真正义务等所构成。债权之本质在于受领给付而保有之,并得依法律途径强制实现。债务人原则上应以全部财产对债务的履行负其责任。广义债之关系,除上述各种义务外,尚包括其他权利(如选择权、解除权、终止权等)及某种法律地位(如受领相对人解除或终止契约意思表示)。诸此债之关系上的要素,并非个别单独存在,毫不相关,而是为满足债权人的给付利益,尤其是双务契约上之交换目的而互相结合,组成一个超越各个要素而存在的整体性。学者曾从各种角度加以观察,Siber 认为债之关系为一种有机体(Schuldverhältnis als Organismus)。① Herholz 认为系属一种"恒常的框架关系"(konstante Rahmenbeziehung)。② Esser-Schmidt 认为系一种计划(Plan)。③ Larenz 教授采哲学家 Nicolai Hartmann 在其《真实世界的建构》(Aufbau der realen Welt)一书中所创的概念,称之为 sinnhaftes Gefüge(暂译为具有意义的结构组合)。④ 各家用语虽有差异,但其实质内容殆无不同,均强调债之关系在其发展过程中得产生各种义务;个别的给付义务得因清偿而消灭,形成权得因其行使或不行使而失其效能;债之客体得因当事人的约定或法律规定而变更(如给付特定物之债,因可归责于债务人之事由致给付不能,变为损害赔偿之债);债之主体亦得因法律行为(如债权让与债务承担)或法律规定而更易,整个债之关系更可因契约承担而移转。于诸此情形,债之关系之要素虽有变更,但债之关系仍继续存在,不失其同一性。

所谓债之关系不失其同一性者,指债之效力依旧不变,不仅其原有的利益(如时效利益)及各种抗辩不因此而受影响,即其从属的权利(如担保)原则上仍继续存在。

---

① Siber, Schuldrecht, 1931, S. 1.
② Herholz, Das Schuldverhältnis als Konstante Rahmenbezihung. AcP 130 (1929), 257 f.
③ Esser/Schmidt, Schuldrecht Ⅰ, S. 29.
④ Larenz, Schuldrecht, Ⅰ, S. 27.

债之关系自始即以完全满足债权人给付利益为目的,法律哲学家 Radbruch 曾谓:"债权系法律世界中的动态因素,含有死亡的基因,目的已达,即归消灭。"① 由是观之,债之关系可谓系存在于时间过程上的一种程序,乃动态的发展过程,始自给付义务的发生,历经主体的更易,客体的变动,唯无论其发展过程如何辗转曲折,始终以充分实现债权人的给付利益为目标。债之发生及消灭反映着形形色色的经济交易活动,个人利益及社会需要皆因此而得到了满足。

当事人的给付义务均已履行时,债之关系固归于消灭,但在法律规范世界中,并非消逝无踪,仍继续以给付变动的原因而存在,例如,甲以其版画与乙的善本书互易,双方均已交付其物并移转其所有权时,互易契约虽因而消灭;但仍继续作为甲占有乙之善本书并取得其所有权,乙占有甲的版画及取得其所有权的法律上原因,成为受领相对人给付的依据,此乃为"债法"与"物权法"功能上关联的所在:当事人依"物权法"规定取得物权时(第758条、第761条),法律所赋予者,为形式的依据;债之关系为其得终局保有此项物权的实质基础。

关于债之关系体系结构的认识,对法律思考助益甚巨,特再就前揭例题加以解剖观察(请先自行研究,阅读条文!):

(1)甲出卖 A 牛给乙,价金 5 万元,当事人就标的物及其价金互相同意,买卖契约即为成立(第345条第2项)。买卖为广义债之关系,得产生多数狭义债之关系:甲得向乙请求支付价金及受领标的物(第367条);乙得向甲请求交付该牛、并移转其所有权(第348条第1项)。甲与乙基于买卖契约(双务契约)互负给付义务;于他方当事人未为对待给付前,得拒绝自己之给付(第264条第1项)。

(2)甲将其对乙之价金债权赠与丙(第406条,负担行为),并即让与之(第294条),此项"债权让与",系属处分行为(准物权行为),因双方当事人的合意而生效力,甲对乙取得价金债权,债权的主体乃发生更易。第296条规定:"让与人应将证明债权之文件,交付受让人,并应告以关于主张该债权所必要之一切情形。"此为债权让与人的从给付义务。须注意的是,丙所取得的,乃基于买卖契约(广义之债)所生的个别债权(狭义债之

---

① Radbruch, Rechtsphilosophie, 1963, S. 243: „Das Forderungsrecht trägt den Keim seines Todes in sich, es geht unter, wenn es in der Erfüllung sein Ziel erreicht."

关系),不因此成为买卖契约的当事人,因此亦不能行使基于买卖契约而生的权利(如解除权)。

(3)乙对丙支付价金,系依债之本旨,向债权人为清偿,经其受领,债之关系消灭(第309条第1项)。

(4)甲交付与乙之 A 牛患有传染病,具有瑕疵(第354条),乙之牛群遭受感染,损失30万元,因不完全给付而受损害(所谓的加害给付);甲因过失而未发现牛有病,具有可归责之事由,乙得依债务不履行规定,请求损害赔偿(新修正第227条第2项)。此种损害赔偿之债,系给付义务(第一次给付义务)不完全履行而生的次给付义务(第二次给付义务)。乙对损害之扩大怠于采取必要措施,与有20%过失,乃违反所谓不真正义务(间接义务),法院得减轻甲的赔偿金额(第217条第1项)。甲对乙为损害赔偿时,其损害赔偿之债(狭义债之关系),因清偿而消灭(第309条第1项)。

(5)乙得因甲的不完全给付而解除契约。解除权系属形成权,其行使应向他方以意思表示为之(第258条第1项)。契约解除时,当事人双方互负恢复原状之义务。乙应返还由甲所受领之 A 牛(第259条第1款)。有疑问的是,乙究应向甲或丙请求返还其所支付之金钱(第259条第2款)。查契约解除时,应负恢复原状义务者,系契约之当事人;丙自甲所受让者,仅系个别价金债权而已,不因此成为契约当事人,前已论及,故乙应向他方当事人甲请求偿还支付的价金5万元,并附加自受领时起之利息。此项契约解除后恢复原状之义务,性质上亦属次给付义务(第二次给付义务),应准用第264条至第267条关于双务契约之规定。又乙之损害赔偿请求权不因解除契约而受影响(第260条)。

对债之结构的分析有助于认识债之构成要素、内在逻辑及变动发展。若无此项认识,对个别问题的了解,终属零碎的知识,未能构成完整的体系,难以处理错综复杂的债之关系。兹为便于观察,图示如下(不要强记,彻底理解,查阅相关条文):

第一编·第一章 债之关系的结构分析

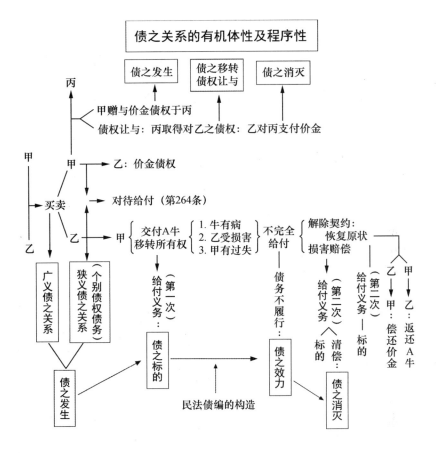

第二章 债法的体系、任务与发展

第一节 债法的编制体系

一、"民法"债编的构成

甲于3月3日出售A车给乙,约定3月10日交付。乙于3月4日出售其对甲之债权与丙。其后发现该车于3月1日灭失。试问:
1. 甲与乙间买卖A车的契约是否有效?
2. 乙与丙间买卖债权的契约是否有效?

"民法"第二编规定"债"。债编分为两章,第一章为通则(学说上称为债总),分为六节:债之发生、债之标的、债之效力、多数债务人及债权人、债之移转及债之消灭;第二章为各种之债(学说上称为债各),规定买卖、租赁、雇佣及合会("民法"增订)、旅游、人事保证等27种债。此种编制体例系采"从一般到特殊,由抽象到具体"的立法技术,将"共同事项"归纳在一起,作为通则,为共同适用的规定。因此,于处理相关问题(尤其是契约)时,首应检查债各是否设有规定;须债各无特别规定时,始适用债总的一般规定。

第246条第1项前段规定:"以不能之给付为契约标的者,其契约为无效。"在前开例题,甲于3月3日卖某屋给乙,而该屋于3月1日灭失,系属自始客观不能,其买卖契约为无效,甲应依"民法"第247条规定,对乙负信赖利益的赔偿责任。甲与乙间的买卖契约既为无效,乙自始未取得债权,乙以不存在之债权出售与丙,亦系以不能之给付为契约之标的。惟依第350条规定,"债权或其他权利之出卖人,应担保其权利确系存在",可知乙与丙间关于债权的买卖契约仍属有效,丙得依关于债务不履行之规定,行使其权利(第353条)。第246条系关于契约标的自始客观不能的一般规定,而第 350 条则系关于债权或其他权利买卖的特别规定,应优先适用。① 凡遇到此类问题时,须确实思考立法者所以设特别规定的理由,就本题言,即何以"民法"对物的买卖及债权的买卖设不同的规定,赋予不同的法律效果？其理由乃立法者认为权利欠缺外部可见的形体,买受人必须信赖出卖人,故应受较周全的保护。

二、"民法"债编与其他各编的关系

某甲欲丢弃旧笔 A,误取新笔 B 丢弃,某乙先占之。甲于次日发现其事,即向乙请求返还 B 笔,乙表示已将该笔让售给丙,并已同时履行。试问甲得向何人主张何种权利？

(一)债编与"民法"总则编

债编是"民法"的第二编,"民法"总则编的规定对于债之关系原则上均有适用余地。就契约言,关于契约的成立(要约与承诺均属意思表示)、契约的有效性(如当事人的行为能力),及契约请求权罹于消灭时效等。唯应注意的是,债编设有特别规定的,应优先适用。②

(二)债编与物权编

债编与物权编同属财产法,其在功能上的关联,分三点言之：

(1)债权行为以物权变动为其内容时(如买卖、互易及赠与),其履行须借助物权行为加以完成(参阅第 758 条、第 761 条)。易言之,即依物权行为取得物权,而以债权行为为其法律上之原因。

(2)担保物权(抵押权、质权等)旨在确保债权的实现,债权因有担保物权的保障,更能促进社会经济活动。

(3)债权请求权与物上请求权原则上得为并存竞合,如甲借汽车与乙使用,期限届满乙不予返还时,甲得依"民法"第 179 条(不当得利)、第 470 条(借用物返还)或第 767 条(所有物返还请求权)规定,请求返还借用物。

(三)债编与亲属编

亲属编对基于一定身份关系而发生的债权亦设有规定,如解除婚约

---

① 参见史尚宽：《债法各论》,第 17 页。
② 相关问题,参见"最高法院"1961 年台上字第 1000 号判例："支票之背书,如确系他人逾越权限之行为,按之'票据法'第 10 条第 2 项之规定,就权限外部分,即应由无权代理人自负票据上之责任。此乃特别规定优先于一般规定而适用之当然法理,殊无适用'民法'第 107 条之余地。"

或违反婚约的损害赔偿请求权(第977条以下);婚约无效、解除或撤销时的赠与物返还请求权(第979条之1);联合财产制消灭时剩余财产差额之分配请求权(第1030条之1);判决离婚损害赔偿请求权(第1056条),以及扶养请求权(第1114条以下)等。于诸此情形,"民法"债编规定均有适用余地。

(四)债编与继承编

继承编所规定的,系被继承人财产上一切权利义务之承受;所谓财产上之一切权利义务,包括债权及债务。继承编对债权亦设有规定,遗赠为其著例(第1200条以下规定)。

(五)案例解说

债编与"民法"其他各编,在适用上具有密切关系。处理实例时,在方法论上绝不是按照"民法"五编的先后次序加以思考,而是以请求权基础为出发点,综合整部"民法"相关规定而为适用。此点特为重要,关系民法的学习至巨,特就上开例题加以说明(请先自行思考解答):

首先应检讨的是,甲得否依第767条规定向丙请求返还B笔。此须以甲是该笔所有人,丙为无权占有为要件。甲原为B笔所有人,误将B笔为A笔而丢弃,系抛弃B笔所有权(第764条),发生物权行为上意思表示的错误,即甲若知其事情即不为意思表示,甲得将其意思表示撤销之(第88条第1项)。甲于次日发现错误后,即向乙说明事由,请求返还B笔,乃撤销其错误的物权行为的意思表示,其抛弃视为自始无效(第114条第1项),该B笔的所有权仍归甲所有。乙将B笔让售于丙,其债权契约虽属有效,但让与B笔的物权行为则为无权处分,效力未定(第118条第1项)。唯丙系以该B笔所有权之移转为目的,而善意受让该笔的占有,纵乙无让与之权利,其占有仍受法律之保护,而取得其所有权(第801条、第948条)。基上所述,丙善意取得B笔所有权,甲已非该笔所有人,不得依第767条规定向丙请求返还B笔。又丙取得B笔所有权,系受有利益致甲受损害,唯此乃基于法律规定;"立法意旨"在使善意受让者终局保留其权利,具有法律上原因,故不成立不当得利。

应再检讨的是,甲得否向乙请求返还让售B笔与丙的对价。乙无权处分甲的B笔,致丙善意取得该笔,乙取得在权益归属上应归属于甲的对价,受有利益致甲受损害,并无法律上原因,故甲得向乙依"民法"第179

条规定请求返还该 B 笔客观的价额,而非所得价金(有争论)。

在本案例以请求权基础整合民法总则、债编及物权相关规定,而认定当事人间的法律关系。简示其思考结构如下:

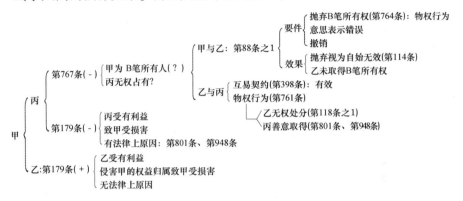

第二节 "民法"债编与民商合一

"民法"债编的内容,除债之通则外,尚有 27 种各种之债,内容浩繁,较诸德日债法,特为显著。其主要理由是现行"民法"采取民商合一制度,不于"民法"之外,另立"商法法典";而将民商分立的国家和地区(如德、日、法)在商法上所规定的,诸如行纪、运送、经理人及代办商等纳入债编加以规定。其性质特殊,不能与"民法"合一规定的,如公司、票据、海商及保险等,则分别另订特别法,学说上称为商事法,对于"民法"(尤其是债编),应优先适用。至其未规定事项,仍应依"民法"一般原则。例如关于保证人之资格"民法"未设限制,自然人及法人均得为之;惟依"公司法"第 16 条规定:"Ⅰ公司除依其他法律或公司章程规定得为保证者外,不得为任何保证人。Ⅱ公司负责人违反前项规定时,应自负保证责任,并各科新台币六万元以下罚金;如公司受有损害时,亦应负赔偿责任。"此为关于公司为保证的特别规定,应优先适用。至于公司负责人之保证责任及对公司之损害赔偿责任,"公司法"未设特别规定,应适用"民法"关于保证及损害赔偿责任的相关规定。

第三节　债法的社会任务与发展趋势

第一款　债法的社会任务

一、债法在现代法上的优越地位

"民法"债编条文占 1/3 以上，与其他各编具有密切关联，可说是"民法"的核心。就公司、票据、海商及保险等特别法合并观之，债法在现代法上实居于优越的地位，财货的贸迁，劳务的提供，损害风险的分配，多赖债法以为规范，而此与台湾地区社会经济发展息息相关。数十年来，台湾地区由农村经济蜕变成为一个高度开发的工商业社会。债法的两个重要制度——契约与侵权行为——提供此项发展的法制基层结构，作出了长远的基础性的贡献。

二、契约法与市场经济

契约法是建立在市场经济之上，参与交易活动的，系所谓的经济人（economic man）：趋利避害、精于计算、追求最大利润、拥有一切机会，但也承担所有的危险。此种自我负责原则亦含有伦理因素。倘财货的分配，悉赖"政府"的计划与统制，则个人选择、创造的自由，必受限制，势将妨害经济发展及社会进步。唯须强调的是，自由须以平等为前提；双方当事人地位悬殊，一方屈服于他方意志之下，即无公平正义可言。在市场经济中竞争至关紧要。竞争可以鼓励发明、促进革新、避免衰退，而且要求使用合理生产及销售方法；对于提高经济效益、提供最佳可能的产品及劳务，裨益至巨。准据上述，契约法所面临的任务在于秉持维护契约自由的原则，并兼顾实践契约正义，期能保护劳工、消费者等弱势者的权益。[1]

亚当·斯密（Adam Smith）在其名著《国富论》（*The Wealth of*

---

[1] 契约及契约法正处于重大的转换时期，美国学者 Gilmore 鉴于英美契约特有的"约因"（consideration）逐渐丧失其规范力，致改变了契约的交易性（bargain），而认为契约已告死亡。在德国私法自治原则受到定型化契约的冲击，致传统自由主义的契约法面临危险。如何重构契约法的理论体系，兼顾契约自由及契约正义，使契约得获再生，是契约法上的重大课题。参见 Kramer, Die Krise des liberalen Vertragsdenken, 1974; Gilmore, The Death of Contract, 1974; 庄维德: Gilmore:《契约之死亡研究》，载《法学丛刊》第 165 期，第 78 页；内田贵:《契约之再生》，弘文堂 1990 年版。

Nations)中曾谓:"人类是经常需要同类的援助;当然不能希望这种援助祇是出于他们的恩惠(benevolence)。他如果能够为了自己而刺激别人的利己心,这对他是有利的;并使他们知道他们为他做到他所要求的,乃是有利于他们的;则似乎更能收效。任何人向他人提议某种契约时,莫不打算这样做。'给我我所必要的,然后你也取你所欢喜的',这是任何交易的意义所在;因有这样的想法,我们可以彼此得到许多必要的照顾。我们所以能够得到饮食,这不是由于屠宰者、造酒者及制面包者的恩惠;这是得力于他们对其本身利益的尊重。我们并非诉诸他们的人道主义,是诉诸他们的利己心。"①

三、侵权行为法与风险社会

近年来由于社会发展快速、科技发达、人口集中、都市生活竞争激烈,政府施政不足以及法令执行不力,危害事故层出不穷,造成重大损失,形成一个风险社会。侵权行为法面临的重大课题,系如何防止或减少危害事故、填补损害,并与劳工保险、强制责任保险等补偿制度协力,建立符合公平有效率的补偿制度。②

第二款 债法与特别法

为因应社会经济发展,合理规范契约自由与契约正义,及建立公平、有效率的意外事故补偿制度,多年来立法者制定了为数不少的相关法令,形成了"民法"债编以外的特别私法。为呈现此项历史发展过程,增进了解其与台湾地区政治经济发展的关系,举其重要者,以其制定年代的次序排列如下:

1971 年:"核子损害赔偿法"。
1984 年:"劳动基准法"。
1988 年:"预防接种受害救济要点"("行政院卫生署")。
1991 年:"公平交易法"。

---

① 引自〔英〕亚当·斯密:《国富论》(上册),周宪文译,台湾银行经济研究室编印,1964年版,第15页。
② 参见拙著:《侵权行为法之危机及其发展趋势》,载《民法学说与判例研究》(第二册),北京大学出版社2009年版,第121页;拙著:《侵权行为》(第三版),北京大学出版社2016年版,第1—10页;Dewees & Duff & Trebilcock, Exploring The Domain of Accident Law: Taking the Facts Seriously, Oxford University Press, 1996.

1992年:"公害纠纷处理法"。①
1994年:"消费者保护法"。
1994年:"全民健康保险法"。
1995年:"个人资料保护法"(2010修正)。
1996年:"营业秘密法"。
1996年:"强制汽车责任保险法"。
1998年:"犯罪被害人保护法"。
1998年:"药物受害救济要点"。

前揭法令范围甚广,就时间言,1990年代之后的立法较多,此与解除戒严及社会力解放等具有"因果关系"。就其渊源言,兼受德国法及美国法的影响。就内容言,其涉及契约的,有劳动基准法、公平交易法、消费者保护法(尤其是关于定型化契约),旨在能以一只可见之手——法律——来巩固竞争秩序、促进总体经济发展并保护劳动者与消费者的权益。其他法律则多攸关意外事故的补偿制度。② 最后要再强调的是,研究债法,一方面要精研债法原理,一方面要认识债法特别法,期能宏观地理解债法与台湾地区社会发展的相互关系。

第四节 "民法"债编与债法现代化

第一款 1999年"民法"债编第一次修正

"民法"债编自1929年11月22日公布,翌年5月5日施行以来,迄今已届满九十余年。在长期的适用后,现有规定确有若干未尽妥适或疏漏不足之处,应予检讨修正。六十余年来,政治环境、社会结构、经济条件均有重大变化,对于今日繁复多变的生活态样,原本立基于农业生活形态的债编规定确已未敷所需。历经研讨终于在1999年完成修订工作,自

---

① 关于环保的重要法律,尚有"水污染防治法"(1974)、"废弃物清理法"(1974)、"空气污染防制法"(1975)、"噪音管制法"(1983)。
② 参见拙著:《侵权行为》(第三版),北京大学出版社2016年版,第23页。

2000年5月5日起施行。①

在修正范围方面,其"通则"部分增订15条、修正35条暨删除2条。"各种之债"部分增订52条、修正88条暨删除7条。"民法债编施行法则"增订21条、修正14条。总计在619条的现行条文中,本修正草案拟增修删废的条文合计234条,占原条文之26%,变动幅度甚高。修正内容有的仅在阐释法条文义疑义,有的将判例学说的发展加以明文化;修正内容多属妥适,产生疑义的,亦属有之。兹将主要修正重点列为七项简述如下,俟于相关部分,再行详论。

一、诚实信用原则

（一）诚信原则的一般化

旧"民法"第219条规定:"行使债权、履行债务,应依诚实及信用方法。"实务上曾拘泥于其文义及体系,认为诚实信用原则不适用于物权关系。② 为发挥诚实信用的规范功能,1982年修正"民法"总则编时,特于第148条第2项规定:"行使权利、履行义务,应依诚实及信用方法。"此项规定虽扩大诚实信用原则的适用范围,但仍限于行使权利、履行义务的方法。

（二）诚信原则与定型化契约的控制

诚实信用原则的重大演变,是"消费者保护法"第12条第1项规定,"定型化契约中之条款违反诚信原则,对消费者显失公平者,无效",使诚实信用作为规范定型化契约条款内容的准据,期能更合理地分配契约上的危险。

（三）诚信原则与缔约上过失

第245条之1规定,"显然违反诚实及信用方法者",应负缔约上过失责任。③ 其主要功能在于基于诚实信用原则创设先契约义务,尤其是说明及保密义务,对于债法的发展,具有重大深远的意义。

二、人格权保护与慰抚金请求权

民法以人为主体,人格权的保护最属重要,尤其是关于侵害人格权的

---

① 2000年5月5日公布施行"民法债编施行法"第36条规定,本施行法自"民法"债编施行之日施行。"民法"债编修正条文及本施行法修正条文自2000年5月5日起施行。但"民法"第166条之1施行日期,由"行政院"会同"司法院"另定之。

② 参见拙著:《诚信原则仅适用于债之关系?》,载《民法学说与判例研究》（第一册）,北京大学出版社2009年版,第149页。

③ 参见拙著:《缔约上之过失》,载《民法学说与判例研究》（第一册）,北京大学出版社2009年版,第70页。

慰抚金请求权。第18条第2项规定,人格权受侵害时,以法律有特别规定者为限,得请求损害赔偿或慰抚金。其得请求慰抚金的,如第194条、第195条、第979条、第999条等。第195条规定不法侵害他人之身体、健康、名誉或自由者,被害人就非财产上损害,亦得请求赔偿相当之金额。"民法"债编修正要点有三:

(1)人格法益得扩大、身份法益的创设:"民法"第195条规定:"I不法侵害他人之身体、健康、名誉、自由、信用、隐私、贞操,或不法侵害其他人格法益而情节重大者,被害人虽非财产上之损害,亦得请求赔偿相当之金额。其名誉被侵害者,并得请求回复名誉之适当处分。前项请求权,不得让与或继承。但以金额赔偿之请求权已依契约承诺,或已起诉者,不在此限。II前二项规定,于不法侵害他人基于父、母、子、女或配偶关系之身份法益而情节重大者,准用之。"

(2)债务不履行侵害人格权:"民法"第227条之1规定:"债务人因债务不履行,致债权人之人格权受侵害者,准用第192条至第195条及第197条之规定,负损害赔偿责任。"此项规定整合契约责任与侵权责任的区别,对契约法及民事责任的发展深具影响。

(3)旅游时间浪费:增设"旅游"契约,并于第514条之8规定:"可归责于旅游营业人之事由,致旅游未依约定之旅程进行者,旅客就其时间之浪费,得按日请求赔偿相当之金额。但其每日赔偿金额,不得超过旅游营业人所收旅游费用总额每日平均之数额。"此为债务不履行得请求慰抚金的特别规定,应予注意。[①]

三、契约

契约的修正范围甚广,分四点言之:

(一)契约自由原则的修正

"民法"债编修正涉及契约自由的有二:

1. 定型化契约的规范:于第247条之1规定:"依照当事人一方预定用于同类契约之条款而订定之契约,为左列各款之约定,按其情形显失公平者,该部分约定无效:一、免除或减轻预定契约条款之当事人之责任者。二、

---

① 参见拙著:《时间浪费与非财产上损害之金钱赔偿》,载《民法学说与判例研究》(第七册),北京大学出版社2009年版,第91页。关于契约上的非财产上损害及慰抚金,参见 Braschos, Der Ersatz immaterieller Schäden im Vertragsrecht, 1979.

加重他方当事人之责任者。三、使他方当事人抛弃权利或限制其行使权利者。四、其他于他方当事人有重大不利益者。"

2. 增设要式行为，明定合会契约（第709条之3）及人事保证（第756条之1）以书面为之。

(二) 增设情事变更原则

"民法"第227条之2规定："契约成立后，情事变更，非当时所得预料，而依其原有效果显失公平者，当事人得声请法院增、减其给付或变更其他原有之效果。前项规定，于非因契约所发生之债，准用之。"《德国民法典》为尊重契约，未采情事变更原则，而由判例学说发展出所谓行为基础丧失（Wegfall der Geschäftsgrundlage）理论、台湾地区现行"民法"原亦未设情事变更一般原则，兹经由"民法"修正引进，具有重大意义。

(三) 增设三种典型契约

增设旅游（第8节之1，第514条之1以下）、合会（第19节之1，第709条之1以下）及人事保证（第24节之1，第756条之1以下）三种典型契约。

(四) 创设缔约上过失责任

"民法"第245条之1规定："Ⅰ 契约未成立时，当事人为准备或商议订立契约而有左列情形之一者，对于非因过失而信契约能成立致受损害之他方当事人，负赔偿责任：一、就订约有重要关系之事项，对他方之询问，恶意隐匿或为不实之说明者。二、知悉或持有他方之秘密，经他方明示应予保密，而因故意或重大过失泄露之者。三、其他显然违反诚实及信用方法者。Ⅱ 前项损害赔偿请求权，因二年间不行使而消灭。""先契约责任"（pre-contractual liability）与契约责任及侵权责任，深具关联，涉及台湾地区民事责任体系的再构成，关于其解释适用，将于本书作较深入的探讨。

四、侵权行为

侵权行为规定的修正重点有三：

1. 三个独立侵权行为类型：明定违反保护他人之法律致生损害于他人者，系独立之侵权行为类型（第184条第2项），明确肯定"民法"第184条规定为三个独立侵权类型的体系。

2. 增设无行为能力人或限制行为能力人侵权行为的衡平责任：修正"民法"第187条规定，使无行为能力人或限制行为能力人衡平责任的适用包括法定代理人之经济状况。鉴于未成年人侵权行为日益增加，此项规定有助于保障被害人的权益。

3. 特别侵权行为的现代化:创设商品制造人责任(第191条之1)、动力车辆驾驶人责任(第191条之2)以及一般危险责任的概括规定(第191条之3),均采推定过失责任,对侵权行为的归责原则作了必要调整。

五、债务不履行

"民法"债编的修正完善了债务不履行的制度。"民法"第227条明定:"Ⅰ因可归责于债务人之事由,致为不完全给付者,债权人得依关于给付迟延或给付不能之规定行使其权利。Ⅱ因不完全给付而生前项以外之损害者,债权人并得请求赔偿。"现行"民法"上的债务不履行体系以给付不能及给付迟延为核心,但实务上以不完全给付为重要。如何扩大不完全"给付"及于"附随义务"的违反,建立其与缔约上过失(先契约责任)的体系关联,并阐释不完全给付与瑕疵担保责任的适用关系,是台湾地区民法学上的重大课题。

六、损害赔偿

1. 物之损害赔偿:修正"民法"第196条,规定不法毁损他人之物者,被害人得请求赔偿其物因毁损所减少之价额。

2. 恢复原状与金钱赔偿:损害赔偿之方法仍以恢复原状为原则,但应许被害人得请求支付恢复原状所必要之费用以代恢复原状(第213条第3项),俾合乎实际需要,并周密保护被害人。

3. 增设损益相抵之规定:"民法"第216条之1规定:"基于同一原因事实受有损害并受有利益者,其请求之赔偿金额,应扣除所受之利益。"

4. 增设被害人应就其代理人或使用人之过失负责(修正第217条第3项)。学者通说及实务上见解,向来认为第224条的规定,于过失相抵的情形,在被害人方面应有其类推适用。为明确计,特规定被害人之代理人或使用人之过失,应视同被害人之过失,而适用过失相抵原则。

七、消灭时效

消灭时效的修正重点有三:

1. 缔约上过失:增订第245条之1第2项规定,基于同条第1项规定而发生的损害赔偿请求权,因2年间不行使而消灭。

2. 自始客观不能:增订第247条第3项规定,契约因自始客观不能而无效时,其损害赔偿请求权因2年间不行使而消灭。

3. 物之瑕疵担保:修正"民法"第365条第1项规定,买受人因物有瑕疵,而得解除契约或请求减少价金者,其解除权或请求权,于买受人依第

356 条规定为通知后 6 个月间不行使,或自物交付时起经过 5 年而消灭(原规定为于物交付后 6 个月间不行使而消灭)。

为使读者对于上述修正有较清楚的认识,就相关制度,列表如下:

请求权		时效期间	条文
一般请求权		15 年	一般期间(第 125 条)
侵权行为损害赔偿请求权		1. 自请求权人知有损害及赔偿义务人时起 2 年 2. 自侵权行为时起 10 年	特别期间(第 197 条)
债务不履行损害赔偿请求权(包括不完全给付)		15 年	一般期间(第 125 条)
买受人契约解除权、减少价金请求权(第 365 条)		1. 依第 356 条规定为通知后 6 个月 2. 自物交付时起 5 年	1. 第 356 条(新修正) 2. 多数说认为系除斥期间
缔约上损害赔偿请求权	意思表示因错误被撤销(第 91 条)	1 年	一般期间(第 125 条) 除斥期间(第 90 条)
	无权代理(第 110 条)	15 年(通说)	一般期间(第 125 条)
	契约缔约上过失(第 245 条之 1)	2 年	特别期间第 245 条之 1Ⅲ(新增订)
	给付自始客观不能(第 247 条)	2 年	特别期间第 247 条(新增订)

消灭时效(或除斥期间)关系当事人权利至巨,并涉及请求权竞合等问题,现行规定及修正条文是否合理?在价值判断、利益衡量上,彼此间是否一贯?为何同为缔约过程上法律行为不成立、无效或被撤销而生的损害赔偿请求权,其期间不同,有为 15 年,有为 2 年?现行法上的消灭时效制度实有全盘研究的必要。

第二款　债法现代化与"民法"债编第二次修订

一、债法现代化

1999 年的"民法"债编修正,确有助于使"民法"更能适应社会的需要。修正条文虽多,但仍以传统的法律体系架构为基础,属于补充修缮的性质,并未彻底检讨调整其基本原则及体系构造。首先应提出的是债法(尤其是契约法)的现代化,兹举三个代表性的发展,加以说明:

(一) 欧洲私法整合①

债法现代化是目前各国和地区法律的重要课题,致力于重新检视债法的历史基础、传统体系架构及理论发展,使其更能适应现代社会经济变迁的需要。1970年代开始的欧洲私法统一运动,采用比较方法,发现萃取各国和地区私法的共同核心(common core),借以整合欧洲各国和地区的私法,并以制定欧洲民法典为目标。许多不同的学术团体,集合众多学者,研拟各种方案,其中最有成就的是 Lando 教授主持的欧洲契约法委员会(此为学术团体,而非官方机构)所提出《欧洲契约法原则》(Principles of European Contract Law,1980年开始,1992—1997年分别完成研究报告,简称 PECL)。最近由欧盟官方机构支持赞助学术团体于2007年完成了《共同参考架构草案》(Draft Common Frame of Reference,简称 DCFR),其全名为"Principles, Definitions and Model Rules of European Private Law",提出欧洲私法原则、定义及模范规则作为欧洲私法整合的基础。

欧洲私法整合的重点是契约法,除前述《欧洲契约法原则》(PECL)外,尚有两个重要的国际契约法文件,即1980年《联合国国际货物销售合同公约》(United Nations Convention on Contracts of the International Sale of Goods,简称 CISG)及私法统一协会(UNIDROIT)所提出的《国际商事合同通则》(Principles of International Commercial Contracts,简称 PICC,有1994、2004、2010、2016年版)。CISG、PICC、PECL(请记住这些简称)三个契约文件体现契约法国际化的趋势,三者的性质、适用范围各有不同,但内容多相互参考,具有共通性,也因此发挥其影响力,更受重视,在台湾地区应列为大学的教学研究课题(!!)。

(二) 德国债法现代化

关于各国和地区债法修正,最受重视的为德国债法的现代化。《德国民法典》施行于1990年,历经多年政治、社会及经济重大变迁,民法债编并无重大修正。1980年代以后虽有修正计划及相关研究报告,但因缺少动力而致停顿。直至2002年始制定《债法现代化法》(Schuldrechtsmodernisierungsgesetz),作大的改革(grosse Lösung),其原因有三:

---

① 参见陈自强:《整合中之契约法》,元照出版有限公司2011年版,第169页以下;陈自强:《欧洲契约法发展之最新动向》,载《月旦法学杂志》第182期。

1. 德国债法(尤其是债务不履行、给付障碍法)是建立在罗马法之上,业已老化,确有检讨更新余地。

2. 趁欧盟关于消费者买卖指令须于 2002 年转化为国内法的时机,作大幅度的修正。

3. 为维护德国民法的声望,增强德国法在欧洲法律市场的竞争力。

德国债法修正可称为一种再法典化、债法的革命。修正重点包括将相关的特别法(如一般交易条款规制法等)纳入债编。尤其是参考 CISG、PICC、PECL 等契约法文件对债法核心给付障碍(Leistungsstörungen)所涉及的债务不履行结构作革命性的调整,采用义务违反(Pflichtverletzung)的上位概念(第 280 条),统一规范给付不能、给付迟延、瑕疵给付、不良给付以及违反保护义务的态样及缔约过失。尤其是将物之瑕疵担保整合于债法一般规定,买受人就物之瑕疵所生其他损害(加害给付,德国法上称为 Begleitschäden),亦得依债法一般规定(第 280 条),请求损害赔偿。

(三)大陆 2020 年《民法典》

大陆于 1999 年制定《合同法》,立法目的在于保护合同当事人的合法权益,维护社会经济秩序,促进社会主义现代化建设。合同法现代化的努力在于与国际契约法发展接轨,尤其是参考《联合国国际货物销售合同公约》(CISG)(中国为该公约的签属国),规定违约责任。2020 年制定的《民法典》继受合同法的制度,其特色有三:

1. 采统一的违约概念,不区别给付不能、给付迟延及不完全给付。
2. 对违约采严格责任(无过错原则)。
3. 将物之瑕疵担保纳入违约责任,加以一体化。

二、债法的第二次修正

为适应债法现代化的发展,并重新检视九十年来债法实践的经验,"民法"债编应有再修正的必要性:

1. 以再法典化的理念,检视民法与特别法的关系,重整债务不履行的法律构造等根本问题。

2. 使债法(尤其是契约法)能与全球化发展接轨,使台湾地区法律人更有国际视野,参与全球化的经济贸易活动,不使台湾地区"民法"孤立、边缘化。要使台湾地区"民法"有国际对话交流的共同语言。

3. 债法的第二次修正须借鉴他人的经验而有所创新,使台湾地区更能积极有贡献地参与东亚法律的整合与发展。

4. 债法修正事关重大,应集合众力,认真对待,就重要问题作专题性的研究报告,并与德国债法修正、日本债法修正及大陆 2020 年《民法典》及其施行的经验,作深刻的比较研究。此外应特别重视立法理由,公布研讨实录,以利法学研究及法律适用。

5. 以债法的再修正带动民法学的研究,吸引更多的人才,反省、更新、丰富教学研究的内容,更进一步活化民法学的发展及法律的进步。

第二编 契约法

第一章 基本理论

第一节 契约与契约法

甲选修民法课程,到某乙书店购买《民法债编总论》,发现有5本不同的著作,深思熟虑后,决定购买某教授所著A书。甲回家途中一直思考以下问题:

1. 为何有多达5种的《民法债编总论》?
2. 究应购买A书或B书?
3. 啊!我未与店员商定该书缺页时,应如何处理,怎么办?
4. 契约与契约法究具有何种功能,试从"效率"观点,作所谓的"经济分析"。
5. 何谓契约自由?契约自由是否系受宪法保障的基本权利?基本权利如何适用于私法关系?

一、由身份到契约

债之发生,有基于法律行为,亦有基于法律规定。基于法律行为而发生之债,除法律另有规定外,须有当事人间的契约,是为契约原则。"民法"债编第一章将契约列为债之发生原因之首,乃在强调当事人自主决定其权利义务的重要性。英国法制史学家梅因(Maine)曾谓,人类进步社会的发展是由身份到契约①,形成了韦伯(Weber)所谓的契约社会②。在早期社会,契约关系通常系依习俗及身份而决定,多非基于当事人的自由意思。在集权或计划经济社会,统治者专权决定一切,个人自由选择的权利未获尊重,契约的机能甚属有限。契约制度乃在肯定个人自主及自由选择的权利,期能促进经济发展及社会进步。

契约的功能在于进行买卖、租赁、雇佣、借贷等各种交易活动。在分工的社会,自由、自愿的交易是增加消费者满足及社会财富的重要方法。市场经济是由持续不断的各种交易所构成,例如,在书局购买一本《民法债编总论》,试想关于纸张及其他材料、印刷、经销、著作权等要借助多少契约媒介始克完成! 契约的另一项功能在于增进经济效益。在一个自由的市场,商品或劳务的生产、提供或分配,不是全由国家或政府决定,而是经由市场经济与契约机制而达成。契约与市场经济的关系密切、不可分离,相伴而生,彼此依存,同其兴衰。以契约为机制的市场经济,是建立在信用体系之上,市场经济、契约和信赖(信用)是不可分割的三位一体。③ 诚如 Roscoe Pound 所云:财富,在一个商业的时代,大部分是由承诺所构成。④ 承诺所引起的,乃对我未来行为,而非仅对我当前的诚意的信赖。

二、契约的经济分析⑤

(一)契约自由的经济功能

契约自由系体现私法自治的基本权利(详见下文)。法律人应认识

---

① Henry Maine, Ancient Law, 1864, p. 165:"That the movement of the progressive societies has hitherto been a movement from status to contract."(商务印书馆有中译本《古代法》)。关于梅氏的生平及著作,参见 R. A. Gosgrove, Scholars of the Law, 1996, pp. 119-145. (本书介绍 Blackstone, Bentham, Austin, Holland, Hart 等英国重要法学者)。

② 参见马克斯·韦伯(Max Weber):《论经济与社会中的法律》,张乃根译,中国大百科全书出版社 1998 年版。本书大部分采自韦伯的名著《经济与社会》第 7 章(创造权利的形式),论述契约自由与限制甚详,颇值参考。

③ Ferid, Contract as Promise, A Theory of Contractual Obligation, 1981, p. 11:"A promise invokes trust in my future actions, not merely in my present sincerity."(承诺所引起的,乃对我未来行为,而非仅对我当前的诚意的信赖)。关于市场、道德与法律的关系,参见 Coleman, Markets, Morals and the Law, 1988.

④ Roscoe Pound, Introduction to the Philosophy of Law, 1961, p. 236:"Weath, in a commercial age, is made up largely of promises"。

⑤ 以下说明,参见[德]汉斯-贝恩德·舍费尔、克劳斯·奥特:《民法的经济分析》(第 4 版),江清云、杜涛译,法律出版社 2009 年版,第 378 页以下。Adams, Ökonomische Theorie des Rechts, 2. Aufl., 2004; Cooter/Ulen, Law and Economics, 6th ed., 2012; Posner, Economic Analysis of Law, 9th ed., 2014; Shavell, Foundations of Economic Analysis of Law, 2014.

契约自由的经济功能。从经济学的观点言,契约自由的重要性系使有限的资源在一个有效率的竞争机制中得作最有使用价值的配置。契约自由指向市场经济。在市场经济,价格反映商品与服务的稀缺,有效生产能力的产出,而能刺激发现新的生产方法,提高生产力,增加社会物质财富的总量。契约的自由与公平在完全竞争的情形,促成社会福利的最大化,使每个人能够在不损害他人的情形下,经由订立契约而改善他们的处境(帕累托效率,Pareto efficiency),获得利益。

(二)契约自由的风险

契约自由和公平虽能增加当事人的利益,但在契约缔结成立和履行过程中伴随着两种主要的风险:

1. 不确定性:例如原物料的价格变动、罢工、战争、疫情、进出口法令的修改等难以预料或控制的情事。从而发生如何形成契约法的规则,以最低的成本分配契约不确定的风险。

2. 信息不对称的困境:契约当事人一方难以获得关于缔约或履约的相关信息,而发生隐藏信息,导致发生不公平的投机行为。例如房屋买受人不知其系海砂屋;消费者难以查证商品广告的虚实;旅客不知旅行社有停业之虞;金钱贷与人不知借用人将该项贷款用于高度风险的投机交易。

(三)完全契约的经济模式

完全契约(完整契约)的经济模式有助于了解契约法的经济功能。完全契约(complete contracts)是指契约当事人对履行契约相关的所有风险都作有约定的契约。所谓相关风险,包括当事人认识并讨论各种履行障碍的可能性(给付不能、不完全给付、延迟给付),分配及确定契约一方当事人应承担的责任(积极利益或消极利益的损害赔偿、减价、修补等)。风险的分配影响商品或服务的价格。当事人通常会依契约的特色,将风险分配给能以最少费用避免风险,或愿意承担风险的一方当事人,并借此调整交易条件,经由契约谈判从事互利性的法律交易。交易的价格(价金、租金、报酬)反映相对应的风险预期值,也因此减少了变更契约、违约的争议。

完全契约是一种思考模式。由于高交易成本(尤其是信息成本)实际上难以成立完全契约。现实的契约通常只约定和分配部分风险。应强调的是,完全契约具有重要的实践意义,分三点言之:

1. 描述契约的所有风险,探究对契约双方当事人都有利的风险分配原则。

2. 认识决定契约价格的机制,以风险预期值反映商品或服务的价格。

3. 如何通过法律和司法判决重构完全契约。

三、契约法的机能

契约系当事人依其合意自主决定其权利义务。本诸契约自由原则,当事人既得商定其内容,为何还要契约法?契约法究具有何种功能?

(一)降低交易成本

契约具有伦理道德性。契约神圣(pacta sunt servanda),应予遵守。① 交易惯例亦有助于契约的履行及纠纷的解决。通常市场上的卖方愿意承担履行契约的义务,在出现履行障碍时愿意给予公平的补偿,因为诚信的契约当事人会得到市场的奖赏,获得更多的顾客及交易缔约的机会。然而在尚未建立信任关系的情形(所谓的匿名交易),契约法具有促成交易、降低成本的四种重要功能:

1. 契约法(法律及法院判决)模仿完全契约的风险分配原则,节省了缔约的信息成本和协调成本。

2. 契约法通过缔约前信息揭露等规则,减少事前投机行为(如缔约过失责任)。

3. 契约法建立行为准则,包括契约的补充解释、定型化契约的规律及情事变更原则,减少事后投机主义。

4. 契约法能够经由经济理性,引导促进资源的配置。

(二)法律机制:任意规定与强行规定

法律担负着两个重要的规范任务:

1. 契约法所设的"任意法规",乃就通常情形,对契约上的危险作合理的分配,以补当事人意思的不备(所谓契约漏洞),提供当事人谈判商议的基础,降低交易的不确定性。在此意义上,契约法具有服务的功能:

(1)解释不完全的契约。

(2)确保契约内在实质价值的实现。②

---

① Gordley, The Philosophical Origins of Modern Contract Doctrine, Oxford University Press, 1991.

② 向明恩:《论任意性契约法规范之作用与变动》,载民法研究基金会主编:《民事法理论与实务的新开展——陈志雄律师八秩华诞祝寿论文集》,新学林出版公司2020年版,第39页。

2. 契约法上的"强行规定"(如"民法"第71条、第73条、第74条),旨在维护法律交易程序及实质上的公平性①,并使当事人得经由法院实现其契约上的请求权。

从经济分析的观点言,契约法可以说是经济活动的润滑剂,有助于扩大交易的数量及规模,增进分工及效率,减少交易成本。对市场经济而言,契约法的功能犹如货币。②

第二节 契约自由与基本权利

第一款 契约自由、私法自治系受"宪法"保护的基本权利

契约自由在市场经济具有最适配置资源的重要功能,前已说明。值得特别注意的是,"司法院"释字第580号解释肯定契约自由系受"宪法"保障的基本权利。本件解释涉及"耕地三七五减租条例"及若干规定的"合宪性"问题。

在台湾地区政治社会的发展史上有两个法律具有特殊社会经济意义,一为1958年制定的"劳工保险条例",一为1951年制定的"耕地三七五减租条例",二者均为处理农工问题所采的重要措施。前者旨在保障劳工权益,建构了台湾地区社会福利体系的基础。后者以法律手段从事土地改革。"耕地三七五减租条例"第2条强制规定耕地租赁的地租,即耕地地租租额,不得超过主要作物正产品全年收获总量千分之三百七十五;原约定地租超过千分之三百七十五者,减为千分之三百七十五;不及千分之三百七十五者,不得增加。本件解释主要争议在于"耕地三七五减租条例"本身及若干规定是否侵害人民受"宪法"保障的财产权。

---

① 程序上的公平(procedural fairness),如当事人须有行为能力,意思表示须非受诈欺或胁迫。实质(或内容)上公平(substantial fairness),指契约内容本身的妥当性,如不违反公序良俗或诚实信用原则。此项区别在英美法上甚受重视,具有参考价值,参见 Leff, Unconscionability on the Code: The Emperor's New Clause, 115 U. Pa. L. Rev. 485 (1967); Gordley, Equality in Exchange, 69 Cal. L. Rev. 1587(1981); Atiyah, Contract and Fair Exchange, 35 U. Tor. L. J. 1 (1985) = Essays in Contract (Oxford 1988) 329.

② 关于契约法的经济分析,参见 Posner, Ecomomic Analysis, 5th ed., 1998, p. 101et seq; Kronman & Posner, The Economics of Contract Law, 1979; Cooter & Ulen, Law and Economics, 2nd. ed., 1997, p. 161f.; Schäfer/Ott, Lehrbuch der ökonomischen Analyse des Zivilrechts, 2. Aufl., 1995, S. 321 f. 中文资料,陈彦希:《契约法之经济分析》,台大法律研究所博士论文(1994年)。

"司法院"释字第580号解释对"耕地三七五减租条例"本身及若干争议规定采不同审查基准,作区别性的处理(请参阅解释文及解释理由)。最值得重视的是其所建立的"宪法"原则:

基于个人之人格发展自由,个人得自由决定其生活资源之使用、收益及处分,因而得自由与他人为生活资源之交换。"宪法"第15条保障人民之财产权,使财产所有人得依财产之存续状态行使其自由使用、收益及处分之权能,以确保人民所赖以维系个人生存及自由发展其人格之生活资源;"宪法"第22条保障人民之契约自由,使契约当事人得自由决定其缔约方式及缔约内容,以确保与他人交换生活资源之自由。唯因个人生活技能强弱有别,可能导致整体社会生活资源分配过度不均,为求资源之合理分配,得于不违反"宪法"第23条比例原则之范围内,以法律限制人民缔约之自由,进而限制人民之财产权。

在本件解释,"司法院"大法官第一次肯认契约自由系一种应受"宪法"保障的基本权利,对"宪法"与"民法"发展具有重大意义。①

第二款　契约自由在基本权利体系上的定位

一、契约自由与一般行为自由权

"司法院"释字第580号解释认定契约自由系受"宪法"第22条所保障的自由权利,包括缔约自由(及不缔约自由)与契约内容自由。"司法院"释字第689号解释(解释理由)并创设了一种亦以人格自由发展为基础的"一般行为自由权",同属"宪法"第22条的"其他自由及权利"。因此产生一个问题,即"契约自由"与"一般行为自由权"的关系是否为各自独立的两种基本权利? 在体系构成上得将"一般行为自由权"作为上位概念,以契约自由作为其内容而受基本权利的保障,其情形犹如认为姓名、名誉、隐私系人格权的具体化,乃个别化人格权。

契约自由系私法自治的一种表现方式,为私法自治的核心,从而私法自治亦受"宪法"保护,使个人得依其意思自我形成其法律关系。

二、契约自由与财产权

"司法院"释字第580号解释认契约自由系"宪法"所列举的"其他自

---

① 关于契约自由作为一种受"宪法"保障权利的理论构造问题,参见 Floren, Grundrechtsdogmatik im Vertragsrecht, 1999; Höfling, Vertragsfreiheit – Eine grundrechtsdogmatische Studie, 1991.

由及权利"。"宪法"对契约自由固未设明文,但契约自由实蕴含于财产权(工作权、结社权等)之内。"宪法"所保障的财产权非仅指其静态的客体,尚及于其动态的使用、收益、处分(出售、出租等),包括债权行为及物权行为,因此亦得肯定契约自由亦属财产权的保障范围,侵害对财产权使用收益的契约自由时,即同时构成对财产权的侵害,非系侵害两种基本权利,即先侵害(限制)契约自由,进而侵害(限制)财产权。"司法院"释字第580号解释创设契约自由本身为一种受"宪法"保障的自由权利,使其具有一般性的适用范围。

契约自由、财产权保障与公平竞争系市场经济的基石,维护民主体系的社会结构。

三、契约自由的制度性保障

契约与所有权、婚姻、继承均为私法的重要制度,应同受"宪法"制度性的保障,"民法"对契约成立、类型、契约义务不履行的救济方法详设规定,乃属一种制度性的规范,使个人得自主自由形成其私法上的权利义务关系,创设契约规范。基于基本权利的保护义务,应注意观察社会经济变迁,对契约制度适时作必要的修正与调整。

第三节　契约自由与契约正义

第一款　分配正义与平均正义

一、亚里士多德长笛之例

自亚里士多德以来,一般多将正义分为分配正义与平均正义。分配正义系由一个分配者(父母、老师或国家等)将财货资源各种利益,视受分配者的情形而为相同(平等)或不同(差别)的分配,体现为一种上下隶属的三人(或多数人)的关系。平均正义的特色在于其系二人(或数人)间的关系,居于平等地位形成其相互关系,其特色在于无视其人,兹以亚里士多德著名的"长笛之例"[①]加以说明:

[①] 长笛之例不是在亚里士多德著名的 Nikomachische Ethik(尼各马可伦理学),而是在 Politik(《政治学》,第三章),引自 Canaris, Die Bedeutung der iustitia distributiva im deutschen Vertragsrecht, 1997, S. 170。

1. 长笛分配给谁:有一把长笛要分配时,应给何人?亚里士多德认为长笛应分给吹得最好之人。好的出身或美貌也许比吹笛更可贵,拥有好的出身或容貌,总体言之,其特质也许胜过一流吹笛手的吹笛功夫。但无论如何,一流的长笛手应该拿到最好的长笛,此系从分配物的目的去推论适当的分配方式,是一种目的性的思考方向。

2. 长笛出卖给谁:有人欲出卖长笛时,会卖给谁?通常会卖给出价最高之人。此乃一种交易行为,无视买受人的容貌、出身,或是有无吹笛功夫。

诚如著名的法学家拉德布鲁赫(Radbruch)所言,公法是一种分配正义(austeilende Gerechtigkeit),私法则属矫正正义(或译作补偿正义,ausgleichende Gerechtigkeit)。① 公法上分配正义的典型案例为所得税法或全民健康保险条例,视其人的情形(收入、职业等)而定其税率或保费。"司法院"释字第580号解释谓:因个人生活技能强弱有别,可能导致整体社会生活资源分配过度不均,为求资源之合理分配,得于不违反"宪法"第23条比例原则之范围内,以法律限制人民缔约之自由,进而限制人民之财产权。肯定"耕地三七五减租条例"具有分配正义的意涵。

契约及侵权行为体现私法的平均正义,即无视其人,仅视其交易客体而从事交易行为,于不法侵害他人权益时,无视加害人或被害人为谁,均应承担填补损害的责任。

二、契约自由的程序性与契约法的实质化②

契约自由是一种由法律规范构成的自由,法律赋予个人形成权利义务关系的权限。契约内容可分为"技术形式"及"内容实质"两类:

(一)技术形式的契约自由:契约自由的程序性

契约自由的技术形式规定,包括缔约能力(行为能力,第75条以下)、契约成立(第153条以下)、契约义务不履行责任(第220条以下)等,具有程序性,旨在实现程序正义③,体现当事人的自主、自我拘束及自

---

① Radbruch, Rechtsphilosophie 5. Aufl., 1956, S. 126: „Die ausgleichende Gerechtigkeit ist die Gerechtigkeit des Privatrechts, die austeilende Gerechtigkeit die Gerechtigkeit des öffentlichen Rechts."

② Canaris, Wandlungen des Schuldvertragsrechts, Tendenzen zu seiner „Materialisierung", AcP 200 (2000), 273.

③ Kaufmann, Prozedurale Theorien der Gerechtigkeit, 1989; Hoffmann, Verfahrensgerechtigkeit: Studien zu einer Theorie prozeduraler Gerechtigkeit, 1992.

己负责的价值理念,乃基于一种认识,即经由磋商合意而订立的契约在一定程度得以保障契约内容的妥当性。台湾地区"民法"系以此种契约自由为出发点,而设其规范机制。"最高法院"2008年度台上字第2678号判决谓:"'民法'第153条第2项所称非必要之点未经意思表示者,包括当事人约定留待他日解决之点。准此,可知私法上契约之双方当事人,苟已互相意思表示一致,约定就若干契约之点待日后另行协商确定,以作为其契约内容之一部分,且其约定未违反强制或禁止规定,依契约自由原则,自无碍于契约之成立,而非法之所不许。"本件判决所称契约自由指程序意义的契约自由而言。

(二)契约法的实质化

契约法的规定亦有在维护契约实质内容,例如"民法"第72条规定"法律行为,有背于公共秩序或善良风俗者,无效"。第247条之1规定定型化契约条款"按其情形显失公平者,无效"(详见后文)。之所以设此等概括抽象规定,因契约内容的公平,难以具体规定,只能就个案加以认定。契约法的变迁乃在增强当事人实质上的决定自由,学说上称为契约法的实质化,其重点包括:

1. 健全竞争秩序。
2. 增设合理调和契约当事人利益的任意规定。
3. 制定保护消费者及劳动者的法律。
4. 使契约法的发展具有分配正义的功能。①

三、"民法"第74条规定:形式自由与实质化的结合

关于契约法上程序性的形式自由与契约内容的实质化,可以"民法"第74条加以说明。"民法"第74条规定:"法律行为,系乘他人之急迫、轻率或无经验,使其为财产上之给付或为给付之约定,依当时情形显失公平者,法院得因利害关系人之声请,撤销其法律行为,或减轻其给付。前项声请,应于法律行为后一年内为之。"乘他人之急迫、轻率、无经验而订立契约涉及形式的契约自由。契约实质内容(实质化),指财产上之给付或为给付之约定,依当时情形显失公平。"最高法院"2007年台上字第

---

① 关于契约法的分配正义,Canaris(第67页注①引书); Kromann, Contract Law and Distributive Justice, 89 Yale Law Journal 281 (1980); Lucy, Contract as a Mechanism of Distributive Justice, 9 Oxford Journal of Legal Studies 132 (1989).

2470 号判决谓:"'民法'第 74 条第 1 项规定意旨,系违背公序良俗及诚信原则的特殊形态,因行为人违反公平交易原则,其法律行为的内容欠缺社会妥当性,法律允许不利益当事人事后减轻其给付,避免暴利行为之相对人获取暴利,而有不公平情事发生。""最高法院"依此见解认为本件为成屋交易,上诉人买受系争房屋时,该 A、B 区及中庭花园及出入大门均已建筑完成,为两造所不争执,上诉人购屋时已可了解中庭花园设计之样式与共同使用之区域,买卖当时系争小区之现况,即为住户公约所约定共同使用之现况,事后无任何变更或调整,而此共同使用之约定,A 区之住户并无获得任何不正当利益,仅小区之所有住户依该公约取得中庭花园之使用权利而已,无"民法"第 74 条规定之适用。

四、公序良俗、契约自由与契约正义

在"最高法院"2007 年台上字第 165 号判决,雇主与受雇人订立契约,约定受雇人终止契约后不得请求领取"公司法"第 235 条规定的分配红利。"最高法院"肯定原审法院所采第一审法院的法律见解,认为:"契约因当事人互相表示意思一致而成立,一方当事人应受该契约拘束,并同时因此而拘束他方当事人,此种互受拘束乃建立在契约自由原则之上。盖契约自由肯定个人自主及自由选择之权利,本系市场经济及社会进步发展下最重要的一环,契约既因当事人自由意思的合致而订立,其内容的妥当性,原则上固可因此而获得保障。惟当事人是否确能立于'平等'地位从事缔约行为? 契约之内容是否与法令有违? 契约自由是否不得予以限制? 乃契约自由制度下应予考虑之问题。倘一方当事人不得已而屈服于他方意思之下,订立内容违反法令、公序良俗或诚实信用原则之契约,自非法之所许。是为维护契约内容之公平合理,契约自由应受限制。""又参以两造订约时为雇主与受雇人间不对等之地位等情,系争同意书所附之条件,显系上诉人利用雇主优势之地位所订,违反契约正义,不合理剥夺法律所赋予受雇人之权利。"

第二款 契约原则

契约自由系体现私法自治的基本原则,并为民法的基本原则。《德国民法典》第 311 条第 1 项规定:"以法律行为成立债之关系,及变更债之关系内容者,除法律另有规定外,应以当事人间之契约为之。"此规定即为学说所谓的契约原则(Vertragsprinzip),台湾地区"民法"虽未明文规定,应予肯定。旧"民法"第164条规定的悬赏广告的法律性质究为契约或单独行为,甚有争论,1999年债法修正,明定悬赏广告系属契约,乃在贯彻契约原则。

值得特别提出的是,关于收养未满7岁子女的法律性质,实务上有两说:

1. 单独行为说:以收养人单方收养意思与自幼(未满7岁)抚育之事实结合,即得成立养亲子关系。

2. 契约说:未满7岁被收养人有法定代理人且事实上能为意思表示时,应由该法定代理人代为并代受意思表示,始成立收养关系。发生歧异法律见解。

"最高法院"民事大法庭7月31日作成2019年度台大上字第1719号裁定,认为适用1930年"民法"第1079条之收养事件,于未满7岁被收养人有法定代理人代为并代受意思表示,始成立收养关系(即契约说)。其理由为:

1. 依1930年"民法"第1079条规定:"收养子女,应以书面为之。但自幼抚养为子女者,不在此限。"由文义合并体系逻辑观察可知,该条在规范收养应以书面为之之要式性及其例外,并未变更收养系身份契约之性质,无从据以推认1930年"民法"之立法者有意以该条但书之规定,排除未成年子女及其法定代理人,而谓收养人得以单方收养之意思及自幼抚育之事实成立收养关系。

2. 基于人格之自由发展,被收养人有决定是否与他人成立养亲子关系之自由,其与他人成立收养关系身份契约之主体地位及身份形成意思,应受保障与尊重。台湾地区之收养,多发生在被收养者幼年时,解释上应认得由其法定代理人为意思能力之补充,例外承认身份行为得为代理,俾保障幼年子女契约主体地位及身份形成意思,及其最佳利益。

3. 1930年"民法"制定前、后,依大陆地区旧律、旧惯,及台湾地区民事习惯,均认收养为身份契约。1985年修正后该条第2项"收养有无效、得撤销之原因或违反其他法律规定者,法院应不予认可"之规定,明认收养系身份上契约。介于其间之1930年"民法",关于收养之法律性质,自应为相同解释,以保护幼年被收养子女之利益,并维持收养之性质为身份契约理论之一贯性。

4. 1930年"民法"关于收养关系之创设,未如1985年修正后"民法"实行法院许可等机制,倘认得因收养人单方收养之意思及自幼抚育之事实成立收养关系,否定幼年子女之契约主体地位及身份形成意思,排除其与法定代理人于收养关系成立上之地位,不仅与保障儿童尊严与利益之价值有违,且所为立论悖于收养为身份契约之性质,亦与当时惯行不符,应不可采。

5. 本争议采契约说,符合国民惯行。至于能否以自幼抚育之事实,推认被收养子女之法定代理人已为同意之意思表示,或被收养子女于年满7岁具意思能力后已为同意收养之意思,属具体个案事实认定问题,应由事实审法院于个案兼顾身份关系安定及子女最佳利益,为公平之衡量。

本件民事大法庭裁定之所以认为对未满7岁子女之收养采契约说,除文义、体系及历史解释方法外,强调基于人格之自由发展,被收养人有决定是否与他人成立养亲子关系之自由,其与他人成立收养关系身份之主体地位及身份形成意思,应受保障与尊重。此乃在肯定前述民事关系,从法学方法论言,旨在贯彻契约自由及私法自治系受"宪法"保障基本权利的"宪法"意旨,具有重要的意义。

第四节 契约自由基本权利、防御权、第三人效力

第一款 契约自由基本权利的防御权功能

"司法院"释字第580号解释肯定契约自由系"宪法"第22条的自由权利。受基本权保障的契约自由具有对抗公权力的作用。在本件解释,大法官认为"耕地三七五减租条例"及若干规定因限制契约自由,再进而限制财产权,并未对契约自由基本权利防御功能及审查基准详为论述。应予强调的是,在肯定契约自由系受基本权利保障之后,应以此检视涉及契约自由法令的"合宪性",使人民得自由决定其缔约方式及契约内容,以确保与他人交换生活资源的自由,自我形成其法律关系的私法自治。

第二款 契约自由基本权利的第三人效力

契约自由既为"宪法"第22条的基本权利，基于基本权利的客观价值体系及政府保护义务，得经由"民法"第72条（公序良俗）作用于私法上的契约关系（基本权利间接第三人效力）。兹举两个案例加以说明：

一、父母为其未成年人订立连带保证契约：契约自由的实质化

（一）台湾地区台北地方法院判决（详细研读判决的论证内容）

在台湾地区台北地方法院1995年度重诉字第1464号判决，被告为某公司法定代理人，向银行借款，以其年仅12岁及9岁的两个未成年子女作为以5000万元为额度的巨额消费借贷契约的连带保证人（被告）。借款到期后，原告请求被告连带清偿本金5000万元。台湾地区台北地方法院认定此项连带保证契约无效，其主要理由为：

1. 原告与此稚子订立连带保证契约，轻率同意由如此未具社会经验之限制行为能力人担任连带保证人，令彼等以9岁及12岁之稚龄背负高达5000万元之连带保证债务，显系滥用其缔结契约之自由，若承认其契约为合法有效，则此稚子将于尚未成年之际即担负难以承受之债务重担，终其一生将无从解脱，对于其将来之人格发展势将具有重大不利之影响，实无异剥夺其正常成长之权利，故应认原告与被告间所订立之连带保证契约与公序良俗有违，依"民法"第72条之规定，应认为无效。

2. 考诸外国和地区判例，经查德国联邦宪法法院第一庭1993年10月19日裁定（1 BvR 567/89，1 BvR 1044/89号），针对银行与一年仅21岁未具社会经验之甫成年人所订立之连带保证契约，亦认为该保证人接受一异常高之风险，而却未享受到该受担保贷款之经济上利益，其几乎放弃全部民法上任意性之保护规定，而以自己责任之方式担保其父之企业风险，其担保范围超乎其个人之经济关系。溯自签约之时起，该银行即无视于该保证人可预见地终其一生无法以一己之力解脱该担保债务，其未就此尽其订立契约前之注意义务，并充分利用保证人交易上之无经验以遂行其利益，此乃契约之经济力强势之一方利用对方之弱点而遂行一己之利益，自不受私法自治之基本权之保障，应认该保证契约违反公序良俗而无效。[①] 该判例就年已21岁之成年人犹认为银行与其所订立之巨额债

---

① 参见"司法院"编：《德国联邦宪法法院裁判选辑（五）》，第375-401页。

务保证契约违反公序良俗而无效,遑论本件情形被告仅系 10 岁左右之儿童,彼等与原告所订立之 5000 万元连带保证契约自无从认其为有效。①

(二)德国联邦宪法法院裁定:以家庭成员为保证契约的效力

前揭台湾地区台北地方法院的判决理由曾参照德国联邦宪法法院著名的保证案(Bürgschaftsfall,BVerFGE89,214)的法律见解②,系以比较法作为法律解释方法,特详细摘录其意旨如下(请研读其论证内容):

在德国担保实务上,金融机构就消费信用贷款及企业信用贷款通常系与中产阶级企业签订而令其家庭成员保证。各该家庭成员之收入及财产状况则多不予审查。此种保证契约之目的并非专为扩张责任范围,而是防止脱产,并促使贷款人通过其亲属的加入保证而产生一生休戚与共的经营。此种保证涉及《德国基本法》第 2 条第 1 项所定保障的契约自由与私法自治。法院应本诸基本权利客观法律意旨依公序良俗(《德国民法典》第 138 条第 1 项)及诚实信用原则(《德国民法典》第 242 条)对契约内容加以审查。在民事交易上,基本权主体系以平等的地位参与,各有不同的利益,往往并具有相反的目标。既然民事交易当事人皆享有《德国基本法》第 2 条第 1 项之保护,并得平等地援引私法自治的基本权利保障,则不得只使较强之一方的权利获得伸张,相互冲突之基本权利地位应视为相互影响,相互限制,以使所有当事人的基本权利皆尽可能地发挥效用。

契约法上合理的利益平衡源自契约当事人合致的意思。双方相互拘束并因此而实现其个人的行为自由。契约之一方如果具有强大之地位,以致事实上其得在契约内容单方面作决定,则对他方当事人而言,此无异为一突异令人无法接受的"他主决定"(Fremdbestimmung)。然而法律并不能就所有状况皆有所规定,因此谈判平等即不免多多少少受侵害。然基于法安定性的理由,契约不至于因谈判平等之受到影响即生问题或者应予修正。惟如果牵涉某种案件类型,即契约一方结构上明显低下且契约之结果具体对该劣下之一方显失公平者,则民事法规即应对之有所反映并使之有修正的可能。此种要求乃源自私法自治的基本权保障

---

① 据台湾台北地方法院告知本件判决经上诉后,仍维持第一审判决理由,因未存入电脑档案,难以查阅。

② 参见"司法院"编:《德国联邦宪法法院裁判选辑(五)》,李惠宗译,"司法院"1994 年发行,第 375 页,以下说明系参照其译文。

(《德国基本法》第 2 条第 1 项)以及社会国原则(《德国基本法》第 20 条第 1 项、第 28 条第 1 项)。

现行契约法符合此些要求。民法立法者即使已对交易上较弱势的一方创造出不同的保护规定,仍然是从形式上平等私法交易模式出发,但帝国法院已放弃此种观察方式并将之转回到"社会责任的实质道德",认为契约自由只就力量关系相近当事人的案型上适合作为适当利益平衡之媒介,亦且此种就受到干扰契约平等所为的平衡正是现行民事法的主要任务。如果契约内容对于缔约一方加以非比寻常的负担而在利益的平衡上显不适当者,则法院不得认为"契约就是契约"即为已足。法院毋宁必须叙明该约定是否是结构上谈判强度不平等的结果,或必要时,法院是否须在现行民事法一般条款的范围内予以匡正。宪法在此容许其有广泛的裁量余地。法院若完全无视受到契约平等或拟以不适当方法加以解决时,即已违反此基本权利保障。

诉愿人以该具有争议的保证契约所承担的责任风险异常之高,且并无自己的利益。此外,此一高度风险却被严重地漠视。该保证金额只对主债务标明一最高限额;高额的费用及信用贷款利息应列入计算,其计算基础没有在保证契约内予以表明。尤其所被担保的交易均乏最高限额之约定。又有关保证保护规定均被排除,此明显地表示,诉愿人实际上一如其父负担该债务。此种风险的意义及范围甚至连交易上有经验的人都难估计,对只有 21 岁而未受过正规职业教育的诉愿人而言,实无法预见。

契约一方当事人居于如此劣下地位主要还须视该契约以何种方式成立,特别是地位高超的他方契约当事人有何作为。联邦最高法院就此仍然否认金融机构有任何阐明及提示义务。甚至银行行员另外以"您不会有什么大责任的"催逼,联邦最高法院亦认为并非严重之事。与联邦高等法院所为确认相反的,联邦最高法院认为这只是暂时殷实可靠的告知,不至于对诉愿人的谈判地位产生影响。此非属公平,基本上应不受私法自治的基本权利保障,故该判决应无再存在余地。

(三)案例比较研究

案例比较研究有助于更深入认识系争问题及论证方法。据上所述,可知德国联邦宪法法院系采基本权利的第三人效力(间接)审查不平等民事契约的内容。有学者认为"结构不平等"(strukturelle Ungleichheit)的概念容易导进意识形态的评价,过度操弄立法者民事法上的价值判断;忘记了私法自治系建立在自我负责的思想上,其依《德国基本法》第 2 条第 1 项(一般行为自由)而对契约自由加以限制,系走向一个照顾式的监护国家。① 多数学者采肯定的见解,该判决的贡献在于区别形式的契约自由(契约就是契约)及契约自由的事实面,并将契约自由加以实质化,即契约法应顾及当事人事实决定的自由,以维护保证人的私法自治,限制债权人形式的契约自由。② 早在 1995 年台湾地区台北地方法院采德国联邦宪法法院的论证,实值肯定。

二、劳工离职后竞业条款:契约自由与职业自由

(一)"最高法院"见解:形式契约自由及实质化发展

雇主与员工离职后竞业禁止约款涉及劳资利益甚巨,系实务与理论上的重要问题。③ "最高法院"1986 年台上字第 2446 号判决认为,按"宪法"第 15 条规定,人民之生存权、工作权及财产权应予保障,又人民之工作权并非一种绝对之权利,此观诸"宪法"第 23 条之规定而自明,上诉人唯恐其员工离职后泄露其工商业上、制造技术之秘密,乃于其员工进入公司任职之初,要求员工书立切结书,约定于离职日起二年间不得从事与公司同类之厂商工作或提供资料,如有违反应负损害赔偿责任。该项竞业禁止之约定,附有二年间不得从事工作种类上之限制,既出于被上诉人之

---

① Depenheuer, Thür VBl 1996, 270; Zöllner, AcP 196 (1996), 1; Muswick, in Sachs (Hrsg.), Grundgesetz 6. Aufl., 2011, Art. 2 Rdn. 55c. 关于法律上家父主义与契约自由, Enderlein, Rechtspaternalismus und Vertragsfreiheit (1996)。

② Canaris, Wandlungen des Schuldvertragsrechts, Tendenzen zu seiner „Materialiserung", AcP 200 (2000), 273, 299; Knobel, Wandlungen im Verständnis der Vertragsfreiheit (2000); Cherednychenko, Fundamental Rights, Contract Law and the Protection of the Weaker Party: A Comparative Analysis of the Constitutionalisation of Contract Law, with Emphasis on Risky Financial Transactions 2007, 本书采比较法的方法论述契约法的"宪法"化,并以德国联邦宪法法院保证案为重点(尤其是页 63 以下),甚具参考价值。

③ 参阅林更盛四篇论文:《离职后竞业禁止约款的审查:三步骤——评台南地方法院 1999 年度劳简上字第六号判决》,载《月旦法学杂志》第 111 期(2004.8),第 193 页;《离职后竞业禁止约款》,载《劳动法案例研究(一)》,第 135 页;《离职后竞业禁止约款的审查:"民法"第二四七条之一——评台北地方法院 2002 年劳诉字第一二九号判决》,载《万国法律》第 131 期(2003.10),第 27 页;《离职后竞业禁止约款的审查——雇方值得保护的正当利益兼评台湾高等法院台中分院 2002 年度上字第三六七号判决》,载《月旦民商法杂志》(创刊号)(2003.9),第 248 页。并参阅李建良:《竞业禁止与职业自由》,载《台湾本土法学杂志》第 15 期(2000.10),第 111 页;李惠宗:《禁止跳槽的程序设计师》,载《台湾本土法学杂志》第 33 期(2002.4),第 123 页;魏千峰:《离职后竞业禁止契约之研究》,载《劳动法裁判选辑(一)》,第 365 页;蔡正廷:《离职劳工竞业禁止之案例类型》,载《万国法律》第 107 期(1999.10),第 43 页。

同意,与"宪法"保障人民工作权之精神并不违背,亦未违反其他强制规定,且与公共秩序无关,其约定似非无效。原审认定该竞业禁止之约定违反强制规定,与公共秩序有违,系属无效,因而判决上诉人败诉,尚有未合。

其后1994年台上字第1865号判决,"最高法院"对于离职后竞业禁止约款的效力认为,至切结书第三项系禁止上诉人将任职被上诉人公司习得之技能用于弹波之生产等,此非单纯之营业秘密之禁止泄露,亦含有竞业之禁止。台湾地区法律固未禁止为竞业禁止之约定,唯须于合理限度内,亦即在相当期间及地域限制内,始认为有效。切结书第三项并无时间及地域限制,虽逾合理限度,唯被上诉人在第一审系请求禁止上诉人于1992年5月11日以前为同业竞业,亦即离职后二年内禁止竞业,于原审改为请求自判决确定时起二年内禁止,限制期间仍为二年,应认为两造间竞业禁止之约定,为离职时起二年内,始为合理范围,而为有效。

(二)权益衡量的审查基准:动态体系的思考方法

就此两个判决观之,前者基本上系从形式平等私法交易模式出发。后者则较重视契约内容的合理性。

值得重视的是,地方法院及高等法院与学说致力于建构竞业禁止条款的合理审查基准[①],借以调和同受"宪法"保障的契约自由(私法自治)与职业自由(受雇人的工作权)。此项审查基准系采动态体系(bewegliches System)的思考方式,其应斟酌的重要因素包括:

1. 雇主有无值得保护的正当利益。
2. 所为之限制,是否与雇主的正当利益维持合理的关联。
3. 是否给予劳工合理的补偿。

离职后竞业禁止约款系采定型化契约时,应有"民法"第247条之1第3款"使他方当事人抛弃权利或限制其行使权利者"、第4款"其他于他方当事人有重大不利益者",显失公平,应为无效规定之适用。[②] 在此等情形须斟酌前揭审查基准而为认定,以兼顾契约自由的程序性及内容

[①] 关于实务上审查基准及其在个案的运用及具体化(台湾地区台北地方法院1996年度劳诉字第68号、台湾地区台南地方法院1999年度劳简上字第6号、台湾地区台北地方法院2000年度诉字第76号、台湾地区高等法院2002年度上字第367号等判决),详阅林更盛前揭论文(第76页注③)。

[②] 台湾地区台北地方法院2002年度劳诉字第129号判决。

的实质公平。

第五节 契约自由与契约正义的调和机制

第一款 契约法的核心问题

一、契约自由

契约因当事人互相表示意思一致而成立,一方当事人自己受该契约拘束,并同时因此而拘束他方当事人。此种互受拘束乃建立在契约自由原则之上,即当事人得依其自主决定,经由意思合致而规律彼此间的法律关系。契约自由乃私法自治最重要的内容,为私法的基本原则,并为受宪法保障的基本权利。

契约自由包括五种自由:①缔约自由,即得自由决定是否与他人缔结契约。②相对人自由,即得自由决定究与何人缔结契约。③内容自由,即双方当事人得自由决定契约的内容。④变更或废止的自由,即当事人得于缔约后变更契约的内容,甚至以后契约废止前契约(如合意解除)。⑤形式自由,即契约的订立不以践行一定形式为必要。

自19世纪以来,随着个人主义及市场经济的兴起,契约自由成为私法的理念,使个人从身份的束缚中获得解放,得发挥其聪明才智,从事各种经济活动,对于促进社会发展,具有重大贡献。个人是自己利益最佳的维护者,契约既因当事人自由意思的合致而订立,其内容的妥当性原则上固可因此而获得保障。问题在于"自由"事实上是否存在,当事人是否确能立于"平等"地位从事缔约行为。契约的概念只有在自由及平等两个基础上方能建立起来。如果一方当事人不得不屈服于他人的意思之下,则自由其名,压榨其实,强者逞其所欲,弱者将无所措其手足。试问:如何保护房屋承租人的权益?劳动者如何与拥有生产工具的雇主谈判合理的劳动条件?消费者如何拒绝煤气、电力、地铁、保险公司、企业厂商提出的契约条款?

契约自由应受限制,为事理之当然。无限制的自由,乃契约制度的自我扬弃。在某种意义上,一部契约自由史,就是契约如何受到限制,经由醇化,而促进实践契约正义的记录。

二、契约正义

契约正义系属矫正正义或补偿正义,以双务契约为主要适用对象,强调一方的给付与他方的对待给付之间应具等值原则(Äquivalenzprinzip)。然给付与对待给付客观上是否相当,如对特定劳务究应支付多少工资,对特定商品究应支付多少价金,始称公平合理,涉及因素甚多,欠缺明确的判断标准。台湾地区现行"民法"基本上采取主观等值原则,即当事人主观上愿以此给付换取对待给付,即为已足,客观上是否相当,在所不问。法院不能扮演"监护"的角色,以自己的价值判断变更契约的内容,自不待言。唯此系就原则而言,法律在例外情形,亦得加以干预。就"民法"言,法律行为,系乘他人之急迫、轻率或无经验,使其为财产上之给付或为给付之约定,依当时情形显失公平者,法院得因利害关系人之声请,撤销其法律行为或减轻其给付(第74条)。"民法"关于当事人行为能力、意思表示错误、被诈欺或胁迫而为意思表示的规定,亦具有促进维护契约内容合理的机能。又须注意的是,"民法"在若干情形亦重视客观的等值原则,如买卖标的物具有瑕疵者,买受人得请求减少价金或解除契约(第359条)。至于因情事变更,致当事人的给付关系显失公平时,应适用诚实信用原则,加以调整。(参阅增订条文第227条之2)。

契约正义的另一个重要内容,是契约上负担及危险的合理分配。为实现私法自治,债法多属任意规定,就典型的情形衡量当事人的利益,设妥适的规定,如第373条规定,除契约另有订定外,买卖标的物之利益及危险,自交付时起,均由买受人负担,故出卖的房屋于交付后,因火灾灭失时,买受人仍有支付价金的义务。惟当事人挟其经济上优势的地位,以定型化契约条款排除法律规定,不合理分配契约上的负担或风险,如何加以规范,为契约法的重要课题。①

三、三个研究课题

契约自由与契约正义系契约法的基本原则,必须互相补充,彼此协力,始能实践契约法的机能。"政府"不再是中立的旁观者,必须扮演积极的角色,通过立法及法律的解释适用,使契约自由及契约正义两项原

---

① 参见詹森林:《私法自治原则之理论与实务》,载《民事法理与判决研究》[台大法学丛书(113)],第1页以下。本书收集论文20篇,兼括理论与实务,对"最高法院"判决的评释深具洞察力,甚具价值。参见拙著:《台湾现行"民法"与市场经济》,载《民法学说与判例研究》(第七册),北京大学出版社2009年版,第1页。

则,获得最大的调和及实现。以下就强制缔约、劳动契约及团体协约、定型化契约三个重要课题,作简要的说明。

第二款　强制缔约①

例一、甲在某镇开设唯一的电影院,记者某乙报道该电影院卫生设备不佳。某日该电影院放映《倩女幽魂》,甚为轰动,乙前往购票,甲加以拒绝。乙主张甲有缔约义务,有无理由。设乙所批评的,是该镇唯一经政府允许设立的甲瓦斯公司时,甲得否拒绝乙声请装设瓦斯?

例二、甲被人杀害,赴乙医院求治,乙医师见甲伤势严重,为避免诉讼出庭作证的麻烦,借故拒绝。甲就其因延误治疗而受的损害,得否向乙请求损害赔偿?

一、强制缔约的功能及意义

依据契约自由理论,当事人是否愿意订立契约或与谁订立契约,均有其自由,因此屋主得拒绝他人租屋的要约,百货公司得拒绝某人进入商场。准此以言,在前揭(例一),甲所经营的虽系该镇唯一的电影院,亦得拒绝乙购票入场,纵使乙的批评符合事实,甲仍得不必说明理由拒绝缔约。② 就一般原则言,此种缔约自由或相对人选择自由,确属合理而必要。惟倘不加任何限制,难免构成契约自由的滥用,从而产生强制缔约制度。

所谓强制缔约(Kontrahierungszwang),指个人或企业负有应相对人的请求,与其订立契约的义务。易言之,即对相对人的要约,非有正当理由不得拒绝承诺。在强制缔约,其契约的成立,仍基于要约与承诺的方式,故在概念上,应该加以区别的是所谓命令契约(diktierter Vertrag,或称强制契约,Zwangsvertrag),即以"政府"行为(尤其是行政处分)取代当事

---

① 强制缔约是德国法上热烈讨论的重要问题,论述甚多,参见 Bydlinski, Zu den dogmatischen Grundfragen des Kontrahierungszwanges, AcP 180 (1980), 1; Kilian, Kontrahierungszwang und Zivilrechtssystem, AcP 180 (1980), 47; Hackl, Vertragsfreiheit und Kontrahierungszwang im deutschen, im österreichischen und im italienischen Recht, 1980; Nipperdey, Kontrahierungszwang und diktierter Vertrag, 1920(此为最基本文献)。日本最近资料,参见山下丈:《契约の缔结强制》,载远藤浩、林良平、水本浩监修:《现代契约法大系》(第1卷),有斐阁1983年版,第235页。

② 德国实务上采此见解(RGZ 133,388)。

人意思,而成立私法上的契约关系。此在物质匮乏时期,基于经济统制,或有必要,在现行法上罕见其例,盖此与私法自治原则显有违背也。

二、强制缔约的类型

(一) 直接强制缔约

关于强制缔约,法律设有明文规定的,称为直接强制缔约(unmittelbarer Kontrahierungszwang),其主要情形有三:

1. 公用事业的缔约义务:邮政、电信、电业、自来水、铁路、公路等事业,非有正当理由,不得拒绝客户或用户供用之请求("邮政法"第19条、"电信法"第22条、"电业法"第46条、"自来水法"第61条、"铁路法"第48条、"公路法"第50条)。上述事业居于独占的地位,一般民众事实上依赖此等民生需要的供应,欠缺真正缔约自由的基础,故法律特明定其负有缔约的义务。

2. 医疗契约的缔结:医师、兽医师、药师、助产士非有正当理由,不得拒绝诊疗、检验或处方之调剂("医师法"第21条、"兽医师法"第11条、"药师法"第12条、"助产人员法"第29条)。法律之所以设此规定,乃出于对生命健康的重视。关于律师或会计师,则无强制缔约的明文(参阅"律师法"及"会计师法",但请参阅"民法"第530条)。

3. 耕地租约:"耕地三七五减租条例"第20条规定:"耕地租约于租期届满时,除出租人依本条例收回自耕外,如承租人愿继续承租者,应续订租约。"此为保护经济上弱者的缔约强制。

(二) 间接强制缔约

除前述法律明定的类型外,在何种情形,尚有强制缔约义务存在,其法律基础如何?

1. 总体类推适用现行法关于邮、电、自来水等的规定,而建立一般法律原则,认为凡居于事实上独占地位而供应重要民生必需品者,负有以合理条件与用户订立契约的义务,瓦斯公司为其着例(参阅例题一)。

2. "民法"第184条第1项后段规定:故意以背于善良风俗方法加损害于他人者,应负损害赔偿责任,亦可导出强制缔约义务,即拒绝订定契约,系出于故意以悖于善良风俗之方法加损害于他人者,应负损害赔偿责任,故相对人得请求订立契约,以恢复原状。

前述缔约义务并非直接基于法律规定,学说上称为间接强制缔约(Mittelbarer Kontrahierungszwang),实务上虽未著判决,但应予肯定,期能对契约自由,作合理的限制。

三、缔约的成立

强制缔约并不取代订立契约所必要的承诺的意思表示。由于强制缔约的存在,缔约义务者对要约的沉默,通常可解为系属默示承诺。缔约义务者拒绝缔约时,相对人得提起诉讼,并依"强制执行法"的规定强制执行(参阅"强制执行法"第130条)。关于缔约的内容(尤其是报酬),有价目表者依其价目表,无价目表者,依合理的条件加以决定。以合理的条件订立契约,应包括在强制缔约制度之内。倘负担缔约义务者得任意提出缔约条件,致相对人难以接受,强制缔约制度将尽失其意义。

四、拒绝缔约的法律效果

缔约义务者,非有正当理由,拒绝订立契约,致相对人因而受有损害者,亦时有之,如医师对于急症无故拒绝诊治,病人因延误加重病情(例二)。关于此项损害赔偿的请求权基础。本书认为在法有明文规定强制缔约的情形(如"医师法"第21条),该项法律系属保护他人的法律,应有第184条第2项适用。反之,在间接强制缔约的情形,则应以第184条第1项后段规定作为请求权规范基础。

第三款 劳动关系规范体系的建构:
雇佣契约、劳动契约与团体协约

何谓雇佣契约?何谓劳动契约?何谓团体协约?各具何种特色、规范功能?

为调和契约自由与契约正义,立法者有就特定契约的内容,借强制性规定作较完整的规范。最值重视的是,在劳动关系上,由"民法"上的雇佣契约发展到"劳动基准法"上的劳动契约,由个别劳动契约转向团体协约,使规范劳动关系的法律成为独立的法律领域,即劳动法。

第一项 雇佣契约

劳动关系最基层的法律结构是雇佣契约,即受雇人于一定或不定之期限内,为雇用人服劳务,而雇用人负担给付报酬的契约。雇佣契约的本质,系当事人之一方,在从属他方之关系下提供劳务,以获取报酬。其主要内容体现于受雇人对于雇主的三种从属性:①人格上的从属性;接受雇主之人事监督、管理、惩戒。②经济上从属性：为雇主之营业目的而非为自己提供劳务。③组织上从属性：纳入雇主生产组织体系的一环，而非独立作为。台湾地区现行"民法"关于雇佣契约仅设 8 个条文（第 482 条至第 489 条），充分表现个人自由主义的色彩。① 1999 年"民法"债编修正，增设两个保护劳工的重要规定：

1. 雇用人的保护义务："民法"第 483 条之 1："受雇人服劳务，其生命、身体、健康有受危害之虞者，雇用人应按其情形为必要之预防。"

2. 受雇人的损害赔偿请求权："民法"第 487 条之 1："Ⅰ受雇人服劳务，因非可归责于自己之事由，致受损害者，得向雇用人请求赔偿。Ⅱ前项损害之发生，如别有应负责任之人时，雇用人对于该应负责者，有求偿权。"

"民法"第 489 条第 1 项规定，当事人之一方，遇有重大事由，其雇佣契约，纵定有期限，仍得于期限届满前终止之，更直接影响劳工的工作权及生存权。诚然，当事人的一方，均得终止契约，但此纯属形式上的平等。居于从属地位的劳动者，如何与拥有生产工具的企业经营者立于平等地位，讨价还价，商谈工资、工时、休假、退休、资遣、解雇（终止契约）等条件？在契约自由之下，劳动条件实际上殆由雇主片面决定。"民法"上个人自由主义的雇佣契约既然不足规律劳动关系，劳动法乃应运而生，发展成为独立的法律领域，而以劳动契约及团体协约为主要内容。

第二项　由雇佣契约到劳动契约②

劳动契约是由雇佣契约演进而来，系指约定劳雇关系的契约（参阅"劳动基准法"第 2 条第 6 款）。早在 1931 年即已制定的"劳动契约法"，虽公布而未实施。1931 年施行的"工厂法"所谓工作契约即为劳动契约。1984 年施行的"劳动基准法"，更以劳动契约为基础，对劳动契约的终止、工资、工作时间、退休等劳动条件，详设规定（阅读之）。"劳动基准法"第 1 条第 2 项规定："雇主与劳工所订劳动条件，不得低于本法所定

---

① 参见梅仲协：《民法要义》，第 287 页。此种个人主义的立法，在《德国民法典》制定时，曾受到严厉的批评，参见 Anton Menger 氏的名著 Das Bürgerliche Recht und die besitzlosen Volksklassen（《民法与无产阶级》），1890 年，今日读之，仍具启示性。

② 参见黄越钦：《从雇佣契约到劳动契约——〈瑞士债务法〉第十章修正之意义》，载《政大法律评论》第 24 期。

之最低标准。"此为对契约自由的限制,具有强行性。惟所订立的劳动条件有利于劳工时,则依其订定(强行规定的相对性),以贯彻保护劳工的社会原则。此种以劳动契约为基础的劳动法,学说上称为个体劳动法(individuelles Arbeitsrecht),是为目前劳动法制的重心。

第三项　由个别契约到团体协约

劳工与雇主间缔约力量的不平等,虽经由劳动契约的社会化而缓和,但尚不能确实保障劳工的权益,因为"劳动基准法"并未对所有的劳动条件设有规定,适用范围受有限制(参阅"劳动基准法"第3条),所设的最低基准,亦非当然就是合理的劳动条件。为济其穷、补其不足,尤其是有效率的规范劳动关系,乃产生团体协约制度。

团体协约(Tarifvertrag),谓雇主或有法人资格之雇主团体,与有法人资格之工人团体,以规定劳动关系为目的所缔结的书面契约("团体协约法"第1条)。团体协约的特色在于其团体性,即双方当事人皆为团体(雇主虽非团体,但具有类似团体的谈判力量),地位较平等,订立契约。"工会法"赋予工会以法人资格。"劳资争议处理法则"在处理因缔结团体协约所生的争议,与"团体协约法"共同构成"团体劳动法"(kollektives Arbeitsrecht)的法制基础。

团体协约性质上仍属私法上的契约,除在当事人间发生一定的权利义务(团体协约的债权效力)外,尚具有所谓的规范效力,即团体协约所定劳动条件的补充性及不可变更性。所谓补充性,指团体协约所定劳动条件当然为该团体协约所属雇主及工人间所订劳动契约之内容("团体协约法"第16条第1项)。所谓不可变更性者,指如劳动契约有异于该团体协约所定之劳动条件者,其相异之部分无效;无效之部分以团体协约之规定代之,但异于团体协约之约定为该团体协约所容许,或为工人之利益变更劳动条件,而该团体协约并无明文禁止者为有效("团体协约法"第16条第2项)。团体协约之所以具有此项效力,其主要理由系因当事人立于平等地位而缔结,较能保障其内容的合理性。

第四项　劳动法的阶层结构

甲受雇于乙公司,担任工程师,未定期间。一年后乙公司因新台币升值,订单锐减,不堪亏损,为紧缩业务,决定裁员。

试问：

1. 乙得否不经预告而解雇甲？
2. 设甲与乙约定继续工作一年者，解雇应于三十日前为预告，其约定是否有效？
3. 设甲所加入的内工会与乙公司缔结团体协约，其所订定的解雇预告期间与劳动契约或"劳动基准法"不同时，其效力如何？

要处理劳动法上的问题，首先必须了解关于劳动条件法规范的形成，在法源地位上具有一定阶层关系。

1. 居于最上阶层的，为法律规定。任意规定（如"民法"关于雇佣契约的规定）仅于当事人未为约定，或团体协约未另为订定时，始有适用余地。"劳动基准法"的强行规定系最低标准的规定，劳动契约或团体协约得为有利于劳工的约定（有利劳工原则）。

2. 其次是团体协约。团体协约对于个别劳动契约具有所谓补充性及不可变更性，前已论及，请参照。

3. 又其次是劳动契约。当事人因订立劳动契约而发生劳动关系，其内容应依劳动惯例加以决定。雇主的指示命令亦具有形成劳动契约内容的效力。至于所谓工作规则（参阅"劳动基准法"第70条），性质上应认系雇主所提出的劳动条件，因劳工明示或默示承诺而成为劳动契约之内容。

兹据上述，就前开例题所提出的三个问题，说明如下：

1. 乙公司不得未经预告而解雇甲（终止劳动契约）。依"劳动基准法"第16条规定，雇主因亏损或业务紧缩终止劳动契约者，劳工继续工作1年以上未满3年者，应于20日前预告之（第1项第2款）。雇主未依规定期间预告而终止契约者，应给付预告期间之工资（第3项）。

2. 甲与乙约定继续工作1年以上者，终止契约应于30日前预告之，虽超过"劳动基准法"第16条规定的预告期间，因有利于劳工，仍属有效（参阅"劳动基准法"第1条第2项）。

3. 团体协约所订终止契约之预告期间长于"劳动基准法"规定者，因有利于劳工应属有效。劳动契约所定之终止契约期间长于团体协约所定者，因有利于劳工，除团体协约明文禁止者外，仍为有效（"团体协约法"第16条第2项）。

综合观之，可知在劳动关系上的法律规范、团体协约及劳动契约间的适用关系错综复杂,独具特色①:一方面设强行规定限制契约自由,使劳动契约趋于社会化;一方面又创设团体协约制度,强化劳资双方的对等地位,商订劳动条件,并实行有利劳工原则,其目的无他,旨在调和契约自由及契约正义,维护工业社会的公道。

第四款　定型化契约②

请阅读一份旅游契约、银行贷款保证契约或洗衣店收据,说明何谓定型化契约条款,具有何种功能,问题的所在,及如何加以规范,并探究制定法律规范定型化契约时,应考量的基本问题:

1. 于"民法"加以规定抑或制定特别法?请先查阅"民法"及"消费者保护法"相关规定。

2. 适用对象应否限定于企业经营者与消费者间的定型化契约?

3. 控制标准究应为"公序良俗",抑为"诚实信用"?

4. 主管机关对定型化契约控制的权限及模范契约的功能?请参照"民法"及"消费者保护法"相关规定,建构规制定型化契约条款的思考模式。

---

① 1997年台上字第333号判决:"'劳动基准法'(下称'劳基法')第1条固揭明该法系明定劳动条件之最低标准,然所谓劳动条件在不同法律层次中均有其存在,在'民法'债编雇佣一节之意义,乃指雇佣契约当事人对劳动给付与报酬之约定。'劳基法'施行后,该法未规定者,仍适用其他法律之规定。准此,有关'劳基法'未规定者,仍应适用'民法'债编之规定。'民法'第484条第1项后段规定受雇人非经雇用人同意,不得使第三人代服劳务,是谓劳动供给之专属性。盖劳务之供给因人而异,若使第三人代服劳务,则往往难达契约之目的,故非经雇用人之同意,不得使第三人代服之。违反此项规定者,依同条第2项,雇用人得终止契约。又'劳基法'并未就劳工违反劳务给付专属性之事由加以规定,故劳工未经雇主同意,使第三人代服劳动者,仍应适用第484条第1项、第2项规定,雇主无须预告,得随时终止雇佣契约。"

② 关于定型化契约(附合契约),著作甚多,可供参考。参见黄越钦:《论附合契约》,载《政大法学评论》第16期;刘春堂:《一般契约条款之解释》,载《法学丛刊》第90期;刘宗荣:《定型化契约论文专辑》,1988年,詹森林:《定型化契款之基本概念及其效力之规范》,载《法学丛刊》第158期(1995年2月),第142页。德国有关文献,不可胜计,最基本著作为 Raiser, Das Recht der allgemeinen Geschäftsbedingungen, 1935; 简要的论述参见 Larenz/Wolf, AT, S. 782 f. (附有德国重要文献)。日本法及德国法比较研究的最近著作,河田正二:《约款规则的法理》,有斐阁1988年版,关于英美法,请参见 Coote, Exception Clauses, 1964; Kessler, Contracts of Adhesion-Some Thoughts about Freedom of Contract, 43 Colum. L. Rev. 629 (1943); Yates, Exclusion Clauses in Contracts, 1982; Leff, Unconscionability and the Code-The Emperor's New Clause, 115 U. Pa. L. Rev. 485 (1967); Ulmer Brandner Hensen, AGB-Gesetz, 7. Aufl., 1994.

第一项 问题及规范

一、定型化契约条款的功能

(一) 概念用语

当事人订立契约时,个别磋商,讨价还价,议定条款的,系传统的缔约方式。近年来,契约条款多由一方当事人(通常为企业经营者)为与多数人订约而事先拟定,而由相对人决定是否接受,法国学者称为附合契约(contrats d'adhésion)①,德国法上称为一般交易条款(allgemeine Geschäftsbedingung),在日本称为普通条款。在中国台湾地区,"消费者保护法"称为定型化契约条款,其依定型化契约条款而订立的契约,则称为定型化契约。目前银行、保险、运送、电力、旅游、家电用品的分期付款,预售房屋,甚至洗染等行业均使用定型化契约条款,日益普遍,已成为现代交易的基本形态。

(二) 经济功能及规范问题

定型化契约条款乃现代经济活动的产物,其主要功能有三:

1. 在大量交易的社会,个别磋商的传统缔约方式,无法适应现代交易的需要。交易条件的定型化,可以促进企业合理经营。

2. 创设非典型契约(如信用卡契约、融资租赁契约)。

3. 可以减少交易成本,当事人不必耗费心力就交易条件讨价还价,有助于改善商品的品质及降低价格,对消费大众亦属有利。

问题在于企业经营者于订立契约条款决定交易条件之际,难免利用其优越的经济地位,订定有利于己而不利于消费者的条款,如免责条款、失权条款、法院管辖地条款等,对契约上的危险及负担作不合理的分配。一般消费者对此类条款多未注意,不知其存在;或虽知其存在,但因此种契约条款多为冗长,字体细小,不易阅读;或虽加阅读,因文义艰涩,难以理解其真意;纵能理解其真意,知悉对己不利条款的存在,亦多无讨价还价的余地,只能在接受与拒绝间加以选择。然而,由于某类企业具有独占性,或因各企业使用类似的契约条款,消费者实无选择机会。如何在契约

---

① 参见蓝瀛芳:《法国法上的附合契约与定型化契约》,载《辅仁学志》第9期,第191页。关于法国契约法,参见 Barry Nicholas, The French Law of Contract, 1992; Bell & Boyron & Whittaker, Principles of French Law, 1998, p. 309.

自由的体制下,维护契约正义,使经济上的强者,不能假借契约自由之名,压榨弱者,是现代法律所面临的艰巨任务。

二、法律规范体系

台湾地区现行"民法"对定型化契约原未设明文,早期实务上多适用第72条规定。1994年制定的"消费者保护法"设有专节规范定型化契约(第11条至第17条,"消费者保护法施行细则"第9条至第15条),其主要特色于将规制标准,由"公序良俗"移向"诚实信用",并详设控制定型条款的程序及实质规定。1999年4月2日通过的"民法"债编修正条文增订第247条之1,作为规范所谓"附合契约"(立法说明书用语)的原则性规定。在具体案件应结和"民法"及"消费者保护法"的规定加以适用。

第二项 "民法"第72条规定的适用

例一:某商业银行定型化契约订定甲方(存款户)以印鉴留存于乙方(银行)之印章,纵令系被他人盗用或伪造使用,如乙方认为印鉴之印文相符而付款时,甲方愿负一切责任。此项条款是否有效?

例二:某商业银行于其所使用之保证书记载:"保证人抛弃'民法'债编分则第十四节内第751条规定之保证人权利",其效力如何?

一、金融机关以定型化契约免除轻过失责任

"民法"第72条规定:"法律行为,有背于公共秩序或善良风俗者,无效。"在"消费者保护法"施行前,"最高法院"多依此规定判断定型化契约条款的效力。1984年第10次民事庭会议决议(1)谓:"甲种活期存款户与金融机关之关系,为消费寄托与委任之混合契约。第三人盗盖存款户在金融机关留存印鉴之印章而伪造支票,向金融机关支领款项,除金融机关明知其为盗盖印章而仍予付款之情形外,其凭留存印鉴之印文而付款,与委任意旨并无违背,金融机关应不负损害赔偿责任。若第三人伪造存款户该项印章盖于支票持向金融机关支领款项,金融机关如已尽其善良管理人之注意义务,仍不能辨认盖于支票上之印章系伪造时,即不能认其处理委任事务有过失,金融机关亦不负损害赔偿责任。金融机关执业人员有未尽善良管理人注意之义务,应就个案认定。至金融机关如以定型化契约约定其不负善良管理人注意之义务,免除其抽象的轻过失责任,则应认此项特约违背公共秩序,而解为无效。"①

二、旅游契约的免责条款

值得注意的是,"最高法院"有一个关于旅行契约免责条款的判决。某甲偕其妻参加乙旅行社举办的非洲旅行团,乙委托肯尼亚旅行社负责安排当地旅游活动。因发生车祸,甲受重伤,其妻死亡,甲向乙请求损害赔偿。乙以其在旅行契约中订有不对债务履行辅助人的过失负责的条款,拒不赔偿。

"最高法院"1991年台上字第790号判决认为乙旅行社的免责条款无效,略谓:"旅行契约系指旅行业者提供有关旅行给付之全部与旅客,而由旅客支付报酬之契约。故旅行中食宿之提供,若由旅行业者洽由他人给付者,除旅客已直接与他人发生契约行为外,该他人即为旅行业者之履行辅助人,如有故意或过失不法侵害旅客之行为,旅行业者应负损害赔偿责任。纵旅行业者印就之定型化旅行契约附有旅行业者就其代理人或使用人之故意或过失不负责任之条款,但因旅客就旅行中之食宿交通工具之种类、内容、场所、品质等项,并无选择之权,此项条款与公共秩序有违,应不认其效力。"②

三、银行保证书载明保证人抛弃"民法"第751条的权利

银行使用的保证契约书常载明保证人抛弃"民法"债编第24节内第751条规定之保证人权利,此项定型化契约条款是否有效?"最高法院"曾采肯定说,1985年台上字第1064号判决略谓:"债编第二十四节内第751条规定之保证人权利,法律上并无不许抛弃之特别规定,就其性质言,保证人非不得抛弃,且其抛弃与公共秩序无关。"

---

① 1984年第11次民事庭会议决议(2):"乙种活期存款户与金融机关之间为消费寄托关系。第三人持真正存折并在取款条上盗盖存款户真正印章向金融机关提取存款,金融机关不知其冒领而如数给付时,为善意的向债权之准占有人清偿,依第310条第2款规定,对存款户有清偿之效力。至第三人持真正存折而盖用伪造之印章于取款条上提取存款,则不能认系债权之准占有人。纵令金融机关以定式契约与存款户订有特约,约明存款户事前承认,如金融机关已尽善良管理人之注意义务,以肉眼辨认,不能发现盖于取款条上之印章系属伪造而照数付款时,对存款户即发生清偿之效力,亦因此项定式契约之特约,有违公共秩序,应解为无效,不能认为合于同条第1款规定,谓金融向第三人清偿系经债权人即存款户之承认而生清偿之效力。"

② 关于本件判决的评释,参见拙著:《定型化旅行契约的司法控制》,载《民法学说与判例研究》(第七册),北京大学出版社2009年版,第27页。

四、由公序良俗移向诚实信用

关于上开三个"最高法院"判决,前二者(金融机关的定型化契约免除轻过失责任、旅游契约免责条款)可资赞同,衡诸"消费者保护法"第12条及增订"民法"第247条之1规定,均应否认该条款的效力。后者(保证人权利的抛弃)的问题在于"公共秩序"实不足作为规范定型化契约条款效力的准据,盖其所涉及者,乃契约当事人间利益的均衡、契约危险的合理分配,与公共秩序并无关系。在结论上宜认此类抛弃保证人权利的条款背于善良风俗,无效。为期明确,"民法"债编修正特增订"民法"第739条之1规定:"本节所规定保证人之权利,除法律另有规定外,不得预先抛弃。"

定型化契约的核心问题涉及契约风险的分配,与公序良俗并无直接关系,从而应以诚信原则作为规范机制。

第三项 "消费者保护法"及"民法"第247条之1规定对定型化契约的规范

一、检查次序

关于定型化契约的规范,"消费者保护法"及"民法"第247条设有规定。"消费者保护法"虽系特别法,但其关于定型化契约的规制,具有一般原则性规定,于非消费关系定型化契约(商业性定型化契约),亦有适用余地。结合两个法律的相关规定,关于定型化契约条款的规制,应采以下检查次序及思考方法:

1. 定型化契约条款的认定:其所争执的,是否为定型化契约条款,此涉及定型化契约条款的概念,"一般条款"与"非一般条款"的区别。

2. 订入契约:定型化契约条款是否订入契约,此涉及当事人意思合致及异常条款等问题。

3. 解释原则:经订入契约之定型化条款的解释,此涉及定型化契约条款的解释原则。

4. 内容控制:定型化契约条款内容的控制,此为核心问题。

5. 效力:定型化契约条款无效时,如何定其契约的效力。

二、定型化契约条款

(一)定型化契约条款的认定

"消费者保护法"第2条第9款规定:定型化契约(条款),指企业经营者为与不特定多数人订立契约之用,而单方预先拟定之契约条款。依此规定,定型化契约条款具有两个基本特征:①契约条款系由企业经营者单方预先拟定。②其目的在于以此条款与不特定多数人订立契约。定型化契约条款通常多以书面为之,但概念上不以此为必要。就其形式言,有的与契约结合在一起;有的为单独文件。就其范围言,有的印成细密文件,长达数页;有的则以粗体字或毛笔字书写,悬挂于营业场所。定型化契约条款由企业经营者自行订定①,并包括企业经营者与消费者团体拟定的所谓模范契约条款。

(二)一般条款与非一般条款

定型化契约条款分为一般条款与非一般条款(参阅"消费者保护法"第15条)。关于两者的意义和区别,"消费者保护法施行细则"第10条规定:"本法所称一般条款,指企业经营者为与不特定多数人订立契约之用,而单方预先拟定之契约条款。本法第15条所称非一般条款,指契约当事人个别磋商而合意之契约条款。"依"消费者保护法"第15条规定:"定型化契约中之一般条款抵触非一般条款之约定者,其抵触部分无效",明定个别约定条款优先于一般条款。其主要理由系认,"非一般条款"既属个别约定,仍有讨价还价磋商的余地,契约内容形成自由仍可维持,特肯定其优先效力,以保护消费者利益。关于"非一般条款"的解释,不适用"消费者保护法"第11条第2项规定。

三、定型化契约条款之订入契约

法律系学生某甲到乙书店购书,见某书甚为喜爱,因所带金钱不足,趁机将该书放入书包,于离店之际被查获。书店主人以书店出入口处张贴有大字告示"偷窃本店任何图书者,应赔偿新台币5000元",要求某甲赔偿。甲以未见该告示为理由而为拒绝,有无理由?设书店主人证明某甲确知或应知该告示内容时,其法律关系如何?

(一)意思合致

1. 合致原则及要件

定型化契约条款系企业经营者所自创,虽大量广泛使用,但不因此而

---

① 实务上认为属定型化契约条款者:(1)开放空间自由选购,结账包装后恕不退换之告示。(2)海外度假村会员权利商品之买卖定型化契约。(3)国际度假村会员卡之契约。(4)餐厅订宴收据记载事项[参照《消费保护法判决函释汇编(一)》,1998年,第331页以下]。

具有法规范性质,仍须经由双方当事人意思表示的合致,始能成为契约内容。由于定型化契约条款,有的未与契约文件合为一起,有的悬挂于营业场所(如顾客须知),有的因内容复杂,相对人不知其意义,因此如何订入契约,与传统个别磋商缔约应有不同。为维护契约内容形成自由的最低限度,企业经营者应依明示或其他合理适当方式,告知相对人欲以定型化契约条款订立契约,并使相对人得了解条款的内容。唯有具备此两项要件,定型化契约条款始能因相对人的同意而成为契约的内容。准此以言,机车修理厂于订约后始行交付的收据上记载:"对于任何瑕疵,本厂概不负责",因未于订约时表示,不成为契约内容。

2. 两个内容冲突的定型化契约

甲以 A 定型化契约自己购物,乙以 B 定型化契约向甲为承诺,其内容不同时,如何处理?解释上得认为依当事人意思其契约不因条款种类而无效。原则上应适用内容一致的部分,关于相冲突的部分,适用任意规定。

(二)未经记载条款之成为契约内容

"消费者保护法"第 13 条规定:"契约之一般条款未经记载于定型化契约中者,企业经营者应向消费者明示其内容;明示其内容显有困难者,应以显著之方式,公告其内容,并经消费者同意受其拘束者,该条款即为契约之内容。前项情形,企业经营者经消费者请求,应给予契约一般条款之影本或将该影本附为该契约之附件。"本条主要适用于火车、汽车等运送企业经营者所订定型化契约,如于售票处悬挂旅客须知等。所谓经消费者"同意"受其拘束,包括明示或默示在内。

(三)异常条款、难以注意或辨识条款

"消费者保护法"第 14 条规定:"契约之一般条款未经记载于定型化契约中而依正常情形显非消费者所得预见者,该条款不构成契约之内容。"此种条款学说上称为异常条款(突袭条款)。反面推论之,契约之定型化条款经记载于定型化契约中,依正常情形虽非消费者所得预见者,该条款仍成为契约内容,然此实不足保护消费者,"消费者保护法施行细则"第 12 条乃设规定:"定型化契约条款,因字体、印刷或其他情事,致难以注意其存在或辨识者,该条款不构成契约之内容。但消费者得主张该条款仍构成契约之内容。"例如,出卖咖啡壶者在其定型化契约条款中记载,买受人每月应购买一定数量咖啡,乃属异常条款,不构成契约内容。

（四）定型化契约条款的审阅期间

定型化契约攸关消费者权益，契约条款多涉及技术性及专门性问题，"消费者保护法"第11条之1特别规定，企业经营者与消费者订立定型化契约前，应有30日以内之合理期间，供消费者审阅全部条款内容。违反前项规定者，该条款不构成契约之内容。但消费者得主张该条款仍构成契约之内容。主管机关得选择特定行业，参酌定型化契约条款之重要性、涉及事项之多寡与复杂程度等事项，公告定型化契约之审阅期间。

（五）书店的"窃盗罚款"告示

书店主人在入口处悬挂："偷窃本店任何图书者，应赔偿新台币5000元。"旨在以此与不特定多数人订立"罚款契约"，属于所谓定型化契约条款。此项条款以特大字体悬挂于书店入口处时，应认系以显著之方式，公告其内容。问题在于盗书之人是否同意受其拘束。关于此点，应采否定说，盖解释意思表示应探求当事人之真意（第98条），盗书者纵明知或应知该项"窃盗罚款"的存在，亦难认其有对此不利于己，超过法定赔偿义务的条款，有为同意的意思。①

四、定型化契约条款的解释

定型化契约条款于订入契约，成为契约之部分后，应经由解释确定条款的内容。鉴于定型化契约条款的功能，及其对相对人（消费者）可能产生的不利益，有四项解释原则，应予注意：①客观解释原则：定型化契约条款系适用于多数契约，为维持其合理化的功能，应采客观解释，个案的特殊情况原则上不予考虑，而以通常一般人的了解可能性为其解释标准。②限制解释原则：定型化契约条款旨在排除任意规定，尤其是免责条款，应作限制解释，以维护相对人的利益。③有利于消费者解释原则：定型化契约条款有多种解释可能性存在时，应适用较有利于相对人的解释，由使用人承担条款不明确的危险性。关于此点，"消费者保护法"第11条第2项规定："定型化契约条款如有疑义时，应为有利于消费者之解释。"可资参照。④统一解释原则：定型化契约条款既用于多数契约，遍及各地，基于解释统一性的需要，应认定型化契约条款的解释，系属法律问题，得上诉第三审。

五、定型化契约条款内容的控制

某商业银行信用卡契约条款订定："持卡人之信用卡如有遗

---

① 此类问题在德国判例学说上论述甚多，参见 Braun, MDR 1975, 629; Canaris, NJW 1974, 525 f.; Koblenz, NJW 1976, 63.

失或被窃,发卡银行仅承担挂失前24小时起遭冒用之损失,对挂失前24小时以前遭冒刷之损失归由持卡人负责。"其效力如何?

(一) 规范体系

定型化契约条款的内容经由解释而确定之后,应再进而检查条款内容的公平性。此为关键核心问题。"消费者保护法"第12条及第13条,"消费者保护法施行细则"第13条及第14条分别设有规定(请阅读条文),为便于观察,图示如下:

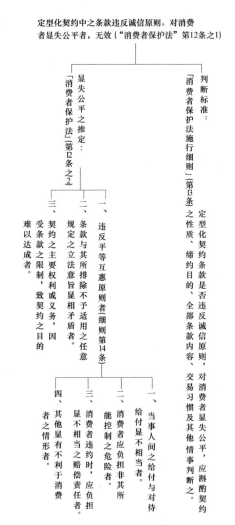

关于上开控制定型化契约内容的规范体系,应说明的有三点:

1. 立法体例:相关规范分散于"消费者保护法"及"消费者保护法施行细则",足见"消费者保护法"本身规定未臻周全,应有检讨修正的必要。

2. 规制标准:"消费者保护法"第11条第1项规定:"企业经营者在定型化契约中所用之条款,应本于平等互惠之原则。"第12条第1项规定:"定型化契约中之条款,违反诚信原则,对消费者显失公平者,无效。"同条第2项第1款又明定:"违反平等互惠原则者,推定其显失公平。"诚信原则与平等互惠原则究居于何种关系,不无疑问。就第12条规定观之,平等互惠原则系用来推定定型化契约条款显失公平,此须以违反诚信原则为前提,"施行细则"又明定违反平等互惠原则的四种情事,致法律的适用重叠、辗转曲折。按诸各国和地区立法例,未见有以平等互惠原则作为控制手段的。实则,以诚信原则作为审查标准,即为已足,"消费者保护法施行细则"第14条所定四种情形,可认系诚信原则的适用。

3. 概括条款的适用:违反诚信原则,显失公平,系属概括条款,有待于就个案,斟酌契约之性质、缔约目的、全部条款内容、交易习惯及其他情事判断之。为提供较明确的判断标准,"消费者保护法"及"消费者保护法施行细则"共设6项"推定"其显失公平的情形,在此6项"推定"(举证责任倒置)的情形中,以"消费者保护法"第12条第2项第2款及第3款较难理解,简述如下:

所谓"条款与其所排除不予适用之任意规定之'立法意旨',显相矛盾。"如居间者使用的定型化契约条款订定,无论媒介是否成功,均得请求报酬,违反第565条"称居间者,谓当事人约定,一方为他方报告订约之机会,或为订约之媒介者,他方给付报酬之契约"的"立法意旨"。① 又银行保证书记载:"连带保证人声明抛弃债编第二章第二十四节有关保证人规定之一切权利",亦属之,盖此将导致保证丧失其从属性,成为负担债务的契约,与保证契约本旨不符(参阅新修正第739条之1)。

所谓"契约之主要权利或义务,因受条款之限制,致契约之目的难以达成者",如出卖人排除物之瑕疵担保请求权;定型化旅行契约订定,旅行

---

① 此例采自《德国一般交易条款法》(AGBG)第9条第2项第1款,参见BGH NJW 73, 1276。

业者就其代理人或使用人的故意或过失不负责任。

(二)实务案例:信用卡关于遗失或被窃条款

"消费者保护法"施行后,定型化契约条款的规范,实务上案例日增,涉及信用卡使用契约、保证契约、消费借贷契约、保全契约及工程合约等,值得作深入的类型分析。①

其中最具争议的是信用卡契约约定:"持卡人之信用卡如有遗失或被窃,发卡银行承担挂失前24小时起遭冒用之损失。"易言之,挂失前24小时以前冒刷的损失,应由持卡人负责。台北地方法院1997年简上字第582号民事判决②,认此项条款违反"消费者保护法"第12条第2项第1款所定之平等互惠原则,无效,主要理由有二:

(1)依"优势之风险承担人"之标准理论言,即应将风险分配于支付最少成本即可防阻风险发生之人,始能达成契约最高经济效益之目的。信用卡在挂失前被冒用之风险,包括由发卡机构内部职员或其履行辅助人(特约商店)之故意、重大过失,或抽象轻过失所生之损失等,此等损失之造成,发卡机构显然较持卡人更有能力避免。发卡银行与特约商店,在接受信用卡而提供消费服务或清偿消费款项时,均可再次检查签账单上签名与信用卡上既有之签名,或持卡人留存之签名记录,是否相符,甚且可查询是否持卡人为真正之信用卡申请人,以之决定接受该笔信用卡消费。反之,若将冒用之风险归诸持卡人负担,通常持卡人在办理挂失前对信用卡之遗失并未察觉,而未能及时挂失,则持卡人一旦遗失信用卡,在挂失前毫无保护之余地。

(2)就专业能力观之,发卡机构较一般持卡人具有专业素养及训练,较诸持卡人对于冒用信用卡等行为损失可能招致之损害,较有预防能力,而联合信用卡中心与特约商店签订契约时,亦可课予特约商店一定程度之注意义务,谨慎辨明持用人与持卡人之同一性。且就经济观点而言,发卡机构具有较强之经济能力,可借由保险或其他方式转嫁风险,或以较强之谈判实力与特约商店约定风险比例分担(例如保险等),故由发卡机构承担冒用之风险,较之经济能力较弱之持卡人承担此一风险,更符

---

① 参见杨淑文:《"消费者保护法"关于定型化约款在实务上之适用与评析——新型契约与"消费者保护法"》,1999年,第84页。
② "消费者保护委员会"编印:《"消费者保护法"判决函释汇编(一)》,1998年,第80页。

合效益与经济成本之考量。

此两项论点,具有法律经济分析的意涵,足供参考。

(三)"民法"第 247 条之 1

"民法"第 247 之 1 规定:"依照当事人一方预定用于同类契约之条款而订定之契约,为左列各款之约定,按其情形显失公平者,该部分约定无效:一、免除或减轻预定契约条款之当事人之责任者。二、加重他方当事人之责任者。三、使他方当事人抛弃权利或限制其行使权利者。四、其他于他方当事人有重大不利益者。"

此项规定适用于所有定型化契约,成为规律定型化契约效力的主要机制。在适用上值得注意的是,须先认定定型化契约具备该条所定 4 个条款,再认定其是否"按其情形显失公平"。立法理由书谓:"至于谓'按其情形显失公平者',系指依契约本质所生之主要权利义务,或按法律规定加以综合判断而有显失公平之情形而言。例如以在他人土地上有建筑物而设定之地上权,约定地上权期间为一年或约定买受人对物之瑕疵担保之契约解除权为十年等是。"

实务上发生如何以当事人磋商能力或磋商余地作为判断因素的问题,"最高法院"2016 年台上字第 2197 号判决谓:"系争工程系经公开招标,兴亚公司则为营造者,其于参与投标前,对于系争工程之工程图说、投标须知、标单、合约书及其附件等,非无充足之时间详细审阅,以了解得标后双方之权利义务,倘其认契约条款对其不利,亦可拒绝投标。似此情形,能否谓系争契约第 5 条第 2 项之约定,有'民法'第 247 条之 1 第 3 款所定形而无效,即不无研求之余地。原审遽谓该约定有上开法条所定情形,为无效,进而为嘉义市政府不利之判断,并有未合。"

六、定型化契约条款无效与契约的效力

定型化契约条款有一部分无效时,发生第 111 条"法律行为之一部分无效者,全部皆为无效。但除去该部分亦可成立者,则其他部分仍为有效"的适用问题。在定型化契约,倘某项条款无效,而导致全部契约无效时,相对人所期望之交易目的难以达成,显然不足保护消费者。为此"消费者保护法"第 16 条特别规定:"定型化契约中之一般条款,全部或一部无效或不构成契约内容之一部者,除去该部分,契约亦可成立者,该契约之其他部分,仍为有效。但对当事人之一方显失公平者,该契约全部无效。"定型化契约条款全部或一部无效,而契约仍属有效时,其因此所发生的"契约漏洞",应先适用任意规定,无任意规定时,则依契约解释原则加以补充。

七、主管机关对定型化契约的控制与"模范契约"

"消费者保护法"第17条规定,主管机关得选择特定行业公告规定其定型化契约应记载或不得记载之事项。违反前项公告之定型化契约之一般条款无效。该定型化契约之效力依前条规定定之。企业经营使用定型化契约者,主管机关得随时派员查核。又"消费者保护法施行细则"第15条规定:"定型化契约记载经主管机关公告应记载之事项者,仍有本法关于定型化契约规定之适用。主管机关公告应记载之事项,未经记载于定型化契约者,仍构成契约之内容。"

由行政机关公告定型化契约应记载或不得记载事项,具有强制性规范效力,影响私法自治甚巨,为合理节制契约法上的家父主义①,此项公告应慎重为之,乃属当然。关于行政机关公告应记载事项,是否违反诚信原则,显失公平,法院仍得为审查。目前主管机关致力于推行所谓的"契约范本"(如预售房屋买卖契约书范本),其目的仅在于提供参考,虽具有教育及示范作用,但无"消费者保护法"第17条第2项的效力。②

第四项 案例解说

> 甲在乙经营的超级商场购买某厂牌的热水瓶,价金2000元。甲初次使用后即发现该瓶瓶底漏水,即向乙请求交付无瑕疵之物或退还价金。乙表示于商场入口处柜台上有大字悬挂有"货物出门,概不负责"的揭示,而加以拒绝。甲强调对此揭示未表同意,且其内容不合理,应无效力。试问甲得向乙主张何种权利?(请先自行思考、解答)

甲向乙购买某厂牌热水瓶,发现其瑕疵,即要求交付无瑕疵之物,其请求权基础为第364条:"买卖之物,仅指定种类者,如其物有瑕疵,买受人得不解除契约或请求减少价金,而即时请求另行交付无瑕疵之物。"又甲主张偿还支付的价金,其请求权基础为第259条第2款规定,即契约解

---

① Enderlein, Rechtspaternalismus und Vertragsrecht, 1996, S. 251 f.; Anthony T. Kronman, Paternalismus and the Law of Contracts, 92 Yale L. J. 763 (1983).

② 参照"行政院消费者保护委员会"函,1996年消保法字第00439号。

除时,受领之给付为金钱者,应附加自受领时起之利息偿还之。问题在于乙揭示"货物出门,概不负责",是否排除出卖人物之瑕疵担保责任。兹依前述定型化契约条款审查次序,分五点加以说明:

(1)首应肯定的是,乙在其商场入口处柜台悬挂"货物出门,概不负责"的揭示,旨在以此条款与多数之顾客,订立契约,系属定型化契约条款。

(2)此项条款既经悬挂于商场入口处柜台的明显地方,可期待顾客知其存在及意义,得经顾客的默示承诺而订入契约,不因甲未明示同意接受而受影响。

(3)"货物出门,概不负责"既已订入契约,则应进一步依解释方法,确定其内容。依客观解释原则判断之,乙订定此项条款之目的在于排除第359条及第364条关于物之瑕疵担保责任。

(4)"民法"关于物之瑕疵责任系任意规定。依第366条规定:"以特约免除或限制出卖人关于权利或物之瑕疵担保义务者,如出卖人故意不告知其瑕疵,其特约为无效。"故乙以定型化契约排除其责任,并不违反强行规定。问题的关键,在于此项免责条款是否违反诚实信用原则,显失公平而无效。关于此点,应采肯定说,盖"货物出门,概不退换"完全排除出卖人的瑕疵责任,否认买卖契约上给付与对待给付的对价关系,显然违反诚信原则。

(5)此项条款无效,不影响买卖契约的效力,其无效部分,应适用任意规定(第359条及第364条),故甲得请求交付无瑕疵之物,或解除契约而请求乙返还价金。

第六节 债权契约的意义、类型及结构
——债权契约类型自由

第一款 债权契约的意义及其在法律行为体系上的地位

一、契约的种类、体系及法律的适用

甲受雇于乙,担任会计,向丙购买公寓,并即依让与合意办理所有权移转登记。数月后甲与丁结婚,并订立分别财产制。试问:

1. 何谓典型契约、非典型契约？何谓有名契约、无名契约？何谓契债权契、物权契约？
2. 在本件案例中共有多少契约？各为何种契约？如何区别委任、雇佣、承揽等契约？
3. 区别契约类型具有何种法律适用上的意义？

(一)契约的种类、体系及法律的适用

契约是法律行为的核心，但"民法"总则未设一般规定。债编通则第1章第1节第1款所称契约，乃指债权契约而言。债权契约又称债务契约(负担行为)(obligatorischer Vertrag)，如买卖、租赁或雇佣契约。应与债务契约区别的是所谓的处分契约(Verfügungsvertrag)。处分契约指直接引起既有权利转让、内容变更、设定负担或废止的契约，包括物权契约及准物权契约。第758条第1项规定："不动产物权，依法律行为而取得、设定、丧失及变更者，非经登记，不生效力。"其所称法律行为，即指物权行为，包括物权契约及单独行为。第761条第1项规定："动产物权之让与，非将动产交付，不生效力。但受让人已占有动产者，于让与合意时，即生效力。"其所称"让与合意"，亦指物权契约而言。所谓准物权契约，系指债权让与等契约而言(第294条)。除前述财产法上的契约外，亲属编所规定的婚约、结婚、离婚及夫妻财产制契约的订立，亦属"民法"上的契约。

据上所述，在"民法"上应有一广义契约的概念，即当事人为发生一定私法上法律效果为目的之意思表示的合致。以发生债之关系为目的者，称为债权契约。以发生物权或其他权利之变动为目的者，称物权契约或准物权契约(合称为处分契约)。以发生一定身份关系为目的者，称为身份契约。身份法上的单独行为，最主要的是遗嘱。兹从法律行为加以观察，图示如下：

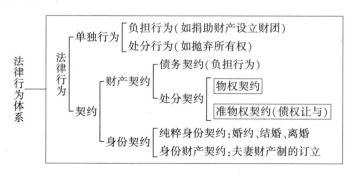

关于前揭法律行为体系所生的法律适用问题,应说明者有三:

1. 学习契约,须要认识契约的社会功能与市场经济的运作,也要理解各种契约的类型及法律构造,此有助于各种契约的法律性质及其所涉及的法律适用问题。

2. "民法"于总则编对契约的成立未设一般规定。"民法"债编第153条至第163条关于债权契约成立的规定,应类推适用于处分契约及身份契约。

3. "民法"总则关于法律行为效力的规定,于债权契约及处分契约均有适用余地。例如,某甲赠与限制行为能力人某乙一部电脑,并依让与合意交付之,乙系纯获法律上利益,纵未得法定代理人允许,其赠与契约及物权契约均属有效(第77条)。乙取得该电脑后,将之转赠与限制行为能力人丙,并依让与合意交付时,其赠与契约及物权契约,非经法定代理人承认,不生效力(第79条)。

(二) 例题解说

1. 在前揭例题,甲与乙间有雇佣契约(债权契约),甲与丙有买卖契约(债权契约)及物权契约(处分契约),甲与丁间有结婚契约及夫妻财产制契约等身份契约。此等契约是否因意思合致而成立,于债权契约,应适用第153条以下规定;于其他契约,则应类推适用第153条以下规定。

2. 设甲为受监护宣告之人时,依第15条规定,受监护宣告之人无行为能力,故其雇佣契约、买卖契约及物权契约均属无效。至于结婚契约是否有效,通说认为应视甲于结婚时是否有意思能力而定。

3. 甲17岁时(与丁结婚前),为限制行为能力人,未得法定代理人允许所订立契约的效力,分别说明如下:①甲与乙间的雇佣契约,效力未定(第79条)。②甲与丙间订立的买卖契约,效力未定,但受让房屋所有权的物权契约,系纯获法律上利益,仍为有效,甲因而取得房屋所有权。若甲的法定代理人不承认买卖契约时,甲系无法律上原因而受利益,应依不当得利规定负返还的义务。由上述可知,未成年人所订立契约的效力,虽因契约类型而异,但均出于保护未成年人之目的,寓有深意,应深刻理解,强化法律人对立法政策思考的能力。

二、债权契约与物权契约

甲在某校福利社放置咖啡自动贩卖机,乙依指示投入50元硬币后,1罐咖啡应声而出,乙取而饮之,试说明其法律关系。

设该自动贩卖机发生故障,输出 2 罐咖啡,乙见四处无人,径自取走饮用时,其法律关系如何?

本书作者在 1964 年就读德国慕尼黑大学时,认真研读伟大法学家 Esser 教授所著 Schuldrecht(债法, 2. Aufl., 1960, 约 1000 页)。Esser 教授于讨论债权法与物权法的关系时,曾举以下之例:"自动电话机正常运作,在挂上听筒后,意外地将我投入的硬币退回,此外尚掉落二个其他硬币。若我取走硬币时,其法律效果如何?我得否取走硬币,究依债权法抑依物权法规定予以判定?其区别何在?(S.4)"此例对作者产生相当"震撼"的影响,因为当时台湾地区法学著作及课程讲授甚少提出如此具有启示性的案例,以及精致细腻的论述。Esser 教授的著作启发我采用案例教学研究的方法。半世纪前学习法律的感动,迄今难忘。

在契约的体系上,债权契约与物权契约具有密切的关联。买卖、互易、赠与等债权契约旨在移转财产权(如所有权),使一方当事人负有为一定给付的义务,其财产权的移转,则须依物权契约(或准物权契约、债权让与)为之。物权契约系指直接引起物权的契约变动(第 758 条、第 761 条)。买卖等债权契约系为财产权的处分而先为预备,并作为其法律上原因。在其他劳务契约,如委任、雇佣、承揽等,其报酬的给付亦多依物权行为为之。

关于法律交易活动的过程及其法律机制,可就上开例题,分四个阶段加以说明(请先自行研读,写成书面,再比较以下解说):

1. 甲于某校摆设咖啡自动贩卖机,系欲与不特定人订立买卖契约的要约。乙投入 50 元硬币购买咖啡,系对甲的要约为承诺(意思实现,第 161 条),买卖契约因当事人双方互相意思表示合致而成立(第 153 条第 1 项)。甲负有交付其物,并移转其所有权的义务(第 348 条),乙负有支付约定价金及受领标的物义务(第 367 条)。

2. 乙投入 50 元硬币,除对甲的要约为承诺外,并为履行买卖契约成立后支付价金的义务,而对其货币所有权(动产)所为的处分,因与甲作成让与合意,并为交付而移转其所有权于甲(第 761 条)。甲的自动贩卖机输出 1 罐咖啡,系为履行其买卖契约上的义务,而处分其物,因与乙作成让与合意,而移转其所有权给乙(第761条)。甲、乙双方各因依债之本旨而为清偿,并经受领,债之关系消灭(第309条)。

3. 出卖人甲因物权契约而取得50元硬币所有权,乙亦因物权行为而取得咖啡所有权,均以买卖契约上的债权为其法律上的原因。

4. 设咖啡自动贩卖机输出2罐咖啡时,就其中之一,甲并无处分的意思,其所有权仍属于甲,乙擅自取走饮用,系故意不法侵害甲的所有权(第184条第1项前段)。① 得成立侵权行为损害赔偿,或侵害他人权益不当得利(第179条)。

第二款　典型契约与非典型契约②

一、何谓债权契约自由? 何谓物权类型强制? 试比较并说明其理由。

二、试问下列契约何者为典型契约或非典型契约? 此种区别有何实益?

1. 地主某甲与乙建筑公司约定,由甲提供土地,乙提供资金,合作建筑房屋,完工后共同出售,分享利益。

2. 所谓的借名登记契约。

3. 甲有A车,交乙修理,同时向乙租用B车。

4. 甲经营养鸡场,乙向甲贷款开设香鸡城,并约定由甲供应所有鸡。

三、某甲在台大附近经营宿舍,学生某乙与甲订立所谓包膳宿契约,由甲提供房间,供应早餐及洗涤衣物,乙每月支付1万元,试问:

---

① 依德国的通说及Esser教授的见解,甲取走另一罐咖啡,违反买卖契约所生的附随义务,应负"积极侵害债权"责任(positive Forderungsverletzung,不完全给付), Esser, Schuldrecht, 2. Aufl, 1960, S. 6.

② 欧陆民法上契约的类型,源自罗马法,但罗马法的契约系采类型强制(Betti, Der Typenzwang bei den römischen Rechtsgeshäften und die sogenannte Typenfreiheit des heutigen Rechts, in: Festschrift für Leopold Wenger (Bd. I, 1944), S. 249 ff.)。关于罗马法上的契约及其后的发展,参见陈朝璧:《罗马法原理》(上册),台湾商务印书馆1944年版,第125页以下;简要说明,参见郑玉波编译:《罗马法要义》(第三版),三民书局1970年版,第44页;外文资料,Zimmermann, The Law of Obligations, 1996; Kunkel/Honsell, Römisches Recht, 4. Aufl., 1987, S. 212.。Wolfgang Kunkel教授是著名的罗马法大师,本书作者曾于慕尼黑大学选修其课。关于物权类型法定,参见拙著:《民法物权》(第二版),北京大学出版社2010年版,第38页。

1. 设甲供应之早餐含有不洁物,致乙中毒时,乙得向甲主张何种权利? 得否解除契约?

2. 设甲交付之房间,屋顶龟裂,具有危险性时,乙得向甲主张何种权利? 得否解除契约?

一、典型契约(有名契约)

(一)债权契约类型自由与典型契约

基于契约自由原则,当事人在不违反法律强制性规定或公序良俗的范围内,得订定任何内容的债权契约,是为债权契约自由原则,其理由系及当事人间债之关系,旨在贯彻私法自治,促进市场经济发展。关于物权,"民法"第757条规定:"物权除依法律或习惯外,不得创设。"采物权法定主义,旨在促进社会之经济发展,并维护法秩序之安定。①

须注意的是,"民法"对债权契约(以下简称契约)。虽不采类型强制原则,但对若干日常生活上常见的契约类型,设有规定,并赋予一定名称,学说上称为典型契约或有名契约。债编第2章各种之债规定买卖、互易、交互计算、赠与、租赁、借贷、雇佣、承揽、出版、委任、经理人及代办商、居间、行纪、寄托、仓库、运送、承揽运送、合伙、隐名合伙、指示证券、无记名证券、终身定期金、和解、保证等契约类型;新增订的有旅游、合会及人事保证。特别法规定的典型契约,如"保险法"上之保险契约("保险法"第1条),"海商法"上的海上运送契约("海商法"第38条)以及"劳动基准法"上的劳动契约("劳动基准法"第2条第6款、第2条以下)。

(二)典型契约的功能

民法在契约类型自由主义下创设典型契约②,其主要机能有二:①以任意规定补充当事人约定之不备。当事人对契约的要素(如买卖契约上之买卖标的物及价金)须有约定,否则契约不成立,但对其他事项(如履

---

① 旧"民法"第757条规定:"除本法或其他法律有规定外,不得创设。"2009年新修正规定亦得依习惯创设物权。立法理由谓:"为确保交易安全及以所有权之完全性为基础所建立之物权体系及其特性,物权法定主义仍有维持之必要,然为免过于僵化,妨碍社会之发展,若新物权秩序法律未及补充时,自应许习惯予以填补,故习惯形成之新物权,若明确合理,无违物权法定主义存立之旨趣,能依一定之公示方法予以公示者,法律应予承认,以促进社会之经济发展,并维护法秩序之安定,爰仿《韩国民法典》第185条规定修正本条。又本条所称'习惯'系指具备惯行之事实及法的确信,即具有法律上效力之习惯法而言,并予指明。"

② Dilcher, Typenfreiheit und inhaltliche Gestaltungsfreiheit bei Verträgen, NJW 1960, 1040; Weick, Die Idee des Leitbildes und Typisierung im gegenwärtigen Vertragsrecht, NJW 1978, 11.

行时、履行地、瑕疵担保、危险负担），疏未注意，或有意不予订定的，时常有之。法律为使契约内容臻于完备，乃设若干典型契约，以资规范。②以强行规定保护当事人的利益。第389条关于分期付价买卖期限利益丧失约款的限制，即其著例。

认定某个契约究竟属于何种法定契约类型，其主要目的乃在于确定任意规定或强行规定的适用。从而在处理契约的问题时，首须考虑的是，此项契约是否为典型契约？何种典型契约？是买卖、互易契约，还是雇佣或承揽契约？

关于契约类型的认定，应予注意的是，法律不是凭空创设契约类型，而是就已存在的生活事实，斟酌当事人的利益状态及各种冲突的可能性，加以规范。民法系以给付义务为出发点，而设各种契约类型，例如，称买卖者，谓当事人约定一方移转财产权于他方，他方支付价金之契约（第345条）。称租赁者，谓当事人约定，一方以物租与他方使用收益，他方支付租金之契约（第421条）。称合伙者，谓二人以上互约出资以经营共同事业之契约（第667条）。当事人所约定的给付，是否符合法定契约类型所定的特征，应探求当事人真意及契约目的加以认定。近年来，台湾地区实务上关于建筑商与地主约定由地主提供土地，而由建筑商提供资金、技术、劳力合作建筑房屋，并于房屋建成后依约定比例分取房屋及基地之所谓"合建契约"，如何认定其契约类型，迭生争议（例二之1）。1983年台上字第4281号判决谓："地主出地，建商出资合建房屋，其所为究为合伙、承揽、互易或其他契约，应探求订约当事人之意思表示及目的决定之。如其契约重在双方约定出资（一出土地，一出建筑资金），以经营共同事业，自属合伙。倘契约着重在建筑商为地主完成一定之建屋工作后，接受报酬，则为承揽。如契约之目的，在于财产权之交换（即以地易屋）则为互易。"可供参考。由此可知，契约类型认定的重要及困难，为契约法上的重要研究课题。

二、非典型契约：无名契约

（一）非典型契约的意义及功能

非典型契约，指法律未特别规定而赋予一定名称的契约，亦称无名契约。此为民法一面采契约自由原则，一面又列举典型契约的产物，盖社会生活变化万端，交易活动日益复杂，当事人不能不在法定契约类型之外，另创新形态的契约，以满足不同之需要。此类契约有就特殊情况而约定的。有因长期间之惯行，俨然具有习惯法之效力者（如民间的互助会已因"民法"修正而典型化，第709条之1）。有为因应现代交易需要，以定型化契约条款而创设的（如Leasing，Factoring，Franchising）。① 非典型契约在现代社会经济活动扮演日益重要之角色，实值重视，俟于债编各论的研究课题。②

（二）非典型契约的类型

非典型契约的主要问题，在于其契约内容不完备时，应如何适用法律，以资规范。此又涉及非典型契约的类型问题，学说上尚无定论，兹分纯粹的无名契约、契约联立及混合契约三类加以说明③：

1. 纯粹非典型契约（无名契约）

纯粹无名契约，指以法律全无规定的事项为内容，即其内容不符合任何有名契约要件的契约，如广告使用他人的姓名或肖像的契约等。其法律关系应依契约目的、诚信原则，并斟酌交易惯例加以认定。

近年来有三个重要的无名契约，体现社会生活经济的变迁：①借名登记契约；②工程担保契约；③保全契约。前者将于下文作较详细说明，兹就后二者，简述如下：

（1）工程担保契约：担保契约系指当事人约定于约定担保事项发生或不发生时，一方对于他方应为一定给付之契约，其性质及效力依当事人约定之内容定之。倘当事人于担保契约为立即照付之约款，担保立即照付之义务时，担保权利人当可依立即照付之形式要件行使权利，毋庸对于担保事项为实质之举证；且立即照付担保契约关于担保目的之文字记载，仅系担保目的之宣示，并非付款条件之设定，此为立即照付担保制度设计功能所使然，并确保立即照付担保契约之独立性。稽之工程实务界之担保制度，除保证金之实际交付外，常由银行金融机构出具保证书，以疏解承包商之筹资压力；并于保证书上记载立即照付约款，以满足业主快

---

① 此三种在美国发展的契约类型，已广为世界各国和地区所采用，在台湾地区实务上亦居于重要之地位，尤其是加盟店契约，参见林美惠：《加盟店契约法律问题之研究》，台大法律研究所硕士论文（1995年）。

② 参见曾隆兴：《现代非典型约约论》，1986年初版；詹森林：《非典型契约之基本问题——民事法理与判决研究》，1998年，第115页。

③ Larenz/Canaris将法律未规定的契约，分为Typenkombinationsverträge（类型结合契约）、Typenschmelzungsverträge（类型融合契约）及typenfremde Verträge（非类型契约）（Schuldrecht，II/1, S. 41 f.）。

速实现权利之需求(2013年台上字第584号,请阅读判决)。①

(2)保全契约:保全契约性质上属于有偿之劳务给付契约。而此保全服务业务涉及专业知识,对于如何防护标的物安全,如何实施环境巡逻、系统监视、情况处理等事项,一依保全公司之专业而施行,不受委托客户之指挥;且以履行保全服务内容,而非以完成一定工作,作为按期请求给付服务费之对价。此与以单纯供给劳务本身为目的,受雇人并无自主性之雇佣契约不同;亦与以工作之完成为目的,而以供给劳务为手段之承揽关系有异。此外,保全防护标的物之安全,所涉及之事务繁多,非持续一段相当时间,不足以竟其功,性质上属于继续性之劳务供给契约,亦与由受任人处理一定事务之单纯委任关系不尽相同,应认系争保全服务契约之性质,属于继续性劳务给付之无名契约(2007年台上字第2764号)。

2. 契约联立

契约联立,指数个契约(典型或非典型)具有互相结合的关系。其结合的主要情状有二:

其一,单纯外观的结合,即数个独立的契约仅因缔结契约的行为(如订立一个书面契约)而结合,相互间不具依存关系,例如,甲交A车给乙修理,并向乙租用B车。于此情形,应适用固有典型契约的规定,即关于A车的修理,应适用关于承揽的规定,关于B车的租用,适用关于租赁的规定,彼此间不发生任何牵连。

其二,具有一定依存关系的结合,即依当事人之意思,一个契约的效力依存于另一个契约的效力,例如,甲经营养鸡场,乙向甲贷款开设香鸡城,并约定乙所需的土鸡,均应向甲购买。于此情形,甲与乙间的消费借贷契约与买卖契约具有依存关系,其个别契约是否有效成立,虽应就各该契约加以判断,但设其中的一个契约不成立、无效、撤销或解除时,另一个契约亦同其命运。

---

① 关于担保契约,参见陈自强:《无因债权契约论》(政大法学丛书44),新学林出版公司1998年版,第29页以下;杨淑文:《工程定型化契约之履约保证条款(含立即照付约款)》,载《月旦法学杂志》第187期(2010.12),第20页;吕彦彬:《工程契约履约担保制度之研究》(元照,2010);吕彦彬:《再谈工程保证书的几个问题——评析"最高法院"2018年度台上字第585号判决》,载《月旦法学杂志》第298期,第143页。

3. 混合契约①

在非典型契约中,混合契约在实务上最为常见,最称重要。混合契约,指由数个典型(或非典型)契约的部分而构成的契约。② 混合契约在性质上系属一个契约,与契约联立有别,应予注意。

关于混合契约的法律适用,有三种学说:①吸收说:认为应将混合契约构成部分区分为主要部分及非主要部分,而适用主要部分的典型(或非典型)契约的规定,非主要部分则由主要部分加以吸收之。②结合说:认为应分解混合契约的构成部分而适用各该部分的典型契约规定,并依当事人可推知意思调和其歧义,统一加以适用。③类推适用说:认为法律对混合契约既未设定,故应就混合契约的各构成部分类推适用关于各典型契约所设规定。以上三说各有特色,但没有任何一说可以单独圆满解决混合契约法律适用问题。于当事人未有约定时,应依其利益状态、契约目的及斟酌交易惯例决定适用何说较为合理。兹参照德国通说,将混合契约分四类加以说明:

1. 典型契约附其他种类的从给付:即双方当事人所提出的给付符合典型契约,但一方当事人尚附带负有其他种类的从给付义务。例如,甲租屋与乙(租赁契约),附带负有"打扫"义务(雇佣的构成部分);或甲向乙购买瓦斯(买卖契约),约定使用后返还瓦斯桶(使用借贷的构成部分)。于此类型混合契约,原则上应采吸收说,适用该典型契约(租赁或买

---

① 参见杨崇森:《混合契约之研究》,载《法学丛刊》第 4 卷第 4 期(1959.10),第 42 页,本文系有关混合契约最基本文献,深具参考价值。德国法上资料,Charmatz, Zur Geschichte und Konstruktion der Vertragstypen im Schuldrecht mit besonderer Berücksichtigung der gemischten Verträge, 1937; Dellios, Zur Präzisierung der Rechtsfindungsmethode bei gemischten Verträgen, Diss. Regensburg, 1981; Hoeniger, Die gemischten Verträge in ihren Grundformen, 1910.

② "司法院"院字第 2287 号谓:"混合契约系由典型契约构成分子与其他构成分子混合而成之单一债权契约,若其契约系复数,而于数契约间具有结合关系者,则为契约之联立。"关于如何认定契约类型及其法律性质,"最高法院"1998 年台上字第 362 号判决:"按社会上所谓'经销商契约'(或称'代理店契约'或'代理商契约'),系指商品之制造商或进口商将其制造或进口之商品,经由经销商为商品之贩卖,以维持或扩张其商品之销路,而与经销商所订之契约。至其法律上之性质,则依其契约之具体内容,可能有三种类型,即具买卖契约之性质者,具行纪契约之性质者及具代办商契约之性质者是,不同类型之当事人间之权利义务关系自属不同。查为原审认定属实之前开备忘录,其第一条虽载有'代理经销'等用语,惟由其后各条之约定内容观之,是否具有代理承销契约与补充买卖契约混合契约之性质,抑或仅具有买卖契约之性质,既攸关当事人间之权利义务,自应先予厘清。乃原审未进一步探究前开备忘录各条约定真意之所在,遽认该备忘录之约定应具有代理承销契约与补充买卖契约混合契约之性质,已有未洽。"

卖)的法律规定。

2. 类型结合契约:即一方当事人所负的数个给付义务属于不同契约类型,彼此间居于同值的地位,而他方当事人仅负单一的对待给付(有偿契约),或不负任何对待给付。例如,甲与乙订立包宿膳契约,每月新台币1万元,甲所负的给付义务,分别属于租赁、买卖、雇佣典型契约的构成部分,乙则支付一定的对价。于此种混合契约,原则上应采"结合说",依个别给付所属契约类型的法律规定加以判断。易言之,即食物供给适用买卖的规定,房间住宿适用租赁的规定,劳务提供适用雇佣规定。其中一项给付义务不履行或具有瑕疵时,得依其规定行使权利,例如,供给的食物不洁时,得请求减少对待给付,甚至解除之(买卖的部分),但契约本身原则上并不因此而受影响(例题三)。惟倘数项给付构成经济上一体性时,则应同其命运。例如,甲向乙租用停车场(租赁的部分),并由乙维护汽车(雇佣的部分),倘乙终止租赁部分时,其汽车维护部分应随之消灭。

3. 双种典型契约,或称混血儿契约:即双方当事人互负的给付各属于不同的契约类型,例如,甲担任乙的大厦管理员,而由乙免费供给住屋。在此契约,甲管理大厦,其给付义务属于雇佣契约,乙供给住屋,其给付义务属于租赁,结合不同典型契约的给付义务,互为对待给付。于此种混合契约,原则上应采"结合说",分别适用其所属契约类型的规定,即关于管理大厦适用雇佣契约(以住屋的供给为对待给付),关于供给住屋则适用租赁契约(以服劳务为对待给付)。

4. 类型融合契约,或称为狭义的混合契约:即一个契约中所含的构成部分同时属于不同的契约类型,例如,甲以半赠与的意思,将价值2万元的画以1万元出售与乙,学说上称为混合赠与(gemischte Schenkung)。于此情形,甲之给付既然同时属于买卖及赠与,原则上应适用此两种类型的规定:关于物之瑕疵,依买卖的规定(第354条),关于乙不当行为则依赠与的规定(第416条)加以处理。

三、非典型契约的典型化(有名化、现代化)

由于社会经济发展,科技进步及国际的贸易往来,产生各种所谓"现代非典型契约"。有为本土固有的,除传统的合会外,尚有合建、委建、旅游契约、人事保证契约等。有从外输入的,如融资租赁、信用卡契约、加盟店契约等。此等非典型契约多由定型化契约条款所组成,应适用"消费者保护法"相关规定,尤其是由主管机关推动订定定型化契约范本。

值得注意的是,若干重要的非典型契约业已经由立法加以典型化。1999年"民法"债编修正增设了三种典型契约:

1. 旅游契约:指旅游营业人提供旅客旅游服务而收取旅游费用之契约(第514条之1以下),其内容多参照《德国民法典》第651条规定。

2. 合会契约:指由会首邀集2人以上为会员,互约交付会款及标取合会金之契约(第709条之1以下),具有融通资金功能的传统契约,其内容系将民间习惯加以明文化。

3. 人事保证契约:指当事人约定,一方于他方之受雇人将来因职务上之行为而应对他方为损害赔偿时,由其代负赔偿责任之契约(第756条之1以下)。此种契约使用甚广,典型化之目的在于合理规范保证人的责任,查其内容多参考日本"关于身份保证之法律"。第756条之9规定:"人事保证,除本节有规定者外,准用关于保证之规定。"由此"准用"可知,人事保证具有不同于"一般保证"的特色。

综合观之,"民法"债编修正将攸关人民生活的"旅游""合会"及"人事保证"三种契约类型加以典型化,增设必要的任意规定及强行规定,有助于因应社会经济环境的变迁,而达保障私权,维护交易公平及安全之目的。

第三款　要式契约与不要式契约

例一:下列契约,何者属于要式契约,何者属于不要式契约:(1)租赁。(2)旅游。(3)合会。(4)保证。(5)赠与。(6)劳动契约。(7)团体协约(查阅相关条文!)。

例二:甲向乙租屋,订立书面,约定:"本契约书须经公证。"试问在办理公证前,甲得否向乙请求交付房屋?

一、法定形式及约定形式

(一)法定方式

1. 形式自由原则及其例外

契约依其是否须践行一定的形式为区别标准,可分为要式契约及不要式契约。现行"民法"采契约自由,契约以不作成方式为原则(方式自由)。"民法"上的有名契约,属于要式契约的,原仅有两种:

(1)期限逾1年之不动产租赁契约,第422条规定:"不动产之租赁契约,其期限逾1年者,应以字据订立之,未以字据订立者,视为不定期限之租赁。"

(2)终身定期金契约(第729条)。第730条规定:"终身定期金契约之订立,应以书面为之。"

特别法上的有名契约中,保险契约为要式契约("保险法"第43条)。以船舶之全部或一部供运送为目的之运送契约,应以书面为之("海商法"第39条),亦属要式契约。劳动契约为不要式契约,但团体协约则为要式契约。

2. 违反法定形式的效力

"民法"第73条规定:"法律行为,不依法定方式者,无效。但法律规定另有规定者,不在此限。"法律行为包括契约及单独行为(如遗嘱)。

(二)约定形式:"民法"第166条规定

契约方式自由有两种意义:①契约(或其他法律行为)的作成,法律原则上不设法定形式;②当事人得自由约定契约的形式(约定形式)。当事人约定的形式不限于书面,亦得为公证等。

当事人未践行约定形式时,其法律效果如何,第166条规定:"契约当事人约定其契约须用一定方式者,在该方式未完成前,推定其契约不成立。"由是可知,践行一定方式为契约的成立要件,唯仅属"推定",而非"视为",故当事人之一方得提出反证,证明其践行一定的方式仅在于作为保全契约的证据方法,或强化契约强制执行的效力(参阅"公证法"第13条、"强制执行法"第4条第1项第4款),虽未践行,其契约亦非不成立。在上开例二,甲得否向乙请求交付房屋,端视租赁契约是否成立,而租赁契约是否成立,又须视当事人所约定的"公证"是否为成立要件,此为法律所推定,故甲非反证加以推翻,不得请求乙履行契约。①

---

① "司法官训练所公证实务研究会"第2期会提出如下之问题:甲、乙二人于2月1日同意订立房屋租赁契约书,订明租赁期间自2月1日起至12月31日止,契约内并未约定:本契约自法院公证之日生效。双方因故迟至2月5日始相偕至法院请求公证,是否准许。研究结论采甲说认为:"本件租赁契约虽于2月1日订立,但其有效成立则自公证之日起发生(第166条:契约当事人约定其契约须用一定方式者,在该方式未完成前,推定其契约不成立),应解为约定的要式契约,可以公证。""司法院"第一厅研究意见认为:"如约定房屋租赁行为,经法院公证之日成立,自以采甲说为宜。"["司法院"70、5、2(70)厅民三字第0287号函覆台高院、福建金门地院。]

二、"民法"债编修正:"民法"第 166 条之 1 规定

(一)规范目的

一、在现行法上,不动产的买卖应否订立书面?"民法"增订第 166 条之 1 规定此种契约须经公证人作成公证书,试说明其立法理由,并分析检讨此项重大变革的利弊得失及解释适用的基本问题,及尚未施行的理由。

二、甲向乙购某地,约定价金 1000 万元,其经公证人作成的公证书记载价金 500 万元,试问其法律效果如何?设当事人办妥所有权移转登记时,其效果如何?

1999 年"民法"债编修正增设三种要式行为:①合会契约(第 709 条之 3);②人事保证契约(第 756 条之 1 第 2 项);③"民法"第 166 条之 1。关于前二者暂置不论,以下专就后者加以说明。

"民法"第 166 条之 1 规定:"契约以负担不动产物权之移转、设定或变更之义务为标的者,应由公证人作成公证书。未依前项规定公证之契约,如当事人已合意为不动产物权之移转、设定或变更而完成登记者,仍为有效。""民法"第 166 条之 1 规定对不动产交易的重大影响,"民法债编施行法"第 36 条规定,本施行法自"民法"债编施行之日施行。"民法"债编修正条文及本施行法修正条文自 2000 年 5 月 5 日施行。但"民法"第 166 条之 1 施行日期,由"行政院"会同"司法院"另定之。但于此项修正具有重要意义,特作较详细的说明。

"民法"第 758 条第 2 项规定:"前项行为,应以书面为之。"此项规定系针对不动产物权之移转、设定行为(物权行为)言,而不及于"债权契约"。"最高法院"1968 年台上字第 1436 号判例谓:"不动产物权之移转,应以书面为之,其移转不动产物权书面未合法成立,固不能生移转之效力。惟关于买卖不动产之债权契约,乃非要式行为,若双方就其移转之不动产及价金业已互相同意,则其买卖契约即为成立。出卖不动产之一方,自应负交付该不动产并使他方取得该不动产所有权之义务,买受人若取得出卖人协同办理所有权移转登记之确定判决,则得单独声请登记取得所有权,移转不动产物权书面之欠缺,即因之而补正。"1981 年台上字第 453 号判例谓:"不动产抵押权之设定,固应以书面为之。但当事人约定设定不动产抵押权之债权契约,并非要式行为,若双方就其设定已互相同意,则同意设定抵押权之一

方,自应负使他方取得该抵押权之义务。"[1]

由上述可知,关于以不动产物权移转、设定负担为内容的债权契约,原属不要式行为,修正"民法"第166条之1作了一项重大变革,规定应由公证人作成公证书。立法说明书谓:不动产物权具有高度经济价值,订立契约约定负担移转、设定或变更不动产物权之义务者,不宜轻率。为求当事人缔约时能审慎衡酌,辨明权义关系,其契约应由公证人作成公证书,以杜事后之争议,而达成保障私权及预防诉讼之目的;爰参考《德国民法典》第311b条第1项第1句及《瑞士债务法》第216条第1项之立法例,增订第1项规定。当事人间合意订立以负担不动产物权之移转、设定或变更之义务为标的之契约(债权契约),虽未经公证,惟当事人间如已有变动物权之合意,并已向"地政机关"完成物权变动之登记者,则已生物权变动之效力,自不宜因其债权契约未具备第1项规定之公证要件,而否认该项债权契约之效力,俾免理论上滋生不当得利之疑义;爰参考前开《德国民法典》第311b条第1项第2句,增订第2项规定。此际,"地政机关"不得以当事人间之债权契约未依前项规定公证,而拒绝受理登记之申请。至对此项申请应如何办理登记,宜由"地政机关"本其职权处理,并此叙明。

为使读者认识"民法"第166条之1规定的适用,兹以不动产买卖及设定抵押权为例,图示如下:

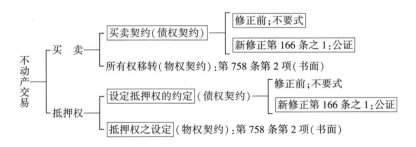

(二)分析说明

方式自由是契约自由的重要内容,构成私法自治的部分,"民法"债

---

[1] 拙著:《论移转不动产物权之书面契约》,载《民法学说与判例研究》(第七册),北京大学出版社2009年版,第133页。

编修正就合会、人事保证,尤其是关于不动产物权得丧变更的债权契约,采方式强制,可谓是一项重大变革。著名民法学家 v. Tuhr 教授于论及法律行为的方式时,曾谓此属法律秩序上最为恣意的部分。① 此项见解具有某种程度的启示性,就"民法"债编言,为何书面强制仅限于人事保证,而不包括其他保证?为何对合会加以要式化,而不及于旅游契约?最值关切的是,关于不动产交易的债权契约,为何要舍弃"不要式性",而改采"公证强制"?

在台湾地区,关于不动产买卖契约等向采形式自由原则,无方式的强制,乃民众法律生活的一部分,"民法"债编修正所以改采公证强制,立法说明书认系因不动产具有高度经济价值,为求当事人缔约时能审慎衡酌辨明权义关系,以杜事后之争议。此理论上甚值赞同,在德国法上发挥了保护不动产交易安全的重要功能。但在台湾地区要引进此项重要规定,变更数百年来的不动产交易行为,应深入调查研究。现行制度缺点何在?有无弊端?改革的利弊得失何在?能否建构其他适合台湾地区情况的不动产交易制度?

关于不动产交易的债权契约之所以不采"书面"方式,而明定须由公证人作成"公证书",旨在充分发挥公证制度预防诉讼的功能。新修正的"公证法"第71条规定:"公证人于作成公证书时,应探求请求人之真意及事实真相,并对请求人说明其行为之法律效果,对于请求公证之内容认有不明确、不完全或依当时情形显失公平者,应向请求人发问或晓谕,使其叙明、补充或修正之。"由是可知,公证功能能否发挥将系于公证人的法律地位、遴任资格、训练研习、监督、惩戒,以及赔偿责任等(参照"公证法"相关规定),及如何使公证人的职务获得尊重,其专业及公正性能获信赖。

三、解释适用

(一) 公证强制的适用范围与要件

其应由公证人作成公证书的是以"负担不动产物权之移转、设定或变更之义务为标的"的债权契约,如关于不动产买卖、互易或赠与、设定抵押权、典权的约定或地上权期间的变更等。合伙人以不动产为出资(参阅第

---

① v. Tuhr, Der Allgemeiner Teil des Deutschen Bürgerlichen Rechts, Bd. Ⅱ/1, 1914, S. 496: „Der Standpunkt des Gesetzgebers zur Frage der Form ist nach zeit und Ort sehr verschieden, so daß die Formvorschriften sich als der willkürlichste Teil einer Rechtsordnung darstellen." 关于法律行为方式的专书,参见 Häsemeyer, Die gesetzliche Form der Rechtsgeschäfte, 1971.

667条)亦包括在内。所谓不动产包括应有部分在内。所谓债权契约包括预约。出卖不动产物权的代理权授予,是否亦须作成公证书,不无疑问,对不可撤回的代理权授权,为贯彻立法意旨,应肯定之。其应作成公证书者,乃债权契约的全部,包括所有权利义务的约定。又此项债权契约的变更,亦须公证。关于公证书的作成,请参阅"公证法"相关规定,兹不详述。

(二)形式瑕疵的法律效果

以负担不动产物权之移转、设定或变更之义务为标的之债权契约,未依第166条之1第1项规定,经公证人作成公证书者,其契约为无效(第73条)。例如,甲向乙购买A笔土地,纵订立买卖契约的书面,但未作公证书时,其买卖契约仍属无效,甲对乙无请求办理所有权移转登记的权利,乙就其先为交付的土地,得依第767条规定请求返还之。

其因方式不备而无效的,为该债权契约的全部。例如,甲向乙购买A地,价金1000万元,为期节税,买卖契约记载价金500万元,而作成公证书时,其经公证的买卖契约因通谋虚伪意思表示而无效(第87条),其所隐藏的部分因未作成公证书而无效。

(三)形式瑕疵的治疗

"民法"第166条之1第1项规定的形式瑕疵,属于所谓可得治疗的形式瑕疵。依同条第2项规定:"未依前项规定公证之契约,如当事人已合意为不动产物权之移转、设定或变更而完成登记者,仍为有效。"应注意者有四:

其一,就原则言,欲使用不合法定形式而无效的法律行为有效,应再作成符合形式的行为,本项规定乃属例外,其目的系为维护法律状态的安定和透明。

其二,其仍为有效者,系该债权契约的全部,包括与该契约有关的书面及口头约定。准此以言,甲向乙购地,价金1000万元,而公证书记载500万元时,其关于1000万元价金的约定,因完成所有权移转登记仍为有效。

其三,其仍为有效的债权契约,自完成登记时起发生效力。此项形式瑕疵的治疗不具溯及力。

其四,契约上请求权的消灭时效,自契约因完成不动产登记而获治疗(仍为有效)时起算。

第四款　诺成契约与要物契约

何谓诺成契约？何谓要物契约？下列何种契约属于要物契约：(1)赠与。(2)租赁。(3)使用借贷。(4)消费借贷。(5)寄托。(6)押租金契约。法律为何设要物契约？要物契约有无存在之必要？

一、区别标准及实益

契约以于意思表示外，是否尚需要其他现实成分作为成立或生效要件为标准，可分为诺成契约(不要物契约)及要物契约。契约，因意思表示合致即可成立的，为诺成契约。契约于意思表示外，尚需其他现实成分(尤其是物之交付)始能成立的，为要物契约。在典型契约中，属于要物契约的，有使用借贷(第464条、修正前第465条)、消费借贷(第474条、修正前第475条)、寄托(第589条)，及非典型契约中的押租金契约。[①] 而买卖、租赁、赠与等则均属诺成契约。在现物买卖或赠与，契约成立之际同时为物之交付，以移转标的物所有权者，应认为同时作成债权契约及物权契约。

诺成契约与要物契约的区别，在于要物契约系以标的物之交付为要件。此项要件究为成立要件抑或为生效要件，尚有争论。修正前第464条及第474条均明定，使用借贷及消费借贷以物之交付为生效要件。自理论以言，物之交付应属成立要件，法律明定为生效要件，或可认为在于缓和其要物性。[②] 惟就法律效果言，则无不同，盖无论其为不成立或不生效力，于物之交付前，当事人均不能主张契约上的权利。

二、"民法"债编修正：要物契约的存留及其"预约"化

(一)"民法"债编修正

(1)使用借贷。"民法"债编修正将第464条"称使用借贷者，谓当事人约定，一方以物，无偿贷与他方使用，他方于使用后，返还其物之契约"之规定，修正为："称使用借贷者，谓当事人一方以物交付他方，而约定他

[①] 押租金契约，乃租赁契约成立时，以担保承租人之租金债务，由承租人交付金钱或其他代替物于出租人之契约，性质上乃从属于租赁契约之从契约，且必须现实交付始生效力，故为要物契约(参见1944年上字第637号判例)。

[②] 参见郑玉波：《民法债编各论》，第303页(注45)。

方于无偿使用后返还其物之契约。"并删除第465条:"使用借贷,因借用物之交付,而生效力。"①另增订第465条之1规定:"使用借贷预约成立后,预约贷与人得撤销其约定。但预约借用人已请求履行预约而预约贷与人未即时撤销者,不在此限。"②

(2)消费借贷契约。"民法"债编修正将第474条:"称消费借贷者,谓当事人约定,一方移转金钱或其他代替物之所有权于他方,而他方以种类、品质、数量相同之物返还之契约"之规定,修正为第474条第1项:"称消费借贷者,谓当事人一方移转金钱或其他代替物之所有权于他方,而约定他方以种类、品质、数量相同之物返还之契约。"③此外尚删除第475条:"消费借贷因金钱或其他代替物之交付,而生效力。"④另增订第475条之1规定:"消费借贷之预约,其约定之消费借贷有利息或其他报偿,当事人之一方于预约成立后,成为无支付能力者,预约贷与人得撤销其预约。消费借贷之预约,其约定之消费借贷为无报偿者,准用第465条之一之规定。"⑤

(二)分析检讨

现行"民法"上使用借贷、消费借贷及寄托三个要物契约均源自罗马法,主要理由在于此等契约系属无偿,特以"物之交付"作为成立要件,使贷与人或受寄人能于物之交付前有斟酌的机会,具有警告的功能。直至

---

① 立法说明书谓:"本条之规定,易使人误为借用物之交付为使用借贷之生效要件。为配合前条之修正,爰将本条删除。"
② 立法说明书谓:"预约为约定负担订立本约之义务之契约。通常在要式或要物契约始有其存在价值。使用借贷为要物契约,常先有预约之订立,惟其亦为无偿契约,故于预约成立后,预约贷与人如不欲受预约之拘束,法律应许其撤销预约,始为合理。但预约借用人已请求履行预约而预约贷与人未即时撤销者,应限制其复任意撤销其预约。爰参照第四百零八条第一项、第二百六十九条第二项规定,增订本条。"
③ 立法说明书谓:"'民法'规定之消费借贷,通说认系要物契约,于当事人合意外,更须交付金钱或其他代替物,以移转其所有权于他方,始能成立。惟依现行法本条及次条(第475条)合并观察,易使人误为消费借贷为诺成契约,而以物之交付为其生效要件。为免疑义,爰修正如上,并移列为第1项。"
④ 立法说明书谓:"本条之规定,易使人误会金钱或其他代替物之交付为消费借贷之生效要件。为配合前条之修正,爰将本条删除。"
⑤ 立法说明书谓:"消费借贷为要物契约,常先有预约之订立。消费借贷如为有偿契约,预约借用人于预约成立后,成为无支付能力者,为免危及预约贷与人日后之返还请求权,自宜赋予预约贷与人撤销预约之权。而在预约贷与人于预约成立后成为无支付能力者,预约贷与人亦应有撤销预约之权,方符消费借贷预约之旨趣,以及诚信之原则。爰参考《德国民法典》第610条、《日本民法典》第589条、《瑞士债务法》第316条第1项规定与本法第418条之法意,增订本条第1项。"

19世纪,仍多认为罗马法上的要物契约(尤其是消费借贷),有其逻辑上的必要性及概念上的说服力,而保存于《德国民法典》(第607条)、《奥地利普通民法典》(第983条),以及《法国民法典》(第1138条第2项)。近年来则多强调要物契约为法制史上的残留物,不具实质意义,应有检讨的余地,此在消费借贷,尤有必要,因金钱借贷在现代社会经济活动,殊为重要,于标的物交付前,多订有保证契约或设定担保物权,要物性的要求,有碍交易安全,应经由解释或立法缓和其要物性。《德国民法典》第607条第1项规定:"自他人受金钱或其他物之交付者,对贷与人负有以种类、品质、数量相同之物返还之义务。"就其立法背景言,系采要物说,然通说则将之解释为诺成契约。

"民法"债编修正明定使用借贷及消费借贷为要物契约,一方面将生效要件改为成立要件,另一方面又增订使用借贷预约及消费借贷预约的规定,以缓和其要物性。就发展方向言,应将财产性契约均加以"诺成化",保留要物契约此种法制史上的残留物,实无必要。

第五款　要因契约与不要因契约

例一:甲向乙借款100万元,订立如下书面交付给乙:"余谨此承认欠乙100万元,定于×年×月×日返还,绝不食言。"设乙以当事人资格错误撤销其消费借贷契约,当事人间之法律关系如何?

例二:甲向乙购买新电脑,价金10万元,乙依让与合意交付电脑后,甲发行支票与乙,乙背书转让给丙:试问何者为要因行为(有因契约),何者为不要因行为(无因契约)?设甲、乙的买卖契约不成立、无效或被撤销时,当事人间的法律关系如何?

一、意义与体系

法律行为以得否与其原因相分离,亦即是否以其原因为要素(essentialia negotii),可分为要因行为(有因行为)及不要因行为(无因行为)。要因行为,指法律行为与其原因不相分离,以其原因为要素的法律行为,如买卖、消费借贷等债权契约。不要因行为,指法律行为与其原因分离,不以其原因为要素的法律行为而言,如处分行为(尤其是处分契约)、债务允诺、债务承认、票据行为[1]等。兹先图示如下,再行说明:

---

[1] 票据行为,有为处分行为类型者,如背书、不记名转让等;有为负担行为类型者,如出票。

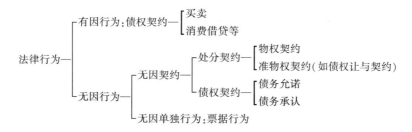

二、有因契约

"民法"上的典型债权契约均属有因行为。所谓法律行为的原因,指因法律行为的作成,而欲取得财产上利益之目的而言,例如,甲以10万元向乙购买A车,其原因即在于使乙负担移转该车所有权的义务(负担原因)。倘乙系受监护宣告人,其意思表示无效时(第15条、第75条),乙不负移转A车所有权的义务,买卖契约即因原因欠缺而不成立。又如甲以授信之目的,表示贷款5万元与乙,乙以为甲的给付5万元系出于赠与之目的,而为承诺时,甲与乙对法律行为的原因的意思表示既欠缺合致,无论消费借贷契约或赠与契约,均不能成立。由是观之,凡债权契约原则上均有其原因,并以该原因为其成立要件(要素),特别称之为有因行为,并不具实质意义,其所以仍作如此称呼,乃在于要与无因行为加以区别。

三、无因行为

(一)处分行为(处分契约)

"民法"上的处分行为通常属无因行为,即原因独立于处分行为之外,不以原因的欠缺,致处分行为的效力因此受到影响。例如,甲出卖A车与乙(债权契约),并依让与合意交付该车(物权契约,第761条)后,纵买卖契约因意思表示错误而被撤销时,物权契约并不因此而受影响,乙仍取得A车之所有权。惟买卖契约,既经撤销,乙取得A车的所有权欠缺法律上原因,应依不当得利规定负返还之义务(第179条以下)。又如,甲出租大厦于乙,赠与其租金债权于丙(债权契约),并依合意让与之(处分行为,第294条)。于此情形,债权让与契约(处分行为)亦独立于赠与契约(原因行为)之外,纵赠与契约因意思表示不合意而不成立时,债权让与契约亦不因此而受影响,丙仍取得租金债权。惟赠与契约既不成立,丙取得租金债权欠缺法律上之原因,亦应依不当得利规定返还之。

(二) 无因的债权行为[①]

"民法"上的典型契约均属有因契约,前已论及,基于契约自由原则,当事人于不悖于法律强行规定或公序良俗的范围内,自得订定无因契约。例如,甲向乙借款 100 万元,订立书面谓:"余谨此表示,定于公元 2020 年 5 月 5 日付与乙 100 万元"(债务允诺,Schuldversprechung),或 "余谨此承认,欠乙 100 万元,定于 2025 年 12 月 30 日偿还"(债务承认,Schuldanerkenntnis)。[②] 此种不标明原因(清偿借款)的一方债务契约,亦属无因行为。由此可知无因及有因系相对的概念。就上例而言,消费借贷契约为无因债务允诺(或债务承认)的法律上原因。设乙付款给甲时,则该无因的债务允诺(或债务承认)又成为无因物权行为的法律上原因。易言之,即一个无因行为成为其他无因行为的原因。基于无因行为而取得者,得为不当得利请求权的客体。设甲与乙间消费借贷无效时,甲得依不当得利规定先请求返还"无因之债务拘束",再请求返还支付之 100 万元(参阅例题一)。

当事人订立债务允诺(或债务承认)契约之目的,在于不受原因行为之影响,尤其是避免原因行为的抗辩,交易上自有其需要。惟当事人以无因行为掩盖不适法行为的,亦常有之。例如,甲、乙赌博,甲输 100 万元,立书据谓:"兹表示欠乙 100 万元,铁定于 2025 年 12 月 30 日清偿,绝不食言。"于此情形,为贯彻第 71 条及第 72 条之规范目的,应例外认为该无因之债务承认(或债务允诺),违反强行规定或公序良俗应属无效。

(三) 票据行为

票据行为亦属无因行为,例如,甲向乙购车,发行支票,以支付价金

[①] 参见陈自强:《无因债权契约论》,载《政大法律学系法学丛书》(44),新学林出版公司 1998 年版。本书为具有深度、精致的法学著作,颇有参考价值,对台湾地区民法学的发展,卓有贡献。

[②] 关于债务拘束及债务承认,《德国民法典》第 781 条设有明文:"Ⅰ因契约而承认债务关系之存在者(债务承认),应以承认之书面表示为之,始生契约之效力。Ⅱ该承认之表示,不得以电子方式为之。Ⅲ债务关系之存在经承认,而就该债务关系之成立另定其他方式者,其承认预约须具有该方式。"早期论文,参见 Klingmüller, Das Schuldversprechen und Schuldanerkenntnis, 1903; v. Tuhr, Zur Lehre von den Abstrakten Schuldverträgen nach dem BGB, 1903. 最近著作, Bauman, Das Schulderkenntnis, 1992; Kübler, Feststellung und Garantie, 1967; Marburger, Das Kausale Schuldanerkenntnis als einseitiger Festsfellungsvertrag, 1971. 综合论述, Larenz/Canaris, Schuldrecht, Ⅱ/2, §61, S. 24 ff.

(原因)。其后纵甲与乙间的买卖契约不成立、无效或被撤销(原因不存在),但其发行支票的行为并不因此而不成立或无效。设该支票尚在乙手,甲得依不当得利的规定向乙请求返还。如该支票辗转入于第三人之手时,甲不能以买卖契约不存在,而拒绝付款。甲于付款后,得依不当得利规定,请求乙返还其所受之利益(例二)。由此可知,票据行为的无因性有助于促进票据之流通,及维护交易的安全。

值得参照的是"最高法院"1999年台上字第1189号判决:"法律行为以得否与其原因相分离,可分为要因行为(有因行为)及不要因行为(无因行为)。前者如买卖、消费借贷等债权契约是;后者如处分行为、债务拘束、债务承认、指示证券及票据行为等属之。民法上之典型契约固均属有因契约,惟基于契约自由原则,当事人于不背于法律强行规定及公序良俗之范围内,亦得订定无因契约,此种由一方负担不标明原因之契约,自属无因行为。"

第六款　一方债务契约与双方债务契约

(1)下列契约,何者为一方债务契约,何者为双务契约,何者为不完全双务契约,其区别有何实益:①保证;②和解;③承揽;④无偿委任。

(2)附利息的消费借贷是否为有偿契约?是否亦为双务契约?

一、区别标准及区别实益

(一)区别标准

契约依其作用可分为一方债务契约及双方债务契约,而后者,又可分为双务契约及不完全双务契约,分述如下。①

(1)一方债务契约(片务契约),指仅一方当事人负担给付义务的契约,赠与为其典型。保证契约亦属之。

(2)双方债务契约,指双方当事人互负义务之契约:①双务契约,即双方当事人互负居于给付与对待给付关系的契约。易言之,即一方之所以负给付义务,乃在于取得对待给付,例如,在买卖契约,买受人负支付价金的义务,而出卖人负移转财产权的义务;在租赁契约,出租人负

---

① 关于此项分类,参见梅仲协:《民法要义》,第666页;郑玉波:《民法债编总论》,第28页。

交付租赁物的义务,承租人负支付租金的义务。在典型契约中,属于双务契约的,除买卖、租赁外,尚有互易、雇佣、承揽、合伙、和解等。②不完全双务契约,即双方虽各负有债务,但其债务并不居于给付与对待给付之关系。

不完全双务契约与双务契约的区别,可以委任为例,加以说明。甲委托乙购买土地,报酬2万元,乙允为处理,是为有偿委任,乙的给付义务(处理事务)与甲的给付义务(支付报酬),立于对待关系,故为双务契约。设甲与乙未约定报酬时,是为无偿委任,依第545条规定,委任人有预付必要费用的义务。于此情形,乙处理事务的义务与甲预付必要费用的义务,并不居于给付与对待给付的关系,故无偿委任系属于不完全双务契约。准此以言,有偿的寄托为双务契约,无偿的寄托,则为不完全的双务契约(参阅第589条及第595条)。

(二)区别实益

认定当事人所约定的契约(典型或非典型)是否为双务契约,其主要的实益在于同时履行抗辩(第264条)及风险负担(第266条、267条)等规定的适用。第264条第1项规定:"因契约互负债务者,于他方当事人未为对待给付前,得拒绝自己之给付。但自己有先为给付之义务者,不在此限。"所谓因契约互负债务者,指双务契约而言。例如,在买卖,出卖人于买受人未支付价金前,得拒绝移转财产权。在无偿委任,受任人则不得主张委任人未预付必要费用,而拒绝处理事务,因为二者并非基于双务契约所生,立于互为对待给付关系的债务,无第264条第1项规定的适用。

二、附利息消费借贷是否为双务契约的争论

在学说上有争论的是,附利息的消费借贷是否为双务契约。传统见解认为,贷与人的交付标的物与借用人的支付利息发生对价关系,亦即为对价关系之给付,故属于有偿契约;惟仅借用人之一方负担债务,贷与人虽亦应交付其物给他方,然而此之交付乃消费借贷契约的生效要件,并非负担债务,故属一方债务契约(片务契约),而非双务契约。此项见解,系以第475条(已被删除)"消费借贷,因金钱或其他代替物之交付,而生效力"的规定为依据,认为贷与人不负有义务。

实则,在消费借贷,贷与人亦负有义务,即应将金钱或其他代替物让与相对人使用,而且为一种继续性的给付,与出租人之应将不代替物让与承租人使用,殆无不同。借用人所以支付利息,乃在获得金钱或其他借贷的使用收益,论其实质,与承租人支付租金以获得租赁物的使用收益,应属相同。准此以言,附利息的消费借贷应解为系属双务契约。

一个契约的法律性质究为双务契约与否,应就其双方当事人实际上是否负有互为给付关系而定,不应因其是否为要物契约而受影响。依传统见解的思考方法,倘"民法"规定:"租赁,因租赁物之交付,而生效力",则租赁契约亦将成为片务契约矣!此种思考方式纯从形式立论,忽略于互为给付的实质上关系,是否妥适,不无研究余地。

第七款 有偿契约与无偿契约

一、下列契约,何者为有偿契约,何者为无偿契约,其区别标准何在,法律适用上有何实益:(1)赠与。(2)使用借贷。(3)消费借贷。(4)委任。(5)保证。

二、请研读"民法"关于无偿契约的规定,分析其法律构造的特色。

一、区别标准及区别实益

(一)区别标准

契约以各当事人是否因给付而取得对价为标准,可分为有偿契约及无偿契约。双方当事人各因给付而取得对待给付的,为有偿契约。当事人一方只为给付,而未取得对待给付者,为无偿契约。现行"民法"上的典型契约可分为三类:①恒为有偿契约,如买卖、互易、租赁、雇佣、承揽、居间、行纪等。②恒为无偿契约,如赠与、使用借贷。③视当事人是否约定报酬(或对价)而定,如消费借贷(是否附利息)、寄托(第589条第2项)、委任(第535条)、保证等。

(二)区别实益

有偿契约与无偿契约区别的实益有四:①限制行为能力人为有偿契约时,非经法定代理人之允许不生效力,但对未附负担之赠与(无偿契约)之允受,因系纯获法律上之利益,得独立为之(第77条但书)。使用借贷虽为无偿,但借用人负有返还义务,非纯获法律上利益,仍应得法定代理人之允许。②债权人撤销权之行使,视有偿行为与无偿行为而异其要件(第244条)。③有偿契约得准用买卖之规定(第347条)。④同一契约(委任或寄托)债务人的注意义务因有偿与否而异(第535条、第590条)。

又须注意的是,无偿契约的债权人所受之保护常较有偿契约为弱。债务人所为之无偿行为有害及债权者,债权人得声请法院撤销之(第244条第1项)。不当得利之受领人,以其所受者,无偿让与第三人,而受领人因此免返还义务者,第三人于其所免返还义务之限度内负返还责任(第183条)。例如,甲售A车给乙,乙赠与该车与丙,并依让与合意交付之。设甲与乙之间之买卖契约不成立,而乙不知其事时,乙因所受利益不存在,免返还义务。于此情形,甲得向丙请求返还A车的所有权。

二、无偿契约的结构分析

试研读"民法"关于赠与、使用借贷、消费借贷、委任、寄托及保证的规定,说明无偿契约在契约成立、债务不履行、受契约拘束等问题,分析其异同,探讨其规范意旨,并作立法政策上的检讨。

在无偿契约,仅当事人一方为给付,而未为取得对待给付,对于此种"非自利"的行为,法律视各该契约的性质,就关于其成立、债务不履行,及受契约拘束等问题,设有保护或优遇的规定,1999年"民法"修正体现了法律发展的方向,简述如下:

(一)赠与

赠与为无偿契约的典型,赠与人以自己的财产,无偿给予他方,关系重大,"民法"规定最称详细,迭生争议,"民法"修正特作相当幅度的变更:

1. 赠与契约的成立与生效

修正前第407条规定:"以非经登记不得移转之财产为赠与者,在未为移转登记前,其赠与不生效力。""民法"修正将本条删除,立法说明书谓:"赠与为债权契约,于依第153条规定成立时,即生效力。惟依现行条文规定,以非经登记不得移转之财产权为赠与者,须经移转登记始生效力,致不动产物权移转之生效要件与债权契约之生效要件相同,而使赠与契约之履行与生效混为一事。为免疑义,爰将本条删除。"在删除"民法"第407条规定之后,关于不动产物权的赠与,应适用一般原则,在未移转登记前其赠与有效。

2. 赠与撤销

修正前"民法"第408条规定:"赠与物未交付前,赠与人得撤销其赠与。其一部已交付者,得就其未交付之部分撤销之。前项规定,于立有字据之赠与,或为履行道德上之义务而为赠与者,不适用之。"

新修正第408条规定:"赠与物之权利未移转前,赠与人得撤销其赠与。其一部已移转者,得就其未移转之部分撤销之。前项规定,于经公证之赠与,或为履行道德上义务而为赠与者,不适用之。"立法理由有二:

(1)赠与契约于具备成立要件时,即生效力。惟赠与为无偿行为,应许赠与人于赠与物之权利未移转前有任意撤销赠与之权。现行条文规定以赠与物未交付前,赠与人始得行使撤销权,适用范围太过狭隘,爰将第1项"交付"修正为"权利移转",以期周延。

(2)立有字据之赠与,间有因一时情感因素而欠考虑时,如不许赠与人任意撤销,有失事理之平。为避免争议并求慎重,明定凡经过公证之赠与,始不适用前项撤销之规定,爰修正第2项。

3. 债务不履行责任、瑕疵担保责任

修正前第410条规定:赠与人仅就其故意或重大过失,对于受赠人负其责任。新修正"民法"第410条规定:"赠与人仅就其故意或重大过失,对于受赠人负给付不能之责任。"此项修正将赠与人的责任限定于"给付不能",解释上应认为包括给付迟延、不完全给付。

关于瑕疵担保,第411条规定:"赠与之物或权利如有瑕疵,赠与人不负担保责任。但赠与人故意不告知其瑕疵或保证其无瑕疵者,对于受赠人因瑕疵所生之损害,负赔偿之义务。"

(二)使用借贷、消费借贷

使用借贷为无偿契约,消费借贷原则上为无偿契约(其附利息时,为有偿契约)。为保护贷与人,"民法"规定此两种契约为要物契约,在物之交付前,贷与人不受其拘束。时至今日,尤其是在金钱借贷,其要物性实已失其存在的依据,故"民法"修正另设使用借贷预约及消费借贷预约,以资缓和,但又以使用借贷为无偿契约,允许预约贷与人得撤销其约定(增订第465条之1)。在消费借贷预约,增订"民法"第475条之1,则区别其为有偿或无偿,而设撤销预约之规定。

关于使用借贷及消费借贷贷与人债务不履行及物之瑕疵担保责任,"民法"减轻其责任(第 466 条、第 476 条)。关于借用物之返还或终止契约,亦考量其无偿性而设有规定(第 470 条、第 472 条、第 478 条)。

(三)委任

委任得为无偿或有偿。委任为无偿时,受任人应与处理自己事物为同一之注意。委任为有偿时,应以善良管理人之注意为之(第 535 条)。

(四)寄托

寄托以无偿为原则。第 589 条规定:"称寄托者,谓当事人一方以物交付他方,他方允为保管之契约。"通说认为寄托为要物契约。寄托亦得为预约,惟"民法"未设特别规定。受寄人保管寄托物,应与处理自己事务为同一之注意。其受有报酬者(有偿寄托),应以善良管理人之注意为之(第 590 条)。

(五)保证

保证原则为无偿契约。在"民法"保证契约为诺成契约,在《德国民法典》《瑞士债务法》则为要式契约(《德国民法典》第 766 条、《瑞士债务法》第 493 条)。学说上有认为保证为无偿、单务契约,双方有失平衡,保证人通常预期主债务人为清偿,不免轻易承诺,故立法上有以书面订立为其成立要件。此次"民法"修正对保证仍维持诺成契约,但对增订的人事保证契约,则规定应以书面为之(第 756 条之 1),立法说明书谓此乃"为示慎重,并期减少纠纷"。

三、综合比较观察

兹为便于综合比较分析观察,兹将"民法"关于无偿契约的特别规定,图示如下(阅读相关条文,不要强记,要理解立法理由):

无偿契约 \ 项目		成立	预约	债务不履行	瑕疵担保	受契约的约束
赠与		不要式契约、不要物契约		给付不能：故意、重大过失（第410条）	故意不告知或保证无瑕疵	1. 赠与物权利未移转前之撤销（第408条） 2. 撤销权（第416—420条）
使用借贷		要物契约（第464条）	第465条之1		故意不告知借用物的瑕疵（第466条）	1. 借用物返还（第470条） 2. 终止契约（第472条）
消费借贷	无偿（原则）	要物契约（第474条）	第475条之1，II		第476条II、III	第478条
	有偿		第475条之1，I		第476条I	第478条
委任	无偿（原则）	诺成契约		应与处理自己事务为同一注意（第535条）		
	有偿			善良管理人的注意（第535条）		
寄托	无偿（原则）	要物契约（第589条）		应与处理自己的事务为同一注意（第590条）		
	有偿			善良管理人的注意（第590条）		
保证	一般	诺成契约				保证责任的除去（第750条）
	人事	要式行为				终止契约（第756条之4）

关于"民法"上无偿契约的种类及其内容结构，最值重视的是其成立或有效要件。涉及法律上的利益，例如保证系无偿契约。"民法"对无偿契约上的债务不履行或瑕疵担保责任，多设有减轻债务人注意程度的规定。此项优遇无偿契约债务人的规范意旨，于侵权行为亦应加以贯彻。例如，甲赠与乙某蛋糕，因含有不洁物，致乙食而中毒，乙依第184条第1项前段规定向甲请求损害赔偿时，亦须以甲故意不告知瑕疵要件。

第八款　一时的契约与继续性契约(继续性债之关系)①

一、案例：A 与亲友数人互约出资经营香鸡城快餐店，并订立如下的契约：

1. 向 B 购家具，一次性付款。
2. 向 C 购屋，价金 500 万元，分 10 期付款。
3. 向 D 买色拉油 100 斤，每月交付 10 斤，价金一次付清。
4. 由 E 供应土鸡，约定叫货即送，价金依市价。
5. 向 F 承租空地，作为停车场，为期 2 年。每年租金 5 万元，立有字据。
6. 雇 G 为店员，定有 3 年期限。

二、问题：

1. 上开契约中何者为一时契约，何者为继续性契约？
2. 设 A 等合伙人因无行为能力或因意思表示错误而撤销其意思表示时，如何处理合伙关系？
3. 设 B、C、D、E、F、G 给付不能、给付迟延、不完全给付或给付有瑕疵时，A 等之合伙人得主张何种权利？
4. 设该快餐店开业后，因竞争激烈，不胜亏损，难以继续经营时，A 等合伙人如何处理其合伙关系及所订立的契约？

一、意义及区别

上开例题旨在讨论"民法"上一个重要的契约类型，即所谓的继续性契约(Dauerverträge)，或称为继续性债之关系(Dauerschuldverhältnisse)，为便于观察，先图示如下，再为说明：

---

① Otto v. Gierke, Dauernde Schuldverhältnisse, JherJb. 65, 355。其他主要文献有 Beitzke, Nichtigkeit, Auflösung und Umgestaltung von Dauerschuldverhältnisse verhältnissen, 1948; Gschnitzer, Die Kündigung nach deutschem und österreichsischem Recht, JherJb. 76, 317; Musielak, Leistungsstörungen beim Sukzessivlieferungsvertrag-BGH wm 1977, 220, JuS 1979, 96 ff.。最近重要著作，Gernhuber, Schuldverhältnis, 1989, 816, S. 378; Oetker, Das Dauerschuldverhältnis und seine Beendigung, 1994. 盛钰：《继续性债之关系》，台大法律学研究所士论文(1988 年)，最近重要具有参考价值的著作，王千维：《继续性债之关系之基本理论》，载《政大法律丛书》(107)，新学林出版公司 2020 年版。

(一) 一时的契约

一时的契约,指契约之内容,因一次给付,即可实现,如买卖、赠与或承揽。例如,甲出售某车与乙,于依让与合意交付该车时,债之内容即为实现。学说上亦有称之为一次给付契约或单纯的契约。

债务人所负的给付,分期为之的,交易上颇为常见,就买卖契约言,有为价金分期(分期付价买卖),即将价金划分为若干部分,分月或分年定期支付。例如,甲向乙购买汽车,价金 100 万元,分 10 期付款,"民法"上称为分期付价买卖(第 389 条及第 390 条);亦有买卖标的物分期给付的,例如,甲向乙订购大英百科全书,每月交付一册。关于此类所谓分期交付契约,应说明有三:①当事人所订立的,是单一的契约(买卖契约)。②该契约的总给付自始确定,采分期给付的履行方式,时间的因素对给付的内容及范围,并无影响。③其与通常一次给付契约的主要区别,在于排除第 318 条"债务人无为一部清偿之权利"的规定。

(二) 继续性契约

1. 固有意义的继续性契约

继续性契约,指契约之内容,非一次性给付可完结,而是继续的实现,其基本特色系时间因素在债的履行上居于重要的地位,总给付之内容系于应为给付时间的长度。例如,甲雇乙为店员,乙在雇用期间继续提供劳务,甲继续支付工资,债之内容随着时间的经过而增加。属于此类继续性契约的,除雇佣外,尚有合伙、租赁、使用借贷及寄托等。此类固有意义的继续性契约关系,具有如下四点特色:①单一的契约。②定有期限或不定期限。③以继续性作为或不作为为其内容。④随着时间的经过在契约当事人间产生新的权利义务。

2. 继续性供给契约

继续性供给契约,指当事人约定一方于一定或不定的期限内,向他方继续供给定量或不定量的一定种类品质之物,而由他方按一定的标准支付价金的契约。此种类型契约具有四个特色:①单一的契约。

②定期或不定期。③给付之范围与各个供给之时间，得自始确定或依买受人的需要而决定。④当事人自始认识非在分期履行一个数量上自始业已确定之给付。属于继续性供给契约的，如煤气、自来水、报纸或鲜奶等的供给。

继续性供给契约亦属继续性债之关系，其与合伙、雇佣、租赁等固有继续性契约的不同，在于其系依当事人的意思于买卖契约（或制作物供给契约）加以订定。继续性供给契约与前述分期交付契约的区别，在于上述第四点特征，即在分期交付契约自始有一个确定的总给付存在，但分期履行，每一期的给付，仅系部分给付而已。反之，在继续性供给契约，其依一定时间而提出的给付，不是总给付的部分，而是具有某种程度经济上及法律上之独立性，不是第318条所称的"一部清偿"，而是在履行当时所负的债务。甲向乙购买牛奶10瓶，每日送1瓶，是为分期交付契约。甲与乙约定，每日由乙送牛奶1瓶，直至甲要求停送时为止，则为继续性供给契约。

二、法律的适用

（一）一时的契约

现行"民法"系以一时契约（尤其是一次给付的一时契约）为其规律对象。如就买卖契约言，法律规定对整个买卖契约及个别分期（给付部分），均有适用余地，例如，甲向乙等购买色拉油，分期给付，设乙所交付的某期给付掺有异类物，不堪使用，具有瑕疵时，买受人得就该期给付，主张出卖人应负物之瑕疵担保责任（参阅第359条）。倘数期的给付均具有瑕疵，致有相当理由相信出卖人其后难为完全之给付时，买受人得就未给付的部分加以解除。

（二）继续性契约

关于继续性契约上法律的适用，分三点加以说明：

（1）继续性契约不成立、无效或被撤销。继续性契约因当事人一方欠缺行为能力，不生效力，或因意思表示错误、受诈欺或胁迫，而被撤销，设当事人均未为给付时，不生问题。倘已为给付（进入履行阶段）时，原则上应依不当得利规定加以处理。此在买卖、赠与或互易等一时的契约，固甚妥适；但在继续性契约（尤其是雇佣及合伙），应限制无效或撤销的溯及效力，使自当事人主张不生效力无效或撤销之时起向将来发生效力，过去的法律关系不因此而受影响。

(2) 继续性契约的债务不履行。继续性契约的债务不履行(给付不能、给付迟延、不完全给付及物之瑕疵担保),原则上应区别"个别给付"及"整个契约"加以处理:①对个别给付(或供给),可适用"民法"相关规定,就上开例题言,设 E 某次供给的土鸡患有疾病,造成损害时,A 等合伙人得依不完全给付及物之瑕疵担保规定,行使其权利。②对整个契约而言,于固有继续性契约(如雇佣、合伙),当事人仅能终止契约;于继续性供给契约(例如,上开买卖土鸡的契约),倘于中途发生当事人一方给付不能、给付迟延或不完全给付时,为使过去的给付保持效力,避免法律关系趋于复杂,应类推适用法定终止的规定,终止契约。①

(3) 继续性债之关系的终止。在继续性债之关系,当事人的给付范围,既系依时间而定,则在时间上自须有所限制,一个在时间上不可解消的继续性结合关系,将过分限制当事人的活动自由。继续性债之关系的存续期间,有自始约定的,亦有于经过一段期间后,因当事人合意而消灭。

①终止的个别规定

最值重视的,乃终止契约。诚如德国法学家 O. Gierke 所云,终止的可能性,乃继续性债之关系的标志特征。终止契约,指由当事人行使终止权,使继续性契约关系向将来消灭。此种具有形成权性质的终止权,多基于法律特别规定,如第 424 条(租赁)、第 472 条(使用借贷)、第 484 条第 2 项、第 485 条及第 489 条第 1 项(雇佣)等。"劳工法规"及"土地法"为保护经济上弱者而设的特别规定(参阅"劳动基准法"第 11 条以下、"土地法"第 100 条),尤值注意。

雇佣及合伙等契约,基于其继续性的结合关系,特别重视信赖基础,要求当事人各尽其力,实现债之目的,除给付义务外,尚发生各种附随义务,以维护当事人之利益,信赖基础一旦丧失,或因其他特殊事由难以期望当事人继续维持此种结合关系时,法律自应允许一方当事人终止契

---

① "最高法院"1999 年台上字第 28 号判决(请求返还保证金等事件):"继续性供给契约,乃当事人约定一方于一定或不定之期限内,向他方继续供给定量或不定量之一定种类、品质之物,而由他方按一定之标准支付价金之契约。而继续性供给契约,若于中途当事人之一方发生给付迟延或给付不能时,'民法'虽无明文法定终止契约之规定,但对于不履行契约之债务人,债权人对于将来之给付必感不安,为解决此情形,得类推适用第 254 条至第 256 条之规定,许其终止将来之契约关系,依同法第 263 条准用第 258 条规定,向他方当事人以意思表示为之。"

约,例如,在雇佣契约,当事人的一方遇有重大事由,其雇佣契约,纵定有期限,仍得于期限届满前终止之(第489条第1项);合伙纵定有存续期间,如合伙人有非可归责于自己之重大事由,仍得声明退伙,不受前两项规定之限制(新修正第686条第3项),即依一方的意思表示终止合伙人与其他合伙人间之合伙契约上的法律关系。

②一般化的法律原则

"最高法院"2011年台上字第1632号判决谓:"按契约之终止,乃继续性契约之当事人一方,因他方之契约不履行而行使终止权,使继续性之契约关系向将来消灭之意思表示,而就契约之终止权,民法并无一般原则性之规定,必须法律有特别明文规定时,始得据以行使。有关'民法'债编承揽规定,除第511条有定作人之意定终止权及第512条第1项法定终止权外,承揽人就承揽契约仅有契约解除权,并无终止权,此观'民法'第514条第2项之规定自明。承揽之性质,除劳务之给付外,另有完成一定工作之要件。而工作之完成可能价值不菲,或须承揽人之特殊技术始能完成,如许承揽人终止契约,不仅未完成之工作对定作人无实益,将造成定作人之重大损害或可能造成工作无法另由第三人接续完成之不利后果,故'民法'第507条规定承揽人仅得行使解除权。"

在法学方法论上值得提出的是,德国最高法院判例更从此类基于重大事由得终止契约的特别规定(《德国民法典》第626条,第671条第2项及第3项及第723条第1项第2款、第3款),导出了一般法律原则。[①] 德国民法2000年债法修正(债法现代化),增设第314条第1项规定:"任一方当事人皆得出于重大事由,在毋庸遵守通知期限下,终止继续性债之关系。若顾及个案中之全部情事以及衡量双方当事人之利益下,不可期待欲终止契约之当事人之一方,继续契约关系至所约定之期限或通知终止之预告期间届至者,乃存在重大事由。"可供参照。

值得特别提出的是,在一件关于钢筋买卖的继续性契约的判决(2016年台上字第1424号),"最高法院"肯定原审见解,认为:"继续性契约,若当事人之一方发生给付迟延或给付不能时,虽无终止契约之明文规定,但对于不履行契约之债务人,债权人对于将来之给付必感不安,自得类推适

---

① Larenz, Schuldrecht, I, S. 30 f.;关于其法学方法上的推理过程,参见拙著:《民法思维:请求权基础理论体系》,北京大学出版社2022年重排版,第222页。

用'民法'第254条至第256条之规定,许其终止将来之契约关系。而债务人于履行期限前即对债权人预示将来届期后拒绝给付,应认债务人已抛弃原有期限利益,债权人即得依给付迟延相关规定行使解除、终止之权,并请求债务人赔偿因其拒绝所致之损害。"本件判决体现"民法"契约法的重大发展,应予肯定。

(4)终止契约后的返还义务。契约终止后,自终止之时,嗣后消灭,并无溯及效力,终止以前已发生之损害赔偿请求权,不因终止权的行使而受影响(第263条准用第260条)。契约终止后,当事人依各该契约负有返还的义务,如第455条规定:"承租人于租赁关系终止后,应返还租赁物。租赁物有生产力者,并应保持其生产状态,返还出租人。"(关于使用借贷,第470条)。债务人应为物之返还而不为返还时,得构成无权占有、不当得利或侵权行为。

值得注意的是,契约终止既未溯及效力地使契约消灭,其在终止前所为的给付,具有法律上原因,不成立不当得利。

三、案例解说

关于继续性契约与一时的契约在法律上的适用,兹再以上开案例加以说明。A等成立合伙,经营香鸡城快餐店,因竞争激烈,不胜亏损,决定歇业时,其所订的契约,应依如下方法加以处理:

(1)合伙为固有的继续性契约,合伙之目的事业不能完成者,得解散之(第692条)。

(2)A等合伙人向B购买家具的契约(买卖),系属一时的契约,A等合伙人就其未付的价金,仍有支付之义务(关于合伙解散后清偿债务,收取债权,参阅第694条以下规定)。已付款时,债之关系消灭。

(3)A等之合伙人向C以分期付款方式购买房屋,为分期付价买卖,其支付价金的义务,不因解散合伙而受影响(参阅第697条、第681条)。

(4)A等合伙人向D购买高级色拉油100斤,每月交付10斤,乃分期交货买卖契约,合伙纵属解散,仍有受领买卖标的物及支付价金的义务(第367条)。

(5)A等合伙人与E约定,由E供应土鸡,叫货即送,价金依市价,系属继续性供给契约。依此契约的内容,A等合伙人有"叫货"的权利,而无义务,倘不为叫货,实际上殆同于终止契约。①

(6)A等合伙人向F租赁空地,作为停车场,为期2年,是为定有期限之租赁。依第450条第1项规定,其租赁关系于期限届满时消灭,期限未届满,租赁自不消灭。若当事人约定于期限届满前,得终止契约者,A等(合伙人)得终止之,自不待言(第453条)。问题在于A等合伙人得否以快餐店歇业,合伙解散为理由,而终止租赁。租赁为继续性债之关系,情事变更原则(参阅增订第227条之2),亦适用之,但经营不善,财务困难乃债务人应自我承担的危险范围,A等合伙人不得以情事变更为理由终止契约,仍应受租赁契约的拘束,有支付租金的义务。

(7)A等合伙人雇G为店员,成立雇佣契约。雇佣定有期限者,其雇佣关系于期限届满时消灭(第488条第1项)。雇佣契约系属继续性债之关系,第489条规定:"当事人之一方,遇有重大事由,其雇佣契约,纵定有期限,仍得于期限届满前终止之。"雇用人经营失败而歇业,系得据以终止契约之重大事由。又G系基于从属地位受雇于A等合伙人,其订立的契约,亦属"劳动基准法"所称的劳动契约,有"劳动基准法"的适用(请参阅"劳动基准法"第3条规定),雇主因歇业终止契约者,应经预告,始得为之("劳动基准法"第11条至第16条)。此乃出于保护劳动者之目的,尤值注意。

第九款　预约与本约②

一、预约与本约如何区别?为何要订立预约?坊间所订立的"房屋预定买卖契约"或"土地预定买卖契约"是否为预约?甲与乙订立买卖某屋的预约,乙拒不履约时,甲得否合并请乙订

---

① 德国学者亦有称此种类型之契约为Rahmenvertrag(框架契约),而以每次叫货为个别买卖契约之订立。参见Fuchs/Wissemann, Die Abgrenzung des Rahmenvertrags vom Sukzessivlieferungsvertrag, Diss. Marburg, 1979。

② 参见蓝瀛芳:《论预约》,载《法学丛刊》第28卷第2期(1983.04)、第30页(本论文系以法国法为论述重点);吴从周:《论预约:探寻德国法之发展并综合分析台湾"最高法院"相关判决》,载《台大法学论丛》42卷特刊(2013.11),第767页。德国法上的主要资料有:Henrich, Vorvertrag, Optionsvertrag, Vorrechtsvertrag, 1965; Wabnitz, Der Vorvertrag in rechtsgeschichtlicher und rechtsvergleichender Betrachtung, Diss. Münster, 1962。《瑞士债务法》第22条对预约设有规定,有关论述亦为不少,参见Roth, Der Vorvertrag: Eine zivilistische Studie unter besonderer Berücksichtigung von Art. 22 des schweizerischen Obligationenrechts, 1928。日本法上的最近资料,参见仓田芝士:《预约》,载《现代契约法大系》(第1卷),第223页。

立本约及履行本约,得否依预约的内容,请求其可预期的利益?

二、当事人为订立契约,除订立预约外亦得订定较长的承诺期间,得赋予他方当事人以单方意思表示形成契约的权利,得对契约附以条件或期限。试从交易的观点分析其功能。

一、意义功能及区别

(一)预约的意义及目的

预约,乃约定将来订立一定契约的契约,本约则为履行该预约而订立的契约,故预约亦系一种契约(债权契约),而以订立本约为其债务的内容。双方当事人互负此项债务的,称为双务预约;仅当事人一方负担此项债务的,称为单务预约。关于预约,"民法"未设规定,基于契约自由原则,当事人间自可有效约定,而且对任何债权契约均得订立预约,不限于要物契约,在诺成契约(尤其是买卖、承揽、合伙等),订立预约实务上颇为常见。"最高法院"1972年台上字第964号判例谓:"契约有预约与本约之分,两者异其性质及效力。预约权利人仅得请求对方履行订立本约之义务,不能径依预定之本约内容请求履行。又买卖预约,非不得就标的物及价金之范围先为拟定,作为将来订立本约之张本,但不能因此即认买卖本约业已成立。"可供参考。

预约之目的在成立本约,当事人所以不径订立本约,其主要理由当系因法律上或事实上的事由,致订立本约尚未臻成熟,乃先成立预约,使相对人受其拘束,以确保本约的订立。兹举二例如下:

①甲拟向乙借款,乙表示须俟1个月后始有资金,甲乃与乙订立"消费借贷"的预约,约定于1个月后再订立本约。

②甲、乙、丙等人预定合伙经营某共同事业,因尚需邀请他人加入,为确保将来合伙能够成立,乃先订立合伙的预约。

(二)预约与本约的区别

当事人的约定,究为预约抑系本约,在理论上固易区别,实际上则不易判断,应探求当事人的真意加以认定。订立预约在交易上系属例外,有疑义,宜认为系属本约。1976年台上字第1178号判决谓:"当事人订立之契约,为本约抑预约,应就当事人意思定之。当事人之意思不明或有争执时,则应通观契约全体内容定之,若契约要素业已明确合致,其他有关事项亦规定綦详,已无另行订定契约之必要时,即应认为本约。"①"最高法院"1975年台上字第1567号判例谓:"预约系约定将来订立一定契约(本约)之契约。倘将来系依所订之契约履行而无须另订本约者,纵名为预约,仍非预约。"当事人由他方受有定金,依第248条规定,应视为成立之契约,究为本约抑系预约,应依其情事,解释当事人之意思定之,不得谓凡有定金之授受者,视为已成立本约。"民法"第248条规定:"订约当事人之一方,由他方受有定金时,推定其契约成立。"

须注意的是,目前不动产交易上常使用的"土地买卖预约书"及"土地预定买卖契约",系属本约,而非预约,1975年台上字第1567号判例谓:"本件两造所订契约,虽名为'土地买卖预约书',但买卖坪数、价金、缴纳价款、移转登记期限等均经明确约定,非但并无将来订立买卖本约之约定,且自第3条以下,均为双方照所订契约履行之约定,自属本约而非预约。"

当事人为订立契约,除预约外,尚有其他方式可资采取:①确定的要约(Festofferte),即订立较长之承诺期间,使相对人得随时承诺而成立契约。②选择权契约(Optionsvertrag),即赋予当事人得依其单方的意思表示,使一定契约发生效力的权利(形成权)。③订立附条件或期限的契约。当事人所订立的,究属何者,有疑义时,应解释当事人的意思及交易目的而为认定(参阅例二)。

二、预约的成立与有效

预约既属债权契约,自应具备契约成立及有效的一般要件。预约的内容须可得确定,俾法院于诉讼时,得依解释而确定本约的内容。关于预约是否须从本约的方式,应分法定方式及约定方式两种情形而定:①在法定方式,应视本约所以为要式的理由。如要式之目的在于保全证据时,预约不必与本约采取同样方式。倘要式之目的在于促使当事人慎重其事时,预约应与本约采取同样的方式,以贯彻要式契约之规范目的。②在约

---

① 关于此项契约书在实务上的重要性,参照"最高法院"1984年台上字第2540号判决:"两造缔结之'房屋预定买卖契约书'及'土地预定买卖契约书',核其给付之内容,系上诉人按被上诉人施工之进度,将价款逐期交付被上诉人,于房屋建成后,由被上诉人将土地及房屋分别过户与上诉人,属将来给付契约之一种,在给付期限届至前,土地所有权即令非属被上诉人所有,或设定有他项权利,于该契约之有效成立,均属无妨,上诉人对已届清偿期之价款,仍有给付之义务,此为房地预购契约之特质。"

定方式,当事人约定本约依订立书面时,预约亦应依书面为之。

三、预约的效力

预约债务人负有订立本约的义务,权利人得诉请履行,法院应命债务人为订立本约的意思表示,债务人不为意思表示者,视同自判决确定时已为意思表示(参阅"强制执行法"第130条)。本约成立后,债权人即有请求给付的权利,基于诉讼经济原则,债权人得合并请求订立本约及履行本约。[1]

最后,须再说的是,预约与本约的性质及效力均有不同。一方不依预约订立本约时,他方仅得请求对方履行订立本约的义务,尚不得依预定的本约内容,请求赔偿其可预期的利益(1985年台上字第117号)。惟债务人因可归责事由对于订立本约应负迟延责任时,债权人得依一般规定请求损害赔偿。基于预约而生各种请求权的消灭时效,应依本约上给付履行请求权的时效期间定之。

第十款 契约类型、法之适用与案例研习

一、法之适用的思考模式

契约法之适用的始点在于认定其所涉及的契约的类型,及其法律性质。兹以请求权基础方法建构如下思考模式[2]:

---

[1] 法律问题:"甲于1991年1月20日预约将A土地以300万元出售与乙,言明在同年1月30日订立书面本约时,付款200万元。届期乙要求付款200万元,须办抵押权登记为保障。甲于收受价金并非借款,不同意办理抵押权登记,当日未能订立书面本约,嗣地价上涨,乙于同年5月1日对甲起诉,请求判令甲订立书面本约,并依本约于乙给付300万元之同时,甲应将A土地所有权移转登记与乙。问法院对乙之请求应否准许?""司法院"民事厅研究意见:"'民法'虽未就'预约'特设其规定,惟预约系当事人约定将来订立某一契约之契约,本质上仍不失为债权契约之一种,故由预约而生之权义关系,自应依一般债权契约之规定断之。又预约成立后,预约债务人基于诉讼经济之原则,合并诉请债务人订立本约及履行本约,亦非法所不许(参照1991年台上字第2541号判决意旨)。题示情形,甲、乙于买卖预约所定'订立本约之10日期间',既未约明两造未于期限内订立本约者,其预约失其效力,而甲又未以乙迟延给付为由依法解除预约,则两造间买卖预约关系依然存在,乙据以诉请申请立书面本约,并于依本约内容提出对待给付时,甲应将买卖标的土地移转登记为其所有,揆诸首开说明,尚无不合。1972年台上字第964号判例意旨所示'预约权利人仅得请求对方履行订立本约之义务,不得径依预定之本约内容请求履行'云云,似仅指未请求订立本约以前,不得径单独请求履行本约,尚不禁止两者同时合并请求。"(81.11.6厅民一字第18571号函复台高院,录自《民事法律问题研究汇编》第8辑第14则)。

[2] 参见拙著:《民法思维:请求权基础理论体系》,北京大学出版社2022年重排版,第252页。

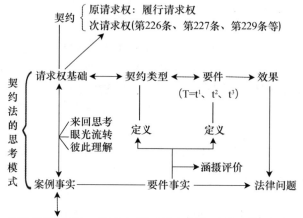

案例[1]订制西装：甲到乙西装店选定布料，制作西装，价金20000元。乙交付的西装具有瑕疵。
案例[2]医治眼疾：甲有眼病，由乙医师医治，乙尽全力而未治愈。其后由丙医生包医，约定半年治愈，未能如期完成。
案例[3]借名登记：甲购屋（1000万元），借乙名登记，乙死，其子丙办理继承登记，以1200万元让售于知情之丁，并办理登记。甲得否向丙请求交付其所领的1200万元价金。
案例[4]美食平台：甲经营美食平台，乙为合作餐厅，丙为外送员。丁向甲点乙餐厅年菜，丙送货途中发生车祸，身受重伤，撞及路人戊，年菜毁损。

法之适用的过程（鉴定型案例研习）：

1. 彻底理解案例事实，明确法律问题：甲得否向乙（或丙）请求损害赔偿？
2. 寻找请求权基础（要件及效果）。
3. 依案例事实认定契约类型、契约概念的定义及涵摄。
4. 请求权基础要件的定义及涵摄。
5. 结论：如甲得（或不得）向乙（或丙）依"民法"第226条规定请求损害赔偿。

二、契约类型的定性

契约的类型及其结构分析可供认识各种契约的法律性质及其规范内容、契约成立与生效、债务履行及违约责任等问题，并有助于处理层出不穷的非典型契约。为使读者认识理解日常生活常见的契约，图示如下（查阅条文）：

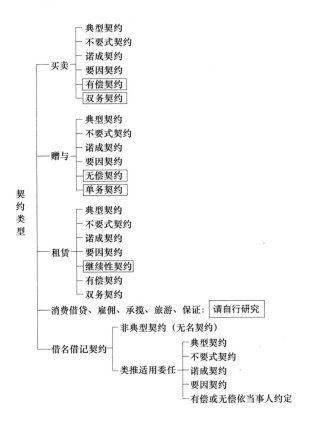

三、契约类型的认定

（一）契约类型的区辨

契约类型的认识是学习契约法的始点。在复杂的案例事实中,如何认定具体契约的类型,尤其是区别案例类型?

契约系由给付义务(主给付义务)所构成,从而具体契约类型的认定,应依法律规定,如"民法"第345条(买卖)、第421条(租赁)等规定的给付义务加以认定。应特别提出的有二：

1. 适用法律为法院之职权,法院就当事人主张之事实,如何适用法律,不受当事人法律上陈述之拘束(2007年台上字第1426号)。

2. 契约类型认定涉及契约解释,应通观全文,于文义上及论理上详为推求,并斟酌立约当时之事实及其他一切证据数据,以为判断之标准,不能拘泥于契约之文字,期不失立约人的真义。

在不能认定其属某种法律规定的典型契约,而为非典型契约时,则应更进一步检视其是否类似于某典型契约,而类推适用其相关规定,例如通说认为借名登记契约系非典型契约,应类推适用关于委任的规定,依委任而定其法律性质(参阅 2015 年台上字第 1399 号)。

(二)雇佣、承揽及委任的区别

关于契约类型的认定及区别,劳务契约中的雇佣、承揽及委任最具争议。兹举"最高法院"若干判决,以供参照(查阅相关条文):

1. 委任与雇佣

(1)"最高法院"2015 年度台上字第 1294 号判决:"按雇佣(劳动)契约之本质,系当事人之一方,在从属于他方之关系下提供劳务,以获取他方给付之报酬。其主要内涵则在于受雇人对于雇主通常具有人格上从属性(接受雇主之人事监督、管理、惩戒,并亲自提供劳务)、经济上从属性(为雇主而非为自己之营业目的而提供劳务)、组织上从属性(纳入雇方生产组织体系之一环而非独立作业)之特征,此与单纯受委托处理一定之事务,且通常就该事务之执行,具有独立之裁量权之委任关系不同。究为雇佣(劳动)关系或委任关系,应就上开人格、经济及组织上之从属性高低加以判断,前者从属性较高,后者从属性较低。"

(2)"最高法院"2011 年度台上字第 1295 号判决:"按所谓委任,系指委任人委托受任人处理事务之契约而言。委任之目的,在一定事务之处理。故受任人给付劳务,仅为手段,除当事人另有约定外,得在委任人所授权限范围内,自行裁量决定处理一定事务之方法,以完成委任之目的。而所谓雇佣,则指受雇人为雇用人服劳务之契约而言。雇佣之目的,仅在受雇人单纯提供劳务,有如机械,对于服劳务之方法毫无自由裁量之余地。两者之内容及当事人间之权利义务均不相同。"

2. 委任与承揽

"最高法院"2015 年度台上字第 1606 号判决:"按基于私法自治原则,当事人间之契约不限于'民法'上之有名契约,其他非典型之无名契约仍得依契约性质而类推适用关于有名契约之规定。委任契约与承揽契约固皆以提供劳务给付为手段,惟委任契约系受任人基于一定之目的为委任人处理事务,重视彼此之信赖关系,且双方得就受任人之权限为约定,受任人应依委任人之指示处理委任事务并报告委任事务进行之状况('民法'第 528 条、第 532 条、第 535 条、第 540 条等规定参照),不以有报酬之约定及有一定之结果为必要；而承揽契约则系承揽人为获取报酬为定作人完成一定之工作，较不重视彼此之信赖关系，承揽人提供劳务具有独立性，原则上得使第三人代为之，且以有一定之结果为必要。"

3. 承揽与制造物（工作物供给契约）

"最高法院"2013年度台上字第553号判决："称承揽者，谓当事人约定，一方为他方完成一定之工作，他方俟工作完成，给付报酬之契约。约定由承揽人供给材料者，其材料之价额，推定为报酬之一部。'民法'第490条定有明文。准此，契约约定由承揽人供给材料之情形，如未就材料之内容及其计价之方式为具体约定，应推定该材料之价额为报酬之一部，除当事人之意思重在工作物（或材料）财产权之移转，有买卖契约性质者外，当事人之契约仍应定性为单纯承揽契约。次按所谓制造物供给契约，乃当事人之一方专以或主要以自己之材料，制成物品供给他方，而由他方给付报酬之契约。此种契约之性质，究系买卖抑或承揽，应探求当事人之真意释之。如当事人之意思，重在工作之完成，应定性为承揽契约；如当事人之意思，重在财产权之移转，即应解释为买卖契约；两者无所偏重或轻重不分时，则为承揽与买卖之混合契约，并非凡工作物供给契约即属承揽与买卖之混合契约。"（参阅2011年台上字第1354号）

综将前揭说明，综合整理如下，以利了解（请阅读条文，比较研究，慎思明辨异同）：

契约类型	条文	类型定义；特征	法律效果	案例
雇佣	482	1. 有偿或无偿 2. 从属性：□人格上，□经济上，□组织上	请查阅相关条文	企业公司的受雇人；医院的医生、护士；公交车司机
承揽	490	1. 有偿 2. 承揽人提供劳务具有独立性，完成一定工作	请查阅相关条文	绘画人像、粉刷房屋、鉴定古董
委任	528	1. 有偿或无偿 2. 委任目的在于处理一定事务，给付劳务为完成委任的手段	请查阅相关条文	聘请律师、委托出售房屋

(三)概念定义与涵摄评价

1. "最高法院"判决

契约类型认定在于契约类型的概念定义,及其在具体案例的涵摄评价,兹先就"最高法院"2007年台上字1426号判决为例,加以说明。

(1)契约的概念定义。

"按适用法律为法院之职权,法院就当事人主张之事实,如何适用法律,不受当事人法律上陈述之拘束。所谓委任,系指委任人委托受任人处理事务之契约而言。委任之目的,在一定事务之处理。故受任人给付劳务,仅为手段,除当事人另有约定外,得在委任人所授权限范围内,自行裁量决定处理一定事务之方法,以完成委任之目的。所谓雇佣,则指受雇人为雇用人服劳务之契约而言。雇佣之目的,仅在受雇人单纯提供劳务,以供给劳务本身为目的,自己无任何裁量权,于他人指示下服劳务。两者之内容及当事人间之权利义务均不相同。"

(2)涵摄、评价、论证。

"查上诉人系被上诉人信用部职员,负责抵押品不动产查估调查业务,应依被上诉人制定之系争担保物估价办法,作为担保物土地之估价及放款值核估标准,以计算估价金额及放款值,乃原审确定之事实。果尔,上诉人所从事之工作,似系受被上诉人指示,就其客户申请贷款时,依被上诉人制定之系争担保物估价办法,办理抵押品不动产查估调查业务,作成查估结果以为被上诉人是否授信之参考并建议数据,并无自行裁量决定处理其查估抵押品事务之方法,或独立决定授信之裁量权。则上诉人辩称:其受雇于被上诉人为信用部职员服务而受报酬,属雇佣性质云云,即非全然无据。被上诉人主张为委任关系,惟依上说明,如何适用法律,并不受被上诉人法律上陈述之拘束。原审未详细查明两造间之关系究为委任抑雇佣,即认被上诉人之主张为可采,不免速断。"

2. 分析说明

(1)本件"最高法院"判决涉及契约上法之适用方法论的问题。在具体案例中如何认定契约类型,系实务上常发生的争议,如关于保险业务员为其所属保险公司招揽业务而订立的劳务契约(2017年台上字第301号,大法官释字第740号解释),而为"最高法院"将案件发回原审的原因,例如:认其判决理由亦有可议(2017年台上字第301号)、自嫌速断(2010年台上字第707号)、显有认定事实不凭证据之违反(2004年台上字第873号)、难昭折服（2002年台上字第2045号）等（请研读前揭判决）。

（2）法之适用的核心在于请求权基础要件（概念）的定义、涵摄及论证，此亦体现于契约类型的认定。要件概念定义的内容及范围视案例事实而定，在争议案件如何从事涵摄，是一种困难，须要细心、耐心地检视、评价、论证，此攸关司法质量，系律师、法官的任务与应具的素养。

（3）初习法律者，多专注于法律要件、定义的背诵记忆，而忽略其在具体案例事实的涵摄、评价及论证，此乃法律人的基本能力、法律实践的质量，涉及法律思维及案例研习，应为法律教学研究的重要课题。

四、案例解说

（一）〔例一〕订制西装

甲在乙的西装店选定布料，制作西装，价金20000元，乙交付的西装具有瑕疵。

当事人约定，一方（乙以自己的布料）制作物品（西装）供给他方（甲），他方支付报酬，系订立制作物供给契约。制作物供给契约究为买卖，抑为承揽，应解释当事人的意思加以决定。本件情形，当事人的意思兼重工作的完成及财产的移转，应认系承揽与买卖的混合契约。关于布料供给部分，适用买卖的规定（第345条以下）。关于完成工作部分（西装），则仍具承揽性质（第490条以下）。

承揽人乙所交付的西装具有瑕疵，应就其完成的工作，负物之瑕疵担保责任（第492条），定作人甲得向乙行使"民法"第493条规定的瑕疵修补请求权。

（二）〔例二〕医治眼疾

1. 甲患眼疾，由乙医师医治，成立医疗契约，乙不能治疗甲的眼疾，甲得否依"民法"第226条规定，向乙请求损害赔偿？医疗契约系属于法定劳务契约以外其他类型的契约，应适用关于委任的规定（第529条），乙医师负有处理医治甲之眼疾的义务（给付义务，第528条），其受有报酬，应以善良管理人之注意为之（第535条），乙尽全力不能治愈甲的眼疾，系不可归责于乙的事由，甲不得向乙依"民法"第226条规定请求损害赔偿。

2. 甲患眼疾，由丙医生包医，系当事人约定，一方（丙医生）为他方（甲）完成一定的工作（医治眼疾），俟他方工作完成，给予报酬，成立承揽契约（第490条）。承揽人丙负有完成工作的给付义务。因可归责于承揽人丙的事由,致未能于6个月内完成医治眼疾的工作,定作人甲得请求减少报酬,或解除契约,并得请求迟延或债务不履行之损害赔偿(第502条第1项、第2项)。

(三)〔例三〕借名登记契约

甲购买A屋(时值1000万元),借乙的名义登记。乙死亡,其子丙办理A屋继承登记后,以1200万元让售该屋给知情的丁并移转其所有权。甲得否向丙请求返还出卖A屋所获价金1200万元?

1. 判决案例化

借名登记契约是实务上的重要问题,特采判决案例化,作为学习法律、研究法律的方法。先整理"最高法院"判决如下(认真研读!):

(1)借名登记契约的意义及认定。

借名登记,谓当事人约定一方将自己之财产以他方名义登记,而仍由自己管理、使用、处分,他方允就该财产为出名登记之契约,倘其内容不违反强制禁止规定或公序良俗者,应赋予无名契约之法律上效力。证明借名登记契约成立之证据数据,不以直接证据为限,倘综合其他情状,证明由一方出资取得财产登记他方名下后,仍持续行使该财产之所有权能并负担义务者,非不得凭此等间接事实,推理证明彼等间存有借名登记契约。又政府兴建之住宅,固设有配售资格之限制,唯由同居之家属,以其家庭成员中符合配售资格者之名义购置住宅者,并未违反上开规范之目的,自不得认系规避强制规定之脱法行为,而否定其效力。(2016年台上字第600号)

(2)借名登记契约与赠与的区别。

"借名登记契约,系当事人约定一方将自己之财产以他方名义登记,仍由自己管理、使用、处分,他方允就该财产为出名登记之契约;而赠与契约,则系赠与人以自己之财产无偿给予他方,他方允受之契约,赠与人有使受赠人取得财产之实质所有权一切权利之意思,受赠人拥有及行使完足之财产管理、使用、处分权限。故出名者及受赠者虽均为物权登记名义人,然借名及赠与之债权契约在性质及表现之外征殊异。又证明应证事实之证据数据,并不以可直接单独证明之直接证据为限,凡先综合其他情状证明某事实,再由某事实为推理资以证明应证事实,该证明某事实

之间接证据,亦包括在内。"(2013年台上字第1912号)

(3)委任契约的类推适用、消灭事由及给付不能的债务不履行损害赔偿。

"查借名登记之契约,其成立侧重于借名者与出名者间之信任关系,性质与委任关系类似,应类推适用'民法'第550条规定,除契约另有订定或因契约事务之性质不能消灭者,因当事人一方死亡而消灭。此际借名者或其继承人自可依借名契约消灭后之借名标的物返还请求权请求出名者或其继承人返还该标的,如该标的物因可归责于债务人之事由,致给付不能者,借名人得依'民法'第226条第1项之规定请求赔偿损害,且该项损害赔偿之债,性质上为原债权之延长,属于原债权之变形,与原债权具有同一性,其请求权之消灭时效,应自原债权之请求权可行使时起算。"(2015年台上字第1399号)

(4)借出名人的处分:有权处分?无权处分?

"不动产借名登记契约为借名人与出名人间之债权契约,出名人依其与借名人间借名登记契约之约定,通常固无管理、使用、收益、处分借名财产之权利,然此仅为出名人与借名人间之内部约定,其效力不及于第三人。出名人既登记为该不动产之所有权人,其将该不动产处分移转登记予第三人,自属有权处分,无无权处分可言。"(2014年台上字第1518号)

(5)"民法"第225条第2项规定的类推适用。

"按'民法'第225条第2项所定之代偿请求权之立法目的,系基于衡平思想,旨在调整失当之财产价值分配,保护债权人之利益,使债权人有主张以债务人对于第三人之损害赔偿请求权或受领自第三人之赔偿物代替原给付标的之权利,其因不可归责于债务人之事由直接转换之利益(如交易之对价)与损害赔偿,发生之原因虽有不同,但性质上同为给付不能之代替利益,应类推适用上开规定,得为代偿请求权之标的。又依'民法'第225条第1项、第2项规定之文义,固须不可归责于债务人之事由致给付不能者,债权人始得主张代偿请求权。惟因可归责于债务人之事由致给付不能者,参酌'民法'第225条第2项规定之立法理由谓(其不能给付,'不问其债务人应否负责',须以债务人所受之损害赔偿或其所有之损害赔偿请求权,代债务之标的,以保护债权人之利益),应认债权人得选择行使损害赔偿请求权('民法'第226条第1项)或代偿请求权

以保护其利益。"(2016年台上字第2111号)

2. 解题构造

处理案例,要彻底理解案例事实及其所涉及的法律问题(尤其是问题争点),应采鉴定体裁,认定谁得向谁有所主张,其请求权基础?在有多数当事人时,宜先讨论谁对谁的请求权?综据上述,就〔例三〕所提示问题,应肯定甲得向丙类推适用"民法"第225条规定,请求交付其所受领的1200万元价金。

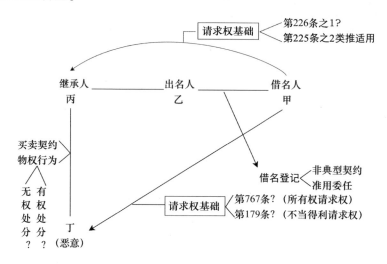

借名登记系近来实务上重大争议问题及司法考试常见的试题,因其涉及民法思维能力。如何解答,请读者研读前揭"最高法院"判决,融会贯通,自行研究,写成书面!并请参阅拙著《民法思维:请求权基础理论体系》(北京大学出版社2022年重排版)。

(四)〔例四〕:美食外送服务网络平台的契约关系①

〔例四〕的法律关系涉及在所谓共享经济(sharing economy)概念下产生的经营模式的法律定性。科技发展及智能网络的普及,推动促进了网络交易与美食外送服务,如 Uber Eats、foodpanda 等。其运作方式系甲建

---

① 参照侯英泠主编:《数字平台之相关法律问题》,元照出版有限公司2021年版,所收录的三篇论文:1.侯英泠:《论美食外送服务网络平台之法律关系探讨——以 Uber Eats 为例》。2.颜雅伦:《共享/对等平台在台湾进退维谷之外送员权益与保险权益——以食品外送平台为例》。3.陈汶津:《美食外送员的劳务契约与所得税的课征以——Uber Eats、foodpanda 为例》。

立网络平台,链接乙等合作餐厅与消费者(丙),消费者丙点餐后,通过为平台服务的外送员(丁)为取餐与送餐的服务。此种新兴的经营模式,产生了如何认定其法律关系及契约类型的问题。兹先图示其基本法律构造如下:①

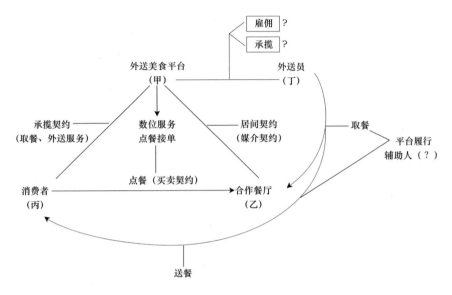

据上揭图示,可知美食平台外送服务具有如下法律关系:

(1)美食外送平台与合作餐厅间的居间契约(第565条):美食平台(甲)为合作餐厅(乙)报告订约机会,为订约之媒介,合作餐厅给付报酬的契约。

(2)美食外送平台(甲)与消费者(丙)的承揽契约(第490条):美食平台为消费者完成取餐送餐之工作,消费者俟工作完成给付报酬的契约。

(3)消费者(丙)经由美食平台(甲)点餐,与合作餐厅(乙)成立买卖契约(第345条)。

(4)美食外送平台与外送员的法律关系,究为雇佣或承揽等,系具有争议的问题(详见下文)。

外送员为美食平台服劳务,从事从合作餐厅取餐及外送于消费者的

---

① 同上注侯英泠论文。

服务，其法律地位视其与美食平台的法律关系而定，若属雇佣，则外送员系美食外送平台的履行辅助人（第224条）。

美食外送服务关系，最具争论是美食平台与外送员的关系究为雇佣，或系承揽。之所以发生争议，因其攸关外送员的权益（包括对外送员的保护、保险费负担及发生事故时的法律责任）。平台业者强调其与外送员的关系系属承揽契约。"劳动部"为保护外送员权益，认系属雇佣契约。由此可知，契约类型的认定攸关当事人间及对第三人的权利义务关系。从而发生前文所述契约类型定义、涵摄、评价在法之适用方法论的问题。

关于外送员与美食平台的契约类型的认定，应采前述两个基本原则：①适用法律为法院的职权，法院就当事人主张之事实，如何适用法律，不受当事人法律上陈述之拘束。②解释当事人契约应通观全文，于文义上及论理上详为推求，并斟酌立约当时之事实及其他一切证据数据，以为判断之标准，不能拘泥于契约之文字，期不失立法人之真意，并依交易惯例及诚信原则加以判断。准此以言，应说明者有三：

（1）应就具体个案，依平台业务与外送员间契约内容，就雇佣契约的特征（人格上、经济上及组织性从属性）及承揽契约的特征（承揽人为定作人完成一之工作及提供劳务的独立性），认其究属雇佣契约或承揽契约。

（2）契约的认定是一种逻辑上涵摄，也是一种法律上评价。外送员的服装及食物箱标示平台名称，并依指示路线送餐，领取餐点，显示其系受平台指挥监督的关系，而具有从属性。并衡诸平台业者的经济地位及外送员权益的保护，通常得依诚信原则及交易惯例，认定平台业者与外送员间具有雇佣关系，而有"民法"雇佣契约（第483条之1、第487条之1）、劳动契约等保护劳动者相关规定的适用。

（3）目前尚无相关实务案例，平台似不愿经由诉讼而由法院认定其与外送员的契约关系，俾能就个案作弹性的处理。

在〔例四〕，若认定甲平台业者与外送员丁具有雇佣关系，发生如下的法律效果：

（1）丁向乙合作餐厅取餐（年菜）及送餐于消费者丙，系甲平台业者履行对消费者丙基于承揽契约所生债务的使用人（履行辅助人）。

（2）甲平台业者应就丁因故意或过失发生车祸，致年菜毁损，负同一责任，而对丙负债务不履行责任（第226条或第227条），并就丁因车祸伤害路人戊的身体健康,依"民法"第188条规定负雇用人侵权责任。

(3)关于外送员自身因车祸所受人身伤害,则有相关劳动法规的适用(参阅"劳动部"制定的食品外送指引及台北市制定的"台北市外送台平业者管理自治条例""劳动基准法"第59条职灾补偿等规定)。

第二章　契约缔约[①]

第一节　请求权基础的体系构成

甲于3月2日致函给乙,表示以500万元出售某件古董,该函于3月3日下午到达。甲于3月2日下午获知有人愿以高价购买其古董,即寄发限时专送快信,表示撤回前函。邮差于3月3日上午送达时,乙适外出,邮差留下通知书载明3月4日上午9时起1周内,前往某邮局领取信件。经查乙于3月3日下午即已致函于甲,表示购买,于3月5日到达。乙于3月4日下午赴邮局取信时,始知甲撤回之事,并即发迟到之通知。试问:

1. 乙得否向甲请求交付该件古董,并移转其所有权?
2. 设甲为受监护人或未成年人时,其法律关系如何?
3. 设甲将530万元的价金误书为350万元时,甲得主张何种权利?
4. 设该件古董于3月1日或3月6日灭失时,当事人间的法律关系有何不同?

一、契约的请求权基础

上开案例涉及两个主要请求权:一为乙得否向甲请求履行契约;一为乙得否向甲请求债务不履行(给付不能)的损害赔偿(履行利益)。在解题思考上,首应检讨的是,乙的请求权基础,即寻找一个可支持乙向甲有所主张的法律规范。其应思考的过程为:

(1)所涉及的,是否为契约上的请求权?
(2)当事人所订立的,究属何种契约?

[①] 参见陈自强:《契约法讲义Ⅰ:契约之成立与生效》(第四版),元照出版有限公司2018年版。

(3) 该契约是否具备成立及生效要件。倘为肯定,则发生契约上的给付请求权(原给付请求权),例如,基于有效成立的买卖契约,买受人得向出卖人请求交付其物,并移转其所有权(请求权基础:第348条);出卖人得向买受人请求支付价金及受领标的物(请求权基础:第367条)。

(4) 设该契约有效成立,但因可归责于债务人之事由,致给付不能、不完全给付或给付迟延时,债权人得请求损害赔偿(分别对应请求权基础:第226条、第227条、第231条),而发生所谓次给付请求权。

(5) 设该契约不成立或不生效力时,虽不发生契约上的请求权,但仍可产生其他法律关系,如缔约上过失(第245条之1、第247条等)。就已为的给付,得成立不当得利返还请求权(第179条)。

兹为便于观察,将契约上的原给付请求权及次给付请求权(债务不履行),图示如下:

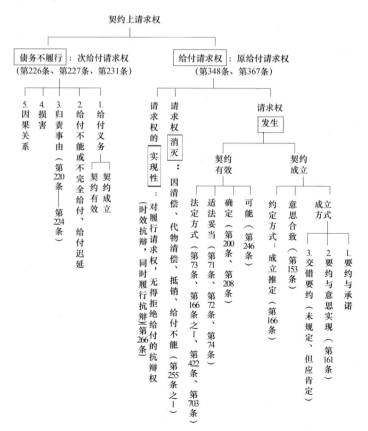

二、缔结契约的三种机制

契约上的请求权因"缔结契约"而发生,缔结契约系契约法的核心问题。在体系结构上需要了解的是,契约是法律行为的一种,关于要约与承诺所涉及的意思表示系在"民法"总则中设其规定。此种立法体系乃建立在法律行为理论及"由一般到特殊,从抽象到具体"的立法技术之上。其优点是逻辑一贯,体例严谨,其缺点系将契约制度的相关问题,分散于各处规定,必须前后贯穿,始能综合运用于处理关于契约的法律问题。

契约因当事人互相意思表示一致而成立,其方法有三:

(1)依要约与承诺成立契约:即先由一方对他方为订立契约的意思表示(要约),而由他方为承诺。此为最常见之契约成立方法,故"民法"特设详细规定(第154条以下)。

(2)依一方的要约与他方的意思实现而成立契约(第161条)。

(3)依要约交错而成立契约:即当事人互为同一内容的要约,学说上称为交错要约,此亦为意思合致之一种形态,"民法"虽未设明文规定,亦得成立契约。

于逐项说明上述三种契约成立方法之前,须提请注意的是,要约与承诺是一个讨价还价、磋商谈判的发展过程,也是交易上各种策略的运用,必须就当事人的每一个行为,审慎地作法律上的判断。

$$
契约缔结 \begin{cases} 要约与承诺 \\ 意思实现 \\ 交错要约 \end{cases}
$$

三、缔约是一个谈判协商的过程

契约关系始于契约的订立,要特别强调的是,缔约是一种谈判协商的过程,双方当事人(自己或经由代理人、律师)各为自己的利益,而从事磋商契约内容,此涉及双方当事人的市场经济地位的强弱、经验、信息及相关法律智识,尤其是契约风险的控制及交易成本,并有各种讨价还价的策略,难免尔虞我诈的情事。缔约过程影响契约实质自由及契约的公正。学习法律者,不但要精确理解契约缔约的机制(要约与承诺),并要认识体会每一个行为(要约的引诱、要约、要约的撤回、预先声明要约不受拘束、要约的改变、承诺期间)的企图或目的。希望初习者能本此认知,经由经验、观察、实习,努力成为一种能够活用契约法的法律人。

第二节　要约与承诺

第一款　要　　约

第一项　要约的概念

例一:甲在台大法学院图书馆设置饮料自动贩卖器。乙投入 50 元,咖啡出来,乙饮毕,见机器故障,投入的 50 元硬币又再跳出,乙四顾无人乃取而放入口袋,适为甲的职员发现。试问甲得向乙主张何种权利。设乙投入 50 元,因机器故障,咖啡及投入的硬币均不出来时,乙得向甲主张何种权利?

例二:试问下列情形,何者为要约,何者为要约的引诱:
(1)价目表的寄送。
(2)刊登家教广告。
(3)超级市场标价陈列物品。
(4)出租车排班等候顾客。
(5)标卖。

一、要约的意义

要约系以订立契约为目的之须受领的意思表示,其内容须确定或可得确定,得因相对人的承诺而使契约成立。兹分三点加以说明:

(1)要约系意思表示,且为须受领的意思表示,"民法"总则编关于意思表示的规定,均有适用余地。

(2)要约的内容须确定或可得确定,得因他方的承诺而使契约成立。因此要约必须包括各该契约必要之点(要素,essentialia negotii),如财产权及价金(买卖),一定劳务的提供与报酬(雇佣)。要约的内容可得确定的,如电视故障请电器行修理而未讲明报酬(承揽),于此情形,非受报酬,即不为完成工作,视为允与报酬,虽未定报酬,可照价目表给付(参阅

第 491 条）。

（3）要约通常多向特定人为之，但向不特定人为要约的，亦属有之，如自动咖啡贩卖器的设置。于此情形，可认为设置贩卖器人，有与任何投入约定货币之人，订立买卖契约的默示意思。顾客投入货币应解为系依意思实现而成立契约。自动贩卖器输出咖啡，系给付义务的履行，投入的货币亦依让与合意而交付（第 761 条），由贩卖器设置人取得其所有权，故任何人擅取因贩卖器故障而跳出的硬币，应构成侵权行为（第 184 条第 1 项前段）。须注意的是，依自动贩卖器而为的要约，在解释上应认系以不能正常运行或无存货为条件（解除条件），故自动贩卖器故障或无存货时，要约失其效力，顾客虽投入货币，仍不能成立契约，就其投入的货币，得依不当得利规定请求返还（第 179 条）。

二、要约与要约的引诱

要约系以订立契约为目的，因此要约与要约的引诱（拉 invitation ad offerendum，美 invitation to offer），应严予区别。要约的引诱（要约邀请），乃在引诱他人向其为要约，其本身并不发生法律上的效果。二者的差异，在理论上虽甚清楚，但实际上颇难分辨，应依下述原则加以判断：

（1）表意人表示其为要约，或要约的引诱的，依其表示。

（2）表意人未为表示时，适用"民法"为典型情况而设的规定，如"民法"第 154 条第 2 项："货物标定卖价陈列者，视为要约。但价目表之寄送，不视为要约。"此为任意规定，故时装店得于其橱窗内展示的衣服上标示"样本"等文字，而排除其为要约。所谓货物标定卖价陈列者，多见于超级市场或自助商店。顾客的承诺，应向商店主人或其店员为之，在此之前，顾客虽将商品放置购物篮内，仍可随时放回。顾客将欲购买的汽水瓶放置柜台，排队等候结账，若因该汽水瓶突然爆破而受伤时，仅能依侵权行为规定，请求损害赔偿，而不能主张契约上的权利，盖买卖契约尚未因承诺到达相对人而成立（参阅例一）。

（3）于其他情形，应解释当事人的意思而定之，其所应考虑的因素有：①表示内容是否具体详尽。②是否注重相对人的性质。③要约是否向一人或多数人为之。④当事人间的磋商过程。⑤交易惯例。依前述判断因素,登报征求家庭教师、家务管理、司机,或出售房屋的广告①,因系向多数人为之,而且注重当事人性质,应认系要约的引诱,而非要约。"公产机关"通知承租人办理特种房地申购手续,其性质亦为要约的引诱。出租车排班等候顾客(或在路上招揽顾客),究为要约或要约的引诱,不无疑问,衡诸目前交易实务,似应认系要约的引诱,如顾客表示黑夜前往深山某处时,出租车司机顾及安全,得拒绝载运。

关于标卖之表示,究为要约之引诱抑为要约?② "民法"未设明文,最高法院1944年永上字第531号判例认为:"应解释标卖人之意思定之。依普通情形而论,标卖人无以之为要约之意思,应解为要约之引诱,但标卖之表示,如明示与出价最高之投标人订约者,除别有保留外,则应视为要约,出价最高之投标即为承诺,买卖契约因之而成立,标卖人自负有出卖人之义务。"③

三、现物要约:"消费者保护法"第20条

某甲收到乙出版社寄来的《玛丽莲·梦露外传》,内附邮局划拨单及说明书,记载:"1周内,未退还者,视为承诺,请即至邮局办理划拨。"试问:

1. 甲1周内未退还时,乙得否向甲请求支付价金?
2. 甲因过失致该书灭失时,乙得否向甲请求损害赔偿?
3. 阅读"消费者保护法"第20条规定,分析解释其规定内容。

---

① 1984年台上字第2540号判决谓:"被上诉人售屋广告虽自称投资500亿元,且有大学教授等名流参与,惟查广告文字仅为要约之引诱。"可供参考。判决全文请参见《有关房屋合建契约》,载《民事裁判专辑》,第102页。唯须注意的是,广告得为契约内容,1998年台上字第1190号判决:"按购屋人倘系受建商所为预售屋广告之引诱后,进而以此广告之内容与建商洽谈买卖,则该广告内容之记载,显已构成双方买卖契约内容之一部。本件依被告人之广告显示米兰公爵别墅之设计为欧式大门,左右有两根罗马柱,分别嵌铸主人名字之铜牌,另立一尊艺术雕像。若两造系以上开广告内容,合意订立系争买卖契约,则该广告自构成系争买卖契约内容之一部,被上诉人即应负履行该契约内容之义务。"

② 《德国民法典》第156条规定:"拍卖,其契约因拍定而成立。若有较高出卖的表示或拍卖因无拍定而结束时,其标卖的意思表示消灭。"明定标卖的表示为要约。

③ 1993年台上字第1850号判决:"标卖与拍卖,均属标卖人或拍卖人使竞买人各自提出条件而择其最有利者为出卖之方法(参见1943年永上字第378号判决)。标卖时,标卖人所揭示之'标售(卖)公告',不论解为要约或要约之引诱,竞买人苟未依其标售公告内容为承诺或要约,或径将'标售公告'内容为扩张、限制或变更而为承诺或要约,既不符标卖人原要约或要约引诱之意旨,标卖人似非不得拒绝竞买人之承诺或就其变更后之新要约不为承诺。"

未经订购而邮寄或投递商品,称为现物要约,相对人不因此而负有承诺的义务。要约人表示,于某期间内未退还,或未为拒绝的表示时,视为承诺时,此项表示不具法律上的效力,因任何人不得片面课以相对人作为或不作为的义务。相对人虽不负退还商品的义务,究应如何处理?"消费者保护法"第 20 条规定:"Ⅰ未经消费者要约而对之邮寄或投递之商品,消费者不负保管义务。Ⅱ前项物品之寄送人,经消费者定相当期限通知取回而逾期未取回或无法通知者,视为抛弃其寄投之商品。虽未经通知,但在寄送后逾 1 个月未经消费者表示承诺,而仍不取回其商品者,亦同。Ⅲ消费者得请求偿还因寄送物所受之损害,及处理寄送物所支出之必要费用。"关于本条的解释适用,应说明的有五点:

(1)消费者对寄投的商品虽不负保管义务,但对他人所有权应予尊重,乃"民法"基本原则,故意或重大过失丢弃毁损时,仍应负侵权行为责任(第 184 条第 1 项前段)。

(2)所谓视为抛弃其寄投之商品,指抛弃其所有权而言。该投寄之商品既因法律规定视为抛弃而成为无主物,消费者得依先占而取得其所有权(第 802 条)。寄送物非属寄送人所有,例如,甲偷窃乙的物品,对丙为现物要约时,无论类推"消费者保护法"第 20 条规定或善意取得规定(第 801 条、第 948 条),均有疑问,应有明确规定的必要。

(3)消费者的承诺,得以意思表示为之,亦有第 161 条规定的适用,例如,消费者使用寄投之商品,有可认为承诺之事实时,其契约为成立。

(4)消费者就其所受的损害,及处理寄送物支出的必要费用,就寄投之商品得主张留置权(第 928 条)。

(5)消费者对寄投之商品虽不负保管义务,但得为保管而成立无因管理。

第二项　要约的成立、生效与撤回

甲欲出售某车给乙,草成一函,放置桌上。试问于下列情形,买卖契约得否因乙的承诺而成立:

1. 甲寄信与否,其意未定,外出观光时,其菲律宾女佣径自寄出。

2. 甲于 3 月 1 日寄信,3 月 3 日下午到达乙。甲于 3 月 2 日以限时挂号信表示撤回,邮差于 3 月 3 日上午送达时,乙适外出,留下领取通知书。乙于3月3日下午发出承诺函件,并于3月5日前往邮局取信时,始知甲撤回之事,并即发迟到之通知。

一、要约的成立

要约系属意思表示,须具备意思表示的要件,始能成立,如甲欲出售某车给乙,草成乙函,寄出与否,其意未定,而他人径为寄出时,对甲而言,欠缺行为意思(Handlungswille),无要约可言,乙不能对之为承诺而成立契约。于此情形,甲对其行为意思的欠缺,应负举证责任。

二、要约的生效

(一)要约的生效时期

要约成立后,应再检讨的是,要约是否发生效力。要约生效时期因对话与否而不同。向对话人为要约时(如面谈或打电话),于相对人了解时,发生效力(第94条)。向非对话人为要约时(如写信、打电报、发送传真),于通知达到相对人时发生效力(第95条)。① 要约若未生效(如信件中途遗失),相对人虽由他人获知为要约的意思表示,亦无从对之为承诺,而使契约成立。

(二)要约的撤回

(1)要约的撤回性。要约发出后,要约人因另有考虑,撤回要约,以阻止要约发生效力的,亦常有之。需说明的是,要约的撤回,指阻止要约发生效力的意思表示,本书所称要约撤销,指废止或变更已发生效力的要约。为兼顾相对人利益,"民法"第95条第1项规定:"非对话而为意思表示者,其意思表示,以通知达到相对人时,发生效力。但撤回之通知,同时或先时到达者,不在此限。"关键的问题在于"到达"与否,如何认定?

1965年台上字第952号判例谓:"达到系仅使相对人已居可了解之地位即为已足,并非须使相对人取得占有,故通知已送达于相对人之居住所或营业所者,即为达到,不必交付相对人本人或其代理人,亦不问相对人之阅读与否,该通知即可发生为意思表示之效力。"此项判断标准,颇为抽象,应就个案予以具体化,如撤回之信函,已投入相对人的信箱,其后被

---

① 详见拙著:《民法总则》,北京大学出版社2022年重排版,第349页。关于传真等现代传讯工具对契约成立所生影响,是一个值得研究的问题,在此难以详论,参见 Burgard, Das Wirksamwerden empfangsbedürftiger Willenserklärungen im Zeitalter moderner Telekommunikation, AcP 195 (1995) 74f.; Donaueschingen, Rechtsprobleme bei Verwendung von Telefax, NJW 1992, 2986; Larenz/Wolf, AT, S. 603.

人取走时,仍应认其已到达,而发生撤回的效力。

值得提出讨论的是,挂号信送达时,相对人不在,未能受领,其到达时间如何决定?在理论上可有三种见解:①邮差送达时。②领取通知书所载最早可能领取信件的时间。③实际领取信件时间。第二说兼顾双方当事人利益,合理分配危险,较值赞同。①

(2)相对人的通知义务。要约虽得撤回,但后到的撤回通知,不发生撤回的效力,要约仍为有效,相对人得为承诺。第162条规定:"撤回要约之通知,其到达在要约到达之后,而按其传达方法,通常在相当时期内应先时或同时到达,其情形为相对人可得而知者,相对人应向要约人即发迟到之通知。相对人怠于为前项通知者,其要约撤回之通知,视为未迟到。"所谓视为未迟到,指仍发生撤回要约的效力,契约不能因相对人的承诺而成立。至于要约之撤回按其传达方法应先时或同时到达,应由要约人负举证责任。

第三项 要约的效力:要约拘束力

例一:甲于4月2日致函给乙,表示愿为丙的保证人,其要约于4月4日到达。甲于4月5日获知丙信用不佳,即至乙处,表示"撤回"要约。乙强调甲应受其要约之拘束,甲则认为乙既未承诺,岂有不得撤回(撤销)之理。试从"立法政策"及现行法之规定,分析甲与乙间之争论,并说明第154条所谓契约之要约人因要约而受"拘束",及第155条所谓要约经拒绝者,失其"拘束力"的意义。

例二:甲于5月2日对乙表示出卖A车,乙于5月5日承诺。其后发现该车于5月4日因甲之过失而灭失,或甲于该日将该车让售交付于他人时,其法律关系如何?

例三:甲于6月2日草函,对乙表示愿以每月2万元出租A屋,为期半年,嘱其子丙投寄。丙出门之际,甲自四楼呼叫"不要

---

① 关于到达之问题,实务上有一个研究意见,可供参考:甲、乙系父子,乙子业已成年,其住处之门牌号码相同,但非同户居住,甲、乙对丙均负有债务。丙为催告甲、乙清偿债务,书写一份致甲、乙两人之存证信函,仅寄给甲父一人,未寄给乙子。于此情形,该存证信函,对乙不发生催告之效力,盖乙子既已成年,并与甲父分户别居,对其催告,应分别为之,方能生效(台南"高分院"暨辖区各地院1972年9月民庭庭长"法律座谈会"研究意见)。

投寄",丙误听为"不要忘记"而投寄之,于6月4日上午到达。甲知其事,于6月3日即发信限时专送了乙,表示"犬子误寄前函,因A屋另有用途,不便出租,敬请见谅。"迟至6月5日上午始行到达,乙不管甲的来信,仍然于6月5日下午函复表示承租,并说明甲信迟到之事,于6月7日到达。乙请求于7月1日交付该屋,甲拒绝履行,有无理由？(请认真研读,写成书面)

一、要约拘束力的意义

第154条第1项规定:"契约之要约人,因要约而受拘束。"第155条规定:"要约经拒绝者,失其拘束力。"又第156条规定:"对话为要约者,非立时承诺,即失其拘束力。"(并请参阅第157条、第158条)。首须究明的是,所谓"因要约而受拘束"及"要约失其拘束力",其意义如何？此涉及实质拘束力及形式拘束力的区别。

要约生效后,发生两种拘束力,一为实质拘束力,一为形式拘束力。所谓要约实质拘束力,即要约一经相对人承诺,契约即为成立的效力,学说上称为要约的承诺能力或承诺适格。所谓要约形式拘束力,指要约生效后,在其存续期间,要约不得废止或变更的效力,学说上称要约不可撤销性。要约之具有实质拘束力,乃要约性质之当然。要约失其实质拘束力,不复存续,相对人即无从对要约为承诺,而成立契约。第155条、第156条、第157条及第158条所称"要约失其拘束力",系指此种实质拘束力而言。

第154条所谓"要约人因要约而受拘束",则指形式拘束力而言,即要约生效后,于其存续期间,要约人即不得将要约扩张、限制、变更或废止而言。

第154条采自《德国民法典》第145条："Wer einem anderen die Schliessung eines Vertrags anträgt, ist an den Antrag gebunden, es sei den, dass er die Gebundenheit ausgeschlossen hat." 学说上称之为要约不可撤回性(Unwiderruflichkeit)。此之所谓"撤回"与第95条所谓要约的"撤回",意义不同。要约的意思表示未经依第95条后段规定"撤回",而发生效力后,要约人始受其拘束而"不得撤回"。为避免对此两种"撤回"发生误会,本书称之为"要约不得撤销性"。以下专就此加以说明。

二、比较法与现行"民法"规定

(一)比较法上的观察

要约的形式拘束力(不可撤销性)非要约本质上所必具备,各国和地区规定不同,为契约上最基本的问题之一。比较法上的观察有助于认识问题的争点及各种规范可能性。

1. 德国民法:罗马法不承认要约拘束力,德国普通法亦然。《德国民法典》制定时争论甚烈,最后认为要保护相对人的信赖及促进交易便捷,要约应具拘束力,乃于《德国民法典》第145条规定:"他人为缔结契约而为之要约者,因其要约而受拘束;但预先排除其拘束力者,不在此限。"《瑞士债务法》第3条及第5条亦采此原则。

2. 法国法:《法国民法典》规定,要约是否有拘束力,由要约人决定。要约人未表示要约有拘束力时,于相对人承诺前,对要约得否撤销或变更,《法国民法典》虽无明文,但判例学说肯定之,认为要约本身不拘束要约人,于承诺前,得为撤销。唯要约人撤销要约具有过失时,则应负侵权行为损害赔偿责任。①

3. 英美法:在英美法,要约原则上不具拘束力,于承诺前,得随时撤销,要约人纵有不为撤销的表示,亦然。盖要约人既未受有对价(约因,consideration),不应单方面受其拘束。相对人欲使要约具有拘束力,须向对方支付对价,取得所谓的选择权(option),使要约人在约定期限内不得撤销其要约。②

(二)"民法"第154条规定

综据上述,可知关于要约是否具有拘束力,各国和地区制度不同,英美法原则上否定之,《德国民法典》及《瑞士债务法》原则上承认之。《法国民法典》则介乎二者之间。第154条第1项规定:"契约之要约人,因要约而受拘束。但要约当时预先声明不受拘束,或依其情形或事件之性质可认当事人无受其拘束之意思者,不在此限。"系采德、瑞立法例,肯定要约拘束力的基本原则。就立法论而言,台湾地区"民法"采此制度,实属妥适。《法国民法典》不赋予要约以拘束力,仅于其撤销有过失时,借损害赔偿以资救济,不若径认要约具有拘束力较切合实际。在《德国民法

---

① 关于《法国民法典》,参见 Schlesinger (ed.), Formation of Contracts: A Study of the Common Core of Legal Systems, Vol. 1, 1968, pp. 769-780; Nicholas, French Law of Contract, 2nd ed., 1991, p. 63 et seq.

② 关于英美法,参见杨桢:《英美法总论》,1999年修订再版,第46页谓:"英美法国家崇尚契约自由(freedom of contract)原则,当事人间可自由提出其意思表示或收回其意思表示。要约人撤回要约(revocation)乃理所当然。但要约之撤回有两个原则:(1)要约须在相对人承诺前撤回;(2)要约之撤回须通知相对人。"

典》制定之际,反对要约有拘束力的学者,再三强调要约受领人将可利用机会,静观市场变化,从事投机,有害要约人利益。实则,纵有此事,亦属无妨,盖要约人可预先声明不受拘束也。

三、要约拘束力的内容

(一)相对人的地位

要约的拘束力,指要约生效后不可撤销或变更,在使要约人不能妨碍相对人依其承诺而使契约成立。此种相对人得对要约为承诺的地位(承诺能力、Annahmefähigkeit),学说上有认为系属期待权(Anwartschaftsrecht),有认为系属形成权(Gestaltungsrecht)。此纯属理论上的争论,不具实益。无论采取何种见解,此项承诺地位非属第 242 条所称的权利,不成为债权人代位权的客体。

(二)要约的继承性

要约受领人(相对人)死亡时,其继承人得否对要约为承诺,而成立契约? 关于此点,有两种不同见解:①承诺的地位,得为继承,但要约人有反对之意思或契约注重相对人其人的性质时,则不得继承。②承诺地位本身非属财产上的权利,不得为继承之标的,故要约受领人如果死亡,其继承人不得主张继承关系而为承诺。如要约并非注重个人因素,则应认为要约系对不特定人为之,要约受领人的继承人即得以自己为要约受领人而为承诺。

此项争议具理论上的趣味,实际上殆无不同,如甲致函与名画家某乙,请乙为其绘像,无论乙于要约发出后未达到前死亡,或要约达到后未承诺前死亡,因其要约注重相对人其人的性质,无论采取何说,乙之继承人均不得对要约承诺而成立契约。实则,其所涉及的,乃要约的解释问题,应就个案,视要约人有无与继承人订立契约的意思而定。若有此意思,则要约对继承人发生效力。

(三)要约(承诺地位)的让与性

要约受领人得否将其因要约而生的法律地位让与第三人,使第三人得为承诺,而与要约人成立契约? 对此,原则上应采肯定说,然此涉及契约当事人(尤其是要约人)的权利义务,非经要约人同意,不得为之。

(四)要约人的责任

在相对人承诺前,标的物灭失或被处分者,时常有之,关于要约人的责任,分两种情形加以说明(参阅例二):

(1)甲于5月2日对乙为出售 A 车的要约,乙于5月5日为承诺,设该车于5月1日(要约前)灭失时,买卖契约系以不能之给付为标的(自始客观不能),其买卖契约无效(第 246 条第 1 项),甲应依第 247 条规定,对乙负信赖利益的损害赔偿责任。设该车于5月4日(要约后,承诺前)灭失时,亦同。

(2)设甲于5月4日(要约后,承诺前),将 A 车的所有权移转于第三人,致其给付成为主观不能时,乙为承诺后,其契约有效成立,乙得依关于债务不履行规定,请求履行利益的损害赔偿(第 226 条)。

四、要约拘束力的排除

(一)争议问题

第 154 条第 1 项规定:"契约之要约人,因要约而受拘束。但要约当时预先声明不受拘束,或依其情形,或依事件之性质,可认当事人无受其拘束之意思者,不在此限。"此为排除要约拘束力的特别规定,使要约人得斟酌各种情形,尤其是市场情况,而控制其缔约行为。

第 154 条但书所谓"不受拘束",其意义如何,学者见解颇不一致:

(1)不受拘束,指要约人在相对人承诺前得随时撤销、变更、扩张或限制要约而言,如相对人已为承诺,则已成立契约,再不发生不受拘束的问题。

(2)不受拘束,指纵使相对人表示其承诺之意思,要约人亦不受其拘束而言,故此项要约,仅具要约引诱之性质,而非真正之要约。唯在相对人表示承诺后,要约人不即为拒绝者,则应视为默示的承诺,契约从而成立。

(3)拘束力除外之要约对于要约人固无拘束力,但与要约之引诱不可混为一谈。要约之引诱,相对人根本无法承诺,亦即不具有要约之效力(形式的及实质的效力),而此种拘束力除外之要约,则相对人仍有承诺之可能(仅有实质的效力,而无形式的效力),故仍不失为一种要约。与一般之要约不同者,一般之要约,相对人已为承诺,即须成立契约,要约人再无回旋之余地,而此种拘束力除外之要约,相对人纵为承诺,是否即可成立契约,要约人乃有斟酌之自由,要约人倘不再斟酌,亦可成立契约。①

---

① 参见郑玉波:《民法债编总论》,第 47 页。

(4)不受拘束,不但指在相对人为承诺以前得扩张、限制、变更或撤回其要约,相对人纵为承诺,亦可主张契约不成立。例如,向数人表明与最初之承诺者成立契约,则对后之承诺,要约人不受拘束,如电影院挂出"客满"牌子而拒绝售票。①

(二)分析说明

关于第154条但书所谓"不受拘束",就其文义及体系(第154条本文及但书规定)而言,于通常情形应认为系指要约人为"撤回的保留",即相对人承诺前得随时撤回要约或变更之。例如,要约人声明承诺前得撤回,或于承诺前得将标的物让与第三人等。此项声明须包含于要约之内,或与要约同时到达相对人。所谓依其情形或事件之性质,可认为当事人无受其拘束之意思者,例如,出卖某物要约中表明已另同时对他人为要约。

至于当事人"不受拘束"的声明,除"保留撤销"外,就个案解释当事人意思,亦得认其所为缔约的表示非属要约,而为要约的引诱。"最高法院"2016年台上字第2360号判决谓:"按契约之要约人,因要约而受拘束。但要约当时预先声明不受拘束,或依其情形或事件之性质,可认当事人无受其拘束之意思者,不在此限,'民法'第154条第1项定有明文。是当事人就其意思表示,倘依客观情形判断,并无受其拘束之意思,即不应解为要约。查系争协议书固系由上诉人拟具寄交被上诉人,但经被上诉人用印寄还后,上诉人犹通知被上诉人修改协议内容,并请其再度签立协议书面等事实,既为原判决所认定。足见上诉人拟具系争协议书寄交被上诉人时,实无受该协议书内容拘束之意思,自非属要约,而应将被上诉人用印后寄还协议书之意思表示,解为要约。上诉人就被上诉人所为要约,已逾相当时期仍未签署用印,复修改内容要求被上诉人重新签立书面,自无承诺可言,原判决因认两造并未达成如协议书内容之合意,自无不合。"可资参照。

五、例题解说

在例三,乙得向甲依"民法"第421条请求交付A屋,系以租赁契约有效成立为前提。甲于6月2日致函对乙表示出租A屋,是为要约。丙投寄该函,于6月4日上午到达相对人乙,发生效力。甲于6月3日发出撤回的通知,于6月5日始行到达,不生撤回的效力(第95条第1项)。

---

① 参见孙森焱:《民法债编总论》,第54页。

契约的要约人,因要约而受拘束,要约具有不可撤回性(第154条第1项),故甲出租A屋的要约仍然存在,因乙的承诺而成立租赁契约。又甲之子丙因误听"不要投寄"为"不要忘记"而发出甲之要约,不构成意思表示错误,甲无撤销租赁契约的权利。据上所述,甲与乙间的租赁契约有效成立,乙得向甲依"民法"第421条请求交付A屋。为便于了解,简示其解题思考结构如下:

(一)乙可得向甲请求交付A屋之请求权基础:第421条。
1. 甲之要约:
(1)甲为要约:6月2日发出,6月4日上午到达(第95条Ⅰ)。
(2)要约之撤回(第95条Ⅰ但书)?
  ①要约撤回迟到;6月5日上午始到达。
  ②乙为迟到之通知(第162条)。
  ③要约未撤回。
(3)要约之不可撤回性(第154条)
  ①要约人因要约而受拘束(形式拘束力)。
  ②要约拘束力未经除外。
  ③要约仍为存在。
(4)要约之撤销(第88条、第89条)?
  ①甲之意思表示并无错误。
  ②不成立的传达错误。
  ③要约仍为存在,具有实质拘束力。
2. 乙之承诺:6月5日下午发出,6月7日到达(第95条Ⅰ)。
3. 租赁契约成立:第153条。
(二)乙得向甲依"民法"第421条规定请求交付A屋。

第四项　要约的消灭

要约的消灭,民法称为要约失其拘束力,即要约人不再受其实质的拘束,相对人无从对之为承诺而成立契约。要约的消灭,系以要约曾经生效为前提,故要约的撤回(第95条第1项但书),非属要约的消灭原因。要约的撤回在使要约"不生效力",而要约之消灭,在使要约"失其拘束力",不使要约效力继续存在,在概念上应有区别的必要。

要约的拘束力，不能永久存续，要约终必消灭，其主要事由有三：①要约的拒绝。②要约存续期间的经过。③当事人一方死亡或丧失行为能力。分述如下：

一、要约的拒绝

甲有电脑，对 17 岁工专学生乙为出售的要约，于 1 周内答复。乙即为拒绝。其父丙于第二日知之，认为物美价廉，即为承诺。买卖契约是否成立？

"民法"第 155 条规定："要约经拒绝者，失其拘束力。"对限制行为能力人言，要约系纯获法律上之利益，得有效受领之。拒绝要约，系有相对人，须受领的意思表示（单独行为），非属纯获法律上之利益，未得法定代理人允许时，其拒绝要约之意思表示无效（第 78 条），要约既不因此而失其拘束力，法定代理人仍得为承诺，而使契约成立。

二、要约的存续期间及其经过

例一：甲于 4 月 1 日致函给乙，表示雇用其为法务秘书，应于 1 周内承诺，该函于 4 月 3 日到达。设乙于 4 月 7 日为承诺的表示，其通知于 4 月 9 日到达时，其契约是否成立？

例二：花莲某甲，拥有大量土地，与乙建筑公司商谈合建房屋。甲以快递信件，表示愿以某种条件订立契约，漏未载明乙应于何时为承诺，试问：

(1) 乙应于何时为承诺？
(2) 乙之承诺是否亦须以快递信件为之？

(一) 约定期间

要约人既因要约而受拘束，不得撤回（撤销），故相对人何时得为承诺，自须有时间上的限制。基于私法自治原则，要约人得自定要约存续期间（承诺期限）。要约定有承诺期间者，非于其期限内为承诺，失其拘束力（第 158 条），要约消灭。约定承诺期限时，得于要约后延长，但不得缩短。关于要约人所定期间的计算，有两个问题，须加说明：

(1) 要约人仅表明届止时限者，如"应于 2020 年 7 月 2 日前承诺"，其所谓 7 月 2 日前为承诺，究指承诺通知的发出，抑为其到达时间，应探求要约人的意思加以认定。有疑义时，应解为系指后者，较合要约人利益。

(2)要约人仅定一定承诺期间(如1周内)时,应自何时起算？有认为自通知发出时起算,较合一般人意思;有认为要约既因到达而生效力,自应以到达时为准。本书认为首先应解释要约人的意思加以认定,有疑义时,应自通知发送时起算,较为合理,盖要约何时到达相对人,非要约人所能掌握也(例一)。

(二)法定期间

要约人未订要约存续期间时,应依法律的规定,兹分别对话为要约及非对话为要约两种情形说明如下：

(1)对话要约:对话为要约者,须立时承诺(第156条)。立时者,指尽其客观上可能的迅速而言,应依交易上一般观念加以认定。如以电话为要约,电话突告中断,不久即为接通而为承诺时,应认为仍属立时承诺。甲邀乙至西餐厅商谈合建房屋,甲于席间提出要约,乙在离席前为承诺时,亦应认为系立时为承诺。

(2)非对话要约:非对话为要约者,其存续期间为"依通常情形可期待承诺达到时期内"(第157条)。此项期间包括三段期间：①要约到达相对人的期间。②相对人考虑承诺的期间。③承诺到达要约人的期间。此三项期间虽应分别计算。第①及③之期间系在途期间,较易确定。第②种期间应依当事人间交易惯例、契约类型、相对人之性质(个人、合伙或公司)等因素,依"通常情形"加以认定,相对人的"特殊情形",如周末度假、生病、丧事、罢工等,为要约人所知时,亦应加以斟酌。

须注意的是,要约人表明承诺须使用某种通知工具的(如电话、电报、传真),时常有之。于此情形,应以通知工具计算回途期间。要约人虽未表示承诺须用快速通知工具;但依要约之通知方法可得推知者,于计算回途期间时,仍须斟酌。至于承诺是否须使用与要约相同的传达工具(如以快信通知时,以快信为承诺),应探求要约人真意加以认定,有疑义时,应解为不以使用相同传达工具为必要,故甲以快信对乙为合建房屋的要约时,乙得以电报或传真为承诺。

三、当事人死亡或丧失行为能力

法学教授某甲于9月5日致函给某乙,表示愿以200万元购买其父遗留之法律图书,于9月7日到达。乙于9月9日函复承诺,于9月11日到达甲宅。不料甲于9月6日上课时心脏病突发死亡,而乙于9月9日受监护宣告。试问乙向甲的继承人医师某丙请求付款取书,有无理由?

(一)要约人死亡或丧失行为能力

"民法"第95条第2项规定:"表意人于发出通知后死亡或丧失行为能力或其行为能力受限制者,其意思表示,不因之失其效力。"此对要约亦有适用余地,故甲向乙为出卖某屋的要约后,死亡或受监护宣告时,其要约的效力不因此而受影响,乙仍得对之为承诺,而使契约成立。此系就原则而言,若该契约仅为要约人本身而订立时,如画像(承揽),病中看护(雇佣),委办外出观光(委任),应解释为其要约因要约人死亡而消灭,失其承诺能力。

(二)相对人死亡或丧失行为能力

要约的效力,是否因相对人死亡或丧失行为能力而受影响,分述如下:

(1)相对人死亡。相对人于要约发出后,未到达前死亡时,原则上应认要约不生效力,盖自逻辑以言,相对人既已死亡,无法受领,自难认为要约尚能发生效力。惟设要约人对相对人的继承人,亦有为要约的意思时,则对继承人发生效力(解释问题)。相对人于要约达到后死亡时,其继承人得为承诺而使契约成立,涉及要约继承性问题,前已论及,敬请参阅。

相对人于发出承诺通知后死亡时,依第95条第2项规定,承诺不因之失其效力。

(2)相对人丧失行为能力。要约的效力原则上不因相对人丧失行为能力而受影响。其通知达到法定代理人时发生效力,得由其法定代理人代为承诺。惟依当事人所欲订立的契约,须相对人具有行为能力时,不在此限(此亦为解释问题)。如对于出售电脑的要约,法定代理人得代为承诺。反之,对于聘为公司董事的要约,则不能对之为承诺,盖董事对外代表法人,须有行为能力也(参阅"公司法"第192条)。

(三)例题解说

在前开例题,甲于9月5日发出购书的通知后死亡,依第95条第2项规定,要约不因此失其效力。乙发出售书的通知后,虽因受监护宣告,丧失行为能力(第15条、第75条),其承诺亦不因此而失其效力。要约人甲系法学教授,其子丙为医生,甲向乙购买法律图书显系为个人使用之目的,解释上应认要约因其死亡而消灭,不具承诺能力,乙不能对之为承诺而成立买卖契约,故丙不负支付价金及受领标的物之义务(第367条)。

值得提出的是,相对人不知要约因要约人死亡失其效力,而为承诺时,就其因信契约为有效而受的损害(如为准备契约而支出费用、丧失有利订约的机会等),得否向要约人的继承人请求损害赔偿?德国学者有认为应类推适用《德国民法典》第122条规定(相当于台湾地区"民法"第91条)而为肯定;亦有认为要约人之死亡,系一项应由相对人承担的危险,不发生损害赔偿问题。比较言之,以后说较为可采。故在上开例题,设乙为承诺,邮寄书籍时,就其支出的费用,不能向甲的继承人丙请求损害赔偿。

第二款　承　　诺

例一:甲于9月5日向乙为出租某屋之要约,表示应于9月15日前承诺。乙于9月12日以限时专送为承诺,因邮差误投,于9月17日始送达甲处,甲于9月18日亦以限时专送发迟到之通知,因邮差遗失而未达。试问:

1. 甲与乙间之租赁契约是否成立?

2. 设甲于发出迟到通知后,于9月19日再以限时专送表示愿成立租赁契约时,其效力如何?

例二:试问于下列情形,买卖契约是否成立:

1. 甲对乙表示出售金庸武侠小说《神雕侠侣》全集,乙答以购买第四册。

2. 甲对乙表示出售《民法总则》100本,乙答以购买200本。

第一项　承诺的意义、生效及撤回

承诺,指要约的受领人,向要约人表示其欲使契约成立的意思表示。承诺系有相对人,须受领的意思表示;对话人为承诺时,其意思表示以相对人了解时发生效力(第94条),非对话而为承诺者,其意思表示于通知达到相对人时发生效力,但撤回之通知同时或先时到达者,不在此限(第95条第1项)。承诺人撤回承诺时,其撤回通知之到达,在承诺到达之后,而按其传达方法,通常在相当时期内,应先时或同时到达,其情形为要约人可得而知者,要约人非向承诺人即发迟到之通知,其撤回仍生效力,其契约不成立(第163条及新修正第162条第1项)。又承诺人于发出通知后死亡或丧失行为能力,或其行为能力受限制者,其意思表示,不因之失其效力(第95条第2项),前已论及,兹不赘述。

承诺得为明示或默示。其为明示的,如"愿以新台币1万元承租汝屋";其为默示的,如搭乘地铁等交通工具。单纯沉默(Schweigen)原则上不具表示价值,唯在特殊情况下,亦得因当事人的约定或交易惯例而成立默示的承诺。①

要约使用一定方式时,除要约人另有不同意思外(如使用密码,此为解释问题),相对人的承诺原则上不必以同一方式为之。例如,以书面为租屋的要约时,得以口头为承诺。要约使用某种传达工具时(如限时专送、电报)等,通常非在表示承诺须以该特定传达工具为之,而在表明承诺的速度,并以此计算要约存续期间。因此以限时专送信件为要约时,除要约人有特别表示(如表明应以限时专送为承诺)外,相对人仍得以传真、电报、电话为承诺。

第二项　迟到之承诺

一、通常之迟到(因相对人迟误而迟到)

相对人应于承诺期间(要约存续期间)内为承诺,契约始能成立。承诺逾承诺期间到达要约人时,为承诺之迟到,例如,承诺期间至6月10日止,相对人于6月9日发出承诺之通知,而其通知于6月11日到达。第160条第1项规定:"迟到之承诺,除前条情形外,视为新要约。"一方面规定承诺迟到时,不能成立契约;一方面规定要约人仍得对之为承诺,而使契约成立,以谋交易上的方便。

二、特殊之迟到

承诺之通知,按其传达方法,依通常情形在相当时间内可达到而迟到的,时常有之,电报故障,信件误投,均属其例。在此种特殊迟到的情形,相对人原可期待契约因适时承诺而成立,依诚信原则,要约人应有通知义务。为此,修正第159条乃明定,其情形为要约人可得而知者,要约人应向相对人即发迟到之通知,要约人怠于为此项通知,其承诺视为未迟到。承诺既被拟制为未迟到,契约因而成立。关于第159条的适用,应说明者有六:

---

① 最高法院1940年上字第762号判例谓:"所谓默示之意思表示,系指依表意人之举动或其他情事,足以间接推知其效果意思者而言,若单纯之沉默,除别有特别情事,依社会观念可认为一定意思表示者外,不得谓为默示之意思表示。"

（1）承诺之通知，按其传达方法依通常情形在相当时间内可达到而迟到，须为要约人明知或可得而知。

（2）承诺迟到之通知，乃事实通知的一种，属于所谓的准法律行为，故以要约人将迟到的事实通知承诺人即为已足，且此通知依发送而生效力，无待到达，其不到达的危险性，应由相对人承担。

（3）所谓"即发"（unverzüglich），与立时（sofort）不同，指依善良管理人的注意，于情事所许范围内，不迟延而为发送而言。承诺使用快速的传达工具时，承诺迟到之通知，原则上亦须使用相当的通知方法。

（4）契约于承诺到达时成立，不溯及至依通常情形应到达之时。

（5）要约人的通知义务，不是法律上的义务，而是一种非真正义务（Obliegenheit），其违反不生损害赔偿责任。

（6）有争议时，为承诺之人应证明其承诺按其传达方法依通常情形在相当时期内可达到；要约人则应证明其已即发迟到之通知（请读者参照上述各点分析例一）。

第三项　将要约扩张、限制或变更而为承诺

承诺须与要约的内容一致，始能成立契约。要约的内容系由要约人所提出，相对人常变更要约而为承诺，而进入"讨价还价"的缔约过程。所谓变更，其主要情形有扩张要约内容，或对要约内容加以限制，如附加条件、期限，变更付款方式，排除瑕疵担保责任等。于此等情形，"民法"为便于契约之订立，避免再为要约的重复，乃于修正第160条第2项规定："将要约扩张、限制或为其他变更而为承诺者，视为拒绝原要约而为新要约。"由要约人决定是否对之为承诺，而使契约成立。须注意的是，此项新要约的承诺期间及其拘束力，应适用第157条规定。

承诺是否变更要约，不能单就形式论断，应探究其实质内容而为判断，倘仅属表面上的差异，则无害于契约之成立。在交易上，对出卖一定数量物品的要约，为增、减的承诺时，颇为常见，如甲对乙为出售《神雕侠侣》全集的要约，乙仅对"第四册"为承诺时，应解为系对要约的限制，盖出售全集时，其要约通常为不可分。如甲为出卖《民法总则》100本的要约，乙答以要买200本时其承诺是否变更要约，系属解释问题，应探求当事人意思决定之，若乙有100本亦愿购买的意思，应认于原要约的范围内为承诺，其扩张部分则视为新要约。

第三款　意思实现

例一：甲杂志社寄 A 书给乙，为现物要约，乙办公回家，以为该书系其子丙所购，拆开阅读之。试问甲与乙间是否成立买卖契约？

例二：台东甲于 10 月 1 日打电报给商业上素有来往之莺歌瓷器制造商人乙："以 10 万元订购日前鉴定之 A 瓶，到外地参展，甚急，不必寄来台东，即寄高雄报关行。"试问：

1. 乙于 10 月 2 日交丙运送后，获知有人愿出高价购买该瓶，即派人途中取回之。甲查知其事时，向乙请求交付 A 瓶，有无理由？

2. 设 A 瓶于运送途中因意外车祸灭失时，乙得否向甲请求支付价金？

一、"立法目的"

承诺系须受领的意思表示，于通知到达要约人时发生效力。惟"民法"第 161 条规定："依习惯或依其事件之性质，承诺无须通知者，在相当时期内，有可认为承诺之事实时，其契约为成立。前项规定，于要约人要约当时预先声明承诺无须通知者准用之。"此为承诺须通知原则的例外，学说上称为契约因承诺意思的实现而成立，"立法目的"在于简化、便利契约的成立。

二、承诺无须通知之情形

契约因意思实现而成立，不必通知，关系当事人利益甚巨，故须限于特别情事，依第 161 条规定，其情形有三：

(1) 依习惯，承诺无须通知：如订旅馆房间，订餐厅酒席，依价目表向旧书店购书。

(2) 依事件之性质，承诺无须通知：如现物要约，自动贩卖器的设置。

(3) 依要约人要约当时承先声明，承诺无须通知：此项承诺通知的放弃，亦得默示为之，如甲向乙紧急购物，嘱乙即刻发货。

三、有可认为承诺之事实

(一) 承诺之事实

"民法"第 161 条所谓有可认为承诺之事实，其主要情形有二：①履行行为：即履行因契约成立所负担的债务，如寄送邮购的物品；为履行契约而准备,如旅馆为顾客预留房间。②受领行为:即行使因契约成立所取得的权利,如拆阅现物要约寄来的杂志。

关于承诺期间,当事人未订定者,依"民法"第161条规定,须在"相当时期内"有可认为承诺之事实,契约始为成立。此项所谓"相当时期"与第157条所谓"依通常情形可期待承诺之达到时期"不同。因承诺既无须通知,根本不生期待承诺达到的问题。至于时期是否相当,应依契约性质、当事人可推知之意思及交易惯例加以认定,自不待言。

(二)承诺意思之实现

所谓有可认为承诺之事实,究为意思表示(Willenserklärung)抑为意思实现(Willensbetätigung),系"民法"上有名的争议问题,然无论采取何说,均应以有承诺意思(Annahmewille)为必要,此就"承诺"的本质而言,应属当然,就第153条第1项言,亦应肯定。倘相对人主观上无承诺意思,仅依客观上可认为承诺之事实,即可成立契约,使其负担契约上的义务,不但与私法自治原则有违,抑且不足保护相对人利益,此在现物要约最为显然。再者,一方面认为第161条所规定的,为契约因"承诺意思"之实现而成立;一方面又认为有无承诺之意思,在所不问,前后似有难以自圆其说之处。盖既曰承诺,自不能排除其主观意思,否则意思实现将成为事实行为矣!倘排除"承诺意思"的因素于承诺之外,则相对人为限制行为能力人,无行为能力人或无意思能力人时,是否能仅依客观上可认为承诺之事实,即可成立契约,亦有疑问。

所谓可认为承诺之事实,应解为系承诺之意思依一定的事实而实现,不必通知要约人,乃承诺意思表示须经受领,始生效力的例外,故学说上称为无须受领的意思表示。因此,真正的问题,不是"承诺意思"是否必要,而是承诺意思有瑕疵或欠缺承诺意思时,究应如何处理。

第161条规定"无须通知之承诺",究为意思表示或意思实现,仅为用语的问题,不具实质意义。通说认为系意思实现,已如上述,"民法"关于意思表示的一般规定,应类推适用之。易言之,即意思实现应如同意思表示加以处理,如要约受领人对要约人其人(误甲为乙),或关于其人之资格发生错误者,得类推适用第88条规定加以撤销;误将现物要约出售的杂志为赠与而拆阅时,亦得以法律行为错误而撤销之。或有认为意思实现不以主观上有承诺的认识为要件,故于此类情形,不得以错误为理由撤销其意思表示。此项见解,尚值研究。甲向乙为现物的要约,乙得以意思表示为承诺,亦得依意思实现承诺之,在前者若有错误,相对人得撤销之,应无疑问,为何于后者反而不能撤销?就法律概念言,意思实现亦具法律行为的性质,就利益状态言,二者并无不同,应作相同的处理。

外部虽有可认为承诺之事实,但欠缺承诺意思时,例如,甲寄某书给乙,为现物出售要约,乙误为其子所购而拆开阅读(例一),学说上有认为因欠缺表示意识,根本无承诺的存在,亦有认为得依意思表示错误规定加以撤销。此项争论,涉及法律行为的核心问题,在此不拟详论。① 所应强调的是,要约受领人主张承诺不存在或撤销其承诺时,对承诺意思的欠缺须负举证责任,并对相对人依侵权行为,或不当得利的规定负其责任。

四、例题解说

前开例二可供说明依意思实现成立契约的若干基本问题。②

(一)甲向乙请求交付 A 瓶并移转其所有权

甲得向乙主张交付 A 瓶之请求权基础为"民法"第 348 条第 1 项规定,此须以买卖契约成立为前提。

甲打电报给乙表示购买 A 瓶,系属要约。乙发送 A 瓶系属承诺,问题在于此项承诺是否必须通知要约人。依一般原则,承诺系须受领的意思表示,发送订购的物品乃默示承诺,须于该物品寄达要约人时始生效力。唯在本题,甲在要约中表示:"到外地参展,甚急,即寄",可认为系要约时预先声明承诺无须通知(第 161 条第 2 项)。乙将 A 瓶交丙运送,有可认为承诺之事实。此项承诺之事实,纵在要约人知悉前,亦不得撤回之,故买卖契约有效成立,甲得依第 348 条第 1 项规定向乙请求交付 A 瓶。

(二)乙向甲请求支付价金

设 A 瓶于运送途中因意外发生车祸灭失时,乙可得向甲主张支付价

---

① 参见拙著:《民法总则》,北京大学出版社 2022 年重排版,第 344 页。
② 为便于理解,将解题之思考过程图示如下:
  一、甲可得对乙主张交付 A 瓶之请求权基础:第 348 条
    1. 甲之要约:10 月 1 日之电报
    2. 乙之承诺
      (1)甲要约当时声明承诺无须通知:第 161 条第 2 项
      (2)有可认为承诺之事实:第 161 条第 1 项
        ①乙发送 A 瓶
        ②不得撤回
    3. 买卖契约成立:第 345 条,第 153 条
  二、甲得向乙依"民法"第 348 条第 1 项规定请求交付 A 瓶。

金的请求权基础为第 367 条。

　　甲、乙间的买卖契约因乙发送 A 瓶而成立,乙的价金请求权因而发生,上述已详。A 瓶于交付与甲前因意外事故灭失,系不可归责于双方当事人之事由致给付不能。第 266 条第 1 项规定,因不可归责于双方当事人之事由,致一方之给付全部不能者,他方免为对待给付之义务。依此规定,甲给付价金之义务原应消灭。惟第 374 条规定:"买受人请求将标的物送交清偿地以外之处所者,自出卖人交付其标的物于为运送之人或承揽运送人时起,标的物之危险,由买受人负担。"所谓标的物之危险,系指标的物因不可归责于双方当事人事由灭失时,价金应否支付之问题。此为第 266 条之例外规定。故乙仍得依第 367 条规定向甲请求给付价金。①

第四款　交错要约

　　甲于 11 月 1 日在报上刊登广告出售某件佛像石雕,价金 500 万元。乙于 11 月 3 日致函甲,表示愿以 370 万元购买。甲于 11 月 6 日函复愿降价 10 万元,但应于 1 周内答复,乙未为任何表示。迄至 11 月 26 日,甲再致函乙,愿以 400 万元出售。乙不知甲之来信,于 11 月 27 日致函甲,愿以 400 万元购买。甲之信于 11 月 28 日上午到达,乙之信于 11 月 29 日下午到达。甲于发信后,获知有人愿以高价购买,即于 11 月 27 日下午以限时专送发撤回之通知,因邮差误投,于 11 月 30 日下午始行到达。乙即发迟到之通知,并请求交付该件石雕,并移转其所有权,有无理由?

　　契约因双方当事人互相表示意思一致而成立,在一般情形,此两个意思表示,一个在先,一个在后,而有因果关系。在先者为要约,在后者为承诺。但二人互为要约之表示,而其内容相互一致者,亦偶有之,学说上称

---

① 为便于观察,将解题的思考过程列表如下:
　　一、乙可得对甲请求支付价金之请求权基础:第 367 条。
　　　　1. 价金请求权之发生:
　　　　　　甲、乙间成立买卖契约(参阅前页注①)。
　　　　2. 价金请求权消灭?
　　　　　　(1)第 266 条:原则。
　　　　　　(2)第 374 条:例外。
　　二、乙得依"民法"第 367 条规定向甲请求价金。

为交错要约。

关于交错要约能否成立契约,《德国民法典》制定之际,甚有争论,有采实质说,认为两个意思表示之内容既属一致,自得成立契约。有采形式说,认为契约仅能依要约及承诺之方式成立,故在交错要约的情形,须其中之一系对要约为承诺,契约始能成立。亦有主张此项承诺,得因要约人的沉默而推知。此两种对立的见解,势均力敌,难获协议,致《德国民法典》未设规定。《德国民法典》制定后,学者见解仍呈分歧,但以实质合致说较占优势。

台湾地区"民法"对交错要约是否成立契约,亦未设规定,但通说肯定之,实值赞同。盖在交错要约,自主观言,双方皆有缔约的意思,自客观言,内容又属一致,衡诸第153条第1项所宣示的原则,殊无否认契约成立的理由。关于契约成立时期,应以在后的要约到达相对人时为准。

缔结契约,并非单纯一次的要约、一次的承诺即可完成,常须多次讨价还价,经过一段磋商过程始能获致合意,因此当事人间往还的每一个行为,在法律上究具何种意义,应有彻底掌握的必要。为此特设计上开例题,录其纲要如下,请读者参考自行补充,以增进了解:

(一)乙得向甲主张交付石雕,并移转其所有权的请求权基础:第348条第1项
   1. 买卖契约成立?
     (1)甲11月1日广告:要约之引诱。
     (2)乙11月3日之信:要约。
     (3)甲11月6日之信:变更要约。
       ①视为拒绝原要约而为新要约(第160条第2项)。
       ②新要约因承诺期间经过而消灭(第158条)。
     (4)甲11月26日之信:要约。
       ①要约于11月28日上午到达而生效(第95条第1项)。
       ②于11月27日发出撤回要约限时专送通知,于30日到达,因迟到不生撤回要约之效力(第95条第1项但书)。
       ③乙即发撤回要约迟到通知(第162条)。
       ④甲因要约而受拘束(第154条第1项)。
     (5)乙11月27日之信:要约。
       于11月29日下午到达生效。
   2. 甲与乙间买卖契约于11月29日下午成立。
(二)乙得依第348条第1项规定,向甲请求交付石雕,并移转其所有权

第五款　契约成立与不成立
——合意与不合意

花莲某甲于 5 月 9 日，致函台北建筑商某乙，表示："愿以 50 万元出租太鲁阁近处的 A 地。"乙经于谈判过程知甲误书 B 地为 A 地，复函中表示："愿依所提出条件，承租 B 地。"于 5 月 13 日到达。试问：

1. 甲与乙间租赁契约是否成立，于何时成立，何地成立，何时履行，何地履行？

2. 设乙不知甲误书"B 地为 A 地"，而函复"愿以所提条件，承租 A 地"时，租赁契约是否成立？

3. 设甲在要约函中表示："该地是否适于建筑，概不负责。"乙于复函中未对此表示意见，其后乙发现该地不适于建筑，而主张租赁契约不成立，有无理由？

4. 甲或乙对契约是否成立有争论时，由谁负举证责任？

第一项　契约成立

一、概说

契约的缔结，有要约与承诺、意思实现及交错要约三种方式，已如上述。无论采取何种方式，其内容必须完全一致，契约始能成立。"民法"第 153 条第 1 项规定："当事人互相表示意思一致者，无论其为明示或默示，契约即为成立。"即在表示此项基本原则。又依第 153 条第 2 项规定："当事人对于必要之点，意思一致，而对于非必要之点，未经表示意思者，推定其契约为成立，关于该非必要之点，当事人意思不一致时，法院应依其事件之性质定之。"由此可知，关于契约之成立与不成立，其情形有三：

(1) 当事人对契约必要之点及经意思表示的非必要之点皆为合意时，契约成立。

(2) 当事人对必要之点合意，而对于非必要之点，未经表示意思者，推定其契约成立。

(3) 当事人对必要之点合意，但对业经表示之非必要之点未为合意时,契约不成立。

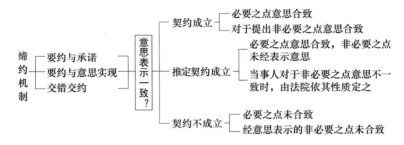

二、契约成立

(一)意思表示一致(合意、意思合致)的必要性及其范围

契约因互相表示意思一致(简称合意或意思合致)而成立。此项合意必须包括必要之点及经意思表示的非必要之点。所谓必要之点,指某种契约所不可缺的常素,如在买卖,为标的物及其价金;在雇佣,为劳务之提供及报酬。所谓非必要之点,指契约的偶素,例如出卖人之瑕疵担保责任,因当事人特别表示,而成为契约之内容,如附条件及期限。交易上常见的契约(如保险契约、委建合建契约、信用卡契约),其内容甚为复杂,当事人对提出的每一个条款均须合意,契约始能成立。

何谓"合意",兹举一例加以说明:甲欲出租 A 地(地号为 3093)给乙,讨价还价良久,某日乙接获甲的来信,表示愿出租 B 地(地号为 3039),租金 50 万元。乙由长期的磋商明知甲误写地号,于回信承诺时,表示"愿以出价承租 A 地"。于此情形,双方当事人的真意在于租赁 A 地,彼此均了解之,其互相意思表示仍属一致,契约成立。法谚上所谓:误载不害真意(falsa demonstratio non nocet),即指此而言。上举之例,设甲内心的意思,在出租 A 地,误书为 B 地,乙不知其事而函复,表示"愿依出价承租"时,甲之"内心的意思"与"外部之表示"虽不一致,但从乙(受领人)的立场而言,应以其所能认识的作为准据,即甲系在出租 B 地,故双方当事人的意思表示客观上趋于一致,契约成立。惟甲的表示行为发生错误,得依第 88 条第 1 项撤销之。由此可知,所谓合意,终究言之,系指经由解释所认定的"表示内容的一致",而非指内心意思的一致而言。

(二)契约成立的时间及地点

契约成立的时间,因其成立方式而异。契约依要约及承诺的方式而成立的,以承诺发生效力时,为契约成立时间。在第161条所定情形,以承诺意思实现(有可认为承诺之事实)时,为契约成立时间。在交错要约的情形,以第二个要约到达时,为契约成立时间。基于契约自由原则,当事人得约定契约溯及承诺发出时发生效力。契约一旦有效成立,除附停止条件或始期外,原则上债权人即得随时请求清偿,债务人亦得随时为清偿(参阅第315条、第316条)。

至于契约成立的地点,应依承诺生效或承诺意思实现的处所定之。须注意的是,契约成立地与清偿地并非相同。依第314条规定:"清偿地,除法律另有规定或契约另有订定,或另有习惯,或得依债之性质或其他情形决定者外,应依下列各款之规定:①以给付特定物为标的者,于订约时,其物所在地为之⋯⋯"例如台北某甲出租花莲某地与乙,不论契约在何处成立,原则上均以该地所在地(花莲)为清偿地。

三、契约成立之推定

第153条第2项规定:"当事人对于必要之点,意思一致,而对于非必要之点,未经表示意思者,推定其契约为成立⋯⋯"例如,甲向乙购买钻戒,约定价金由专家鉴定决定之,但关于履行期则未约定。于此情形,双方同意价金由第三人决定,亦属于对买卖契约要素之合意。至于履行期,系属"非必要之点",既未经表示意思,应推定契约成立。当事人得证明对于此等非必要之点,亦须有合意时,契约始能成立,而推翻之。此种反证,事实上殆不可能,实务上罕见其例。当事人关于非必要之点意思不一致时,由法院依其事件之性质定之。此涉及契约解释及"契约漏洞"(Vertragslücke)填补的问题,俟后再行详论。

四、契约的拘束力与契约的效力

(一)契约的拘束力

契约经意思合致而成立时,当事人因而受契约之拘束。最高法院1929年上字第484号判例谓:"当事人缔结之契约一经合法成立,双方均应受其拘束。"又1929年上字第1495号判例谓:"当事人缔结契约一经合意成立,即应受其拘束。"关于契约之拘束力,应特别说明的有三:

(1)当事人间合法缔结之契约,双方均应受其拘束,除两造同意或有解除原因发生外,不容一造任意反悔请求解约(1930年上字第985号判例)。

(2)契约当事人一经意思表示一致,其契约即属合法成立,不容一造无故撤销(1931年上字第632号判例)。

(3)一族族众同意订立之规约,在未经同意修改以前应有拘束全族人之效力(1941年上字第455号判例、1951年台上字第1746号判例)。

综据上述,可知所谓契约之拘束力(受契约之拘束),系指除当事人同意或有解除原因外,不容一造任意反悔请求解约,无故撤销。易言之,即当事人之一方不能片面废止契约。

(二)契约的效力

与上述所谓"契约拘束力",应严予区别的是契约的效力(Geltung des Vertrages),此指基于契约而发生的权利义务。最高法院1931年上字第1941号判例谓:"当事人缔结之契约一经合法成立,其在私法上之权利义务,即应受契约之拘束,不能由一造任意撤销。"所谓"其在私法上之权利义务,即应受契约之拘束",系指"契约的效力";所谓"不能由一造任意撤销",则指"契约的拘束力",而契约效力的发生,以契约有效成立为前提。

契约于其成立时,即具有拘束力。限制行为能力人所订立的契约,未经承认前,相对人得撤销。但订立契约时,知其未得有允许者,不在此限(第82条)。在此情形,法定代理人有承认与否的自由,但相对人则应受契约的拘束,不得撤销。又无权代理人所为之契约,其相对人于本人未承认前,得撤回之。但为法律行为时,明知其无代理权者,不在此限(第171条)。于此等情形,本人有承认与否的自由,但相对人仍应受契约的拘束。最后须注意的是,契约附停止条件时,其契约亦因成立而具有拘束力,但契约的效力,则自条件成就时,始行发生。

五、合意废止契约

何谓废止契约或合意解除?其法律性质及法律效果与解除契约有何不同?

具有拘束力的契约,得依双方当事人的合意加以废止(Aufhebung)。此种以第二次契约废止第一次契约,罗马法上称为 contraius consensus,德国法上称为 Aufhebungsvertrag。台湾地区通说称为合意解除,"民法"虽未设规定,但依契约自由原则,自得为之。"最高法院"1968年台上字第3211号判例谓:"契约除当事人约定保留之解除权外,固以有'民法'第254条至第256条或其他法定之情形为限,有解除权人始得向他方当事人为解除之意思表示。但契约既因当事人双方意思表示一致而成立,自亦可因互相表示意思一致而解除,所谓意思表示一致,无论其为明示或默示,均包含在内。"

废止契约(或合意解除),系以其他契约的消灭为其直接目的,具有处分的性质,故属于处分契约的一种。契约经合意废止时,向将来发生效力,但当事人约定其具有溯及力时,依其约定。关于当事人所为的给付,应如何处理,"最高法院"1974年台上字第1989号判例谓:"契约之合意解除与法定解除权之行使性质不同,效果亦异。前者为契约行为,即以第二次契约解除第一次契约,其契约已全部或一部履行者,除有特别约定外,并不当然适用'民法'第259条关于回复原状之规定。后者为单独行为,其发生效力与否,端视有无法定解除原因之存在,既无待他方当事人之承诺,更不因他方当事人之不反对而成为合意解除。"倘不当然适用"民法"第259条关于回复原状之规定,究应如何处理?"最高法院"1969年台上字第4297号判例谓:"契约之解除,出于双方当事人之合意时,无论有无可归责于一方之事由,除经约定应依'民法'关于契约解除之规定外,并无当然适用'民法'第259条之规定,倘契约已为全部或一部之履行者,仅得依不当得利之规定请求返还其利益。"

第二项　契约不成立

一、公然不合意与隐藏不合意

当事人对于契约必要之点,未经合意者,契约固不成立,对业经表示之非必要之点不合意时,契约亦不成立。非必要之点,纵属细微,若经表示,亦须合意,以贯彻当事人自主原则。所谓不合意,有公然不合意及隐藏不合意两种情形,分述如下[①]:

(1)公然不合意,亦称意识的不合意,即当事人明知欠缺意思之一致,例如,甲请乙为家庭管理,每月报酬15000元,每月休假2天,乙则表示每月报酬2万元,每周休假1次,关于必要之点及非必要之点,彼此意见分歧,雇佣契约不成立。在意思实现的情形,顾客来函订双人套房,旅馆则保留单人房时,亦属对契约必要之点不合意。

(2)隐藏不合意,亦称无意识不一致,即当事人不知其不一致。其主要

---

① Leenen, Abschluss, Zustandekommen und Wirksamkeit des Vertrags: zugleich ein Beitrag zur Lehre vom Dissens, AcP 188 (1988), 381.

情形有二：①当事人长期谈判，信其契约之成立，不知关于某项业经提出的问题，实际上并无合意。②当事人的意思表示客观上具有多义性，不能经由解释排除其歧异。梅仲协先生曾举如下之例，可供参考："白头翁"一词，各地方言，向有两种物类可指，一为飞禽类有名"白头翁"者，一为昆虫类蟋蟀之一种。今有某甲，欲以"白头翁"卖与乙，在甲系指"白头翁"之鸟，而乙则以为蟋蟀中之"白头翁"，而承诺之。于此情形双方之意思表示，并不一致，当事人不自知，为隐藏之不合意，其买卖契约不成立。

意思表示不合意（隐藏不合意），与一方当事人关于其所为意思表示内容的错误，应严予区别，例如，甲致函给乙，表示出卖A画，乙函复愿买B画，当事人关于标的物意思不一致，其买卖契约不成立。设乙误读甲函，以为系出卖B画，而函复"愿依所提条件购买之"，则双方意思表示的客观意思，趋于一致，买卖契约成立，唯乙得依第88条第1项规定撤销其错误的意思表示。由此例可知，不合意指两个意思表示内容不一致，而错误则指一方的意思表示，其意思与表示不一致。不合意与错误的法律效果不同，应慎思明辨之。

二、契约不成立与缔约上过失责任

契约不成立时，得发生缔约上过失责任问题，俟于相关部分，再行详论。

三、举证责任

契约是否成立，关系当事人利益至巨，为避免争议，"民法"特设有"推定"的规定，即订约当事人之一方，由他方受有定金时，推定其契约成立（修正第248条及第153条第2项、第166条规定）。此外，举证责任的分配，亦值重视。兹依一般举证原则，分五点说明如下：

（1）主张要约存在者，应负举证责任。反之，主张要约拘束力除外者，对拘束力的不存在，应负举证责任。

（2）主张要约定有承诺期间者，应对此负举证责任。

（3）于修正第159条规定承诺迟到的情形，为承诺之人应证明承诺之通知，按其传达之方法，依通常情形在相当时期内可达到而迟到，其情形为要约人可得而知者。要约人对即已发迟到通知，应负举证责任。

（4）于第161条规定的情形，主张契约依意思实现而成立者，对承诺无须通知及有可认为承诺之事实，应负举证责任。

（5）主张契约成立者，就意思表示的合意，应负举证责任。

第六款 "事实上契约关系"的兴衰①

例一：甲在乙经营的停车场停车,对丙管理员表示："此地一向免费停车,我不必付费,请勿看管。"试问乙得否向甲请求支付停车费?

例二：学童某甲,年13岁,家住台北,偷乘乙经营之客运赴北高雄游玩,下车时被发觉。试问乙得向甲主张何种权利?

例三：甲游览车公司雇乙为司机。3个月后甲发现乙伪造职业驾照,乃撤销雇佣契约,即令乙离职,并拒绝支付报酬,有无理由?

例四：甲、乙、丙、丁四人合伙在台大附近公馆摆设地摊,其中丁甫高中毕业,未满17岁。半年后,丁父知悉其事,命其参加补习,准备升学,不同意其参加摆地摊的合伙。试问丁与其他合伙人的法律关系,应如何处理?丁以合伙名义与他人订立的契约是否有效?

一、问题的说明

在阅读以下说明之前,请读者再认真思考上开四则例题,究应如何处理。

依传统的民法理论,契约仅能依当事人的意思合致而缔结。当事人的意思表示不生效力、无效或被撤销时,其所订立的契约亦无其效力,不复存在,其法律关系应依不当得利规定加以处理。德国学者 Haupt 氏对此批评甚烈,认系泥守既有观念,故步自封,不能合理解决问题,乃于1941年提出一项新的理论②,主张在若干情形,契约关系得因一定的事实过程(tatsächliche Vorgänge)而成立,当事人的意思如何,在所不问。此种因一定的事实过程而成立的契约,Haupt 称为事实上契约关系(faktische

---

① 标题参考 Lambrecht, Die Lehre vom faktischen Vertragsverhältnis: Entstehung, Rezeption und Niedergang, 1994[本书从理论发展史(Dogmengeschichte)的观点,综合论述事实上契约关系的产生、继受及没落]。事实上契约关系(faktische Vertragsverhältnisse),系近数十年来德国民法学上讨论最多的问题之一,参见拙著:《事实上之契约关系》,载《民法学说与判例研究》(第一册),北京大学出版社2009年版(附有德文资料文献),第93页。日本最近资料,参见〔日〕森孝三:《事实的契约关系》,载《现代契约法大系》,第1卷,《现代契约的法理(一)》,有斐阁,1983年,第216页。

② Haupt, Über faktische Vertragsverhältnisse, 1941.

Vertragsverhältnisse),并强调此种事实上契约关系不是类似契约的法律关系,而是具有契约内容的实质,其与传统契约观念不同的,仅其成立方式而已,从而关于其内容,契约法的规定得全部适用。Haupt 此项革命性的理论,深具启示性,特就"典型社会行为"及"事实上劳动关系或合伙关系"两个基本问题加以说明。

二、因典型的社会行为而成立契约

电气、电信、煤气、自来水、公交车等,系现代经济生活所不可欠缺,通常是由大企业经营,就使用的条件及权利义务,订有详密的规定,相对人既少选择自由,对企业所订的条款,亦难变更。依传统的观念,利用此等给付系基于对企业者要约的默示承诺。Haupt 教授认为,如此的意思合致,乃毫无血肉的形体(Blutleeres Gebild),与契约的本质并未符合。前述的各项给付具有社会义务,提供者非有正当理由不得拒绝,利用者对使用条件既无讨价还价的余地,不必假借当事人意思,拟制法律行为的要件,应毅然地承认利用此等给付的事实行为,即足成立契约,而发生契约上的权义关系,当事人的内心意思如何,可不必问。①

Larenz 教授曾以 Haupt 上开观点为基础建立了所谓"社会典型行为理论"(Die Lehre vom sozialtypischen Verhalten)②,其说略谓:现代大量交易产生了一种特殊现象,即在甚多情形,当事人无须为真正的意思表示,依交易观念仅因事实行为,即能创设契约关系,任何人均得支付一定的费用而为利用。在此情形,事实上的提供给付及事实上的利用行为,取代了意思表示。此种事实行为并非以发生特定法律效果为目的的意思表示,而是一种事实上合致的行为,依其社会典型意义,产生了与法律行为相同的法律效果。乘坐电车或公共汽车,使用人未先购票,径行登车,即其著例,在此等情形,乘客的通常意思,系被运送至目的地,并未想到应先缔结运送契约,同时亦未有此表示。一般言之,使用者多意欲承担其行为的结果,并愿支付车费,然而,其是否有此意思,他人是否认识,对成立契

---

① 为使无行为能力人或限制行为能力人得使用电信、邮政等,法律常拟制其为有行为能力人,参照"电信法"第 9 条规定:"无行为能力人或限制行为能力人使用电信之行为对于电信事业视为有行为能力人。但因使用电信发生之其他行为,不在此限。""邮政法"第 12 条规定:"无行为能力者或限制行为能力者,关于邮政事务对邮政机关所为之行为,视为有能力者之行为。"(另参见"简易人寿保险法"第 31 条)。

② Larenz, Schuldrecht Ⅰ, S. 535.; Larenz/Wolf, AT. S. 597.

约,依契约原则处理运送关系,不生任何影响。Larenz 教授特别指出:因社会典型行为而成立契约,与依《德国民法典》第 151 条规定(相当于台湾地区"民法"第 161 条)意思实现而成立契约不同,因其不以法律效果意思为必要,从而亦不发生意思表示错误撤销的问题。为保护思虑不周之人,《德国民法典》关于无行为能力人及限制行为能力人的规定仍有适用余地。德国联邦法院在著名的 BGHZ 21, 319 判决(其案例事实相当于例二),曾采 Larenz 教授的理论,作为判决理由,广受重视。

社会典型行为说的最大贡献,在于指出在现代消费社会大量交易行为的事实规范性,但此亦为弱点的所在。社会的典型行为虽可作为认定意思表示的标准,但其本身并不具法源性。实际上,"民法"上古典的"要约及承诺"缔约方式,尚足以应付社会典型行为说所欲克服的问题。例如,搭乘公交车,可解释为系默示订立有偿运送契约的意思表示;当事人一方面利用他人提供的给付(如在停车场停车),一方面却表示不欲支付对价时,得认此项口头表示与实际行为矛盾,不生效力(protestatio facto contraria),其契约仍可成立,或依不当得利规定加以处理。

三、事实上劳动关系与事实上合伙关系

劳动契约或合伙在进入履行阶段后,始发现其无效或被撤销时,依民法一般原则,当事人所受领的给付,失其法律上的依据,应依不当得利规定负返还义务。然此势必导致复杂的结果。为此,Haupt 教授乃认为劳务若已为一部或全部的给付,合伙的共同事业若已实施,无论在内部或外部,既均已发生一定的法律关系,则此种法律关系业已存在的事实,即不容任意否认,而置之不理。企业或合伙乃具有团体性的组织,当事人既已纳入其内,则基此事实即应成立契约,并依此事实上劳动关系(faktisches Arbeitsverhältnis)或事实上合伙(faktische Gesellschaft)处理彼此间所发生的权利义务。

Haupt 所提出的"事实上劳动关系"说,已被"有瑕疵的劳动关系"(fehlerhaftes Arbeitsverhältnis)理论所取代。此项学说的重点在于强调纳入企业组织此项事实本身,尚不足作为契约成立的规范基础,原则上仍应回到民法上法律行为的理论体系,但为保护劳动者,应加以适当的修正,即在劳动关系业已进入履行阶段,尤其是在受雇人为劳务给付之后,当事人主张意思表示无效或撤销具有瑕疵的意思表示时,应限制其溯及力(参阅《德国民法典》第 142 条第 1 项,台湾地区"民法"第 114

条),使其向后(ex nunc)发生效力,使劳工仍能取得约定的报酬。①

又 Haupt 所提出的"事实上合伙"说,亦逐渐被"有瑕疵的合伙"(fehlerhafte Gesellschaft)的理论所取代。② 此说认为 Haupt 过分高估事实的规范力(Normative Kraft des Faktischen),在法无明文的情形,仍应回到民法传统理论,求其解决之道。合伙在性质上既系一个具有继续性的契约,带有团体的色彩,共同事业既已实施,在内外均已发生一定的法律关系,则为该合伙人、其他合伙人或第三人的利益,应限制其无效或撤销的效力,使发生类如终止(Kündigung)、解散(Auflösung)或退伙的法律效果,只能向后发生效力(ex nunc Wirkung)(参阅例四)。

四、事实上契约关系理论的兴衰与启示

事实上契约关系理论的提出,对传统民法法律行为的价值体系,带来了重大的冲击,其企图以"客观的一定事实过程",取代主观的"法律效果意思",而创设新的契约概念的构想,曾备受重视,其后则广受批评,在 Larenz 教授扬弃其典型社会行为理论之后,事实上契约关系说终告没落,但其兴起的背景及发展的过程,确实有助于吾人对传统的个人主义的法律观,从事深刻的检讨与反省。事实上契约关系说虽未如 Lehmann 教授所忧虑的,将以原子弹的威力爆破传统的契约概念,但在许多重要观点上,使现代民法法律行为的理论更为充实,更为丰富,更能作合理客观的解释,以适应社会的发展与需要。

第三节 契约与"好意施惠关系"

例一:甲知乙某日将赴高雄开会,向乙表示其亦有事到高雄,乙可搭便车。试问乙对甲有无搭便车的请求权?设甲于该日未通知乙搭便车,致乙支出额外费用到高雄时,乙得否向甲请求损害赔偿?设甲让乙搭便车,途中发生车祸,致乙受伤,乙得否对甲请求损害赔偿?

---

① 参见 Hanau/Adomit, Arbeitsrecht, 7 Aufl., 1983, S. 151f., Zöllner, Arbeitsrecht, 3 Aufl., 1983, S. 125. 专论有 Krässer, Der fehlerhafte Arbeitsvertrag, 1979; Picker, Die Anfechtung von Arbeitsvertragen, 1981, 1. 学者采此见解者,史尚宽:《劳动法原论》,第 41 页;陈继盛:《劳资关系》,第 27 页以下。

② 参见 Wiesner, Die Lehre von der fehlerhaften Gesellschaft, 1980.

例二：甲、乙、丙、丁共同出资，每月购买特定号码的彩券，推定由丁负责为之。某月因丁的过失，未购买彩券，错失中百万大奖。试问甲、乙、丙诉请丁支付奖金的分配部分(25万元)时，法院应为如何的判决？

例三：甲男与乙女同居，约定乙女必须服避孕药，乙违反此项约定，怀孕生育丙子，诉请甲认领。试问甲就其支出的扶养费得向乙请求损害赔偿？

一、问题的提出

在日常生活上常见下列约定：搭便车到某地；火车到某站时，请叫醒下车；代为投寄信件；参加友人郊游或宴会。于此等情形，当事人一方得否向他方请求履行？一方当事人不为履行或为不完全履行时，他方当事人得否请求损害赔偿？此涉及所谓"好意施惠关系"①的三个基本问题：①好意施惠关系与契约的区别。②履行请求权。③损害赔偿请求权。

二、判断标准及基本法律问题

好意施惠关系与契约的区别，在于当事人间就其约定，欠缺法律行为上的法律效果意思，无受其拘束的意思。关于此点，当事人得明示为之，如表示其所约定的乃属"君子协定"（gentleman agreement）。② 在有偿的情形，当事人的约定通常构成契约，如支付一定报酬，请邻居于外出期间定时浇花；共同分担油费，搭乘汽车环岛旅行；邻居数人约定轮流开车上班等。其约定系无偿时，是否成立契约，抑仅为好意施惠关系，应解释当事人的意思表示，斟酌交易惯例与诚实信用原则及当事人的利益，从相对人的观点加以认定。此在理论上，固甚明白，实际上难免争议。就搭乘便车，火车过站叫醒，顺路投寄信件，邀请参加宴会、郊游或舞会而言，均应认系属所谓的好意施惠关系。

值得特别提出的是，"最高法院"2014年台上字第848号判决第一次对"好意施惠关系"表示明确法律见解。在一个涉及营业员未提供信息购买股票的案件中，"最高法院"谓："按当事人间之约定欠缺法律行为上之

---

① 德国判例学说上的 Gefälligkeitsverhältnis，如何翻译成中文，尚待斟酌，暂译为"好意施惠关系"，实务中亦采此用语。德文资料参阅 Gernhuber, Das Schuldverhältnis, 1989; Medicus, AT, S. 78. 德国实务上判决的综合分析，参见 Willoweit, Die Rechtssprechung zum Gefälligkeitshandeln, JuS 1986, 96.

② Reuss, Intensitätsstufen der Abreden und die Gentleman Agreements, AcP 154 (1954), 485 f.

效果意思,而系基于人际交往之情谊或本于善意为基础者,因当事人间欠缺意思表示存在,而无意思表示之合致,即不得认为成立契约,双方间应仅为无契约上拘束力之'好意施惠'关系。判断其区别之基准,除分别其为有偿或无偿行为之不同外,并应斟酌交易习惯及当事人利益,基于诚信原则,从施惠人之观点予以综合考虑后认定之。故非属契约之'好意施惠'行为,于当事人一方未履行该行为时,受利益之一方并无履行请求权,亦不生债务不履行之损害赔偿责任。又'民法'第184条第1项前段所保护之客体以侵害'私法上之权利'为限。"(请阅读判决全文。)

三、履行请求权

好意施惠关系既非属契约,无法律上的拘束力,自不发生给付请求权,例如,甲与乙约定,于某日赴高雄时允乙搭便车,乙不得向甲主张有搭便车的权利。唯此种好意施惠关系仍得作为受有利益的法律上原因,就搭便车之例言,甲让乙搭便车后,不得主张乙受有利益,无法律上原因,而成立不当得利。

四、损害赔偿

在好意施惠关系上,好意施惠的一方不为履行,或不为完全履行,对他方当事人所受损害,应否负损害赔偿责任,甚有争议,兹以好意让人搭便车之例,加以说明:

(一)请求权基础:侵权行为(第184条)

好意让人搭便车既不成立契约,被害人无契约上的请求权,就其因车祸所受的损害,自不得依不完全给付规定请求损害赔偿(新修正第227条)。其得为请求权基础的是,"民法"关于侵权行为的规定,尤其是第184条的适用。例如,甲对乙允诺于火车经过台南时,叫醒下车,因过失未叫醒乙,致乙到达高雄后,须再回到台南。乙就其所支出的费用,不得依第184条第1项前段规定向甲请求损害赔偿,盖其所受侵害的,不是权利,而是纯粹经济上损失。若甲作此允诺,却不叫醒乙下车,系出于故意以悖于善良风俗方法加损害于乙时,则应依第184条第1项后段规定负损害赔偿责任。此属罕见,不必详论。

(二)侵权责任的排除

在好意施惠关系,当事人得明示排除其侵权责任,惟故意或重大过失之责任不得预先排除(第222条)。关于默示排除责任,应从严认定,避免拟制当事人的意思。

(三)侵权行为过失责任的缓和

让人搭便车既属好意施惠,如何减轻或缓和其侵权责任?

有认为好意施惠既属"无偿",应使其仅就故意或重大过失负责。惟于"无偿契约",债务人并非均仅就故意或重大过失负责,应尽与自己处理事务为同一注意的,亦属有之(第535条),尚难由现行规定导出无偿好意施惠者,仅就故意或重大过失负责的一般原则。

有认为于无偿契约,"民法"关于减轻债务人责任的优遇,既应适用于侵权行为,例如,甲无偿借乙某车,成立使用借贷,就该车瑕疵发生车祸,致身体健康遭受侵害,贷与人仅就故意不告知借用物瑕疵时,始负赔偿责任,此项减轻责任的优遇,于"相类似的好意施惠关系",亦应有适用余地。问题在于好意施惠关系,可否认系类似使用借贷契约?

笔者认为在好意施惠关系,尤其是在搭便车的情形,好意施惠之人原则上仍应就其"过失"不法侵害他人权利,负损害赔偿责任,惟过失应就个案合理认定之。对他人生命身体健康的注意义务,不能因其为好意施惠而为减轻,将其限于故意或重大过失。车祸涉及第三人责任保险,不应因限制加害人责任,致影响被害人得获赔偿的机会。

(四)被害人与有过失

被害人明知好意让其搭车之人酒醉或无驾照而仍愿搭其便车,发生车祸,身受伤害时,应认其对损害的发生与有过失,而有第217条规定的适用。

五、案例分析

关于"好意施惠关系",德国联邦法院的两个判决,以供参考:

(一)BGH NIW 1974,1705:错失彩券中奖案件

在本案件,A、B、C、D及E五人组成彩券投资会(Lottospielgemeinschaft),每周每人出资10马克,由E负责购买彩券,填写固定号码。某周,因E的过失未及购买彩券,填写号码,错失中奖10万马克的机会。A、B、C、D乃起诉请求E赔偿中奖时应分配的部分。本件历经三审,原告败诉。

德国联邦法院认为彩券是由政府核准发行,不具违法性,参与彩券的赌博仍属有效,于中奖时,应依约定分配奖金。唯最高法院强调于本件情形,要使E承担此种可能危及其生存的责任(可能错失中奖几百万或几千万马克的机会),实不符合此种共同投资彩券关系。若事先虑及此项问题,没有任何成员愿意承担此种危险,或对任何成员作此期待。基此认

识,德国联邦法院乃认为约定某人负责购买彩券不具法律上拘束力,不因之成立合伙契约,E 就其过失,不负不完全给付的损害赔偿责任。

德国联邦法院的见解,基本上应值赞同。另一种思考方法是肯定当事人间成立合伙,E 系执行职务,惟不可责望 E 承担可危及其生存的重大危险,而认当事人默示排除其责任。①

(二)BGHZ 97,372:同居之妇女未依约定服用避孕药

在本案件,甲男与乙女未结婚而同居,约定乙女应服用避孕药。乙女故意不为服用,意图生育子女,借此"抓住"甲男,与其结婚。乙女生育后,甲与乙女分手,乙强制甲为认领,并支付扶养费(《德国民法典》第1606 条第 3 项)。甲以乙女违反约定为理由,诉请乙赔偿支付扶养费所受的损害。

德国联邦法院否定甲的请求权,其主要理由系认为婚外同居者,关于服用避孕药的约定触及个人私密自由的范围,非法律行为所得规范。一方同居者不遵守此项约定,且未通知他方同居者,并不因此而应负契约上的损害赔偿责任。两个成年人同居,于其自愿的性行为上不仅要满足性的需要,亦须对其所生育的生命负责。关于子女的生育,基本上不受侵权行为法的规范,纵使一方同居者就服用避孕药对他方施以诈欺,亦不因此应负侵权责任。就本案言,应考虑子女的利益,盖当事人既已结束同居关系,子女由生母监护及抚育,自然地亦同享其母的生活条件、生活情况及生活水准。若肯定生父对其生母有损害赔偿请求权,尤其于为强制执行时,其生母必将蒙受精神及财务上重大妨害,该子女亦将经历相同的困难,而使其认识到其自身的存在导致生母对生父须负此种责任,影响所及,实涉及子女的人的尊严。

同居者服用避孕药的约定,涉及个人生育自由,得认定当事人无受其法律力拘束之意,而非契约。纵认定其为契约,亦因限制个人生育自由,有悖于公序良俗而无效,德国联邦法院的见解,可资赞同。

问题在于同居的女方故意违背服用避孕药的约定,怀孕生子,致使同居的男方负担扶养子女的费用,是否构成"故意以悖于善良风俗方法加损害于他人",应负赔偿责任(《德国民法典》第 826 条,台湾地区"民法"第184 条第 1 项后段)。德国联邦法院采否定说,系以子女利益为主要理

---

① Kornblum, Das verpasste Lottoglück, JuS 1976, 571; Plander, AcP 176 (1976), 424.

由。然男女同居,约定一方须服避孕药,不生育子女,攸关他方当事人利益甚巨,构成一种特殊信赖关系,一方故意违反此项约定,破坏此项信赖关系,难认符合社会生活的伦理观念,似应受侵权行为法的规范。其所涉及的,乃生父对生母关于扶养费用损害赔偿请求权,并不影响生父对子女的扶养义务。该子女可能与其生母同受精神或财务的困难,得否因此而认为侵害子女的尊严,而以此作为否认生母对生父应负侵权责任的理由,非无推究余地。①

第四节 悬赏广告与契约原则
——由单独行为到契约

第一款 悬赏广告的法律性质与"民法"债编修正

1. 请先阅读"民法"关于悬赏广告修正前第164条及修正条文,研究二者之不同及修正理由。某甲登报声明,发现其遗失狼犬者,给付报酬10万元。某乙17岁,不知甲的悬赏广告,而发现该狼犬时,得否请求报酬?对此问题,"民法"修正前后的规定,应如何解释适用?

2. 旧"民法"第164条关于悬赏广告的规定,其法律性质究为单独行为或契约?如何认定判断?"民法"债编修正为何明定悬赏广告系属契约?

一、悬赏广告的定性

悬赏广告,指以广告声明对完成一定行为之人给予报酬。如登报悬赏寻觅遗失的汽车、寻找走失老人、车祸目击者,缉探人犯,查缉仿冒商品,或征求科技学术上的发明或发现,其种类甚多,常能表现一个社会的经济文化活动。

悬赏广告虽为日常生活所习见,其法律性质为何,是一个民法著名的问题,有契约行为说及单独行为说两种不同的见解:①契约行为说认

---

① 关于本件判决的评论,Dunz, VersR 1986, 819; T. Ramm, JZ 1986, 1011; Schlund, JR 1986, 455; Fehn, JuS 1988, 602; T. Ramm, JZ 1986, 1011, 1013; Fehn, JuS 1988, 602, 603。

为,悬赏广告系对不特定人为要约,经行为人完成一定行为,予以承诺,而成立契约。②单独行为说认为,悬赏广告系因广告人一方的意思表示而负担债务,在行为人方面无须承诺,惟以其一定行为的完成作为停止条件。旧"民法"究采何种见解,系古老的问题,因"民法"修正再起争议。

此项争论有助于法释义学(Rechtsdogmatik)的思考,具有法学方法的意义,更深刻认识契约原则与单独行为的功能,特作较深入的论述。其关键问题在于应否坚持契约原则,抑须顾及悬赏广告的特色及当事人的利益,而设例外,采单独行为。其主要争点有二:①不知广告而完成一定行为之人,得否请求报酬?②无行为能力人完成一定行为时,有无报酬请求权?

二、"民法"债编修正前悬赏广告的法律性质

修正前第 164 条规定:"以广告声明对完成一定行为之人给予报酬者,对于完成该行为之人,负给付报酬之义务。对于不知有广告而完成该行为之人,亦同。数人同时或先后完成前项行为时,如广告人对于最先通知者已为报酬之给付,其给付报酬之义务,即为消灭。"关于本条规定,有认系采契约说,其主要理由为因其规定于第 1 节第 1 款"民法"债编通则"契约"之内。实则,以单独行为说较为可采,其理由有五点:

(1)就法律文义言:本条规定的文义与买卖、租赁等契约的规定不同(第 345 条、第 421 条),比较对照之,可知立法者非以悬赏广告为契约行为,盖不知有广告而完成该行为,在理论上不能认系承诺,难以成立契约。

(2)就法律体系言:"民法"于契约一款中规定悬赏广告,非即可据以认定其为契约。法典编制体例上的地位,固可作为法律解释的一种方法,但非属唯一标准。"民法"将代理权之授予列在债之发生一节之内,通说并不因此而认其为债之发生原因。查民律草案原将悬赏广告独立列为一章,规定于"各种之债"(第 879 条至第 885 条)。现行"民法"将之移至债编通则契约一款之内,其理由不得而知,就体例言,实未妥适,盖契约一款所规定的,乃各种契约的"成立方式",无论采取何说,悬赏广告均不宜在该款内设其规定。

(3)就立法理由言:旧"民法"第 164 条系采自"民律第一草案"第 879 条,内容完全相同,其立法理由书略谓:"谨按广告者,广告人对于完结其所指定行为之人,负与以报酬之义务。然其性质,学说不一。有以广告为声请订约,而以完结其指定行为默示承诺者,亦有以广告为广告人之单务约束者。本案采用后说,认广告为广告人之单务约束,故规定广告人于行为人不知广告时,亦负报酬之义务。"可供参证。

(4)就比较法而言:"民法"第164条系《德国民法典》第657条规定的迻译,而在《德国民法典》悬赏广告的法律性质为单独行为,系判例与学说的一致见解。在《瑞士债务法》中,悬赏广告亦列于契约一款内(第8条),但通说仍解为系属单独行为,尤具启示性。

(5)就立法目的言:基于法律行为而发生债之关系,原则上应依契约为之(契约原则),对悬赏广告采单独行为说,其实质理由有二:①使不知有广告而完成一定行为之人,亦得请求报酬。②使无行为能力人亦得因完成一定行为而请求报酬。此两点为《德国民法典》明定悬赏广告为单独行为的理由,亦为瑞士通说突破法律编制体例,将悬赏广告解释为单独行为的依据。

三、"民法"修正与悬赏广告的定性

(一)修正内容及理由

修正将第164条规定为:"以广告声明对完成一定行为之人给予报酬者,为悬赏广告。广告人对于完成该行为之人,负给付报酬之义务。数人先后分别完成前项行为时,由最先完成该行为之人,取得报酬请求权;数人共同或同时分别完成行为时,由行为人共同取得报酬请求权。前项情形,广告人善意给付报酬于最先通知之人时,其给付报酬之义务,即为消灭。前三项规定,于不知有广告而完成广告所定行为之人,准用之。"

立法说明书略谓:"(1)以广告声明对完成一定行为之人给予报酬,即为学说与实务上所谓之悬赏广告。爰于第1项第一句末'者'下增列'为悬赏广告'等文字。又悬赏广告之性质如何,有单独行为与契约之不同立法例。台湾地区学者间亦有如是两种见解。惟为免理论争议影响法律之适用,并使本法之体例与规定之内容一致,爰将第1项末段'对于不知有广告而完成该行为之人,亦同'移列为第4项,并将'亦同'修正为'准用之',以明示本法采取契约说之旨。……(4)不知有广告而完成广告所定行为之人,因不知要约之存在,原无从成立契约。惟因悬赏广告之特性,亦应使其有受领报酬之权利。且其受领报酬之权利,与知广告而完成一定行为之人,应无分别;爰将第1项后段之规定,移列于第4项,并规定前3项之规定,于不知有广告而完成广告所定行为之人,皆可准用。"

(二）分析讨论

1. 不采单独行为的理由？

就前述"民法"修正说明言，立法者的意思显然地要将悬赏广告定性为契约行为。"法务部"于1983年7月公布"民法"债编通则部分条文修正草案初稿，关于第164条的修正说明，曾谓："依立法例，悬赏广告应属契约行为，为使法文与理论一贯，爰予修正之：一、第1项删去末段：'对于不知有广告而完成该行为之人，亦同'。改列为第4项，并改'亦同'为'准用之'，以免误解为采单独行为说。"何以依立法例，悬赏广告"应属"契约行为，何以采单独行为说系属"误解"，立法说明书并未提出实质的论点。

2. 亦同与准用

在法学方法或法律技术上最具趣味的是，立法者认为原第164条第1项后"亦同"的规定，为误解采"单独"行为的根源，而于新修正条文第4项明定为"准用"，意图借此表示悬赏广告为契约行为。兹分二点加以说明。

(1) 原"民法"第164条第1项后段"亦同"的规定，可解为系采单独行为说的法律上依据，亦可认系采单独行为说的结果。《瑞士债务法》第8条第1项规定："以悬赏或悬赏优等当选广告约定，对于一定之行为，给予一定之报酬者，应依其广告给予报酬。"并未设相当于第164条第1项后段"亦同"的规定，彼邦通说仍将悬赏广告解释为系属单独行为。

(2) "准用"与"亦同"均属立法技术的运用，旨在避免重复，二者之不同，在于准用系立法者基于平等原则对类似者，作相同的处理。亦同则用于案例类型差别太大难以准用，或其法律意义相近、得等同待之的案例。立法者欲借此项用语的变更，肯定悬赏广告非属单独行为，而系契约行为，可谓用心良苦。实则，为使悬赏广告"契约行为化"，不是将"亦同"改为"准用之"，而是明确地将第164条修正为："称悬赏广告者，指以广告声明对完成一定行为之人给予报酬，而经他人因完成一定行为而为承诺之契约。不知有广告而完成广告所定行为之人，亦有报酬请求权。"

四、从法制史的发展看悬赏广告的定性

在19世纪因个人主义的思想的发展，契约法成为债之关系的基石，强调契约乃源自当事人自由意思的合致。关于如何处理悬赏广告，各国和地区多一面维持契约理论，一面试图突破。《德国民法典》特设规定

(第675条),将悬赏广告定性为单独行为,使不知有广告之行为人及无行为能力人亦得请求报酬,影响及于瑞士、日本等国和地区的判例学说。

台湾地区原亦采单独行为说,"民法"修正意图将悬赏广告定性为契约行为说,并将其法律效果准用于"不知有广告而完成广告所定行为之人"。"民法"修正舍单独行为说,回归契约原则,固有理念上的依据,虽另设准用规定,缓和契约原则的严格性,但仍不足以保护无行为能力人。在悬赏广告的定性过程中,我们看到契约法的发展及各国和地区的法律文化。将"悬赏广告"予以"契约行为化",究为进步,抑属倒退,仍有深思余地。

第二款 悬赏广告契约的成立及法律效果

新修正第164条规定,将悬赏广告定性为契约行为,关于此项契约的成立及效力,应适用"民法"关于法律行为及契约的一般规定。就其法律性质言,悬赏广告为不要式契约、不要物契约、有偿契约及双务契约。

一、悬赏广告契约的成立

(一)要约

悬赏广告的要约,指以广告方法声明对完成一定行为之人给予报酬的意思表示。分述如下:

(1)广告人:广告人得为自然人或法人,法人除私法人外,尚包括公法人(如警察机关悬赏追捕罪犯)。广告人死亡时,其为悬赏广告的意思表示,不因之失其效力(第95条第2项),由继承人承受其权利义务。

(2)以广告之方法声明:悬赏广告的要约,应以广告之方法为之,以文字或言词,或登载报章,或张贴通衢,或利用电视广播,或街头喊叫,均所不问,凡能使不特定多数人知其意思表示者,均属之。不特定人,以属于多数为已足,一定范围之人,亦无不可,例如,市政府向市民悬赏征求市歌。

(3)一定行为之完成:所谓一定行为,应从广义解释,包括作为(如查知车祸肇事者),或不作为(如假释人犯不再犯罪)。该一定行为得为公益(如缉捕逃犯),得为广告人自己的利益(如寻找遗失物),亦得为自己之不利益(如发现新发售产品的缺点)。

悬赏广告既在于对一定行为之完成给予报酬,故声明对于处于一定状态之人,给予一定利益的,例如,公开表示对司法官考试榜首给予《台大法学丛书》全套,非属悬赏广告,而为赠与的要约。一定行为之完成在广告之前时,是否得请求报酬,应解释广告人的真意加以认定,倘广告重在"一定行为"本身,则有报酬请求权;反之,广告之目的在促使完成一定行为时,则无报酬请求权。广告人对一定行为之完成得定期限。

(4)给予报酬:报酬不限于金钱,凡能为法律行为标的任何利益均得作为报酬,如奖章、公开表扬或其他荣誉等。

(二)承诺

将悬赏广告定性为单独行为时,一定行为之完成系属事实行为,不以行为人知悉悬赏广告为必要,有无行为能力,亦所不问。在将悬赏广告加以"契约行为化"后,发生三个争议问题,分述如下:

1. 承诺的成立

在悬赏广告契约,何种情形得能认为有承诺,计有五种见解:①着手一定行为前有意思表示者,即为有承诺。②着手一定行为即为有承诺。③完成一定行为之完成时为承诺。④为一定行为后,另有意思表示者为有承诺。⑤须将完成一定行为之结果交与广告人,始为有承诺。各说之中,第③说认为因一定行为之完成而为承诺,较值赞同,其理由有二:第一,第 164 条第 1 项明定广告人对完成该指定行为之人,负给付报酬之义务,乃以完成一定行为作为承诺而成立契约。第二,第 164 条第 2 项规定数人先后分别完成一定行为时,除广告另有声明外,仅最先完成该行为之人,有受报酬之权利,但广告人善意给付报酬于最先通知之人,其给付报酬之义务,即为消灭,乃以最先完成该行为之人因成立契约而有报酬请求权为前提。

此项因完成一定行为而为承诺,系第 161 条所定的因意思实现而为承诺,以行为人知有悬赏广告为必要。

2. 对不知有广告而完成广告所定行为之人的准用

悬赏广告既定性为契约行为,不知有广告之人,纵完成广告所定行为,仍不能因承诺(意思实现)而成立契约。为使行为人得有报酬请求权,修正条文第 4 项特设准用的规定,此属为法律效果的准用,即虽不成立悬赏广告契约,仍得因完成广告所定行为,而有报酬请求权。

3. 无行为能力人的报酬请求权

悬赏广告既属契约行为,其因完成一定行为而为承诺,涉及行为能力的问题。悬赏广告以一定行为之完成,作为对价,非属纯获法律上利益,故限制行为能力人须得法定代理人同意,其承诺始属有效(第 77 条以下)。

值得特别提出的是，无行为能力人的意思表示无效（第75条），故未满7岁之未成年人或受监护宣告人纵明知有悬赏广告，亦不能因完成一定行为而为承诺，然广告所定之行为既已完成，犹不能对广告人请求报酬，有违常理，不足保护为完成一定行为而支出时间或支出费用的无行为能力人。此为契约行为说面临的难题。为期解决，或可认为广告人拒绝给付报酬，有违诚实信用。或有认为应针对此种情形，再设"准用"规定，应强调的是，一面采契约行为说，一面尚需再创设一个"准用"规定，以济其穷，则契约行为说殆无存在意义，此为《德国民法典》第765条就悬赏广告明定为单独行为，及旧"民法"第164条应解释为单独行为的理由。

二、法律效果

（一）报酬请求权

1. 报酬请求权报酬的计算

悬赏广告因广告人的要约与完成一定行为人的承诺而成立者，广告人对于完成该行为之人，负给付报酬的义务。

报酬多于广告时既已确定（如新台币2万元）。其未确定的，如"仁人君子发现遗失之A狗通知者，予以重酬，绝不食言"。所谓重酬，究如何计算，不无疑问。一般言之，"仁人君子"通常多不计较报酬的多寡，拒受报酬者亦甚普遍，但法律上不能没有解决之道，原则上应依诚实信用原则及一般惯例定之，有疑义时，应解释为不得低于拾得遗失物之报酬。"民法"关于遗失物之规定（第805条）不因悬赏广告而受影响，自不待言。

2. 数人完成一定行为时的报酬请求权

数人完成悬赏广告所声明的行为时，如何定其报酬请求权。旧"民法"第164条第2项规定："数人同时或先后完成前项行为时，如广告人对于最先通知者已为报酬之给付，其给付报酬之义务，即为消灭。"本条内容未臻明确，疑义甚多，修正第164条第2项规定："数人先后分别完成前项行为时，由最先完成该行为之人，取得报酬请求权；数人共同或同时分别完成行为时，由行为人共同取得报酬请求权。"第3项规定："前项情形，广告人善意给付报酬于最先通知之人时，其给付报酬之义务，即为消灭。"分两点说明如下：

（1）数人完成悬赏广告所定行为，其情形应分为两类：①数人先后分别完成或同时完成一定行为。前者由最先完成该行为之人取得报酬请求权;后者由个别行为人共同取得报酬请求权。②数人共同分别完成或同时完成一定行为,例如,甲、乙二人共同协力缉探人犯,另有丙、丁二人亦共同为之。于此情形,应由最先完成该行为之数人(甲、乙或丙、丁)共同取得报酬请求权。同时完成一定行为时,则数共同之人(甲、乙、丙、丁)共同取得报酬请求权。

第164条第2项规定未能清楚表现此项分类,图示如下:

行为完成
- 数人个别
  - 分别完成:最先完成者取得报酬请求权
  - 同时完成:共同取得报酬请求权
- 数人共同
  - 分别完成:最先完成者共同取得报酬请求权
  - 同时完成:各共同之数人共同取得报酬请求权

所谓共同取得报酬请求权,应适用"民法"关于多数债权人的规定,即数人有同一债权,而其给付可分者(如一定数额奖金),应平均分受之(第271条)。给付不可分者(如奖章),准用关于连带债权的规定,各债权人仅得为债权人全体请求给付,债务人亦仅得向债权人全体为给付(参阅第271条、第292条、第293条规定)。

(2)广告人对最先通知者,已为报酬之给付者,其给付报酬之义务消灭,对报酬请求权人不负给付义务,但须以广告人善意(即不知最先通知者无报酬请求权)为要件。于此情形,报酬请求权人得向受领报酬之人,依不当得利之规定请求返还其无法律上原因所受之利益。

(二)完成广告行为所获致成果的归属

修正增设第164条之1规定:"因完成前条之行为而可取得一定之权利者,其权利属于行为人。但广告另有声明者,不在此限。"完成一定行为之结果,如可取得一定权利者,例如,专利权、著作权者,因系行为人个人心血及劳力之结晶,其权利仍属于行为人。但广告中如有特别声明,例如,对于行为人有请求其移转于己之权利,则依其声明(参照立法说明书)。

第三款 悬赏广告的撤回

原第165条第1项规定:"预定报酬之广告,如于行为完成前撤回时,除广告人证明行为人不能完成其行为外,对于行为人因该广告善意所受之损害,应负赔偿之责。但以不超过预定报酬额为限。"兹分撤回之要件及法律效果论述如下:

一、撤回的要件

（一）悬赏广告的撤回性

第165条第1项肯定悬赏广告的撤回性。就预定报酬之广告,仅能于行为完成前撤回,此为时间上的限制,指定行为如已完成,债之关系即已发生,自无许其撤回之理。至于行为人已否着手,在所不问。指定行为是否完成,应以客观事实为准,广告人知悉与否,亦非所问。关于撤回之方法,立法例上有规定,应以与悬赏广告同一之方法为之(《德国民法典》第658条、《日本民法典》第530条),台湾地区"民法"未设明文,为保护行为人之利益,应认为原则上撤回亦须依以前之同一广告方法为之,其不能依以前之广告方法为之时,应以能使原向之为广告之多数人可能知悉的方法为之。

关于悬赏广告之"撤回",修正前第165条系使用"撤销"的概念,对此项修正,立法说明书谓:"悬赏广告系对不特定人为要约,在行为人完成行为前,依第154条第1项但书规定,并无拘束力。故于行为完成前,应许广告人任意撤回之,爰将'撤销'二字修正为'撤回'。"此项修正旨在区别撤回(Widerruf)及撤销(Anfechtung)两项"民法"上重要概念。前者在阻止法律行为(悬赏广告契约)发生效力;后者多用于否定因错误、被诈欺、被胁迫而为意思表示。

（二）撤回权未经抛弃

广告人所以于行为完成前撤回悬赏广告,主要原因是行为之完成对其已失意义。撤回权对广告人固属有利,但亦使第三人(相对人)不安,难免犹豫不前,对广告人目的之达成,亦有妨碍。故广告人得斟酌情事,于悬赏广告中或依其他方法,明示或默示表示抛弃撤回权。为避免争议,广告人于广告中,定有完成之期间者,其真意难以探知,为期明确,修正第165条特增订第2项规定:"广告定有完成行为之期间者,推定广告人抛弃其撤回权。"

二、法律效果

悬赏广告一经撤回,即失其效力,其后纵有指定行为之完成,广告人亦无给付报酬之义务,行为人不知悬赏广告之撤回,亦同。然于撤回前,有就指定行为之准备或实施而支出费用、时间、劳力致受有损害者,广告人是否负赔偿之责,各国和地区法律规定不一,《德国民法典》采否定说,系认为悬赏广告既以得自由撤回为原则,则行为人自应承担其危险。

台湾地区"民法"则采《瑞士债务法》第 8 条规定,于第 165 条第 1 项明定:"预定报酬之广告,如于行为完成前撤回时,除广告人证明行为人不能完成其行为外,对于行为人因该广告善意所受之损害,应负赔偿之责。但以不超过预定报酬额为限。"分四点说明如下:

(1)此项善意行为人的损害赔偿请求权,仅限于预定报酬之广告。于未预定报酬的广告,不适用之,行为人应自承担其危险性。

(2)所谓善意,指行为人于广告人撤回前知有悬赏广告,因着手指定行为而有所劳费者而言。行为人不知有悬赏广告,就着手指定行为而支出之费用,不得请求损害赔偿。

(3)广告人能证明行为人不能完成其行为时,不负赔偿责任,如悬赏寻找遗失物 A 书,而该书实未遗失。因纵未撤回广告,行为人亦无法完成指定行为取得报酬,本应自己负担支出费用的损失。

(4)赔偿额以不超过预定报酬额为限,因广告人纵不撤回,行为人亦只获得预定之报酬。行为人有数人而其赔偿额超过预定之报酬时,应依各人所受损害比例加以分配。

第四款 优等悬赏广告

悬赏广告中颇为常见方式,征求论文、学术创作、设计纪念堂或为商品命名等,而对于经评定为优等者给付报酬。关于此种所谓优等悬赏广告(Preisausschreiben),"民法"原未设规定,"民法"修正特为增列,说明如下:

一、优等悬赏广告的意义及特色

第 165 条之 1 规定:"以广告声明对完成一定行为,于一定期间内为通知,而经评定为优等之人给予报酬者,为优等悬赏广告。广告人于评定完成时,负给付报酬之义务。"其不同于一般悬赏广告的特点有三:①广告中声明完成一定行为者,须经评定为优等,始给予报酬。②须定有一定期间。③须有应征之通知。

二、优等悬赏广告契约的成立

悬赏广告既经定性为契约行为,优等悬赏广告契约的成立及报酬请求权的发生,应依契约的一般原则,其属特别规定的有四点[①]:

[①] 参见林廷瑞:《优等悬赏广告之研究》,载《法律评论》第 48 期第 3 卷(1982.03),第 3 页以下;MüKoBGB/Seiler.

（1）对行为的完成及通知，须设一定期间（所谓应征期间），以避免广告人为等待更优良的应征，一再拖延，不为评定。优等悬赏广告既设有完成行为的期间，推定广告人抛弃其撤回权（第165条第2项）。

（2）于一般悬赏广告，其契约因一定行为的完成而成立。在优等悬赏广告，尚需依广告所定的方法为应征的通知。此项通知并须于应征期间内到达广告人。

（3）在优等悬赏广告，须就应征者作优等的评定，此为核心问题。第165条之2规定："前条优等之评定，由广告中指定之人为之。广告中未指定者，由广告人决定方法评定之。依前项规定所为之评定，对于广告人及应征人有拘束力。"

评定乃发生一定效果之精神作用之发表，非属意思表示，得类推适用"民法"关于意思表示的规定。因错误受诈欺或胁迫而为评定时，得为撤销。

广告人以外的第三人为评定人时，在广告人与评定人间得发生委任的关系，并依此决定其关于评定义务。该为评定的第三人与应征者之间，不具契约关系，无评定的义务。但其为不当的评定，系出于故意以悖于善良风俗方法加损害于应征人时，应负损害赔偿责任（第184条第1项后段）。

广告人对于应征人负有评定的义务。关于优等的人数、从缺、等级、报酬等，依广告内容定之。如无特别的表示或其他特别情事，原则上不能为无优等的评定。

（4）所谓评定对广告人及应征人有拘束力，乃指不得以评定不公而诉请法院裁判，因评定乃价值判断，具有主观性，无绝对客观的标准。惟如其评定违反广告所定的程序，其评定系因错误（如将抄袭的作品评定为优等）、受诈欺或胁迫时，应征者得主张其评定为无效或得撤销（第88条第1项、第91条）。

三、优等悬赏广告的效力

优等悬赏广告契约，于对应征者评定完成时发生效力，广告人对经评定为优等之人，负给付报酬义务。被评定为优等之人有数人同等时，除广告另有声明外，共同取得报酬请求权（第165条之3），适用关于多数债权人之规定（第271条、第292条、第293条）。

因完成优等悬赏广告而可取得一定权利者，除广告另有声明外，其权利属于行为人（第164条之1规定之准用、第165条之4）。

第五款 案例解说

动物友爱基金会在报纸刊登启事:"在奇莱山最近出现濒临绝种之台湾猕猴,发现拍照者,报酬10万元。"某甲适在奇莱山露营,于3月4日偶然发现台湾猕猴,而拍摄之,于3月6日下山,获知广告之事,即亲至动物友爱基金会呈验照片(附有日期)。16岁某乙素爱动物,见此广告,经其父允许,购买照相机,入山寻猴,于3月4日拍摄得之(照片附有日期),于3月10日通知动物友爱基金会时,获悉该基金会已于3月9日对先通知之甲为报酬之给付,试问乙对甲得主张何种权利?若乙为受监护宣告人时,其法律关系如何(在阅读下面解说前,请先自己作答,写成书面)?

1. 乙得向甲主张返还5万元的不当得利请求权(第179条),其要件为甲自动物友爱基金会受领10万元,其中所受5万元之利益致乙受损害,并欠缺法律上之原因。

(1)动物友爱基金会在报纸刊登启事,表示对在奇莱山拍得台湾猕猴者,给予报酬10万元,系属悬赏广告的要约。

甲拍摄台湾猕猴,系完成广告所定的行为。甲因不知有悬赏广告,不能对之为承诺,惟依第164条第4项规定准用第164条第1项,不知有广告而完成所定行为之人,亦有报酬请求权。

(2)某乙16岁,为限制行为能力人,经其父允许(第77条),入山寻猴,拍摄台湾猕猴,因完成广告所定行为而对悬赏广告之要约为承诺,成立悬赏广告契约。

(3)乙与甲皆于3月4日拍摄台湾猕猴,系同时分别完成广告所定行为,共同取得报酬请求权(第164条第2项后段)。关于此项共同报酬请求权,应适用连带债权之规定,因其报酬的给付系属可分,由甲、乙平均分受之,各为5万元(第271条)。广告人动物友爱基金会善意给付报酬10万元于最先通知之甲,其对乙给付5万元报酬给付之义务即为消灭(第164条第3项)。

2. 据上所述,乙与甲同时分别完成广告所定的行为,共同取得10万元报酬请求权,应平均分受之,各为5万元。善意之广告人对最先通知之甲已为 10 万元之给付,其给付报酬之义务消灭。甲自广告人受领 10 万元,其中 5 万元系乙对广告人的报酬请求权,因甲之受领致乙的债权消灭,无法律上之原因,应成立不当得利。

3. 乙得向甲依"民法"第 179 条规定请求返还 5 万元。

兹将本例题的解题结构,简示如下(彻底理解,研究检讨,培养思维能力):

一、乙对甲得主张返还 5 万元报酬之请求权基础:第 179 条
　(一)甲受有利益:自广告人受领 5 万元报酬
　(二)致乙受损害:
　　1. 乙对广告人有 5 万元报酬请求权
　　　①悬赏广告的要约
　　　②甲于 3 月 4 日完成指定之行为:第 164 条Ⅳ(准用第 164 条Ⅰ、Ⅱ、Ⅲ)
　　　③乙于 3 月 4 日完成指定之行为(成立悬赏广告契约):第 164 条Ⅰ
　　　④甲乙分别同时完成指定行为
　　　　a. 共同取得报酬请求权(第 164 条Ⅱ)
　　　　b. 适用连带债权,可分之债(第 271 条)
　　2. 甲自广告人受领应由乙分受的 5 万元报酬,致乙之债权消灭(第 164 条Ⅲ)
　(三)无法律上之原因
二、乙对甲得依"民法"第 179 条规定请求返其所受领之 5 万元报酬

第五节　契约解释及契约漏洞的填补
——契约法律人

第一款　契约解释[①]

例一:试说明法律解释及契约解释之目的及方法。试阅读

[①]　关于契约解释的基本问题,参见黄茂荣:《民法总则》,第 804 页以下;邱聪智:《契约社会化对契约解释理论之影响》,载《民法研究(一)》,1986 年,第 45 页;朱柏松:《现代契约法解释问题之研究》,载《法学丛刊》第 108 期,第 45 页。Larenz, Die Methode der Auslegung des Rechtsgeschäfts, 1966.

"最高法院"关于契约解释的判例及判决,阐释第 98 条规范意义,并分析讨论契约解释上主观说(意思说)及客观说(表示说)的基本问题。

例二:甲出租渔船给乙,其契约书约定:(1)承租人应负违法使用所生损害赔偿责任。(2)合法使用因不可抗力所生损害,免负赔偿责任。设乙利用该渔船从事走私,遭遇台风毁损时,应否负损害赔偿责任?

一、解释的必要性

契约系由当事人互相意思表示一致而成立,由多数条款组合而成,旨在规律彼此的权利义务,乃当事人自创的规范(lex Contracius)。此项契约规范源自当事人意思,在于满足不同的利益,分配各种可能危险,其借以表达的,则为难臻精确的语言文字,故其意义、内容或适用范围,难免发生疑义,自有解释的必要。

契约的解释包括以下三个层次的问题:

(1)当事人所订立的,究属何种契约:有名契约抑为无名契约?倘为有名契约,究为何种契约(买卖、互易或承揽)?本约或预约?若为无名契约,如何处理?如何区别契约与好意施惠关系?

(2)契约是否成立:①要约:其所表示的,究为要约抑为要约之引诱;要约当时预先声明"不受拘束",其意义如何?要约定有承诺期间,其始期或终期如何计算?要约人是否预先声明承诺无须通知?②承诺:其承诺是否扩张、限制或变更要约?沉默是否构成默示承诺?③互相意思表示一致:契约是否因合意而成立,抑因不合意而不成立?

(3)契约条款的解释:例如,委建契约书所定的 180 个工作日,是否指能实际施工的天数,因下雨或其他不可抗力的事故而不能施工的天数是否包括在内?

由前述可知,契约解释涉及甚广,任何契约均需解释,所谓"契约条款文义明确,无待解释",乃解释的结果。契约解释在实务上居于重要的地位,是一种技术,一种科学,也是一种艺术,应与法律解释受到同样的重视。

二、表示说(客观解释)与意思说(主观解释)

法律行为是由两个要件所构成:一为主观的、内在的意思;一为客观的、外在表示。当事人的内心意思既无法清楚明确完全地表现于外部,有解释的必要,已如上述。依其解释的重点究在于外部的表示或内心的意思,产生了客观解释(表示说)及主观解释(意思说)的争论,从罗马法延续到今日,就整个发展趋势而言,系由客观说转向主观说。

古罗马法重视法律行为的方式,尤其是在所谓的答问契约(stipulatio),当事人须依法定言语及法定动作而陈述其主张,倘稍有错误,即遭败诉,例如,葡萄被伐,诉讼时未言"树木",而直言葡萄,即遭败诉,盖《十二铜表法》仅有砍伐树木的规定,并无砍伐葡萄的规定。在此种方式严格的制度下,关于法律行为的解释,偏重文字,而采表示说,乃属当然。其后由于方式主义的式微,万民法(ius gentium)的兴起,并受希腊辩论学的影响,意思表示(法律行为,契约)的解释较为自由,逐渐注重当事人的意思。随着法律文化的日益精进,当事人自主决定原则的肯定,主观因素更受重视,使现代民法典偏向于采取意思说。

三、第98条的解释适用

(一)第98条的规范意义

台湾地区"民法"第98条规定:"解释意思表示,应探求当事人之真意,不得拘泥于所用之辞句。"此乃《德国民法典》第133条规定的迻译,基本上系采所谓的主观说。值得注意的是,《德国民法典》另设有第157条规定:"契约应依诚实信用,并顾及交易惯例的要求而解释。"台湾地区未采此规定,从而关于意思表示或契约的解释,均须适用第98条规定。所谓当事人的真意,若系指当事人经验的意思,则此项意思诚难认定。意思表示或契约乃社会性的行为,涉及他方当事人的理解及信赖,严格采取主观的判断标准,势必严重妨害法律的安定及交易秩序,从而必须调和兼顾"意思"与"表示"此两项构成契约的要素。此为《德国民法典》于第133条外,尚规定第157条的主要理由。

(二)"最高法院"解释契约的方法

台湾地区"民法"关于意思表示的解释仅设第98条规定,难谓周全。为强化契约解释的合理性,"最高法院"乃致力于依客观的事实,去探求当事人的真意,提出如下的解释方法:

1. 解释契约,固须探求当事人立约时之真意,不能拘泥于契约之文字。但契约文字业已表示当事人真意,无须别事探求者,即不得反舍契约文字而更为曲解(1928年上字第1118号判例)。解释当事人所立书据之真意,以当时之事实及其他一切证据资料为其判断之标准,不能拘泥字面或截取书据中一二语,任意推解致失真意(1930年上字第28号判例)。

2. 解释契约,应探求当事人立约时之真意,而于文义上及论理上详为探求。当时之真意如何,又应斟酌订立契约当时及过去之事实,其经济目的及交易上之习惯,而本于经验法则,基于诚实信用原则而为判断(1976年台上字第2135号判决)。探求契约当事人之真意,本应通观契约全文,依诚信原则,从契约之主要目的及经济价值等作全般之观察(1985年台上字第355号判决)。

综上所述,关于如何探求当事人的真意,以确定契约内容,"最高法院"采用如下的方法:①以契约文义为出发点(文义解释)。②通观契约全文(体系解释)。③斟酌订约时事实及资料,如磋商过程,往来文件及契约草案等(历史解释)。④考量契约目的及经济价值(目的解释)。⑤参酌交易惯例。⑥以诚实信用为指导原则,有疑义时,应兼顾双方当事人利益,并使其符合诚信的法律交易。

须强调的是,各种解释应就个案综合运用,详为论述,不宜仅作笼统抽象的说明。

(三)契约解释的原则:falsa demonstrion non nocet

关于契约解释,自罗马法以来有三种主要的解释原则,流传至今,一为falsa demonstrio non nocet(误载不害真意),一为protestatio declarationi(矛盾行为,不予尊重),一为intepretatio contra moferentem(有疑义时,应作不利条款制定人之解释),此三种解释原则甚受各国和地区实务重视。以下就falso demonstrio non nocet加以说明。

如前所述,契约解释之目的,在于探求当事人之真意。所谓当事人之真意,不是指当事人内心主观之意思,而是从意思表示受领人立场去认定的"客观表示价值"。例如,甲内心的意思在于出卖A车,而误书为B车时,就相对人乙的立场加以理解,甲的意思表示乃在出售B车,关于B车的买卖契约因意思合意而成立。惟甲的内心意思与外部表示不一致,得依第88条关于错误的规定撤销之。此项解释原则旨在保护相对人的信赖利益,维护交易安全,倘相对人明知要约人内心的意思时,因不发生信赖问题,应以表意人所意欲的为准。例如,甲与乙曾数度商量购买A车之事,而乙明知甲将A车误书为B车,而表示愿意购车,其关于A车的买卖契约因当事人意思合致而成立。又例如,甲与乙磋商承租乙的房屋,甲

愿支付租金 5000 元,乙要求 6000 元,未达协议。某日甲接获乙的来信:
"愿如来信所示,以 500 元出租。"甲由磋商过程,明知 500 元系 5000 元的
误书,而函复"愿照所提条件承租",依所谓"falsa demonstratio non nocet"
(误载不害真意)的原则,亦应以双方实际上所意欲的(租金 5000 元),成
立契约,构成契约内容。

(四)实务案例

关于契约解释,"最高法院"作有若干判例及判决,可供参考,摘录
三则,分析如下:

(1)承租渔船走私遭遇意外。在 1960 年台上字第 1537 号判例一
案,上诉人向被上诉人承租渔船一艘,依其契约书第 8 条所载,承租人为
有关违法使用所生损害,应负赔偿责任;第 9 条则为合法使用,因不可抗
力所生损害得免赔偿之规定。上诉人将系争渔船转租与人从事走私,回
航途中因台风漂流至祖国大陆被扣拆毁。究应适用第 8 条或第 9 条规
定,发生争议。"最高法院"谓:"上诉人既系将系争渔船转租与人,从事
走私潜驶香港,不能谓非违法,从而纵使回航途中,系因台风所致被扣拆
毁,亦与第 8 条规定相当,而无依第 9 条免除赔偿责任之余地。"

在本件所谓有关违法使用渔船所生损害,如从事走私被海上警察追
缉而撞毁。所谓合法使用因不可抗力所生损害,如出海作业遭台风毁损。
从事走私系违法使用,因台风所致,被扣拆毁,非因承租人将渔船转租给
人走私,仍属不可抗力。此种因走私而遭遇不可抗力而生的损害,究竟归
谁负担,应依契约目的,探求当事人真意而为的合理风险分配。准此以
言,认其与契约书第 8 条规定相当,不能依第 9 条规定免除损害赔偿责
任,应值赞同。①

(2)"双方解除买卖行为及契约":约定解除权? 买卖附解除条件?
在 1983 年台上字第 2940 号判决,系争的契约条款为:"本件买卖土地现
为工业区内土地,双方声明于 1981 年年底前如未变更为住宅区用地,则
双方解除买卖行为及契约,甲方(即上诉人)对原买卖总金额交还乙方
(即被上诉人),并同意依照银行利率计算之利息交付与乙方无误。"有争
议的是,所谓"双方解除买卖行为及契约"如何解释?"最高法院"谓:"解
释契约,固须探求当事人立约时之真意,不能拘泥于契约之文字,但契约

---

① 参见曾世雄:《损害赔偿法原理》,1996 年版,第 128 页,曾论及本件判例,可供参照。

文字业已表示当事人真意,无须别事探求者,即不得反舍契约文字而更为曲解……前开特约文字业已表示,当事人之真意在于:本件买卖土地于1981年12月底以前未变更为住宅区,双方买卖契约解除(实即因解除条件之成就而失其效力),其后段并就解除成就之效果时,约定上诉人应对所受领之买卖价金加付利息返还被上诉人。核其契约文字所表示之意义甚为明确,似无舍其文字另再别事探求之必要,原审竟据证人丁浩哲、潘水龙二人所为此约定事项仅买方有解除权,卖方无解除权与上开文字显相违背之证言,遽认本件买卖关系仍然存在,已难谓合。"

在本件判决由"双方解除买卖行为及契约"的用语,可知契约当事人并非熟习于法律概念,此在契约解释时,应特为注意。所谓"双方解除买卖行为及契约",依其文义可能有两个解释:①约定解除权,其解除权人,或为双方当事人,或为当事人之一方。②买卖附解除条件。"最高法院"采取后说,固可赞同,此乃通观契约条文,依诚信原则、契约目的及经济价值,作通盘观察而获得的结论。

(3) 买卖一方违约不付款,契约自动解除。在"最高法院"1997年度台上字第95号判决,系争买卖契约第13条约定:"倘买方违约不依约付款,已缴款项由卖方没收抵偿损失,契约自动解除,买方不得异议;倘卖方不卖时,应将所收款项加倍退与买方,各无异议。"如何解释,发生争议。

"最高法院"谓:"解释当事人之契约,应以当事人立约当时之真意为准,而真意何在,又应以过去事实及其他一切证据资料为断定之标准,不能拘泥文字致失真意。通观其文义,似旨在约定契约当事人任何一方违约时,他方得解除契约,并得按照上开约定数额请求对方赔偿损害,而非约定买方将所缴款项供卖方抵偿损害或卖方加倍返还所收款项,即得随时解除契约。"

本件判决使用"似旨在……"的用语,可见探求当事人的真意,实属不易,难有绝对的确信。惟若未获确信,"似旨在……"的认定,宜作更具体详尽的论证。

四、契约解释的诉讼问题

契约的解释乃法律上的判断,应由法院依职权为之,不受当事人陈述的拘束,亦不发生举证责任问题。在解释之前常须认定意思表示的构成要件,或其他与解释有关之事实(如订约前的谈判、交易惯例)。于此情形,主张此等事实之人,应负举证责任。两造对于契约约定之意思如有争执,法院自应探求当事人订约之真意而为判断,并将如何斟酌调查证据之结果,形成自由心证之理由载明于判决,否则即有判决不备理由之违法。① 解释契约固属事实审法院之职权,惟既涉及法律上的判断,其解释如违背法令或有悖于论理法则及经验法则,自得以其解释为不当,援为上诉第三审之理由。②

第二款　契约漏洞的填补

例一:小张在桃园街口开"小张牛肉面店",颇负盛名,因移民南非,而将该店出卖与小李,小李仍以小张名义,继续经营。半年后,小张因不适于南非生活而返台,并在桃园街口附近新开"老张牛肉面馆",致小李生意大受影响。试问小李得向小张主张何种权利?

例二:甲向乙租用基地建筑房屋,无禁止转让房屋之特约。设甲将房屋让与丙时,其租赁权是否随建筑而移转?

例三:甲有 A 地及 B 屋分别出卖与乙、丙。A 地的买受人乙得否请求 B 屋的买受人丙拆屋还地? 抑请求支付租金?

一、契约漏洞

契约漏洞,指契约关于某事项依契约计划应有订定而未订定,此多属契约非必要之点。契约之所以有漏洞发生,有由于当事人未能预见未来情事的发生;有由于当事人相信虽未约定,终可通过磋商处理,或法律必有合理解决之道;有由于当事人欠缺必要的信息,为避免支付高的交易成本,而未订立所谓的"完全的契约"(本书第 63 页)③,对该当契约关系可能发生争议的风险分配,作周全的约定。

关于契约漏洞的填补,第 153 条第 2 项规定:"当事人对于必要之点,意思一致。而对于非必要之点,未经表示意思者,推定其契约为成立,关于该非必要之点,当事人意思不一致时,法院应依其事件之性质定之。"所谓法院应依其事件之性质定之,有认为系指法院应以客观标

---

① 1996 年台上字第 2585 号判决,《民事裁判书汇编》第 26 期,第 7 页。
② 1994 年台上字第 3231 号判决,《民事裁判书汇编》第 18 期,第 29 页。
③ 关于所谓完全的契约(vollständiger Vertrag)与交易成本,参见 Schäfer/Ott, Lehrbuch der ökonomische Analyse des Zivilrechts, 2. Aufl., 1995, S. 325 f., 341f.; Graf, Vertrag und Vernunft, 1996.

准,衡情度理,予以处断;有认为由法院解释,而以任意法规、习惯、法理为标准决定之。笔者认为契约漏洞,应依任意法规、契约补充解释加以填补。

二、任意规定

契约漏洞,首先应由任意规定加以补充。法律设任意规定之目的,实际上亦着眼于契约漏洞的补充。当事人对于契约上非必要之点,所以未为约定,亦多因相信法律会设有适当、合理的规定。例如,关于买卖标的物运费之负担,当事人未为约定时,应适用"民法"第378条规定:"买卖费用之负担,除法律另有规定或契约另有订定,或另有习惯外,依左列之规定。一、买卖契约之费用,由当事人双方平均负担。二、移转权利之费用、运送标的物至清偿地之费用及交付之费用,由出卖人负担。三、受领标的物之费用,登记之费用及送交清偿地以外处所之费用,由买受人负担。"1940年上字第826号判例谓:"'民法'上关于出卖人应负物之瑕疵担保责任之规定,系为补充当事人之意思表示而设,除当事人有免除担保责任之特约外,出卖人当然有此责任,不得谓当事人未订有出卖人应负担保责任之特约,出卖人即无此种责任。"可供参照。

三、补充的契约解释

(一)意义及功能

对契约条款的内容有疑义时,应经由解释探求其规范意义,前已论及,学说称为阐释性的契约解释(erläuternde Vertragsauslegung)或单纯的契约解释(einfache Vertragsauslegung)。在方法论上应予区别的,乃所谓"补充的契约解释"(ergänzende Vertragsauslegung),此指对契约的客观规范内容加以解释,以填补契约的漏洞而言。其所解释者,系当事人所创设的契约规范整体,其所补充者,为契约的个别事项,故学说上认其性质仍属契约的解释。易言之,即契约解释,可分为单纯的契约解释及补充的契约解释。此项观点乃在维护私法自治及当事人自主原则,然补充的契约解释既在补充当事人意思之不备,自有其特别的功能及方法。

在补充的契约解释,其所探求的当事人真意,不是事实上经验的意思,而是"假设的当事人意思"(hypothetische Parteiwille),即双方当事人在通常交易上合理所意欲或接受的意思。① 假设的当事人意思,乃是一种规范性的判断标准,以当事人于契约上所作的价值判断及利益衡量为出发点,依诚实信用原则并斟酌交易惯例加以认定,期能实现契约上的平均正义。② 补充的契约解释,旨在补充契约的不备,而非在为当事人创造契约,故应采最少介入原则,不能变更契约内容,致侵害当事人的私法自治。③

(二)补充的契约解释与任意法规的关系

契约漏洞,得依任意规定或补充的契约解释,加以填补,已如上述。关于二者的关系,可分三点言之:

(1)任意规定系立法者斟酌某类型契约的典型利益状态而设,一般言之,多符合当事人的利益,当事人对于契约未详订其内容,亦多期待法律设有合理的规定,故有任意规定时,原则上应优先适用。

(2)无任意法规时,应依补充的契约解释方法,填补契约漏洞。

(3)在下列两种情形,补充的契约解释应优先于任意法规而适用:①当事人所订立的契约虽具备典型契约(有名契约)的要素,但因其特殊性,适用任意法规未尽符合当事人利益,例如,出卖人对于物之瑕疵不负修缮义务(参阅第359条、第360条),其主要理由系出卖人多非商品制造人,无修缮的能力或设备,一般言之,固甚合理。惟若出卖人系自制自销时,则应依补充的契约解释,肯定买受人有瑕疵修补请求权。②在无名契约,适用或类推适用任意法规违反契约目的时,应针对该契约的特殊利益状态,作补充的解释,以补契约的不备。

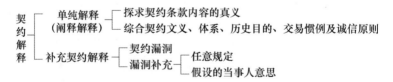

---

① 在英美法,契约漏洞的补助多借助于所谓的 implied terms,此亦基于当事人可推知的意思(presumed intention of the parties),参见 Atiyah, An Introduction to the Law of Contract, 5th ed., 1995, p.201.

② Oechsler, Gerechtigkeit im modernen Austauschvertrag, 1997, S. 167f.

③ Ebricke, Zur Bedeutung der Privatautonomie bei der ergänzenden Vertragsauslegung, RabelsZ 1996, 601.

(三) 实务案例

关于补充的契约解释,兹举一则德国联邦法院判决,三则"最高法院"判例,加以说明:

1. BGHZ 16,17:医生交换业务后,在原地重新开业

在德国联邦法院 BGHZ 16,17 一案,有甲、乙两位医生分别在 A、B 两城开业,约定互相交换业务。甲于迁往 B 城后数个月,又回到 A 城,在原诊所附近重新开业。乙提起不作为之诉。德国联邦法院判决原告胜诉,认为医院业务与往来的病患具有密切关系,当事人订立交换契约,系以他方当事人在相当期间不致回到原地近处重新开业为前提。当事人对此未为约定,应依契约目的及诚信原则并参酌交易惯例加以填补,故乙的请求有理由。(例一)关于小张牛肉面案例,亦可参照此项原则加以处理。

2. 1941 年渝上字第 311 号判例:土地租赁未约定期限时,如何定其期限?

1941 年渝上字第 311 号判例谓:"土地之租赁契约,以承租人自行建筑房屋而使用之为其目的者,非有相当之期限不能达其目的,故当事人虽未明定租赁之期限,依契约之目的探求当事人之真意,亦应解为定有租至房屋不堪使用时为止之期限,惟应受第 449 条第 1 项之限制而已。"

此项判例可资赞同。当事人未明定租赁期间,发生契约不备情事,应依补充的契约解释方法加以补填。其依契约目的所探求的,不是当事人实际经验的意思(因当事人对租赁期间并未有所表示),而是具有客观规范性意义的"假设的当事人意思"。

3. 1963 年台上字第 2047 号判例:转让租用基地建筑房屋时,其租赁权是否随同移转?

1963 年台上字第 2047 号判例谓:"租用基地建筑房屋,如当事人间无禁止转让房屋之特约,固应推定出租人于立约时,即已同意租赁权得随建筑物而移转于他人,但租赁权亦属债权之一种,其让与非经让与人或受让人通知出租人,对于出租人不生效力,此就第 297 条规定推之而自明。"

本件判例的结论,虽值赞同,但理由构成,有待推究。"最高法院"以"当事人间无禁止转让房屋之特约"为前提,进而认为:"固应推定出租人于立约时,即已同意租赁权得随建筑物而移转与他人。"其推论过程甚属勉强。抑有进者,以"推定"的方式,认定一方当事人的意思表示,并使其得依反证加以推翻,亦与就个案解释契约的原则不符。实则,本件所涉及

的,亦属契约漏洞补充的问题,即当事人租用基地建筑房屋,未约定承租人转让房屋时,出租人同意其为租赁权的让与,是为契约漏洞,应依租用基地建筑房屋契约之目的、诚实信用原则及交易惯例加以补充。①

4. 1959年台上字第1457号判例:同属一人的房屋与土地售与不同之人时,房屋买受人的土地使用权

1959年台上字第1457号判例谓:"土地与房屋为各别之不动产,各得单独为交易之标的,且房屋性质上不能与土地使用权分离而存在,亦即使用房屋必须使用该房屋之地基,故土地及房屋同属一人,而将土地及房屋分开同时或先后出卖,其间虽无地上权设定,然除有特别情事,可解释为当事人之真意,限于卖屋而无基地之使用外,均应推断土地承买人默许房屋承买人继续使用土地。"

此项判例在实务上甚属重要,就结论言,应值赞同,否则将会发生无权占有拆屋还地,影响房屋承买人利益甚巨。所谓"有特殊情事,可解释为当事人之真意,限于卖屋而无基地之使用",乃当事人事实上经验的意思。所谓"均应推断土地承买人默许房屋承买人继续使用土地",就契约补充的解释而言,仍指"假设的当事人意思",此应依契约目的,诚实信用原则及交易惯例而为认定。

须注意的是,在本件,认定土地承买人默许房屋承买人继续使用土地,房屋承买人自应支付相当代价,故其法律关系相当于契约。准此以言,上开判例实已脱离契约解释的范畴,而为当事人创造了契约。为此,"民法"债编修正乃增设第425条之1规定:"土地及其土地上之房屋同属一人所有,而仅将土地或仅将房屋所有权让与他人,或将土地及房屋同时或先后让与相异之人时,土地受让人或房屋受让人与让与人间或房屋受让人与土地受让人间,推定在房屋得使用期限内,有租赁关系。其期限不受第449条第1项规定之限制。前项情形,其租金数额当事人不能

---

① 修正第426条之1规定:"租用基地建筑房屋,承租人房屋所有权移转时,其基地租赁契约,对于房屋受让人,仍继续存在。"立法理由谓:"租用基地建筑房屋,于房屋所有权移转时,房屋受让人如无基地租赁权,基地出租人将可请求拆屋收回基地,殊有害社会之经济。为促进土地利用,并安定社会经济,实务上于此情形,认为其房屋所有权移转时,除当事人有禁止转让房屋之特约外,应推定基地出租人于立约时,即已同意租赁权得随建筑物而移转于他人;房屋受让人与基地所有人间,仍有租赁关系存在(1954年台上字第479号、1959年台上字第227号及1963年台上字第247号等判例参照)。爰参酌上开判例意旨,增设本条,并明定其租赁契约继续存在,毋庸推定,以杜纷争。"

协议时,得请求法院定之。"①

在上揭同属一人土地与房屋分别买卖的案例类型,为合理规范当事人间的法律关系,由"补充的契约解释"移向"任意法规"的制定,有助于认识此两种填补契约漏洞方法的功能及界限。修正第425条之1系将"假设的当事人意思",由法律加以推定,并容许以"经验上的真意",反证予以推翻,旨在补充契约的不完整性,具有减轻契约磋商成本负担的功能。任意规定(如关于物之瑕疵担保责任等),不仅在于补充契约之不备,并在合理分配契约上的危险,平衡当事人利益,兼具有实践正义功能。

5. 委任契约上委任人的协助义务与契约漏洞的填补

在2009年台上字第1801号判决,"最高法院"谓:按契约成立生效后,债务人除负有给付义务(包括主给付义务与从给付义务)外,尚有附随义务。此项附随义务不仅系基于诚信原则而生之义务,且于1999年4月21日修正公布之"民法"第227条第2项之立法理由说明中,亦已加以承认。附随义务包括协力及告知义务以辅助实现债权人之给付利益,倘债务人未尽此项义务,债权人自得依"民法"第227条不完全给付之规定行使其权利。本件上诉人陈明签订系争契约之目的,系欲作为摊贩集中场,而须有相关之建筑设施,被上诉人对此并未争执,参诸系争契约第6条第3项约定:'乙方(指上诉人)增加前项设施,应依建筑管理相关法令申请建筑执照',可知被上诉人所交付之系争土地,必系能申请建筑执照以兴建建筑物,始能符合系争契约委托上诉人经营之目的。且上诉人于2004年2月10日曾催告被上诉人于两周内协力取得建造执照,以便开发经营,被上诉人于同年2月25日亦函复会请需地机关尽速协助上诉人向台中县政府取得建造执照,则被上诉人依诚

---

① 立法说明书略谓:"土地及房屋为各别之不动产,各得单独为交易之标的。惟房屋性质上不能与土地分离而存在。故土地及其土地上之房屋同属一人所有,而仅将土地或仅将房屋所有权让与他人,或将土地及房屋同时或先后让与相异之人时,实务上见解(1959年台上字第1457号判例、1984年第5次民事庭会议决议参照)认为除有特别约定外,应推断土地受让人默许房屋受让人继续使用土地,但应支付相当代价,故其法律关系之性质,当属租赁。为杜争议并期明确,爰将其明文化。又为兼顾房屋受让人及社会经济利益,明定当事人间在房屋得使用期限内,除有反证外,推定有租赁关系,其期限不受449条第1项20年之限制。爰增订第1项。前项情形,其租金数额本于契约自由原则,宜由当事人协议定之。如不能协议时,始得请求法院裁判之。爰增订第2项。"

信原则或契约的补充解释(契约漏洞之填补),自负有协助上诉人申请取得该建造执照之义务,以履行实现系争契约订约之经济目的。本件判决在契约法发展上具有三个重要的意义:

(1)肯定契约上的义务群(包括给付义务、从给付义务、附属义务)。
(2)肯定契约的补充解释方法。
(3)以补充解释方法认定具体契约上的附随义务(协力义务)。

第三款　契约法律人①

例一:您曾否受他人委托,参与拟订"遗失物悬赏广告""车祸损害赔偿和解书""中古汽车买卖契约",甚至为他人书立"遗嘱"(遗嘱为单独行为)?您如何运用关于契约法及判例学说?是否考虑到税法的问题?如果您是法律系学生,学校是否开设相关课程?有无必要?

例二:甲之妻怀孕,甲病笃书立遗嘱:"吾死亡后,吾妻若生男,遗产2/3归吾子,1/3归吾妻。吾妻生女时,吾妻得2/3,吾女得1/3。"甲死后,其妻生双胞胎,一男一女,其遗产如何分配?

一、司法法律人与契约法律人

契约法的教学研究或实务,多涉及法律的适用、契约的解释,乃在解决争议,如认定"房屋预定买卖契约",究属本约抑为预约?标卖的表示,究属要约的引诱抑为要约?承租渔船走私遭遇台风漂至祖国大陆被毁,究应涵摄于"违法使用所生应负损害赔偿"的契约条款,抑为"合法使用因不可抗力所生损害得免赔偿"?租赁他人土地自行建筑房屋,未约定租赁期限时,如何定其期限?在此等争议的案例,契约当事人必须再行磋商,提交仲裁,或诉诸法院,不但耗费成本资源,而且造成对立,影响交易关系等。传统的法学教育偏重训练处理此类争议案例的所谓"司法法律人"(Justizjurist)。

应强调的是,预防争议于前,胜于处理纠纷于后。契约是规范社会生

---

① 撰写本款的灵感,来自阅读 Medicus, AT, S. 457. 相关论述的启示。所谓契约法律人,乃德文 Vertragsjurist 的迻译,指从事磋商、规划、订立契约、处理契约争议(包括订立章程、遗嘱等)的所有法律工作者。

活的一种计划,法律人的另一个重要任务系为当事人(个人、企业)规划设计其从事各种经济活动的契约,此种法律人可称为"契约法律人"(Vertragsjurist)。① 除契约外,尚包括法人的章程及遗嘱等。

法官是典型的司法法律人,其工作在于依法律处理过去发生的案件。契约法律人包括律师、法务人员等,其工作系在创设将来的法律关系,形成契约的内容,包括当事人在缔结契约、履行契约、违约责任等所可能发生的争议。

法院的裁判亦须顾及未来,和解也具有形成契约的功能。契约法律人并须理解司法法律人的工作,认识法官裁判的思维活动,法官如何思考。②尤其要具备所有法律人适用法律的思维能力。

二、三个案例

(一)优帝法学汇编上的遗嘱案件

在公元7世纪优士丁尼大帝所编纂的《法学汇编》(Digest),有一则著名的案例:某人书立遗嘱:"吾知行将死亡。吾妻已怀孕,不知其所生者为男或女。特就吾之财产为如下处分:若吾妻所生为男孩,则吾子得2/3,吾妻得1/3;若所生者为女孩,则吾妻得2/3,吾女得1/3。"某人死后,其妻生双胞胎,一男一女。如何分配遗产,发生争议。③

著名的罗马法学家 Julian 认为,基于 1:2:4 的比例,其女得1/7,其妻得2/7,其子得4/7。④ 须特别提出的是,关于本件遗嘱的书立,若有受过训练的契约法律人参与其事,应会考虑到双胞胎的可能性,探求当事人的真意,而订立其遗产分配的比例关系。

(二)Fechner 教授设计的"羊只案例"

在撰写前揭案例时,忆起前在慕尼黑大学留学时阅读 Erich Fechner 教授所著《法哲学》(Rechtsphilosophie)所引述的类似案例(第11页):查有三兄弟,大哥为一铁匠,颇为富裕,有羊30只。二哥为一车夫,身体孱弱,有

---

① 参见 Rehbinder, Die Rolle der Vertragsgestlatung im zivilrechtlichen Lehrsystem, AcP 174 (1974), S. 265 f.; Brambring, Einführung in die Vertragsgestaltung, JuS 1985, 380; Langenfeld, vertragsgestltung Methode-Verfahren- Vertragstypen, 1991. 简要说明,Larenz/Wolf, AT. S. 619.

② Posner, How Judges Think, Harvard University Press, 2008.

③ 关于此一遗嘱案件,参见 Zawar, Neure Entwicklung zu einer Methodenlehre der Vertragsgestaltung, JuS 1992, 134 (135).

④ 您有更公平的分配办法吗? 有认为其比例关系应为 2:3:4,即其女 2/9,其母为 3/9,其子为 4/9? 是否合理? 若某氏之妻所生者为两男或两女时,如何分配遗产?

羊 3 只。三弟一无所有,因立志当牧羊人,大哥给羊 5 只,二哥给羊 1 只。数年后大哥之羊增至 50 只,二哥 10 只,三弟有羊 132 只。三弟突告死亡,未立遗嘱,在无法律规定的情形,大哥与二哥如何分配三弟的羊只? 此涉及正义的相对性。Fechner 教授从资本主义、社会主义、社会公道等观点加以分析讨论各种分配方法,引导读者思考法的核心问题。请提出您的分配方法,并说明理由。"继承法"的规定如何解决此项问题?①

(三)希腊法学家 Protagras 与其门生的诉讼

希腊法学家 Protagras 曾招收一贫穷但聪慧的门徒,未收学费,约定该生学业完成后,于赢得第一个法律案件时,应支付一定金额作为报酬。该生毕业多时,未承办案件。Protagras 乃提起诉讼,请求支付一定的报酬。在法庭上,学生辩称:"若我赢此案件,当然不必支付报酬。若我输此案件,则依契约不必支付。无论输赢,吾均不必付款。"Protagras 则谓:"若我赢此案件,被告自应付款。反之,我若输此案例,则此为被告所赢第一个案件,应依约定支付。无论输赢,吾应获付款。"②

关于如何解决此一争议案件,应探求当事人真意,认定该生是否负有承办案件的义务。若属肯定,则 Protagras 应获胜诉的判决。由此案件可知著名法学家 Protagras 亦未留意于订立预防争议的契约。

三、法律契约人的能力

契约是一种计划。契约的订立与内容的形成乃在从事契约的设计和规划,运用法律所提供手段的可能性,就契约上的风险作必要、合理的分配,以确保或实践契约所要达成的目的。此种契约形成,小者如狼犬遗失悬赏广告,大者如参与 BOT 计划,其所期待于法律人的,实不低于事后处理契约上的争议。一个契约法律人应具如下的能力:

1. 专业知识:努力学习取得所参与设计契约的专业知识,如拟定捷运工程契约时,对地铁工程应有一定程度的了解;订立生物科技移转契约

---

① Rüthers 教授在其 Rechtstheorie mit juristischer Methodenlehre, 9. Aufl., 2016, S. 214 一书中表示,每年上课均会以 Fechner 教授所设计的"羊只案例"和学生讨论法律与正义的问题,发现至少有七种不同的见解,其目的在使学生认识到法律问题难有唯一正确的解决答案(Juristische Regelungsprobleme können nicht eindeutig gerecht oder richtig gelöst werden im Sinne einer einzigen („Wahren") Lösung.)。参见〔德〕伯恩·魏德士:《法理学》,丁小春、吴越译,法律出版社 2013 年版,第 157 页。

② 关于本件案例,Zawar, Neure Entwicklungen zu einer Methodenlehre der Vertrags-gestaltung, JuS 1992, 134, 135.

时，应有基本生物科技的常识。契约的规划，应包括公司章程在内，此对企业发展具有重要的意义，从而法律人亦应具备公司企业经营的相关知识。①

2. 法律素养：确实掌握相关法令规章及判例学说，对实务上案例及学说见解，应有深刻的了解，综合运用于拟订契约内容。如关于某一争点，判例学说见解相同，契约谈判未获协议时，可不必订入。对某一问题实务上有不同判决，而学说意见未趋一致时，应设法说服当事人于契约作明确的约定。

应注意于缔约磋商过程中，不违反所谓先契约义务，而发生缔约上过失责任。所订立的契约，不悖于强行规定或善良风俗。拟定定型化契约条款时，须不违反诚信原则及平等互惠原则。

3. 善用法律规定：将法律抽象规定（如关于支付价金、交付移转标的物的义务）更进一步地加以具体化。应考虑如何排除或变更法律所设的任意规定（如关于瑕疵担保责任），规避违反强行规定。如何处理法律未明定的事项，以因应未来可能发生的情况。

4. 认识相关法律："税法"与"民法"具有相互影响的密切关系，契约的订立常基于"税法"上的考虑，出于节税的目的。一个契约法律人对"税法"必须要有一定程度的认识与了解。② 此外，并应留意该当契约所涉及的相关法令（如"公司法""劳基法"等），前已说明，兹在强调。

5. 基本规则：关于契约内容的形成，尚需注意其能否在诉讼上获得法院承认，在法律上得为实现，切合实际，力求稳妥，节省费用（交易成本），并具有适应将来发展的弹性。以简易精确的文字，符合逻辑的体例结构，拟定契约条款。一个善尽责任的契约法律人，必须努力培养面对未来、预测风险、妥为规划的想象力。

四、法律教育的改革

契约法律人的养成，须有实务上的经验和历练。于大学法律系开设契约形成的课程，亦属必要。契约形成是一种向前思考，预防争议的形成

---

① 参见陈连顺：《闭锁性公司章程的规划与撰写》，元照出版有限公司2020年版。本书为会计从业人员及契约法律人开拓新的领域，精心搜集实务案例与章程范例，阐述如何巩固及开展企业的经营及发展。

② 对契约言，私法与"税法"处于某种程度的紧张关系，即契约是租税构成要件的连接点，"税法"之目的应作为私法上法律行为解释的准则。私法与"税法"的关系，是一个重要课题，参见 Meincke, Burgerliches Recht und Steuerrecht, JuS 1976, 693; Martin, Rechtgeschäft im Spannungsverhältnis zwischen Zivil- und Steuerrecht, BB 1984, 1629.

性法律思考方法。处理法律上争议则为一种事后涵摄性的活动。二者均应构成法学教育的重要内容。司法法律人因解决争端或个案获胜而有所成就。一个契约法律人须运用法令规章及判例学说,研拟契约类型,订定条款内容,提出鉴定书,消弭纠纷于前,引导着法律交易活动的发展。二者相辅相成,将使法律人更能创设未来的职业生涯,而对法律的实践作出贡献。

第六节 缔约上过失①
——台湾特色与法之续造

一、何谓缔约上过失?为何要创设此种重要制度?请说明"民法"第245条之1规定内容的台湾特色(阅读条文)。试问于下列情形甲得否向乙依"民法"一般规定或第245条之1规定请求损害赔偿:

1. 甲到乙百货公司购物,因乙的受雇人疏未清洁电扶梯的油污,致甲滑倒受伤。

2. 甲与乙磋商买卖股票,因乙故意或过失泄露应予保密事项,致甲遭受损失,甲得否向乙请求损害赔偿?是否因买卖契约成立或未成立而异?

3. 甲出租某屋给乙,乙向甲表示确定租赁该屋,近期即可签约,要甲先整修房屋,不得出租他人。乙突因事预备移民,决定不向甲租屋,但未告知甲,致甲支出费用整修房屋,并未能适时出租该屋,遭受损失。

二、请参阅"司法院"网站,有无"民法"第245条之1的相关判决,加以研读分析。若未发现有相关判决,其理由何在?

---

① 较详细论述,参见拙著:《缔约上之过失》,载《民法学说与判例研究》(第一册),北京大学出版社2009年版,第77页;刘春堂:《缔约上过失之研究》,台大法律学研究所博士论文(1984年);刘春堂:《民法债编通则》(一),2011年,第158页;Precontractual Liability (ed. Hondius): Reports to the XIIIth Congress International Academy of Comparative Law, Montreal, Canada (1990);本书收录了澳大利亚、奥地利、比利时、加拿大、捷克、丹麦、英国、法国、德国、以色列、意大利、日本、荷兰、新西兰、波多黎各、魁北克、瑞典、瑞士、土耳其、美国及南斯拉夫等国家和地区关于缔约上过失的报道,深具参考价值。

第一款　问题提出及耶林的缔约上过失理论

第一项　问题的提出

本节将讨论"民法"上一个重要的制度,请再阅读上开例题,探寻甲对乙的请求权基础。此种请求权规范基础的探寻或创造涉及民事责任体系的结构。现行"民法"采罗马法以来的理论体系,将民事责任分为契约责任及侵权责任,就其成立要件、受保护的利益、法律效果、举证责任与消灭时效等设不同的规定。一般言之,以契约责任较为有利,其保护客体包括纯粹财产上利益(纯粹经济上损失);债务人应对其代理人或使用人的故意或过失负同一责任(第224条);除法律有特别规定外,其消灭时效期间为15年。反之,在侵权责任,关于纯粹财产上利益,须加害人故意以悖于善良风俗之方法加损害于他人时,始得请求赔偿(第184条第1项后段);雇用人对其受雇人的侵权行为得证明其选任、监督并无过失而免责(第188条第1项);被害人应对加害人的故意或过失负举证责任。

契约责任系以契约有效成立为前提;于缔结契约前的准备商议阶段,一方当事人因他方当事人的故意或过失而遭受侵害时,原则上仅能依侵权行为的规定,请求损害赔偿。然侵权行为的要件较为严格,不易具备,既如上述;当事人为缔结契约而接触、磋商、谈判至订立契约时,彼此间的信赖随之俱增,权利义务关系乃有强化的必要,因而产生了介于"契约责任"与"侵权责任"间的一种特殊的民事责任制度:缔约上过失(culpa in contrahendo)。

第二项　耶林的发现

缔约上过失(culpa in contrahendo)是由德国伟大法学家耶林(Jhering)所创设。① 罗马法虽规定物之出卖人恶意不告知物的瑕疵

---

① 耶林是19世纪德国伟大的法学家,富于创造力,其主要著作包括《罗马法精神》(Geist des römischen Rechts, 1852—1865)、《法律目的论》(Der Zweck im Recht, 1877)及《为法律而奋斗》(Der Kampf um das Recht, 1872)等。关于耶林的生平及贡献,参见 Wieacker, Rudolf v. Jhering, 1968.

时,应对善意买受人负赔偿责任,并明定契约以不能之给付为标的者,其契约无效(impossibilium nulla obligatio),但未建立缔约上过失的一般原则。耶林于1861年在其主编的《耶林法学年报》第4卷发表了《缔约上过失、契约无效或未完成时的损害赔偿》论文,基于对罗马法源的重新诠释,提出了如下理论:

> 从事契约缔结之人,是从契约外的消极义务范畴,进入了契约上的积极义务范畴;其因此而承担的首要义务,系于缔约时须善尽必要的注意。法律所保护的,并非仅是一个业已存在的契约关系,正在发展中契约关系亦应包括在内;否则契约交易将暴露于外,不受保护,使缔约一方当事人成为他方疏忽或不注意的牺牲品。契约的缔结产生了一种履行义务,若此种效力因法律上的障碍而被排除时,则会发生损害赔偿责任。所谓契约不成立、无效者,仅指不发生履行效力,非谓不发生任何效力。简单言之,当事人因自己过失致契约不成立或无效者,对信其契约为有效成立的相对人,应赔偿因此项信赖所生之损害。

此为耶林有名缔约上过失理论的要义,被赞誉为法学上的发现。[①]

《德国民法典》制定之际,关于应否就"缔约上过失"设一般规定,颇有争论;最后决定仅对意思表示错误之撤销(《德国民法典》第122条)、给付自始客观不能(《德国民法典》第307条)及无权代理(《德国民法典》第179条)设其明文。《德国民法典第一草案》立法理由书明白表示,除上述法定情形外,于缔约之际,因过失不法侵害他人权益者,究属侵权行为,抑为法律行为上义务的违反,应让诸判例学说决定。100年来,德国法上的缔约上过失已发展成实务及理论上的重要制度。

台湾地区"民法"对缔约上过失的规定,如何创设形成此项先契约债之关系,涉及立法的风格、法之解释适用的方法及民法发展,具有重大意义,特作较详细的论述。

第三项 缔约上过失的规范模式

耶林氏所发现的缔约上过失影响深远,尤其是大陆法系国家和地

[①] Dölle, Juristische Entdeckungen, 1973,中译参见拙著:《法学上之发现》,载《民法学说与判例研究》(第四册),北京大学出版社2009年版,第1页。

区,使缔约上过失成为众所周知的概念。其适用范围不限于契约无效或未完成的典型案例,还包括违反说明义务、中断缔约,尤其是因违反保护义务而侵害相对人的身体、健康等类型。在比较法上多称为先契约责任(pre-contractual liability)。

在规范模式上,大部分国家和地区系由判例学说承担造法的任务,少数国家和地区则采立法的途径。综观各国和地区规定(判例学说),其规范内容得分为三类:①德国法系国家和地区(如德国、瑞士、土耳其、希腊等),皆接受耶林缔约上过失理论,在法律上加以规定(特别规定或概括条款),并深受德国判例学说的影响;中国台湾地区及日本亦属之。②在法国法系国家和地区(如法国、比利时等),因其侵权行为法采概括原则,学说上未接受耶林的理论,实务上多以侵权行为法处理先契约责任问题。③在英美法系国家和地区(英国、美国、澳大利亚、加拿大、新西兰等),关于先契约责任的规范,系由普通法、衡平法及制定法所构成,适用misrepresentation, promissory estoppel 及 breach of confidence 等理论处理相关问题,并未产生缔约上过失一般性的原则。

整体言之,各国和地区缔约上过失(先契约责任)的发展,与两个制度具有密切关系:

(1)侵权行为法的结构:侵权行为法采概括原则,其保护客体包括纯粹财产上利益(纯粹经济上损失),雇用人对其受雇人的侵权行为应负无过失责任时,缔约上过失的适用范围,相对地受到限缩。

(2)契约自由:在缔约磋商阶段,应容许当事人有何种程度的自由空间,不受法律的约束,而由从事交易活动者自己承担缔约上的危险。

第四项 比较法上的观察

第一目 希腊民法、意大利民法

1999 年"民法"债编增订第 245 条之 1 缔约上过失时,立法说明书提到曾参考《希腊民法典》及《意大利民法典》,特略加说明,以供参照。

一、希腊民法

《希腊民法典》制定于 1940 年,基本上采《德国民法典》的体例。早在 20 世纪初期,希腊于适用罗马一拜占庭法的期间,即继受耶林缔约上过失理论。1940 年的《希腊民法典》于第 145 条、第 149 条就意思表示撤销之损害赔偿,第231条就无权代理,第362条、第363条、第365条就给付不能或违反法律规定,设有个别规定外,更将缔约上过失责任,定为一般法律原则,分设两个条文:

(1)第197条:"于为缔结契约而进行磋商之际,当事人相互负有应遵循诚实信用及交易惯例所要求行为之义务。"

(2)第198条:"为缔结契约而进行磋商之际,因过失致相对人遭受损害者,纵契约未能成立,亦应负损害赔偿责任。关于此项请求权之消灭时效,准用基于侵权行为请求权消灭时效之规定。"

二、意大利民法

《意大利民法典》亦受耶林所提出缔约上过失理论的影响,法律概念上,多互用先契约责任(responsabilità precontrattuale)。1942年《意大利民法典》设三条规定:

(1)第1337条:"当事人于契约之商议行为及契约缔结,应依诚实信用为之。"

(2)第1338条:"一方当事人明知或应知契约有无效原因存在,而未通知相对人者,对于无过失而信该契约为有效致受损害之他方当事人,负赔偿责任。"

(3)第1398条:"无代理权人或越权代理人,对于无过失信其契约为有效致受损害之第三人,负赔偿责任。"

实务上常见的案例类型,包括违反说明义务、非有正当理由中断缔约等。

第二目 德国法上的缔约上过失①

比较法上的缔约上过失制度或理论,均受德国法判例学说的影响,特就德国法上缔约上过失作较详细说明,期能有助于理解台湾地区"民法"第245条之1规范内容及解释适用的问题。

耶林氏提出缔约上过失理论之后,《德国民法典》虽仅设若干规定,例如《德国民法典》第122条(意思表示错误撤销的损害赔偿)、第179

---

① 德国法上的文献,汗牛充栋,综合性说明参阅以下民法债总教科书及其所附资料:Joussen, Schuldrecht, Allgemeiner Teil, 2008, S. 35 f.; Looschelders, Schuldrecht, Allgemeiner Teil, 13. Aufl., 2015, S. 63 f.; Medicus/Lorenz, Schuldrecht, Allgemeiner Teil, 20. Aufl., 2012, S. 259 ff.。详细论述,Münchener Kommentar zum BGB, Band Ⅱ, 5. Aufl., 2007, §241 (Abs. 2), §311。向明恩:《德国缔约上过失理论之发展》,载《台北大学法学论丛》70期(2009.06),第1页。

条(无权代理损害赔偿),经判例学说近百年的运用,已形成了精细复杂、适用范围广泛的制度,建立了一般化的原则。Larenz 教授曾作如下的总结:"依今日之见解,缔约的磋商或一个为其准备之'交易上接触'(geschäftlicher Kontakt),既足在参与者之间产生注意及顾虑义务,于其违反时,参与者应如同达反契约,负其责任。"

德国判例学说强调缔约上过失责任,在使当事人为订立契约进行准备或商议时,即应尽其说明义务、保护义务,将保护他方当事人的权益不受侵害的信赖(信赖原则)提前到缔约阶段,适用契约上原则,使被害人受到较侵权行为更为有利的保护(先契约保护义务)。

德国侵权行为法具有两个特色:①受雇人因执行职务侵害他人权利时,雇用人得证明其对受雇人的选任监督已尽相当注意而免责(《德国民法典》第 831 条,相当于台湾地区"民法"第 188 条)。②对权利以外的利益(财产损害,Vermögensschaden,纯粹经济上损失)的保护,限于故意以有悖于善良风俗方法致加损害,或违背保护他人的法律,其因故意或过失不法侵害他人财产利益(纯粹经济上损失),原则上不负侵权责任(参阅《德国民法典》第 823 条、第 826 条,相当于台湾地区"民法"第 184 条)。

创设缔约上过失的主要目的,在于适用较侵权行为法有利的契约上原则:

(1)债务人就其使用人履行债务的故意、过失,应负同一责任,不得证明其已尽选任或监督责任而免责(《德国民法典》第 278 条、台湾地区"民法"第 224 条)。

(2)保护的客体,包括财产损害(纯粹经济损失)。

德国判例学说历经百年发展所形成创设的缔约上责任,具有习惯法的效力。2002 年德国债法现代化将缔约上过失责任加以法典化,而在《德国民法典》中增设了三个规定:

(1)第 241 条:"Ⅰ债权人基于债之关系,得向债务人请求给付。不作为亦得为给付。Ⅱ债之关系按其内容,得使一方当事人对他方负有考虑他方权利、法益及利益之义务。"

(2)第 311 条:"Ⅰ以法律行为成立债之关系,及变更债之关系内容者,除法律另有规定外,应以当事人间之契约为之。Ⅱ含有第 241 条第 2 项所定之义务之债之关系,亦发生于下列情形:①契约磋商之开始。②契约之准备,而当事人之一方有鉴于将发生之交易关系使他方得有影响其权利、法益或利益之机会,或将该权益托付与他方。③类似之交易接触。
Ⅲ第 241 条第 2 项所定义务之债之关系,亦得对非成为契约当事人之人发生效力。该债之关系,特别发生于第三人享有特别之信赖,且其因而重大影响契约磋商或契约订定者。"

本条第 1 项规定契约原则。第 2 项及第 3 项系将具有习惯法效力的缔约上过失制度加以成文化。第 3 项规定结合缔约上过失责任及具保护第三人利益契约,将第三人纳入契约过失保护范围,例如母带其 7 岁之子到百货公司购物,其子因踩到电扶梯上的香蕉皮跌倒受伤时,亦得依缔约上过失向百货公司请求身体受侵害的损害赔偿(著名的香蕉皮案件)。

(3)第 280 条第 1 项:"债务人违反债之关系所生的义务时,债权人得请求损害赔偿。债务人就义务违反不可归责者,不适用之。"

兹参照前揭《德国民法典》规定,建构《德国民法典》上的缔约上过失的请求权基础(所附条文为《德国民法典》规定):

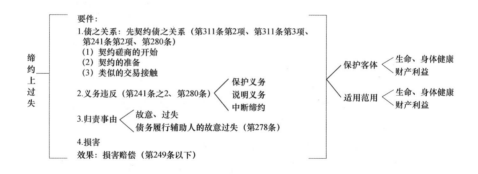

第二款　台湾地区"民法"上的缔约上过失①

第一项　"民法"债编修正的缔约上过失制度

台湾地区"民法"系采德国立法例,亦继受了《德国民法典》上关于缔

---

① 周伯峰:《论对"不受期待之契约"的法律上处理——以缔约上过失为中心》,载《政大法学评论》2018 年第 155 期,第 221—295 页。

约上过失相关制度，分述如下：

（1）自始客观不能："民法"第247条第1项："契约因以不能之给付为标的而无效者,当事人于订约时知其不能或可得而知者,对于非因过失而信契约为有效致受损害之他方当事人,负赔偿责任。"例如,甲出售某屋与乙,甲（或其代理人）因过失不知该屋于订约时业已遭火焚毁。此为典型的缔约上过失责任。值得注意的是,"民法"债编修正于本条增订第3项："前两项损害赔偿请求权,因二年间不行使而消灭。"

（2）意思表示错误："民法"第91条规定："依第88条及第89条之规定,撤销意思表示时,表意人对于信其意思表示为有效而受损害之相对人或第三人,应负赔偿责任。但其撤销之原因,受害人明知或可得而知者,不在此限。"例如,甲出售某屋给乙,因误书价金（若知其事情即不为表示）,撤销其意思表示。此项规定亦源自缔约上过失的思想；但为加强保护相对人,"民法"特别规定以意思表示之内容有错误或不知事情,非由表意人自己之过失者为限,始得撤销之,更进一步采取无过失责任主义（信赖责任）。

（3）无权代理："民法"第110条规定："无代理权人,以他人之代理人名义所为之法律行为,对于善意之相对人,负损害赔偿之责。"本条规定亦根源于缔约上过失的思想,但为保护相对人,现行"民法"特别规定,无权代理人亦应负无过失责任（法定担保责任）。

于前揭三种法定情形,当事人所订立的契约为无效、被撤销,或不生效力,其契约均未有效成立；故其损害赔偿并非基于法律行为而发生,乃属法定债之关系,在体系构成上可称为"缔约上债之关系"（Schuldverhältnis der Vertragsverhandlungen）。此三种"缔约上债之关系"的构成要件及法律效果各有不同,应说明的有三：

（1）通说认为,第247条所规定的自始客观不能,系缔约上过失。就制度发展史言,第91条及第110条规定均源自耶林所提出的理论,而在立法上（尤其是归责事由）有所修正。

（2）关于消灭时效,增订第247条第3项规定,将其期间由15年缩短为2年,第91条及第110条的消灭时效期间则仍为15年。此项区别是否合理,价值判断上是否一贯,颇有研究余地。

（3）契约除无效外,尚有因意思表示不合致而不成立。就契约无效言,除第246条外,尚有违背法律强行规定（第71条）、不依法定方式（第

73条)等。于诸此情形,有过失的一方对无过失而信该契约为有效致受损害的相对人,应否负损害赔偿责任?

值得特别强调的是,中国台湾地区判例学说未如德国一样,借助个别规定,采总体类推方法,以法之续造创设缔约上过失责任。

第二项 "民法"债编修正增订第245条之1

第一目 具有台湾特色的缔约上过失制度

请阅读增订"民法"第245条之1规定,思考为何设此规定,其规范目的及内容在比较法上的特色。所谓:"契约未成立时"究何所指?所谓"其他显然违反诚实及信用方法"指何情形、如何解释适用?

一、"民法"债编修正增订第245条之1规定

关于缔约上过失,在20世纪60年代虽有若干论文探讨其基本问题,但实务上未见创造性突破的案例。1999年4月21日公布的"民法"债编修正,特增订第245条之1规定:"契约未成立时,当事人为准备或商议订立契约而有左列情形之一者,对于非因过失而信契约能成立致受损害之他方当事人,负赔偿责任:一、就订约有重要关系之事项,对他方之询问,恶意隐匿或为不实之说明者。二、知悉或持有他方之秘密,经他方明示应予保密,而因故意或重大过失泄露之者。三、其他显然违反诚实及信用方法者。前项损害赔偿请求权,因二年间不行使而消灭。"

立法说明书略谓:(1)本条新增。(2)近日工商发达,交通进步,当事人在缔约前接触或磋商之机会大增。当事人为订立契约而进行准备或商议,即处于相互信赖之特殊关系中,如一方未诚实提供资讯、严重违反保密义务或违反进行缔约时应遵守之诚信原则,致他方受损害,既非侵权行为,亦非债务不履行之范畴,现行法对此未设有赔偿责任之规定,有失周延。而外国立法例,例如,1940年《希腊民法典》第197条及第198条、《意大利民法典》第1337条及第1338条,均有"缔约过失责任"之规定。为保障缔约前双方当事人间因准备或商议订立契约已建立特殊信赖关系,并维护交易安全,实有规定之必要,爰增订第1项规定。(3)为早日确定权利之状态,而维持社会秩序,爰参考前述《希腊民法典》第198条规定,明定"前项损害赔偿请求权,因二年间不行使而消灭"。

应说明的是,立法理由之所以未列入《德国民法典》,因为德国法上的缔约上过失系由判例学说所创设,直至 2002 年始予成文化(详见前文)。

二、"民法"第 245 条之 1 的特色

中国台湾地区"民法"第 245 条之 1 与前述各国和地区立法例及德国判例学说对照比较,可知均以诚实信用作为先契约义务的依据,使缔约磋商亦受诚信原则的规范。关于其内容,则有两项重大差异:

1. 契约未成立时:各国和地区立法例,皆未设有"契约未成立时"的要件,《希腊民法典》第 198 条更明定,纵契约未成立,亦适用之;意大利、以色列及德国的判例学说均未将缔约过失责任限于"契约未成立时"的情形。

2. 列举概括:关于缔约上过失责任,上述各国和地区立法例及判例学说皆采概括规定,并以过失为归责原则。第 245 条之 1 采列举概括的立法方式,并区别说明义务、保密义务及其他情形,就其成立要件,尤其是归责事由,设不同的规定。

综合比较观察,第 245 条之 1 规定的内容系属独创,立法政策上采较保守的态度,立法说明书过于简略,未举例说明,解释适用上疑义甚多,难谓良好的立法,确有重新检讨、诠释的必要。

三、要件适用范围:何谓"契约未成立时"

台湾地区"民法"第 245 条之 1 规定:"契约未成立时,当事人为准备或商议订立契约而有左列情形之一者,对于非因过失而信契约能成立致受损害之他方当事人,负赔偿责任……"其所谓"契约未成立时",究指何而言? 其规范意旨何在? 此为本条解释适用上最需澄清的关键问题,先予提出,应说明者有二:

1. 第一种可能的解释,系认"契约未成立"与"违反说明或保密义务",系属个别独立要件,不具因果关系。此项解释的主要争议在于:是否符合"信契约能成立"的法律文义?

2. 第二种可能解释系认为"契约未成立时……对于非因过失而信契约能成立……"的用语,系指违反说明或保密义务,"致"契约未成立。依此解释,"民法"第 245 条之 1 仅适用于"致"契约未成立的情形。本条所定"有左列情形之一者"与"契约未成立"之间,须有因果关系上的关联。就订约有重要关系之事项,对他人之询问、恶意隐匿或为不实说明的情形

言,相对人多未察觉而订立契约。亦有相对人发现其事而不缔结契约。问题在于二者是否具有因果关系？相对人得否主张非因过失而信契约能成立而受的损失请求损害赔偿？

在知悉或持有他人之秘密,经他方明示应予保密而因故意或重大过失泄露的情形,他方当事人发现其情事而中断缔约时,得否认为系"致"契约未成立,而有"民法"第245条之1的适用？在一般情形,相对人多未察觉泄密之事,仍为契约的订立,有无"民法"第245条之1的适用？

四、符合缔约上过失规范意旨的法之续造

为使"民法"第245条之1规定得以保障双方当事人间因准备或商议订立契约而建立的特殊信赖关系,本书认为所谓"契约未成立时",得解释为系指"当事人为准备或商议订立契约而有左列情形之一",系发生于契约订立时(契约成立之前);例如甲与乙缔约商议,甲于契约订立时,故意或重大过失泄露对第三人应予保密事项,致乙受损害,无论契约是否成立,甲均应对乙依"民法"第245条之1规定负损害赔偿责任。

关于此项见解,应说明者有二:

1. 使先契约说明或保密义务及信赖保护原则,于契约成立或不成立的情形均得适用,贯彻缔约上过失的规范目的。此为比较法上的共识。

2. 重新诠释"民法"第245条之1规定,创造法律规范功能,具法之续造在法学方法论上必要合理正当性,乃判例学说的任务。

第二目 "民法"第245条之1规定的再构成[①]

一、基本理论

(一)规范功能:诚实信用原则及先契约义务

"民法"第245条之1规定旨在使"为准备或商议订立契约"阶段亦受诚实信用原则的规范,其功能有二:①扩大了诚实信用原则在时间上的适用范围,延伸及于订约准备或商议阶段。②使诚实信用原则由行使权利及履行义务的方法(第148条第2项),进而作为发生先契约义务(说明、保密等)的依据,建构先契约债之关系。

[①] 参阅拙著:《民法思维:请求权基础理论体系》,北京大学出版社2022年重排版,第380页,案例[36]。

(二)法律性质

缔约上过失责任(先契约责任)究属契约或侵权责任,因各国和地区法制而异。《法国民法典》第1382条采概括原则,系依侵权行为法处理于缔约准备或商议阶段,因一方过失侵害他人权益的赔偿责任,故其所谓缔约上过失责任基本上属侵权行为。在台湾地区,应认缔约上过失系独立于契约及侵权行为外的第三种民事责任,乃属法定债之关系;因当事人从事缔约的准备或商议而发生,以基于诚实信用原则而生的先契约义务为其内容。此种"法定债之关系"内容的形成及法律的适用,除法律有规定外(如消灭时效),应依其规范功能而定之,如关于代理人或使用人从事缔约准备或商议的故意或过失,应适用第224条规定。

二、构成要件

兹据前述,提出"民法"第245条之1规定"缔约上过失责任"的构成要件:

1. 准备或商议订立契约。
2. 适用范围:限于契约未成立时?
3. 受保护的权益。
4. 违反诚实信用原则及有可归责事由。
(1)违反说明义务;
(2)违反保密义务;
(3)违反诚实信用。
5. 须加害人有行为能力。
6. 须致他方当事人受有损害。
7. 须侵害行为与损害之间具有因果关系。

分述如下:

(一)准备或商议订立契约

"民法"第245条之1的适用,须以"为订约而准备或商议"为要件,其后契约是否成立,在所不问。在此缔约阶段仅适用侵权行为法。契约成立后,其违反诚实信用原则的行为,应适用关于契约上债务不履行的规定。

(二)适用范围

为贯彻缔约上过失制度的规范功能,不使"民法"第245条之1规定成为具文,将重新诠释其适用范围,包括契约未成立及契约成立的情形。此为比较法上的共识,前已叙明,请再参照。

(三)受保护的权益

关于缔约上过失所保护的权利,德国民法包括生命健康。中国台湾地区"民法"第245条之1规定仅适用于财产利益(纯粹经济上损失)。

(四)诚实信用原则及归责事由

缔约上过失的成立须以违反诚实信用原则及有可归责事由为必要。前者系违反先契约义务,具违法性,后者为故意或过失问题。二者乃不同的要件。第245条之1对各种先契约义务的违反(告知说明义务、保密义务等),设不同的归责事由,在比较法上实属罕见。

1. 告知及说明义务(资讯义务)的违反

(1)法律规定及其解释适用。

"就订约有重要关系之事项,对他方之询问,恶意隐匿或为不实之说明者",致他方受损害者,负损害赔偿责任(第245条之1第1项第1款)。本款系规定告知说明义务,涉及资讯(information)的提供,乃缔约上过失的核心问题①,分四点加以说明:

①本款认为准备或商议订立契约的一方当事人无"主动"告知或说明的义务。② 就原则上,可资赞同,其理由有三:一是因为资讯的取得需要成本。二是各当事人应自行取得必要资讯,不能仰赖他人提供;否则双

---

① 缔约准备或磋商的说明义务,是一个涉及法律与道德的古老问题。常被引述的是 Cicero 所提出一则被称为"饥饿的 Rhodes 人"的案例;希腊 Rhodes 城发生饥荒,有某商人自 Alexandria 运来稻米,以高价出售,明知随后即有其他船只运米前来,是否负有告知说明的义务?(De Officis, 3. 13)又在美国内战期间,新奥尔良港被封锁,不能运送香烟到国外,价格大降。Organ 获知即将解除封锁前数小时,自 Laidlaw 处以低价购买大量香烟;其后烟价暴涨,Laidlaw 以受诈欺为理由,提起诉讼,要求撤销契约。在前者,Cicero 认该商人无告知及说明义务。在后者,法院判决原告败诉[Laidlawy v. Organ, 15u. 5. 2 Wheat. 178(1817)]。此二例均引自 Barry Nicholas, The Precontractual Obligation to Disclose Information: English Report, in Harris & Tallon (eds.), Contract Law Today, Anglo-French Comparisons, Oxford University Press, 1989, pp. 167, 183.

② 关于本款内容,立法说明书未有阐释,《美国侵权行为法汇编》Restatement Torts 2d, 第551节批注 K(Comment K)可供参照:"To a considerable extent, sanctioned by the customs and mores of the community, superior information and better business acumen are legitimate advantages, which lead to no liability. The defendant may reasonably expect the plaintiff to make his own investigation, draw his own conclusions and protect himself; and if the plaintiff is indolent. inexperienced or ignorant, or his judgment is bad, or he does not have access to adequate information, the defendant is under no obligation to make good his deficiencies." 关于缔约上过失的经济分析,参见 Schäfer/Ott, Lehrbuch der ökonomischen Analyse des Zivilrechts, 2. Aufl. 1995, S. 239, 446, 448.

方将难获得必要资讯,使缔约失其效率。三是磋商缔约应容许当事人有所保留,不能尽泄底牌,完全透明。

②由于当事人资讯不平等(Inequity of Information),本诸诚信原则,在一定要件之下,一方当事人就订约有重要关系之事项,亦应为告知及说明,如汽车是否遭台风泡水、房屋有无辐射线、山坡地房屋的安全性等。本款设有两个要件:一是须他方询问;二是须恶意隐匿或为不实之说明。此等要件甚属严格,就不实说明言,须以经他人询问为前提,实有疑问。甲恶意不实告知乙:"山坡基地业经政府检验合格,安全无虞。"有违诚信原则,不应因对方询问与否,而有不同。其未经他方询问,"主动"恶意为不实告知者,应类推适用本款或适用第3款规定。

③须补充说明的是,虽经他方询问,而不为告知,并不当然即有本款的适用,例如,甲欲雇用乙女,询问曾否堕胎,是否正在服用避孕药等,事涉个人隐私,应认为所询问的问题,非属订约有重要关系之事项。纵为肯定,亦应认不为告知,非属"恶意"隐匿。

④本款规定以经他方询问为前提,以恶意隐匿或为不实之说明为必要,查其要件,实符合第184条第1项后段"故意以悖于善良风俗之方法,加损害于他人"的规定。

(2)竞合关系。

①与侵权行为责任的竞合。本款关于恶意隐匿或为不实之说明的规定,不论契约成立与否,均得与第184条第1项后段规定发生竞合关系。

②与第91条关于诈欺规定的竞合。一方当事人于订约时,经他方询问而为不实说明,其后契约仍为成立者,他方当事人亦得行使"民法"第91条关于意思表示被诈欺的撤销权。

(3)与"民法"关于物之瑕疵担保规定的竞合。

物之出卖人对于买受人负物之瑕疵担保责任(第354条以下)。依第245条之1规定,其说明或告知义务的违反,须以"恶意"为要件,故一方当事人对买卖标的物的价值或效用恶意隐匿或为不实说明,买卖契约其后仍为订立时,为保护相对人,应认得与物之瑕疵担保责任成立竞合关系。

2. 保密义务之违反

"知悉或持有他方之秘密,经他方明示应予保密,而因故意或重大过失泄露之者",应负损害赔偿责任(第245条之1第1项第2款)。本书认为在准备或商议过程中泄露应保守的秘密者,无论契约是否成立,均应负责。又本款以"经他方明示应予守密"为要件亦属严格。未经明示应予保密的"秘密"(如投资计划、新商品的制造方法),一方当事人故意泄露时,显然违反诚实信用原则,依其情形得适用第 3 款规定,或成立第 184 条第 1 项后段规定的侵权行为。

须注意的是,一方当事人使用其所知悉或持有他方之秘密(如新开发的制造技术),本款对此未设规定,解释上得适用第 3 款规定。又不论他方是否明示不得使用其秘密,均得成立侵权行为或不当得利。

3. 其他显然违反诚实及信用方法

(1)概括条款的具体化。

第 245 条之 1 第 1 项第 3 款规定"其他显然违反诚实及信用方法"致他方当事人受损害者,负损害赔偿责任。此为概括条款,应就个案予以具体化,并组成案例类型。

本款的难题在于所谓"显然"究应如何认定。如前所述,本条所规定的是法定债之关系,以违反基于诚信原则所生之先契约义务及有可归责事由为要件,其违反诚实信用是否"显然",应就个案加以认定。

(2)案例类型。

①契约不成立或无效。

"民法"第 246 条就契约因标的不能而无效,设有缔约上过失规定(第 247 条)。关于其他契约无效或不成立的情形,虽无明文,仍应成立缔约上过失,使有故意或过失的一方负损害赔偿责任。① 在台湾地区"民法"除类推适用"民法"第 247 条规定外,亦得适用"民法"第 245 条之 1 第 1 项第 3 款规定。定型化契约条款经法院宣告无效后,企业经营者仍然继续使用时,亦有本款的适用。②

②中断缔约。③

当事人开始准备或商议订立契约后,于契约成立前,得随时中断缔约,此乃基于契约自由(缔约自由)原则,"民法"上亦设有要约或承诺得

---

① BGHZ 99, 107; NJW 1988, 198.
② BGH NJW 1996, 188.
③ 参见陈洸岳等:《"中断交涉"与缔约上过失责任的序论研究》,1999 年 6 月 5 日提出于"民法"讨论会。本文介绍日本判例学说,尤其分析检讨实务案例,甚具参考价值。关于欧洲各国和地区法制,参见 Kötz, Europäisches Vertragsrecht, 1996, S. 50-61.

撤回的规定,否则将肇致"强制缔约"的结果。中断缔约(Breaking off Negotiations、Abbruch von Vertragsverhandlungen)亦得构成显然违反诚实信用原则。此应就个案斟酌契约的类型、商议进展程度、相对人的信赖及交易惯例等加以认定。例如,甲与乙为雇佣之事,经长期谈判商议,预定近期签约,乙对甲表示将辞去现职,在公司附近租屋,甲派人协助。不料于签约前日,甲借故拒绝缔约,其行为与诚实信用原则显有违反。

③违反保护义务,致侵害相对人的人身或所有权。

此为"缔约上过失责任"最具争议的类型。甲到乙百货公司购物,因踩到电梯上的香蕉皮,摔倒受伤;丙店员展示电炉,不慎掉落,伤害旁观的丁;顾客试车,因公司职员的过失,发生车祸受伤。于此等情形,德国实务上一向认为应成立缔约上过失责任,其理由系以一方当事人因缔约上接触而进入他人支配范围,避免雇用人得依《德国民法典》第 831 条规定,对受雇人加害行为举证免责,其目的在于适用《德国民法典》第 278 条(相当于台湾地区"民法"第 224 条)规定。①

台湾地区"民法"规定,雇用人虽亦得依第 188 条第 1 项后段规定,证明其对受雇人的选任、监督已尽必要注意而免责,但实务上采严格认定标准,举证免责成功的案例,甚属罕见。纵得举证免责,雇用人亦应负衡平责任(第 188 条第 2 项,《德国民法典》未设此规定)。现行台湾地区"民法"第 245 条之 1 规定仅在保护纯粹经济上损失,不适用于人身损害的情形。

(五)须加害人有行为能力

侵权行为的成立,须加害人有识别能力(第 187 条)。于契约责任,其责任能力依第 187 条之规定定之(第 221 条)。第 245 条之 1 规定,其损害赔偿责任的成立,则须以加害人有行为能力为要件②,期能贯彻保护无行为能力人或限制行为能力人的立法意旨。例如,17 岁之某甲出卖电脑与乙,未得法定代理人同意,其买卖契约不生效力;就乙因此所生损害,甲不负赔偿责任。准此,甲与乙磋商订立买卖契约阶段纵有不告知、泄密、意思不合致或中断缔约等情事,亦不成立第 245 条之 1 的责任。惟于具备侵权行为的要件时,得适用"民法"第 187 条规定。

---

① RGZ 66, 51; BGHZ 66, 51; BGH NJW 1968, 1472. 简要论述 Larenz/Wolf, AT, S. 640.
② 德国通说,Canaris, NJW 1964, 1987; Jauernig/Volkommer, Bürgerliches Gesetzbuch, 9. Aufl., 1999, §827 Rn. 84. 希腊通说采此见解,Pouliadis, Culpa in contrahendo und Schutz Dritter, 1982, S. 169.

(六)须致他方当事人受有损害

缔约上过失之损害赔偿请求权的成立,须以一方当事人受有损害为要件。此项损害包括费用的支出,丧失未订立有利契约的损失、订立不利契约所受不利益等。关于此等纯粹财产上损害(纯粹经济上损失),须加害人出于故意以悖于善良风俗之方法加损害于他人,被害人始得依"民法"第184条第1项后段规定请求损害赔偿。第245条之1的增订,有助于保护纯粹财产上利益。

(七)须侵害行为与损害之间具有因果关系

违反诚信原则的缔约上过失行为与权益受侵害之间须有相当因果关系。

三、法律效果

(一)损害赔偿请求权

1. 信赖利益

"民法"第245条之1第1项之规定:"契约未成立时",当事人为准备或商议订立契约而有下列情形之一者,"对于非因过失而信契约能成立致受损害之他方当事人,负赔偿责任"。此种信赖利益的损害赔偿,包括订约费用、准备履行所需费用(积极损害)或丧失订约机会的损害(消极损害)。至于因契约履行所得之利益,则不在得请求赔偿之列。此项信赖利益损害赔偿的范围不受履行利益的限制。

所谓"契约未成立时",不应限于"致契约未成立"情形而言,已详上述,"民法"第245条之1的适用范围不限于"致契约未成立"的情形。例如,一方当事人泄露经他方告知应予保密的秘密时,他方当事人于契约成立时,得请求赔偿。为何在此情形他方不受保护?

2. 相对人的"与有过失"

"民法"第245条之1所定损害赔偿请求权的发生,须以相对人"非因过失"而信契约能成立为要件。易言之,损害赔偿请求权因相对人的过失而排除。此项过失应就各案例类型,斟酌订约商议过程、双方的资讯、专业能力及合理期待性等因素加以认定。被害人与有过失者,应适用"民法"第217条规定,法院得减轻赔偿金额或免除之。

(二)契约成立、订立不利内容之契约

在缔约过程中,一方当事人就订约有重要关系之事项,对他方之询问恶意隐匿或为不实之说明;或因故意或重大过失泄露经他方明示应予保密的秘密,其后契约仍为成立者,亦有第 245 条之 1 规定的适用,前已再三提及,于此情形,被害人仍得请求损害赔偿。

值得提出讨论的是,因一方当事人恶意隐匿或为不实之说明而订立不利内容的契约时,除适用第 92 条关于意思表示受诈欺得撤销规定或物之瑕疵担保责任规定(第 364 条以下)外,为保护相对人利益,尚应有其他救济方法。德国判例学说认为被害人得请求解除不利内容的契约、请求返还不合理的超额对待给付或请求提高报酬等,可供进一步研究参考。

四、消灭时效与举证责任

(一)消灭时效

"民法"第 245 条之 1 第 2 项规定:"前项损害赔偿请求权,因二年间不行使而消灭。"若无此项明文,则其消灭时效期间应适用一般规定,为 15 年(第 125 条)。关于此项短期时效期间,立法目的系为早日确定权利之状态,而维持社会之秩序。

(二)举证责任

关于"民法"第 245 条之 1 所定损害赔偿请求权的举证责任,就一般原则言,被害人应负举证责任的,包括:为准备或商议订立契约、加害人违反诚实信用原则(先契约义务)、损害及因果关系。问题在于主观的归责事由,如加害人的"恶意"隐匿或为不实的说明(本条第 1 项第 1 款)、"故意"或"重大过失"泄露秘密(本条第 1 项第 2 款)等应如何定其举证责任。在侵权行为,关于加害人的故意或过失,原则上应由被害人负举证责任。在契约债务不履行,原则上应由债务人举证证明其无可归责之事由。① 缔约上过失既属法定债之关系,而恶意、故意或重大过失等,又属被害人难于阐释的领域,原则上应由加害人负举证责任。

五、请求权基础与案例研习

为更精确理解"民法"第 245 条之 1 的适用问题及本书见解,特设

---

① 参照"最高法院"1993 年台上字第 267 号判决:"第 184 条第 1 项前段规定侵权行为以故意或过失不法侵害他人之权利为成立要件,故主张对造应负侵权行为责任者,应就对造之故意或过失负举证责任(参照 1969 年台上字第 1421 号判例)。又在债务不履行,债务人所以应负损害赔偿责任,系以有可归责之事由存在为要件。故债权人苟证明债之关系存在,债权人因债务不履行(给付不能、给付迟延或不完全给付)而受损害,即得请求债务人负债务不履行责任,如债务人抗辩损害之发生为不可归责于债务人事由所致,即应由其负举证责任,如未能举证证明,自不能免责(参照 1940 年上字第 1139 号判例意旨)。二者关于举证责任分配之原则有间。"

一个案例并建构其请求权基础:

(一)案例

甲为与乙订立股票买卖契约,甲委任丙与乙磋商相关事项。

1. 乙的代理人将丙告知应予保密的信息故意泄露给他人,致甲受损害,契约成立或不成立。

2. 乙以显然违背诚实信用原则为由中断缔约。

试问甲就其所受损害得否向乙请求损害赔偿?

(二)解说(请参照阅读本书说明,采请求权基础方法,写成书面)

(一)侵权行为:第184条
  1. 第184条第1项前段:须侵害权利
  2. 第184条第1项后段:须故意以悖于善良风俗加损害于他人
  3. 第184条第2项:须违反保护他人法律
(二)缔约上过失:第254条之1
  1. 先契约债之关系
    准备或商议订立契约
  2. 适用范围
    (1)契约未成立
    (2)契约成立(?)(请详为论证)
  3. 义务违反及归责事由
    (1)违反保密义务
    (2)中断缔约:显然违反诚实信用原则
    (3)归责事由
      ①恶意故意、重大过失
      ②第224条:使用人的故意过失
  4. 损害

第三款　结论:回顾与展望
——规范结构、实务案例、债法修正

一、现行法的规范体系

自耶林于1861年提出缔约上过失,迄今已逾一个半世纪,各国和地区立法例、判例学说或思考方法皆受其影响;第247条系典型的规定,第

91条及第110条亦系源自此项理论。数十年来判例学说局限于既有规定的解释,未能突破,法律发展停滞不进。直至1999年4月2日"民法"债编修正始增订第245条之1规定。兹列表如下,作综合的结构分析。

条文\内容		规范类型	责任性质	相对人过失	损害赔偿	消减时效
第247条Ⅰ		标的不能契约无效	过失责任	须无过失	信赖利益	15年:修正前 2年:修正后
第91条		错误意思表示之撤销视为自始无效	无过失责任	须无过失	信赖利益	15年
第110条		无权代理不生效力	无过失责任	须为善意	实务:信赖利益	15年
第245条之1Ⅰ	第1款	经他方询问违反说明义务	恶意	须无过失	信赖利益	2年(第245条之1Ⅱ)
	第2款	经他方明示保密违反保密义务	故意违反、重大过失			
	第3款	显然违背诚实信用				

(1)先契约法定债之关系的创设:第245条之1规定的最大意义在于使诚实信用原则适用于缔约准备或磋商阶段,并将之具体化于说明义务及保密义务,创设一种独立于契约与侵权行为外的法定债之关系,加强保护非财产利益(纯粹经济上损失)。

(2)适用范围:"民法"第245条之1所参考的《希腊民法典》及《意大利民法典》皆采概括规定,并以"过失"为归责原则,《希腊民法典》且明定契约不成立时亦适用之。其他国家和地区虽不设此明文,判例学说亦同此见解。"立法者"明知各国和地区立法例,仍然以"契约未成立时"为要件,并区别说明义务、保密义务等就其违法性及主观归责事由设不同的规定,应有立法政策上的考量,立法说明未曾提及,难以查知。实则,违反诚实信用之行为,"致契约不成立者"有之;与此无关者,更属常见(包括违反说明义务及保密义务等)。于后种情形,其违反先契约义务所生损害赔偿责任,不因契约成立而受影响,乃比较法上的共识。

(3)归责原则:就各种缔约上赔偿责任的规定加以比较观察,第245条之1的归责要件,限于"恶意""故意或重大过失",较诸第247条的过失责任、第91条的无过失责任及第110条的无过失责任,显为严格;按诸各国和地区立法例或判例学说,实属罕见。为何"说明义务"的违反,须以"恶意"为要件,而"保密义务"的违反则以"故意重大过失"为已足?所谓"显然"如何认定其主观归责事由?

(4)消灭时效:关于消灭时效期间,第245条之1第2项规定为2年,第247条第3项亦增设相同规定。对此,应说明有二:①就"缔约上过失"损害赔偿请求权设2年时效期间,较诸侵权行为损害赔偿请求权(第197条)为短,似不足保护被害人,未能强化基于特殊信赖关系而生"缔约上过失责任"的制度性功能。②若强调此项2年短期消灭时效期间,系为尽速了结法律关系,早日确定权利之状态,而维持社会之秩序,则为何第91条及第110条的消灭时效期间仍为15年?

(5)立法检讨:"民法"第245条之1规定创设缔约上过失责任,综合言之,过于审慎,对核心问题似未深刻研究,难谓完善,或可认为系失败的立法。

二、缔约上过失制度的修正

"民法"第245条之1规定的缔约上过失制度将其适用范围限于"契约未成立时",即其违反说明义务或保密义务,须致契约未成立。在此要件下,实务上殆无得适用的案例,不符缔约上过失制度的规范功能,应作法之续造的解释,前已说明。根本解决之道,参考各国和地区的立法例及实务累积的经验,从事立法修正,其途径有二:

1. 小的修正:保留"民法"第245条之1规定,仅删除"契约未成立时"及"信契约能成立"等文字,使该条规定均得适用于契约不成立或契约成立的情形。问题在其关于违反先契约义务的要件及适用范围过于狭隘,未尽符缔约上过失制度的规范功能。

2. 大的修正:全面重构缔约上过失制度,包括理论基础、适用范围(契约不成立、契约成立)、受保护利益(人身损害?财产损害?)、归责原则(故意过失一般原则?因违反的义务而异其归责原则?)。

三、立法、司法与法学的共同协力

缔约上过失的发现与形成是法学及法律的重大发展。台湾地区"民法"于债编增设第245条之1规定,具有重大意义,但因立法技术或对缔约上过失制度功能的认知,关于其要件及用范围,在解释上发生重大争议,致未能发挥其规范功能。立法、判例与学说应共同协力,更深刻理解缔约上过失的保护功能及信赖原则,作符合缔约上过失规范目的之解释,并从事法之续造及法律的修正,促进法律的进步的发展。

第三章　契约与代理

第一节　代理制度

甲委任乙,并授予代理权,向丙公司(画廊)购买 A 画,乙与丙的董事丁进行磋商。某日乙致函丁表示愿以 100 万元购买该画,丁于外出前接获乙函,即命其 17 岁的秘书戊通知乙愿出售 A 画。并告知保管该画之画廊店员庚交付该画。试就此例说明:
1. 乙、丁、戊、庚的法律上地位(或资格)。
2. 甲得否向丙请求交付该画,并移转其所有权?
3. 庚将该画交付于乙时,当事人间的法律关系?
4. 试就此例说明代理制度的功能及法律构造。

第一款　代　理

一、代理制度的功能

在现代分工的社会,从事交易活动,事必躬亲,殆不可能,假手他人,实有必要。就公司言,有董事对外代表法人(第 27 条第 2 项),有受雇人为其占有财产(占有辅助人,第 942 条),有劳工为其生产商品。此外,无论个人或公司企业,均可借助代理人为其作各种法律行为,订立契约,扩张私法自治的范围,以满足社会生活的需要。代理制度的发达与近代企业所有者与经营者的分离、财产归属与管理的分化,具有密切关系。此外,为补充无行为能力人或限制行为能力人的行为,亦设有法定代理制度(第 1086 条、第 1089 条),使其亦得享受权利,负担义务,从事社会生活。

二、代理制度的立法体制

现行"民法"将代理制度分别规定于"民法"总则(第 103 条至第 110

条)及债编通则(第 167 条至第 171 条)。"民法"总则所规定的,是代理的一般原则(包括法定代理及意定代理),债编通则所规定的为代理权之授予(意定代理)。代理制度被割裂为二,立法体例显欠斟酌,解释适用上易滋疑义。代理权授予系意定代理的发生原因,与契约制度具有密切关系,涉及契约的成立与履行,特在本编整合民法总则与债编规定,以契约为中心加以论述,并请参见拙著《民法总则》(北京大学出版社 2022 年重排版)。

第二款　代理的意义、要件及效果

一、代理的意义

代理,指代理人于代理权限内,以本人名义所为之意思表示或所受意思表示,直接对本人发生效力(第 103 条)。兹就一个租赁案例加以说明:甲授权于乙,以甲之名义,向丙承租其 6 岁之子丁所有的房屋,其租赁契约于乙与丁间发生效力。由此可知现行"民法"关于代理行为效力的根据,不是采取"本人行为说",认为代理行为,因法律拟制其为本人之行为,故得发生效力;亦非采取"共同行为说",认为代理行为系本人与代理人的共同行为,故得发生效力。而是采取"代理人行为说",认为代理行为虽系代理人的行为,但依代理制度的作用,效果直接归属于本人。易言之,即法律行为的要件于代理人具备时,其法律效果则于本人发生。请参阅下列思考模式:

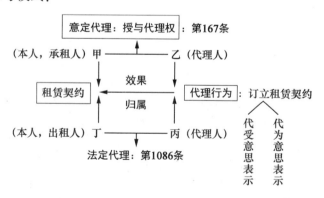

二、代理的要件及效果:代理的三面关系

(一)代理的要件

代理的要件有四:①须有代理行为。②须以本人名义。③须有代理

权限。④代理行为的容许性。分述如下：

1. 须有代理行为：代为意思表示及代受意思表示

代理行为指代理人代为意思表示或代受意思表示。其代为意思表示的，称为积极代理；其代受意思表示的，称为消极代理。二者常交错一起，在前举租屋之例，乙以甲之名义为租屋的要约，系为积极代理，乙受领丁以丙之名义而为的承诺，为消极代理。

2. 须以本人名义：显名主义

（1）显名主义与隐名代理

代理人的意思表示及受意思表示须以本人名义为之，学说上称为显名主义，旨在使相对人知悉谁为法律行为（尤其是契约）的当事人。以本人名义，除明示外，亦可依一定事实，经由解释加以认定。假如百货公司的店员出售商品，纵未明言，亦可认定其系以公司的名义为之。① 契约仅由代理人签署自己的姓名，苟依其事实可认为其系为本人而为行为时，仍可发生代理的效果。② 此种未明示本人名义，由其他情形推知有此情形，而为相对人明知或可得而知之代理，判例学说上称为隐名代理。③

（2）直接代理与间接代理

以"本人名义"而为法律行为，学说上称为直接代理。应与之严予区别的，是所谓的间接代理。此指以自己名义为他人之计算而为法律行为，行纪为其典型之例，即行纪人以自己名义为他人之计算，为动产之买

---

① 下列两则判决可供参考：(1)1975年台上字第385号判决谓："所谓以本人名义，即表示欲将所为意思表示或所受意思表示之效果，直接归属于本人之意思。苟依一切具体情事可认为'有此意思'，纵未表示其系代理人，仍应将其所为意思表示或所受意思表示之效果，直接归属于本人。"(2)1981年台上字第2160号判决谓："纵有代理权，而与第三人为法律行为时，未明示其为代理人，而如相对人按其情形，应可推知系以本人名义为之者，固难谓不发生代理之效果，即所谓之'隐名代理'，惟如代理当时系以自己之名义而为，即非以代理人之资格而为，已甚明显者，仍不能认其为代理他人而为。"

② "最高法院"1981年台上字第1992号判决："上诉人未成年，赵琳榕为其法定代理人，赵琳榕于上开协调会议记录上签名，虽未写明代理上诉人字样，但赵琳榕系以上诉人法定代理人之身份参加协调会，已据其陈明在卷，而和解系诺成及不要式契约，自难因未写明代理上诉人字样即谓该协调会所成立之协议对上诉人不生效力。"

③ 关于隐名代理与无权代理（表见代理）的区别，"最高法院"1996年台上字第417号判决："按第169条之表见代理，本质上仍属无权代理，只因客观上有表见之事实，足使第三人信其有代理权，为维护交易之安全，法律乃规定本人应负授权人之责任。至学说上所称之'隐名代理'，系指代理人为法律行为时虽未以本人名义为之，而实际上有为本人之意思，且此项意思为相对人所明知或可得而知者而言。申言之，前者系无权代理人而以本人名义为法律行为，后者则系有权代理人而未以本人名义为法律行为，两者尚有区别。"

卖或其他商业上之交易（第576条）。甲委任乙向丙购车并授予代理权，但乙以自己名义向丙购车时，亦属间接代理。"民法"所称代理乃指直接代理而言，所谓间接代理，非属"民法"上的代理，初学者认为"民法"上的代理，可分为直接代理与间接代理，显属误会，应予注意。

直接代理与间接代理的主要区别为：在直接代理，代理人所为的法律行为，直接对本人发生效力。于间接代理，则由表意人自行取得法律行为上的权利或负担义务。在前举甲委任乙向丙购车，而乙以自己名义为之之例，买卖契约的当事人为乙与丙，仅乙得向丙请求交付汽车并移转其所有权，丙亦仅得向乙请求支付价金。唯甲本于委任的法律关系，得向乙请求移转其对丙之债权（第577条）。①

(3) 冒名行为

值得提出说明的是，所谓"冒他人之名"而为法律行为，例如，甲自称为乙，而与丙订立契约。此类案例应区别两种情形处理：①行为人系为自己订立契约而冒他人之名，相对人亦愿与行为人订立契约，而对其法律效果究归属何人在所不问时，该契约对冒名的行为人仍发生效力。例如，名作家某甲向乙承租乡间小屋写作，为避免干扰，使用其弟"某丙"之名订约，乙与甲间仍成立租赁关系。②设相对人对该被冒名之人有一定的联想，而意在与其发生法律关系时，例如，甲冒某名收藏家乙之名向丙订购某画，丙因慕乙之名而同意出售该画。于此情形，原则上应类推适用无权代理之规定加以处理。

3. 代理人须有代理权限

代理权基于法律规定而发生的，为法定代理（第1086条、第1098条）。代理权基于法律行为（代理权之授予）而发生的（第167条），为意定代理。代理人无代理权限而以本人名义为代理行为时，成立无权代理。

4. 代理行为的容许性

得为代理者，限于法律行为（意思表示）。对于准法律行为（如催告、通知），代理的规定得为类推适用。侵权行为及事实行为均非代理的客

---

① "最高法院"1982年台上字第3372号判决谓："查受任人于委任人所授与之代理权，以委任人名义与他人为法律行为时，固直接对于委任人发生效力，若所谓受任人之人，以自己名义与他人为法律行为时，则对于为委任之人，尚无从发生效力。除所谓受任人之人，已将该法律行为所生之权利义务，移转于该非委任人之外，该非委任人之人与该法律行为之他造当事人间，应不生何等法律关系，他造当事人即不得据以对该为委任人之人，有所请求。"

体。财产上行为(包括债权行为及物权行为)原则上均得代理。① 身份行为(如订婚、结婚、离婚)应由本人为之,法定代理人虽有同意权(第974条),但无代理权,盖事涉身份,须尊重本人之意思(参阅第972条、第1049条。但请参阅第1079条关于收养之特别规定)。

(二)法律效果

代理人于代理权限内,以本人名义所为意思表示或所受意思表示,"直接对本人发生效力"。在契约行为,即由本人取得当事人的地位,享有权利,负担义务。

代理人之意思表示,因其意思欠缺、被诈欺、被胁迫或明知其事情或可得而知其事情,致其效力受影响时,其事实之有无,应就代理人决之(第105条)。然因代理行为系直接对本人发生效力,故仅本人得为主张,例如,在前开租赁之案例,设乙受丁的诈欺而订立租赁契约时,其要件是否具备,应就乙、丁决之,但撤销权则归属于甲。倘甲决定撤销乙受诈欺之意思表示时,得授权由乙代理,向丁的法定代理人丙为之。

(三)代理的三面关系

据前所述,代理制度具有三面关系:①代理人与本人间须有代理权关系。②代理人与相对人间须有代理行为。③相对人与本人之间具有效力归属关系。在此三者之间,以代理权最为重要,无代理权限之代理行为,构成无权代理,图标如下(请参照上揭关于租赁契约的图示):

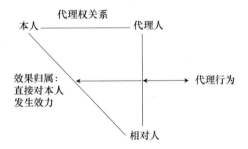

---

① 关于物权行为(处分行为)的代理,参见最高法院1934年上字第1910号判例:"共同共有物之处分,固应得共同共有人全体之同意,而共同共有人中之一人,已经其他共同共有人授予处分共同共有物之代理权者,则由其人以共同共有人全体之名义所为之处分行为,仍不能谓为无效。"

第三款　代理与使者、代表、占有辅助人、债务履行辅助人
——"民法"上的归属规范

一、甲水产公司的店员乙出卖某生鱼片便当给丙。丙食后中毒，身体健康受侵害，住院治疗。试就此例说明甲、乙、丙的地位与甲、乙、丙间的法律关系（请读者自行解答，写成书面）。

二、并请参阅前揭例租屋的案例。

在现代分工的经济社会，必须借助或利用他人从事活动。为资因应，法律乃创设所谓的归属（归责）规范，使被使用人的行为的法律效果，归属于使用之人或由其承担行为的责任。其主要者，如关于代理、使者、代表、占有辅助人、债务履行辅助人及受雇人等之规定，系理论及实务的重要问题，应予明辨。兹以代理人为重点，说明如下：

一、代理人与使者

代理人与使者的不同，在于代理人系"自为"意思表示，或受意思表示；使者乃在"传达"他人的意思表示。其区别的实益有三：

（1）代理人须非无行为能力人（参阅第 104 条）；使者得为无行为能力人。

（2）代理人的意思表示有错误等情事时，其事实之有无，依代理人决之（第 105 条）。使者系传达他人的意思表示，有无错误，应就表意人决之。意思表示因传达人传达不实者，表意人得依第 88 条规定撤销之（第 89 条）。

（3）身份行为不可代理者，但可借使者传达其意思表示。例如，甲男欲与乙女订婚，羞于表示，由 13 岁的幼妹传达其求婚的意思。①

---

① 最高法院 1940 年上字第 1606 号判例谓："两愿离婚，固为不许代理之法律行为，惟夫或妻自行决定离婚之意思，而以他人为其意思之表示机关，则与以他人为代理人使之决定法律行为之效果意思者不同，自非法所不许。本件据原审认定之事实，上诉人提议与被上诉人离婚，由某甲征得被上诉人之同意，被上诉人于订立离婚书面时未亲自到场，惟事前已将自己名章交与某甲，使其在离婚文约上盖章，如此项认定系属合法，且某甲已将被上诉人名章盖于离婚文约，则被上诉人不过以某甲为其意思之表示机关，并非以之为代理人，使之决定离婚之意思，上诉理由就此指摘原判决为违法，显非正当。"可供参考。

二、代理人与代表①

"民法"第 27 条第 2 项规定："董事就法人一切事务,对外代表法人。"董事为法人之代表。代理与代表的主要区别有二:

(1)代理人系自为意思表示,而其效果归属于本人。代表以法人名义所为之行为,系属本人(法人)之行为,盖法人无论其为社团或财团,不能自为法律行为,须由自然人为之。代表为法人之机关,犹如其手足,其所为之法律行为,即为法人自身所为。须注意的是,代表与代理之法律性质虽有不同,但"民法"关于代理的规定得类推适用之。"最高法院"1985 年台上字第 2014 号判例谓:"代表与代理固不相同,惟关于公司机关之代表行为,解释上应类推适用关于代理之规定,故无代表权人代表公司所为之法律行为,若经公司承认,即对于公司发生效力。"

(2)代理限于法律行为,代表除法律行为外,兼及事实行为及侵权行为。代理人使用诈术与相对人订立契约,本人不因其为代理人而负侵权行为的责任(但请参阅第 188 条)。代表使用诈术与相对人订约时,法人应依第 28 条规定负损害赔偿责任。

三、代理人与占有辅助人

代理限于法律行为。占有系属一种事实,不得代理,唯对占有可成立占有辅助关系。第 942 条规定:"受雇人、学徒或基于其他类似之关系,受他人之指示,而对于物有管领之力者,仅该他人为占有人。"例如,百货公司的店员对其经售的商品、司机对其驾驶的汽车、工人对其使用的机器,均属占有辅助人,而以雇主(自然人或法人)为占有人。

代理人与占有辅助人并存的,交易上颇为常见。例如,A 百货公司店员 B 出售某电脑与 C 公司的总务 D,就买卖契约言,B 及 D 各为其公司的代理人。就该电脑之占有,B 及 D 各为其公司的占有辅助人。关于电脑所有权的移转,常须 B、D 二人协力始克完成。B 依让与合意将电脑交付与 D 时(参阅第 761 条),关于此项让与合意(物权上意思表示之合致),系由 B 及 D 以代理人地位互为意思表示,互受意思表示而成立。关

---

① 参照"最高法院"1997 年台上字第 1781 号判决:"'代表'与'代理'之制度,其法律性质及效果均不同:'代表'在法人组织法上不可欠缺,代表与法人系一个权利主体间的关系,代表人所为之行为,不论为法律行为、事实行为或侵权行为,均为法人之行为;'代理'人与本人则系两个权利主体间之关系,代理人之行为并非本人之行为,仅其效力归属于本人,且代理人仅得代为法律行为及准法律行为。"

于物之交付(事实行为),B系依其雇主A公司的指示移转电脑的占有;D系以为其雇主C公司管领其物意思成立占有辅助关系;C公司因受让占有而取得该电脑所有权。

四、代理人与债务履行辅助人

代理所涉及的,是意思表示的归属,即将意思表示的效果归属于本人。第224条规定:"债务人之代理人或使用人,关于债之履行有故意或过失时,债务人应与自己之故意或过失,负同一责任。但当事人另有订定者,不在此限。"实务上认此所谓代理人包括意定代理人及法定代理人。此所涉及的,乃履行债务上行为的归责。此两种不同性质的归属或归责得为并存。例如,甲公司的店员乙出售某瓶与丙,交付时,因乙之过失致该瓶灭失。于此情形,就买卖契约的订立言,乙系甲的代理人,就债务之履行言,乙为甲的履行辅助人,甲就因可归责的事由,致给付不能,应对丙负损害赔偿责任(第226条第1项)。

五、代理人与执行职务的受雇人

第188条第1项规定:"受雇人因执行职务,不法侵害他人之权利者,由雇用人与行为人连带负损害赔偿责任。"(请阅读本项但书及第2项、第3项规定!)本条与第224条规定同为违反义务行为的责任归属,其不同在于第188条系关于侵权行为的规定,第224条则属债务不履行的归责事由。

第188条的受雇人与代理人亦得同时并存。例如,甲公司的店员乙出卖某物,对买受人丙施以诈欺时,就买卖契约上的意思表示言,乙为甲的代理人;就施以诈欺成立侵权行为言,乙系为甲执行职务的受雇人。丙得依第92条规定撤销其意思表示,或依第188条规定请求损害赔偿。

兹为便于比较观察,将上述归属(归责)规范,图示如下(阅读条文!此为重要的法律问题,不要强行记忆,应借助案例加以理解):

归属或归责规范
- 意思表示
  - 代理(第103条):代为意思表示、代受意思表示;效果及于本人
  - 使者(第89条):传达他人作成的意思表示
  - 代表(第27条):法人的意思表示机关
- 占有:占有辅助人(第941条)
- 违反义务的行为
  - 债权行为
    - 第28条:法人侵权责任
    - 第188条:雇用人侵权责任
  - 债务不履行归责事由:第224条

第四款　思考方法与例题解说

处理代理的案例，其主要的困难在于如何将请求权基础与代理制度结合在一起，而作有系统的论述。在前揭甲委任乙，并授予代理权向丙公司购买 A 画的案题(请再阅读)，若所提出的问题为甲得否向丙请求交付 A 画时，其请求权基础为第 348 条第 1 项，此须以乙以甲之名义与丙公司之董事丁所订立的契约直接对甲发生效力为前提。首应检讨代理的要件：①乙是否为要约(为意思表示)，及受领丁的承诺(受意思表示)？②乙是否以甲之名义为要约的意思表示及受领丁为承诺的意思表示？③乙是否有代理权限？④该法律行为是否不许代理？⑤物权行为(让与合意及物之交付，第 761 条)，涉及直接占有、间接占有及占有辅助人的问题。应特别注意的是当事人的法律上地位(或资格)，究为代理人、代表、使者或占有辅助人。为便于观察，先将前揭例题图示如下，并提出解题结构，用供参考：此为基本思考模式，请彻底理解、查阅条文写成书面。

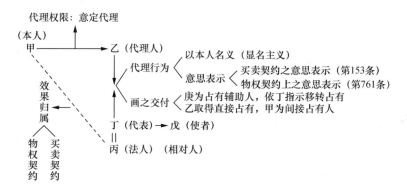

一、甲与丙间的买卖契约：第 345 条
　(一)甲之要约
　　1. 乙系甲的代理人(第 167 条)
　　　(1)乙为要约之意思表示。
　　　(2)以甲之名义。
　　　(3)有代理权限：代理权之授予。
　　2. 效果归属于甲(本人)(第 103 条)
　(二)丙之承诺

(续表)

> 1. 丁系丙(法人)之代表
>   (1)为承诺之意思表示:由戊(使者)传达。
>   (2)以丙之名义。
>   (3)有代表权。
> 2. 丁(代表)的意思表示即为丙(法人)的意思表示
>
> (三)意思合致
> 1. 财产权(A 画)。
> 2. 价金(100 万元)。
> 3. 意思合致。
>
> 结论:甲与丙间的买卖契约成立(第 153 条)。
>
> 二、A 画所有权之移转(第 761 条)
> (一)让与合意(物权契约)
> 1. 丙让与 A 画的意思表示:由丁代表为之,由戊传达。
> 2. 甲受让 A 画的意思表示:由乙代理为之。
> 3. 意思合致(类推适用第 153 条)
> (二)交付
> 1. 丙移转 A 画之占有
>   (1)庚系丙之受雇人,为 A 画之占有辅助人(第 941 条)。
>   (2)庚依丁(董事)指示交付 A 画。
> 2. 甲受让 A 画占有
>   (1)乙系甲的受任人。
>   (2)乙受让 A 画的占有,成立占有媒介关系(第 942 条)。
>   ①甲为间接占有。
>   ②乙为直接占有。
>
> 结论:甲取得 A 画的所有权。

第二节　意定代理权与代理权的授予

第一款　代理权授予的法律性质

一、试就下列情形,说明代理权之授予是否有效:
1. 17 岁的甲授予代理权给乙,向丙承租某屋。
2. 甲授予代理权给 17 岁的乙,向丙承租某屋。

二、代理权的授予究为单独行为抑为契约?

一、代理权授予是一种有相对人的单独行为

有效之代理,须以代理人有代理权限为要件,前已说明。代理权的发生基于法律规定的,为法定代理(第 1086 条、第 1098 条)。代理权的发生基于法律行为的,为意定代理。"民法"第 167 条规定:"代理权系以法律行为授予者,其授予应向代理人或向代理人对之为代理行为之第三人,以意思表示为之。"立法理由谓:"查民律草案第 221 条理谓授与意定代理权之行为,另有相对人之单独行为,非委任,亦非他种契约也。"由此规定可知代理权之授予(意定代理),是一种有相对人的单独行为,于相对人了解(对话,第 94 条),或到达相对人(非对话,第 95 条)时发生效力,不以相对人承诺为必要。

代理权之授予,除明示外,亦得以默示为之,例如雇用店员出售商品,由其事实,可间接推知其授予代理权限。最高法院 1943 年上字第 5188 号判例谓:"共同共有物之处分,固应得共同共有人全体之同意,而共同共有人中之一人,已经其他共同共有人授予处分共同共有物之代理权者,则由其一人以共同共有人全体之名义所为处分,不能谓为无效。此项代理权授予之意思表示不以明示为限,如依表意人之举动或其他情事,足以间接推知其有授权之意思者,即发生代理权授予之效力。"

二、代理权的授予与行为能力

代理权之授权既属单独行为,故限制行为能力人未得法定代理人的允许,所为代理权授予行为无效(第 78 条)。

值得注意的是,代理权之授予仅在赋予代理人以一种得以本人名义而为法律行为的资格或地位,代理人并不因此享有权利或负担义务,故对限制行为能力人亦得为有效的代理权之授予,不必得法定代理人同意。"民法"第 104 条规定:"代理人所为或所受意思表示之效力,不因其为限制行为能力人而受影响。"可资参照。

第二款 代理权授予的方式

> 甲委任乙,并授予代理权,向丙购买某屋,其委任或代理权之授予应否以书面为之?若甲委任乙办理所有权移转登记时,甲对乙授予代理权,应否书面订立?

一、形式自由原则

代理权之授予是否须以书面等为之,"民法"未设明文,基于方式自

由原则,应认系不要式行为。第109条规定:"代理权消灭或撤回时,代理人须将授权书,交还于授权者,不得留置。"此项授权书非指代理权授予的法定书面,乃授予代理权的证明文件。

二、"民法"第531条的解释适用:委任的处理权授予与代理权授予

修正前第531条规定:"为委任事务之处理,须为法律行为,而该法律行为,依法应以文字为之者,其处理权之授予,亦应以文字为之。"关于本条的适用,发生如下的疑问:依第758条规定,不动产物权,依法律行为而取得、设定、丧失及变更……应以书面为之。甲委任乙,办理不动产所有权移转登记时(第758条第1项),其代理权之授予应否以书面为之?

对此问题,"最高法院"曾采否定的见解,1955年台上字第1290号判例谓:"'民法'第167条所称之代理权,与同法第531条所称之处理权,迥不相同,盖代理权之授予,因本人之意思表示而生效力,无须一定之方式,纵代理行为依法应以书面为之,而授予此种行为之代理权,仍不必用书面。原审适用第531条及第758条第2项各规定,谓被上诉人应以书面为代理权之授予方为合法云云,自难谓当。"衡诸方式自由原则及第531条所谓"处理权之授予",系指内部处理权,不同于代理权之授予,而授予代理权未基于委任的亦属有之,上开判例的见解应值赞同。

须特别注意的是,为避免争议,"民法"第531条修正为:"为委任事务之处理,须为法律行为,而该法律行为,依法应以文字为之者,其处理权之授与,亦应以文字为之。其授与代理权者,代理权之授与亦同。"依此规定,为使处理委任事务,仅授予处理权者,该处理权之授予应以文字为之。如授予处理权与代理权时,则二者之授予,均应以文字为之。兹举两个"最高法院"判决,以供参照:

1. 2014年台简上字第32号判决:"支票之发票行为,属依法应以文字为之之法律行为,苟有对支票之发票行为授与处理权或代理权者,依上说明,其处理权或代理权之授与,即应以文字为之。否则,其授与即不依法定方式为之,依'民法'第73条前段规定,自属无效。"

2. 2012年台上字第641号判决:"('民法'第531条)所谓'该法律行为,依法应以文字为之',系指处理委任之事务,须为法律行为,而此种依委任处理事务之法律行为,法律上明定应以文字为之而言。申言之,乃受任人处理委任事务,须为某法律行为,该法律行为,法律明文规定应以文字为之,否则不生为该法律行为之效力,或另生其他法律效果之谓。如'民

法'第 758 条第 2 项规定,不动产物权之移转或设定,应以书面为之,否则不生不动产物权得丧之效力;同法第 422 条规定,不动产之租赁契约,其期限逾 1 年者,应以字据订立之,未以字据订立者,视为不定期限之租赁者是。准此,在买卖不动产之情形,若所受委任之事务,仅为不动产买卖之债权行为,非为移转或设定负担之物权行为,即无委任须以文字(书面)为之之限制,两者应加区别。原审以上诉人未提出曾○鉴委任或授权曾○祥之书面,遽认系争买卖合约对曾○鉴不生效力,于法即有未合。"

第三款 代理权授予行为的瑕疵

一、试比较分析以下两个案例,说明当事人间的法律关系:

1. 甲有 A、B 二画寄存乙处,甲授予代理权给乙,出卖 A 画。乙误 B 画为 A 画,而以甲的名义与丙订立 B 画的买卖契约。

2. 甲授予代理权于乙,出卖 A 画,甲将 A 画误说为 B 画。乙以甲的名义与丙订立关于 B 画的买卖契约。

二、甲授权给乙,以其名义向丙购古董车。试就下列三种情形,说明当事人间的法律关系:

1. 乙受丙之诈欺。
2. 丙受乙之诈欺。
3. 甲受丙之诈欺而授权给乙。

一、问题的说明

(一)代理行为的瑕疵

甲授予乙代理权,以甲名义向丙购买某件古董。若乙意思表示错误,或受诈欺或胁迫而为购买时,其代理行为具有瑕疵(参阅第 105 条),甲得依"民法"第 88 条或第 92 条规定,对丙撤销其买卖契约。

(二)代理权授予行为的瑕疵

与前述代理行为的瑕疵,应严予区别的是,代理权授予行为的瑕疵。代理权之授予系法律行为(单独行为),其有瑕疵时,应适用"民法"总则一般规定,但因代理权的授予行为与代理行为具有密切关系,涉及本人、代理人与相对人的利益状态,其法律关系较为复杂,兹就错误及受诈欺、胁迫二种情形说明如下:

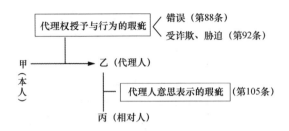

二、授予代理权意思表示之错误

授予代理权之意思表示发生错误的,例如,甲误乙为丙而授予代理权;甲授予代理权与乙出卖 A 画,误书为 B 画;甲误福建泉州布袋戏木偶为仿制品,而授予代理权于乙,以低价贱售。分两种情形说明其法律关系:

(一)代理人迄未为代理行为

甲授权乙,以其名义出售 A 画,甲误说为 B 画,而乙迄未出售 B 画时,甲得依第 88 条规定撤销授予代理权的意思表示,亦得撤回其代理权(参阅第 108 条第 2 项)。

(二)代理人已为代理行为

在上举售画之例,设乙已与丙订立出售 B 画的契约时,甲不能撤回其代理权,仅能撤销其意思表示。有疑问的是,其撤销究应向何人为之,其法律关系如何,计有三说:

1. 甲应向代理人乙撤销其授权行为上错误的意思表示。代理权之授予行为既经撤销,视为自始无效(第 114 条第 1 项),乙自始欠缺代理权,乙以甲之名义出售 B 画与丙,系属无权代理,应对善意之丙,负无权代理人之损害赔偿责任(第 110 条)。乙就因甲撤销代理权授予行为所受之损害,得依第 91 条规定向甲请求损害赔偿。

2. 鉴于代理权授予行为与代理行为具有密切关系,并顾及当事人间的利益关系,在代理人已作成代理行为的情形,应认本人甲不得撤销其授权行为上错误的意思表示。

3. 代理权授予行为的撤销,应由本人(甲)向代理人对之为代理行为的第三人(丙)为之,相对人得依第 91 条规定向本人甲请求损害赔偿。

以上三种见解,第三说兼顾现行法规定及代理权授予与代理行为间的关联,并可避免丙向乙、乙向甲辗转请求损害赔偿,较值赞同。

三、因被诈欺而为代理权的授予

(一)代理人之诈欺

甲受乙诈欺,授予乙出售某古董车的代理权,在乙与他人(丙)订立买卖契约前,甲得撤回其代理权,或依第92条规定撤销其授予代理权的意思表示。在乙已与丙订立买卖契约后,甲撤销其授予代理权的意思表示时,其授予行为视为自始无效(第114条第1项),乙应对丙负无权代理人责任。

(二)相对人之诈欺

甲被丙诈欺,而授权乙,乙以甲名义向丙购车。于此情形,本人(甲)系被代理行为之相对人(丙)诈欺,而授权不知情之代理人(乙)。第92条第1项规定,诈欺系由第三人所为者,以相对人明知或可得而知者为限,始得撤销之。因此甲得否对乙撤销其被诈欺而为授予代理权的意思表示,其关键问题在于丙是否为第92条第1项所称第三人。丙系代理人乙对之为代理行为的相对人,由代理行为直接享受权利,应认为非属第92条第1项所称的第三人,故甲的撤销权不受影响。

第四款 代理权授予行为的独立性及无因性

甲明知乙仅17岁,雇用其为门市部店员,以甲之名义,出售物品。乙的法定代理人未为同意。试问:

1. 甲与乙间共有多少法律行为,其效力如何?
2. 乙与顾客所订的买卖契约是否对甲发生效力?
3. 何谓代理权授予行为的独立性,有因性或无因性。究应采有因性或无因性,请附其理由加以说明。

一、代理权授予行为的独立性

代理权之授予,通常有其基本法律关系(内部关系),例如,甲委任乙租屋、丙雇用丁为店员,而授予代理权。早期学说及立法例认为代理权之授予,乃委任或雇佣的外部关系,并不独立存在。其后经由长期的研究及德国学者 Laband 氏的发现①,终于将代理权之授予从委任或雇佣内部关系予以分离,使代理权之授予成为一个独立的制度。台湾地区"民法"亦采此项原则,体现于第 167 条规定。准此以言,代理权之授予及基本法律关系具有三种样态:

(1)仅有代理权之授予,而无基本法律关系。例如,甲知其同事乙到附近丙店购物,乃拜托乙顺便以甲的名义,向丙购买 10 个外送盒饭。于此情形,得认仅有代理权之授予,而无委任或雇佣契约。

(2)有基本法律关系,而无代理权之授予。例如,甲雇佣乙为店员,命其观摩实习,不能出售货物。

(3)因基本法律关系而授予代理权。例如,甲委任乙出售某地,而授予代理权。于此情形,共有两个法律行为,一为委任(契约),一为代理权之授予(单独行为)。

二、代理权授予行为的无因性

(一)问题的提起

代理权之授予虽属独立的制度,但交易上多因委任、雇佣等基本法律关系而发生。于此情形,代理权之授予,与委任或雇佣的关系,可有三种情形:

(1)二者均有效成立。

(2)二者均无效(不生效力或被撤销)。例如,无行为能力人甲委任乙出售某地,并授予代理权,其委任契约及代理权授予行为均属无效。

(3)基本法律关系(不成立、不生效力或被撤销)无效,但授权行为有效。例如,甲雇用 17 岁的高中毕业生乙为店员,并授予代理权,乙父不为同意时,雇佣契约虽不生效力,但代理权授予行为本身仍属有效。于此情形,发生代理权之授予行为本身是否因基本法律关系(如雇佣)无效、不生效力或被撤销而受影响的问题。易言之,代理权授予行为究为有因行为,抑为无因行为?

(二)有因说与无因说的争论

(1)无因说。民法学者梅仲协先生采取无因说,论述綦详,可资引述:

---

① 拙著:《法学上之发现》,载《民法学说与判例研究》(第四册),北京大学出版社 2009 年版,第 1 页。

代理权之授予常有其处理事务之法律关系存在,本人与代理人间,其内部权义若何,必受此法律关系之拘束,例如,甲、乙间订立委任契约,甲以出卖土地事件委托乙,而同时亦必授予乙订立契约之全权,其授予订立契约之全权,即系代理权之授予,而甲、乙间内部之权利义务,则依处理事务之委任契约以决定之。故代理权之授予,与其基本的处理事务之法律关系,应加区别。代理权之授予,并不因其基本的法律关系而受影响。如上示之例,买卖土地之委任契约,虽因乙系限制行为能力人,未得其法定代理人之允许,而失其效力,但乙所取得之代理权,仍属有效。倘乙已将土地出卖给丙,则此项买卖契约,并不因甲、乙间之委任契约失其效力,而亦罹于无效,盖限制行为能力人,亦得为他人之代理人,此第 104 条有明文规定者。①

(2)有因说。有因说认为授权行为与其基本法律关系不可分离,如其基本法律关系归于无效、不生效力或被撤销时,则授权行为亦因之而消灭,并以第 108 条第 1 项"代理权之消灭,依其所由授予之法律关系定之"的规定,为其立论的依据。② 依此见解,在雇用或委任限制行为能力人的情形,若雇佣或委任契约因法定代理人不同意不生效力时,经授予之代理权亦随之消灭,该未成年人以本人名义而为的法律行为,因欠缺代理权,应成立无权代理。

(三)分析说明

代理权授予行为的无因性与物权行为无因性是"民法"上两个重要问题,虽相似而实不同。物权行为必有其原因,无因性的理论旨在使物权行为不受其原因行为不成立、无效或被撤销的影响,但得发生不当得利问题。至于代理权授予的无因性乃基于代理权授予行为与其基本法律关系(委任或雇佣等)分离性及独立性;代理权授予行为非必有原因行为,且不发生不当得利问题。

除当事人有特别的意思表示外,应肯定代理权授予行为的无因性,其理由有三:

(1)有助于交易安全,使第三人(相对人)不必顾虑代理人的内部基本法律关系。

---

① 参见梅仲协:《民法要义》,第 103 页;参见李模:《民法问题研究》,第 125 页。德国通说同此见解,Larenz/Wolf, AT, S. 615.

② 参见郑玉波:《民法总则》,第 309 页;洪逊欣:《中国民法总则》,第 46 页。

(2)使代理人免于负无权代理人责任(第110条)。依有因说,倘雇佣或委任等基本法律关系无效、不生效力或被撤销时,代理权应随归消灭时,则代理人自始欠缺代理权,应负无权代理人之赔偿责任(第110条),颇为苛严。

(3)第108条规定:"代理权之消灭,依其所由授予之法律关系定之。"固在表示代理权之授予应受其基本法律关系之影响,但亦仅限于基本法律关系消灭的情形,例如,甲雇用乙,并授予代理权,则期间届满,代理权应随其消灭,实为事理之当然,故法律特设此项规定。

就前揭例题言,甲雇用17岁之乙为门市部店员,出售物品,雇佣契约虽因乙的法定代理人不为同意而不生效力,其代理权授予行为,不因之而受影响,仍为存续,盖此可保护与乙为法律行为的相对人(交易安全),并避免发生未成年人乙应否负无权代理人责任的问题。

第五款 代理权之授予是否为债之发生原因?

一、甲授权乙,以其名义出租A屋,乙是否因此负有出租A屋的义务?设乙因过失未适时出租,致甲遭受损害时,应否负损害赔偿责任?

二、代理权之授予是否为债之发生原因?请附具理由加以说明。

一、肯定说的见解

"民法"债编于"债之发生"节中,列有代理权之授予一款,致代理权之授予是否为债之发生原因,在学说上产生重大争论。学者肯定代理权之授予系债之发生原因之一者,其理由有三:①代理权之授予系规定于"债之发生"节中。②本人有授权行为,将代理权授予代理人后,代理人在其代理权限内,所为之代理行为,即应由本人负其责任,故授权行为应为债之发生原因。③单独行为如有法律规定,亦非不可为债之发生原因,例如,设立财团之捐助、票据之承兑等,代理权之授予既属单独行为,自可为债之发生原因,以代理人为权利人,本人为义务人,以本人对于代理行为之容认(不作为),为其标的。①

---

① 参见郑玉波:《民法债编总论》,第73页。

二、通说见解：代理权的授予不是债之发生原因

上开肯定说的三点理由，固有所据，但亦有难以赞同之处：

(1)以代理权之授予明定于债之发生节中，而认为其系债之发生原因，纯从形式立论，不具实质说服力。

(2)本人由授权行为，将代理权授予代理人后，代理人在其代理权限内，所为之代理行为，应由本人负责，乃代理制度的作用，尚不足作为授权行为系债之发生原因的依据。

(3)单独行为于法律有特别规定时，得为债之发生原因，虽属正确，但不能因此而认凡单独行为皆得为债之发生原因。债之关系乃指当事人间得请求给付之法律关系，不作为固亦得为给付(第199条第3项)，本人对于代理人纵负有容认其为代理之义务，但此乃代理权限的反射，非属独立的给付义务，似不足作为债之标的。

本书从通说见解，认为本人虽对于代理人授予代理权，代理人对于本人并不因此而负有为代理行为的义务。其使代理人负有此项作为义务的，乃本人与代理人间的委任、雇佣等基本法律关系，而非代理权授予行为。代理权之授予本身在当事人间既不产生何等债权债务关系，自非为债之发生原因。

在前揭例题，甲授权乙以其名义出租某屋，乙虽因此取得代理权限，但并不负有为代理行为(出租房屋)的义务；故甲纵使因乙怠于为代理行为而受有损害，亦无向乙主张损害赔偿的请求权基础。其理由至为明显，即任何人不能以单方的意思，而使他人在法律上负有某种作为的义务。为使乙负有处理一定事务之义务，甲须与乙订立委任契约，乙因可归责之事由致债务不履行时，甲得向乙请求损害赔偿(第535条、第544条)。

第三节　意定代理权的种类、范围、限制及消灭

一、甲授予乙代理权，以甲名义向丙租屋，并许乙可委由可信赖之人为之。乙因事外出，再授权丁为甲租屋。丁以甲之名义向丙租屋后，发现甲系受监护宣告之人。试问当事人间的法律关系如何？

二、甲委任乙，出售某件古董，并授予代理权，表示售价不得低于50万元。乙拒绝丙以60万元购买该件古董之要约，而

以 50 万元出售与其亲友某丁时,其效力如何?

第一款　代理权的种类

一、内部授权与外部授权

"民法"第 167 条规定:"代理权系以法律行为授予者,其授予应向代理人或向代理人对之为代理行为之第三人,以意思表示为之。"其向代理人为之者,称为内部授予代理权(简称内部授权,Innenvollmacht);其向第三人为之者,称为外部授予代理权(简称外部授权,Aussenvollmacht)。二者区别实益何在,"民法"未设规定,应说明的有三:

(1)关于代理权的范围,在内部授权,应以代理人了解的观点加以认定;在外部授权,则应以第三人了解的观点加以认定。

(2)代理权授予行为有瑕疵(如错误、受诈欺或胁迫)时,于内部授权,其撤销原则上应向代理人为之;于外部授权,则应向第三人为之。

(3)第 107 条规定:"代理权之限制及撤回,不得以之对抗善意第三人。但第三人因过失而不知其事实者,不在此限。"适用于外部授权,而由授权人内部对代理人限制或撤回代理权的情形。

二、主代理权与复代理权

主代理权,指由本人所授予的代理权。复代理权,指由代理人以其名义所授予的代理权,学说上称为多层代理,例如,甲授权与乙,以甲名义向丙租屋,并表示乙亦得委由可信赖之人为之。设乙以自己名义授权丁,使丁得以甲之名义租屋时,则乙为主代理权人,丁为复代理权人。

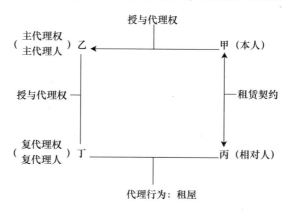

主代理权人得否授予复代理权与他人,本人无明示时,应斟酌本人是否重视代理人其人的资格、能力及信赖性等因素加以认定,有疑问时,应采否定说,盖意定代理系以本人对代理人的信用为基础,假手第三人,多不合本人之利益。

复代理人所为的法律行为,须具备两项要件,始直接对本人发生效力:第一,须有代理权及复代理权。第二,须以本人名义为之。复代理人非系代理人的代理人。代理权限欠缺其一时,应构成无权代理。甲授权给乙,乙复授权给丁,丁向丙租屋(例题一),若甲为受监护宣告之人时,发生如下的法律关系:①甲系受监护宣告之人,无行为能力,其授予乙代理权的意思表示无效(第15条、第75条)。乙既无代理权,复授权给丁,丁亦欠缺代理权。丁以甲之名义向丙租屋,成立无权代理。甲的法定代理人为承认时,其代理行为发生效力。甲之法定代理人不为承认时,丁系无代理权人,以甲之名义而订立租赁契约,对于善意之丙,应负损害赔偿责任(第110条)。②乙无代理权而授予复代理权与丁,亦应依第110条的规定对善意之丙,负损害赔偿责任。于此情形,丁得请求乙对丙为损害赔偿,以免除其赔偿责任(参照第213条第1项)。

三、单独代理与共同代理

代理权属于一人时,为单独代理,代理人得自为代理行为。代理人有数人时,例如,甲委任乙、丙管理其所有房屋,并授予代理权,处理修缮等事务,其代理权如何行使?

"民法"第168条规定:"代理人有数人者,其代理行为应共同为之。但法律另有规定或本人另有意思表示者,不在此限。"由此可知,代理人有数人时,其代理行为原则上应共同为之,学说上称为共同代理。所谓法律另有规定,如第556条规定:"商号得授权于数经理人。但经理人中有二人之签名者,对于商号,即生效力。"[1]所谓本人另有意思表示者,指本人仍得对各代理人授予独立的代理权,使各得单独为代理行为。此种代理人有数人而各有单独代理权,学说上称为集合代理。本人亦得表示其中一人有单独代理权,其他之人则应共同为代理行为。本人授予多数人

---

[1] 关于合伙,参见最高法院1939年上字第1532号判例:"合伙之事务约定由合伙人中数人执行者,不惟其内部关系依第671条第2项应由该数人共同执行之,即第679条所规定之对外关系,依第168条规定,亦应由该数人共同为代理行为,若仅由其中一人为之,即属无权代理行为,非经该数人共同承认,对于合伙不生效力。"

以代理权,实务上并不多见,盖共同为代理行为,虽可集思广益,避免专擅,但不免互相掣肘,贻误事功;反之,使各代理人均有单独代理权,则政出多门,事权不专,亦非有利。

共同代理权在性质上系属代理权在人之方面的限制,可分三点加以说明:①数代理人中一人之意思表示因其意思欠缺、被诈欺、被胁迫或明知其事情或可得而知其事情,代理行为即具有瑕疵(第105条)。②数代理人中有一人系无行为能力时,其代理行为无效。③代理行为须共同为之,但不必同时作成,其先后为之者,其代理行为于最后一人为意思表示时,发生效力。唯此系就积极代理言,在消极代理,对代理人中之一人为意思表示(如对要约为承诺)即为已足,以保护相对人。

代理行为未由全体代理人共同为之时,应构成无权代理。代理人全体协议授权由一人为代理行为者,其效力如何,不无疑问。就"共同为之"之文义言,采否定说,固有所据。惟衡诸共同代理之目的,应采肯定说。甲授权与乙、丙、丁购买工厂用地。有某戊愿出售A地,乙、丙、丁商议后,得授权与丁,由其向戊为承诺。盖此与共同代理之目的并无违背。

第二款　代理权的范围

代理权的范围,由本人自由定之,可分为三类:①特定代理权,即授权为特定行为,如出租某屋。②种类代理权,即授权为某种类的行为,如买卖股票。③概括代理权,即授权代理的行为不予限制。本人究为何种授权,其范围如何,系解释的问题,应探求本人真意,依诚实信用原则及斟酌交易惯例加以认定。例如某甲回家探亲,授权乙管理其出租的套房,在解释上应认为其代理权的范围至少包括房屋必要修缮契约的订立、租金的收取或催告(准法律行为)、承租人意思表示的受领(消极代理)等。

第三款　双方代理、自己代理

代理权之授予,使代理人取得一种得以本人名义为法律行为的地位或权限;倘代理人图谋自利,对本人言,确具危险性,事先防范不易,故对代理权限加以适当限制,实有必要。为此乃于第106条规定:"代理人,非经本人之许诺,不得为本人与自己之法律行为,亦不得既为第三人之代理人,而为本人与第三人之法律行为。但其法律行为,系专履行债务者,不在此限。"例如,甲授权与乙,为其租屋,而乙适有 A 屋待租,乙非经甲(本人)之许诺,乙不得为甲与自己订立 A 屋的租赁契约(自己代理之禁止)。又如,甲授权与乙,为其租屋,丙亦授权与乙为其出租 B 屋时,乙非经本人(甲与丙)之许诺,不得为甲与丙订立 B 屋的租赁契约(双方代理之禁止)。违反第 106 条规定者,其代理行为并非无效,仅构成无权代理,得因本人之承认而生效力。①

第四款 代理权的滥用

关于"代理权滥用",学界甚少讨论,有略加说明的必要。代理人于从事代理行为时,虽未超过其代理权限,但违反其内部关系之义务者,亦时有之。例如,甲委乙出售某件古董,授予代理权,表示售价不得低于 50 万元。甲应受乙在其代理权范围内所为意思表示的拘束;倘乙以 50 万元出售该件古董与丙时,甲不得主张乙可以更高价钱出售而否认其效力。唯对此原则,应设例外,在上举之例,设乙拒绝某丙愿以 60 万元购买该件古董的要约,而以 50 万元的最低价格出售给其亲友某丁,而丁明知其事时,甲得主张乙滥用其代理权,违反诚信原则,而否认代理行为的效力(例题二)。

第五款 代理权的消灭

(1)附条件或期限:代理权之授予行为附有解除条件或终期者,于条件成就或期限届满时,失其效力,代理权归于消灭。

(2)依其所授予之法律关系:"民法"第 108 条第 1 项规定:"代理权之消灭,依其所由授予之法律关系定之。"例如,店员被解雇时,其代理权归于消灭。

(3)代理权之撤回:"民法"第 108 条第 2 项规定:"代理权,得于其所由授予之法律关系存续中撤回之。但依该法律关系之性质不得撤回者,不在此限。"代理权的撤回性旨在维护本人的利益及当事人间的信赖。在外部授权的情形,亦可内部撤回之。代理权因撤回而消灭。其不得撤

---

① 关于双方代理及自己代理较详细的论述,参阅拙著:《民法总则》,北京大学出版社 2022 年重排版,第 482 页以下。

回者,例如,债务人授权其债权人出售某物,就其价金受偿,为兼顾代理人的利益,宜解为不能撤回。

(4)代理权的抛弃:代理权虽非权利,但属一种法律上的权限,由本人单方授予,不必得代理人之承认;依一般法律原则,任何人不得依自己的意思将某种权益或义务加诸他人之上,故代理人得抛弃其代理权限。至于代理人及其内部关系,得否抛弃,乃另一问题。

(5)代理权是否因当事人死亡或丧失行为能力而消灭,"民法"未设规定,分别说明如下:

①死亡。代理人死亡时,代理权应归消灭,因代理系属一种信赖关系,且非属财产上权利,不能为继承之标的(参阅第550条、第551条)。本人死亡时,除当事人另有意思表示或法律另有规定(参阅第564条)外,其代理权归于消灭。委任关系不因委任人死亡而消灭时(第550条、第552条),其基于委任而授予的代理权,原则上亦不消灭,惟其继承人得撤回之。

②丧失行为能力。代理人丧失行为能力时,不能有效为意思表示,其代理权应归消灭。本人丧失行为能力时,业已授予之代理权原则上不因此而受影响,但其法定代理人得撤回之。

第四节 无权代理

第一款 无权代理的意义及要件

甲有水晶花瓶寄托乙处,试区别以下三种情形,慎思明辨,说明当事人间的法律关系:

1. 甲授权给乙,以乙自己的名义出售该瓶于丙,依让与合意交付该瓶于丙,并移转其所有权。

2. 乙擅以甲之名义出售该瓶与丙,并即依让与合意交付该瓶于丙。

3. 乙擅以自己名义,出售该瓶与丙,并即依让与合意交付该瓶于丙。

一、无权代理的意义

无权代理,指无代理权人以代理人之名义而为法律行为(第110条、

第 170 条第 1 项)。其要件有三：

(1) 须为法律行为。

(2) 以本人名义。

(3) 须欠缺代理权。代理权的欠缺，其情形有四：①未经授予代理权。②授权行为无效或被撤销。③逾越代理权的范围。④代理权消灭。

二、无权代理与无权处分的区别

无权代理与无权处分系"民法"两个重要基本概念，应严予区别。二者易于混淆，实有明辨的必要。

(一) 授权处分

首先需说明的是，所谓的授权处分，即处分权人授权他人处分其权利。例如，甲授权乙处分其所有的 A 车(所有权)。于此情形，乙得以自己名义处分 A 车，不必以甲之名义为之。授权处分仅限于处分行为(物权行为或准物权行为)。关于买卖、赠与等负担行为，则无所谓的授权处分，仅能授予代理权，以代理方式为之。易言之，即须以本人之名义为之(其理由何在？)。因此甲授权给乙，以甲名义出租某屋，而乙以自己名义出租者，其租赁契约不直接对甲发生效力，应由乙自负出租人之责任。

(二) 无权代理

无权代理，指无代理权人以本人名义而为法律行为。例如，乙未经甲授予代理权，而以甲的名义出售其所有的 A 车与丙，并依让与合意交付(第 761 条)。于此情形，买卖契约及物权契约均属效力未定，须经甲之承认，始生效力。甲不为承认时，丙纵为善意，信赖乙之代理权限，原则上仍不受保护。不能取得 A 车所有权，仅能依第 110 条规定向乙请求损害赔偿。

(三) 无权处分

无权处分，指无处分权人以自己名义处分他人之权利。例如，乙未经甲之授权处分，径以自己名义出售甲所有之 A 车与丙，并依让与合意交付之(第 761 条)。于此情形，乙与丙间之买卖契约有效(出卖他人之物)，但物权行为系属无权处分，效力未定，须经甲之承认始生效力(参阅第 118 条)。善意之丙得依第 801 条及第 948 条规定取得 A 车所有权。①

兹为便于观察,将无权代理与无权处分的要件及效果图示如下(请慎思明辨、精确理解):

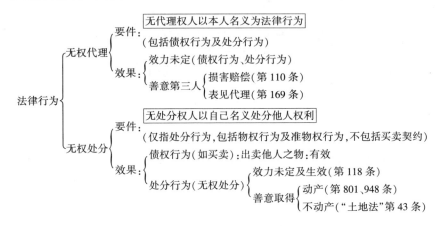

第二款　无权代理的法律效果

无代理权人以代理人名义而为之代理行为,效力未定(第170条),为使其确定发生或不发生效力,"民法"设有本人承认与相对人撤回的规定。若确定不生效力,则于无代理权人与第三人间发生损害赔偿责任问题。在分别论述前,为便于观察,图示如下:

---

① 关于无权代理与无权处分的区别,参见1981年台上字第2160号判决谓:纵有代理权,而与第三人为法律行为时,非以本人名义为之者,亦不成立代理。又虽与第三人为法律行为时,未明示其为代理人;而如相对人按其情形,应可推知系以本人名义为之者,固难谓不发生代理之效果,即所谓之"隐名代理"。唯如代理人当时系以自己之名义而为。即非以代理人之资格而为,已甚明显者,仍不能认其为代理他人而为。再无权代理或表见代理,除欠缺代理权外,非具备代理其他之要件,不能成立。故无代理权,又非以他人代理人名义而与第三人为法律行为者,当不发生无权代理因本人承认而对本人发生效力,或使本人负表见代理授权人责任之问题。至无权利人就权利标的物,以自己名义与第三人成立买卖后,纵经有权利人之"承认",尚难因此而谓有权利人已变为该买卖契约之订约当事人(但负有使出卖人履行出卖人义务之义务),相对人仍不得径行对之为履行之请求(《民刑事裁判选辑》第2卷,第2期,第30页)。本件判决阐释无权代理部分,可资赞同。关于无权处分部分,认所谓处分包括买卖(债权行为),似有误会。参见拙著:《再论"出卖他人之物与无权处分"》,载《民法学说与判例研究》(第四册),北京大学出版社2009年版,第141页。

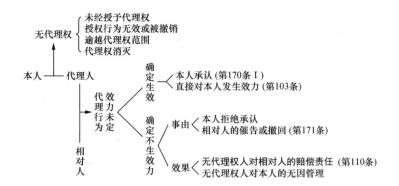

一、本人与第三人（相对人）法律关系

甲委任乙，并授予代理权，向丙购A犬，乙发现B犬较A犬更具价值，乃以甲的名义向丙购B犬，并即付款，受让其所有权。试问：

1. 乙的代理行为的效力？
2. B犬所有权属于何人？
3. 甲与丙间的法律关系如何？

（一）契约行为与单独行为的区别

关于无代理权人以本人名义所为的法律行为的效力，《德国民法典》区别契约行为及单独行为加以处理，即契约行为系属效力未定(《德国民法典》第177条)；单独行为的无权代理，原则上不许为之(《德国民法典》第178条)，本人无从承认，使生效力，立法目的在于避免法律关系悬而不定。现行"民法"未作此区别。最高法院1933年上字第3973号判例谓："债务之免除，须由债权人向债务人表示免除其债务之意思，始生效力。此法律行为虽非不许代理，但无代理权人所为之免除，非经债权人承认，对于债权人不生效力。"由此可认为无权代理的免除（单独行为）效力未定。

（二）本人的承认权

无代理权人以代理人之名义所为之法律行为，非经本人承认，对于本人不生效力（第170条第1项）。承认系有相对人的单独行为，得依明示或默示为之。承认的意思表示究应向何人为之，"民法"未设规定，解释上应认得对代理人或代理人向之为代理行为之第三人为之。无权代理的法律行为,因本人承认而溯及于其成立时发生效力。本人拒绝承认时,无权代理的法律行为确定不生效力。

(三)相对人的催告或撤回权

无权代理的法律行为系属效力未定,得由本人承认而生效力,此对本人固属有利;但于未承认前,法律行为悬而不定,对相对人甚属不便,为期平衡当事人利益,"民法"特赋予相对人两种权利:①催告权:即相对人得定相当期限,催告本人确答是否承认,如本人逾期未为确答者,视为拒绝承认(第170条第2项)。催告应向本人为之,期限是否相当,应依代理行为的性质及交易惯例加以认定。相对人所定期间不相当时,于相当期间经过后,本人不为确答时,仍视为拒绝承认。②撤回权:即相对人得撤回无权代理行为,阻止其因本人的承认而发生效力。相对人的撤回权不因已对本人为催告而受影响;惟其撤回应于本人未为承认前为之。代理行为因本人承认而生效时,相对人不得撤回,乃属当然。相对人对本人为催告后,于本人承认前,仍得撤回,盖为保护相对人,其撤回权不应因催告而受影响(参阅第171条)。须注意的是,相对人于为法律行为时,明知其无代理权时,不得撤回,仅得行使催告权。

综据上述,无权代理的法律行为,系属效力未定,使其效力确定的方式有四:①因本人之承认而生效力。②因本人拒绝承认,而不生效力。③因本人对相对人之催告逾期不为确答,视为拒绝承认而不生效力。④因相对人撤回而不生效力。本人之承认权及相对人的撤回权均属所谓的形成权(Gestaltungsrecht)。行使此两项形成权的意思表示,均属须受领的意思表示,于相对人了解(对话,第94条),或到达相对人(非对话,第95条)时,发生效力。

二、无代理权人与第三人(相对人)间的法律关系:无代理权人之责任

"民法"第110条规定:"无代理权人,以他人之代理人名义所为之法律行为,对于善意之相对人,负损害赔偿之责。"试问:

1. 无代理权人责任的成立须否以故意或过失为要件?
2. 所谓损害赔偿,究指信赖利益抑或履行利益?
3. 应否区别无代理权人是否明知其无代理权,而定其赔偿责任?
4. 无代理权人为无行为能力人或限制行为能力人时,应否负无权代理人责任?

5. 相对人损害赔偿请求权的消灭时效期间？何时起算？

代理人与第三人(相对人)间的法律关系,乃无代理权人对相对人负损害赔偿责任的问题。对此,第 110 条规定:"无代理权人,以他人之代理人名义所为之法律行为,对于善意之相对人,负损害赔偿之责。"兹就其构成要件、法律效果、消灭时效、举证责任,分别说明如下：

(一)构成要件及法律性质

(1)构成要件。第 110 条规定无代理权人责任,其成立要件为：

①须无代理权人以本人名义而为法律行为。该法律行为因本人拒绝承认(或视为拒绝承认)确定不生效力。相对人于本人承认前,撤回其与无代理权人所为之法律行为时,无第 110 条的适用,盖相对人既已撤回,不使代理行为发生效力,自无保护的必要。

②须相对人为善意,有无过失在所不问。

(2)法律性质。第 110 条所定无代理权人责任,不以无代理权人不知其无代理权有过失为要件。"最高法院"1967 年台上字第 305 号判例谓："无权代理人责任之法律根据如何,见解不一,而依通说,无权代理人之责任,系直接基于'民法'规定而发生之特别责任,并不以无权代理人有故意或过失为其要件,系属于所谓原因责任、结果责任或无过失责任之一种,而非基于侵权行为之损害赔偿。"

无代理权而以他人之代理人名义而为法律行为时,在相对人引起正当的信赖,认为代理人有代理权限,得使该法律行为对本人发生效力,为保护善意相对人,应使无权代理人负赔偿责任,学说上称为法定担保责任。①

(二)法律效果

(1)损害赔偿的范围。第 110 条所称损害赔偿,究指何而言,解释上可有四种见解：①相对人仅得请求赔偿因该法律行为有效可取得的利益(履行利益)。②相对人仅得请求赔偿因信其有代理权而损失的利益(信赖利益)。③无论消极利益或积极利益,相对人均得主张；但信赖利益的请求,不得大于履行利益。②④无代理权人,如于行为时不知其无代理权

---

① 参见拙著:《无权代理人之责任》,载《民法学说与判例研究》(第六册),北京大学出版社 2009 年版,第 1 页。

② 参见史尚宽:《债法总论》,第 64 页;郑玉波:《民法总则》,第 313 页。

者,仅应负赔偿信赖利益(其额不得大于履行利益)之责任,否则应负赔偿履行利益之责任。①

"最高法院"2012年台上字第641号判决谓:"无权代理人之责任,系基于'民法'第110条之规定而发生之特别责任,相对人依该条规定请求损害赔偿,不得超过相对人因契约有效所得利益之程度。"系采第三说。应说明的是,将损害赔偿仅限于信赖利益,似不足保护相对人。在无权代理,其代理行为虽不生效力,但不能因此径认仅能请求信赖利益,此观诸各国和地区立法例即可知之。② 代理人非因过失不知其代理权的欠缺,例如授权者为精神病人,系无行为能力人,妄以授权书给予代理人,而代理人不知其为无行为能力时,使代理人负履行利益的赔偿责任,诚属严苛,应使其仅负信赖利益的损害赔偿。但明知或因过失无代理权时,应负履行利益的损害赔偿,较为合理。本书认为第四说较值赞同,唯此已超过第110条解释的范畴,而进入法律创造的阶段。

(2)无代理权人为无行为能力人或限制行为能力人。值得提出讨论的是,应否区别无代理权人为有行为能力人,或限制行为能力人而异其责任?

无代理权人系有行为能力人时,应依第110条规定,负其责任。无代理权人系无行为能力人时,应否负第110条规定的赔偿责任,虽法无明文,但解释上应采否定说,盖无行为能力人不能为意思表示,不成立无权代理。

关于限制行为能力人,应认非经法定代理人同意而为代理行为者,不负无权代理人之责任。③ 须说明者有二:

第一,为贯彻"民法"保护未成年人的基本原则。在现行"民法",限

---

① 参见梅仲协:《民法要义》,第106页;洪逊欣:《中国民法总则》,第506页。
② 《德国民法典》第179条规定:"以代理人名义订立契约者,若不能证明其代理权,并经本人拒绝追认时,该订立人依相对人之选择,负履行或损害赔偿之义务。代理人不知其无代理权者,对于相对人因信其有代理权所受之损害,负赔偿之义务,但其数额,不得超过相对人因契约有效所得利益之程度。相对人明知或可得而知无代理权者,代理人无责任。代理人之行为能力被限制时,亦同;但已得法定代理人之同意者,不在此限。"《瑞士债务法》第39条规定:"明示或默示拒绝承认时,以代理人名义为行为者,对于因契约失效而生之损害,如不能证明相对人知其无代理权人有过失者,审判官认为不失公平时,得命其他之损害赔偿。前两项情形,因不当得利所生之请求权,仍不妨行使之。"《日本民法典》第117条规定:"以他人之代理人而订立契约者,不能证明其代理权,且未经本人追认时,依相对人之选择对之任履行或损害赔偿之责。前项规定,于相对人明知其无代理权,或因过失而不知,或以代理人名义订立契约者无其能力时,不适用之。"
③ 参见史尚宽:《民法总论》,第503页。

制行为能力人未得法定代理人之允许所为之单独行为无效(第78条)。限制行为能力人未得法定代理人之同意(允许或承认),其所订立之契约不生效力(参阅第79条以下)。例如,17岁之甲未得法定代理人之同意向乙租赁房屋,其所订立之契约不生效力,甲不负法律上之责任,纵使相对人乙系属善意,亦不例外。在无权代理的情形,例如,限制行为能力人甲未得法定代理人之同意,以丙之名义向乙租屋时,倘须依第110条规定自负损害赔偿责任,法律上之价值判断显失平衡。因此应依现行"民法"保护未成年人的基本原则,目的性限缩第110条规定的适用范围,认为:"但对于限制行为能力人未得法定代理人同意者,不在此限。"[①]

第二,限制行为能力人未得法定代理人同意而为代理行为,虽无第110条的适用,但仍应依"民法"关于侵权行为之规定负其责任。相对人因代理人无权代理而受侵害的,多属纯粹财产上利益,而非权利,故原则上不适用"民法"第184条第1项前段规定。惟限制行为能力人明知无代理权限,故意以悖于善良风俗之方法加损害于相对人时,应依第184条第1项后段规定,负损害赔偿责任。

(三)消灭时效

关于第110条损害赔偿请求权的消灭时效,"最高法院"1967年台上字第305号判例认为无权代理人之责任系直接基于"民法"之规定而发生之特别责任,而非基于侵权行为之损害赔偿,"是项请求权之消灭时效,在'民法'既无特别规定,则以第125条第1项所定15年期间内应得行使,要无第197条第1项短期时效之适用"。

"最高法院"否认第197条第1项短期时效的适用,基本上可资赞同。另一种思考方向系认为关于此项损害赔偿请求权,不一概适用第125条规定,而应依无代理权人所为法律行为(尤其是契约)有效成立时,其履行请求权时效期间而定之。[②] 例如,甲无代理权限而以乙之名义向丙租屋,该代理行为有效成立时,丙对乙善意相对人的租金请求权的时效期间既为5年,关于无权代理损害赔偿请求权的消灭时效,似不能以"民法"无特别规定为理由,径适用第125条所定15年的长期时效期间,须依第

---

① 拙著:《未成年人与代理、无因管理及不当得利》,载《民法学说与判例研究》(第五册),北京大学出版社2009年版,第163页。
② 德国通说,BGHZ 73, 231; Medicus, AT, S. 372, Rn. 990.

126条规定计算其时效期间,较能贯彻"民法"特设短期时效之规范目的。无论采何见解,此项消灭时效期间,均应自本人拒绝对无权代理行为为承认时起算。

(四)举证责任

相对人依第110条规定,请求损害赔偿时,须对代理人系无权代理,以本人之代理人名义为法律行为,以及本人拒绝承认,负举证责任。关于相对人非属善意的举证责任,应由无权代理人负担。

三、代理人与本人间之法律关系

本人对无权代理行为不为承认时,无代理权人对善意的相对人应负损害赔偿责任,已如上述。对于本人,无代理权人则得依"民法"关于无因管理的规定主张其权利。例如,甲于探亲期间,其住宅遭台风毁损,乙以甲之名义雇丙修缮,设甲不承认此项代理行为时,若乙管理事务利于甲,并不违反甲明示或可得推知之意思者,乙得依第176条规定,向甲请求清偿其对丙所负担的损害赔偿责任。本人承认无权代理行为时,本人与代理人间的权利义务依其内部关系定之。例如,甲建筑公司的业务专员乙,逾越其授权范围与客户订约,甲为维持信用而承认其无权代理的法律行为时,甲就因此所受损害,得依关于债务不履行的规定,向乙请求损害赔偿。

第三款 无权代理规定的类推适用

一、乙未受甲指示,擅自通知丙,甲愿承租其屋,致丙未适时将该屋出租于他人。丙得向甲或乙主张何种权利?

二、"公司法"第16条规定:"公司除依其他法律或公司章程得为保证者外,不得为任何保证人。"甲公司的负责人乙违反此项规定对丙为保证。试说当事人间的法律关系。

三、甲未经乙授予代理权,不知乙已死亡,而以乙的名义向丙购买某车。试问乙的继承人丁得否承认该买卖契约,使生效力?若丁不得承诺时,得向甲主张何种权利?

"民法"上关于无权代理,尤其是第110条关于无代理权人责任的规定,于其他利益状态相当的情形,得为类推适用,分述如下:

一、无权使者

无权使者,指未受他人指示,而传达他人意思表示之人。例如,乙未受甲的指示,擅告知丙,甲欲承租丙的房屋。在此情形,甲与丙间不成立买卖契约,若甲欲与丙订立买卖契约,尚须自为意思表示,或使乙传达之。设甲未与丙订立买卖契约时,应类推适用第110条规定,使善意的相对人丙得对无权使者乙,请求损害赔偿。

二、无权代表

无权代表,指董事无代表权,以法人的名义而为法律行为。"最高法院"1985年台上字第2014号判例谓:"代表与代理固不相同,惟关于公司机关之代表行为,解释上应类推适用关于代理之规定,故无代表权人代表公司所为之法律行为,若经公司承认,即对于公司发生效力。"若公司拒绝承认时,应类推适用第110条规定,使无代表权人对善意之相对人负损害赔偿之责。

三、法定代理人以公司名义为保证的责任

"公司法"第16条规定:"公司除依其他法律或公司章程规定得为保证者外,不得为任何保证人。"公司的负责人(法定代理人)以公司名义为保证时,其保证行为无效。于此情形,公司的法定代理人应对相对人负何种责任? 对此重要问题,有两则判例:①1955年台上字第1566号判例谓:"被上诉人甲、乙两股份有限公司,均非以保证为业务,被上诉人丙、丁分别以法定代理人之资格,用各该公司名义保证主债务人向上诉人借款,显非执行职务,亦非业务之执行,不论该被上诉人丙、丁等应否负损害赔偿之责,殊难据第28条、'公司法'第30条,令各该公司负损害赔偿责任,上诉人对此部分之上诉显无理由。惟查被上诉人丙、丁等对其所经理之公司,如系明知其并非以保证为业务,而竟以各该公司名义为保证人,依第110条及第184条规定,对于相对人即应负损害赔偿之责,不得因'公司法'第22条、第23条、第24条,未有公司负责人应赔偿其担保债务之规定予以宽免。"②1959年台上字第1919号判例谓:"被上诉人公司非以保证为业务,其负责人违反'公司法'第23条之规定以公司名义为保证,依'司法院'释字第59号解释,其保证行为对于公司不生效力,则上诉人除因该负责人无权代理所为之法律行为而受损害时,得依第110条之规定请求赔偿外,并无仍依原契约主张应由被上诉人负其保证责任之余地。"对此两则判例,应说明者有三:

(1)"民法"第110条规定的适用,以代理人无代理权,代理的法律行为效力未定,而本人拒绝承认为要件。前揭两则判例所涉者,乃"代理行为本身"无效;其所以无效,系因法人(公司)的权利能力受到法律的限制(第26条),本人(公司)无承认的余地;故公司负责人之应向善意相对人负损害赔偿,乃"民法"第110条规定的类推适用。

(2)"最高法院"认为公司负责人如系明知并非以保证为业务而竟以各该公司名义为保证人,依"民法"第110条、第184条规定,对于相对人即应负损害赔偿之责。此项见解肯定"民法"第110条规定的无代理权人责任,得与第184条规定的侵权责任竞合,实值赞同。

(3)关于"民法"第184条规定的适用,应从请求权基础的观点加以检讨。保证无效时,相对人所受侵害的,不是权利,而是纯粹财产上利益(纯粹经济上损失),故无"民法"第184条第1项前段规定的适用。其得适用的,乃同条项后段,此须以加害人故意以悖于善良风俗之方法加损害于他人为要件;公司负责人明知公司非以保证为业务,竟以各该公司名义为保证,是否符合此项要件,应就个案认定之。

四、以死亡者的名义为法律行为

台湾地区高等法院台中分院1981年法律座谈会提出如下之法律问题:某甲将其所有土地一笔,委托某乙代为管理及收取租金。嗣某甲死亡后,某乙竟伪造某甲拟出售该笔土地之委托书,由某乙代理某甲将该笔土地出售与某丙,订立土地买卖契约,事后某甲之继承人于办理继承登记后,亦同意某乙出售该土地之行为。则某乙与某丙所订之土地买卖契约是否有效?

讨论意见:甲说认为有效,因某乙以代理人之名义与某丙订约时,某甲虽已死亡,系属无权代理人以代理人名义所为之法律行为,系效力未定之行为,事后既经某甲之继承人承认,依第118条第1项之规定,自可发生效力;乙说认为无效,因某乙以某甲本人之名义与某丙订立契约时,某甲业已死亡,某甲已丧失权利能力,不得再为权利义务之主体,权利主体不存在之无权代理行为,不因事后由其继承人承认而生效力。结论:拟采甲说。

"司法院"第一厅研究意见认为:按无权代理亦为代理之一种,须无代理权人,以他人之代理人名义,与相对人为法律行为,始足当之,如该无权代理人为法律行为时,本人已不存在,则该代理即系以不能事项为标的之法律行为,应为无效,不生因本人之承认而生效力之问题。本题代理人某乙于本人(某甲)死亡后,仍以本人之代理人名义与某丙缔约出售该笔土地之法律行为,依上说明,既欠缺代理之绝对有效要件,自不成立无权代理,并无适用"民法"第110条规定之余地,本题应以乙说为当。

本件法律问题及法律意见甚具启示性,"司法院"第一厅研究意见的结论,基本上可资赞同。盖某乙以某甲名义为法律行为时,某甲既已死亡,应不发生继承问题。故某甲的继承人不得对此无效的法律行为承认,使生效力。善意相对人某丙得类推适用第110条规定,向某乙请求损害赔偿。

第五节 表见代理

无代理权人,以本人名义而为法律行为,是为无权代理,非经本人承认,对本人不生效力;相对人不能以善意信赖代理人有代理权为理由,主张代理行为应直接对本人发生效力。此就原则言,实属正当而合理;盖本人不应因他人擅以其名义为法律行为,而须负责也。然而,在若干情形下,本人因其行为(作为或不作为)创造了代理权存在的表征(权利外观),引起善意相对人的信赖时,为维护交易安全,自应使本人负其责任,因而产生表见代理制度。就现行"民法"言,其类型有二:①相对人信赖本人所授予的代理权继续存在的表见代理。②相对人信赖本人授予代理权的表见代理。分述如下。

第一款 代理权继续存在的表见代理
——"民法"第107条

请先阅读"民法"第107条规定,说明于下列情形,甲应否负授权人的责任,其依据何在?

1. 甲授权给乙,以甲名义,向丙租屋,租期1年。乙认为1年租期过短,而与丙订立为期2年的租赁契约。

2. 甲授权给乙,以甲名义,向丙租屋,乙于甲对其撤回代理权的授权后,仍以甲名义与丙订立租赁契约。

代理人于代理权一部或全部消灭后,仍以本人名义而为代理行为时,应构成无权代理。为保护相对人对代理权继续存在的信赖,"民法"第107条特别规定:"代理权之限制及撤回,不得以之对抗善意第三人。

但第三人因过失而不知其事实者,不在此限。"

一、"民法"第 107 条的解释适用

(一) 构成要件

1. 代理权之限制及撤回

(1) 代理权之限制

代理权之限制,乃代理权一部的消灭,就其固有意义言,指本人将代理权授予代理人之后,再加以限制。① 通说将其扩张解释为指一般应有或已有之代理权限,依法律规定或本人之意思表示,特加限制而言。② 亦有认为应更进一步扩张解释包括自始限制及嗣后限制。③

关于代理权之限制,"最高法院"未作概括的说明,1951 年台上字第 647 号判例谓:"耕地租额的约定,属于耕地租赁契约内容之必要事项,上诉人既已授权某甲与被上诉人订定系争耕地之租赁契约,即不得谓某甲无代理上诉人为约定租额之权限,纵使上诉人曾就其代理权加以限制,而依第 107 条之规定,仍不得以之对抗善意之被上诉人。"④所谓曾就代理权加以限制,在本件案例事实系指自始限制。

1973 年台上字第 1099 号判例谓:"'民法'上所谓代理,系指本人以代理权授予他人,由他人代理本人为法律行为,该代理人之意思表示对本人发生效力而言。故必须先有代理权之授予,而后始有第 107 条前段'代理权之限制及撤回,不得以之对抗善意第三人'规定之适用。"

关于第 107 条所称代理权之限制,本书认为应限于事后限制。自始限制则属代理权范围。例如,甲授权给乙,向丙租屋,其租金不得超过 10 万元。乙以 12 万元向丙租屋时,此项超逾代理权范围的无权代理,不应适用第 107 条规定,使甲负授权人的责任。

(2) 代理权之撤回

代理权之撤回,指因本人一方之意思表示,使代理权归于消灭。如前所述,代理权的授予可分为外部授权及内部授权,无论何种情形,其代理

---

① 参见第 107 条立法理由书。
② 参见郑玉波:《民法总则》,第 306 页。
③ 参见刘得宽:《民法总则》,第 31 页;洪逊欣:《中国民法总则》,第 491 页。
④ "最高法院"1963 年台上字第 3529 号判例谓:"上诉人等既将已盖妥印章之空白本票交与某甲,授权其代填金额以办理借款手续,则纵使会限制其填写金额 1 万元,但此项代理权之限制,上诉人未据举证证明,为被上诉人所明知或因过失而不知其事实,依第 107 条之规定,自无从对抗善意之被上诉人。"就案例事实言,亦属自始限制的情形。

权之撤回均得对代理人(内部撤回),或对第三人为之(外部撤回)。

2. 须第三人(相对人)于行为时系善意、无过失

善意,指不知有代理权之限制及撤回而言。第三人有无过失,应客观地观察无权代理行为时之一切情事加以认定。

(二)法律效果

1. 不得对抗善意第三人

第107条前段规定:"代理权之限制及撤回,不得以之对抗善意第三人。"此系指善意第三人主张代理权未受限制或撤回,代理行为直接对本人发生效力时,本人不得以代理人欠缺代理权限加以对抗。惟相对人仍得主张无权代理的法律效果,于本人承认前,撤回无权代理的法律行为。

2. "民法"第110条的适用

第107条规定的表见代理原系无权代理,故相对人得催告本人承认。本人拒绝承认或视为拒绝承认时,相对人得否不主张适用第107条规定,而依第110条规定向无权代理人请求损害赔偿?

对此问题,理论上可有两种见解:一为肯定相对人有选择权。一为无权代理人不负此项损害赔偿责任。本书采后说,其理由为本人依第107条规定既应负授权人的责任,其法律效果同于有权代理,其代理行为的效力直接及于本人,交易目的既已达成,衡诸代理制度的规范功能及当事人的利益,似无许相对人得向无代理权人请求损害赔偿之必要。惟倘相对人对本人事实上不能请求履行时(如本人外出,或不知去处),为保护交易安全,得例外认无权代理人应依"民法"第110条规定须负损害赔偿之责。

二、第107条与"表见代理"

(一)"民法"第107条是否为表见代理?

第169条之规定为表见代理,为判例学说所共认。"最高法院"1973年台上字第782号判例谓:"'民法'第169条所规定者为表见代理,所谓表见代理乃原无代理权,但表面上足令人信为有代理权,故法律使本人负一定之责任。"可资参照。

第107条所规定的,是否为表见代理?王伯琦教授采否定说,认为表见代理之成立,须由本人自己之行为,表示以代理权授予他人,或知他人表示为其代理人而不为反对之表示(第169条)。第107条所定代理权之限制或撤销,仅本人曾授予代理权,而今对其予以限制或撤销之

谓;仅其对第三人之效果,与表见代理相同而已。至其成立情形,两者全不相同;故代理权经限制或撤销后之无权代理行为,不可与表见代理,混为一谈。①

洪逊欣教授则采肯定说,强调表见代理不应限于有第169条所定之情形时,始得成立。盖表见代理制度,系为调节本人之利益与交易之安全,于本人与无权代理人间,若有客观的足使第三人信无权代理人有代理权之特殊关系,则对其无权代理行为,予以与有权代理类似之效果者。而此种特殊关系,除由本人表示授权之事实者外,在代理权受限制或其消灭——尤其撤回时亦有之。又就第107条言,其规定:代理权之限制或撤回,不得对抗善意无过失之第三人,系与第169条但书相同,其欲调节本人之利益与交易之安全者,甚为显然。故代理权经限制或消灭——尤其撤回后之无权代理行为,倘具备要件者,亦不妨成立表见代理。②

(三) 表见代理的权利外观③

前揭二个不同见解涉及表见代理的权利外观问题。

表见代理,指有一定的事实足使相对人信赖代理权存在(代理权存在的外观),而使本人负授权人的责任。第169条之所以被认为系表见代理,因其具有代理权存在的外观,即本人由自己的行为表示以代理权授予他人,或知他人表示为其代理人而不为反对之表示。

---

① 参见王伯琦:《民法总则》,第194页。
② 参见洪逊欣:《中国民法总则》,第486页。
③ 陈忠五所著《表见代理之研究》[台大法律学研究所硕士论文(1989年)]论述甚详,颇有创见,具参考价值。在比较法上,《德国民法典》规定于下列三种情形,应成立授予代理权继续存在之表见代理:(1)曾向第三人表示,以代理权限授予其代理人,而于代理权消灭时,未为通知者(《德国民法典》第170条)。(2)曾以特殊之通知方法或公告,向第三人表示代理权之授予,而未依同一方法,为代理权消灭之通知或公告者(《德国民法典》第171条)。(3)代理人向第三人提示本人交付之授权证书者(《德国民法典》第172条)。《瑞士债务法》第34条规定:"本人显系授予代理权,或事实上已为公告,其全部或一部撤回,以通知其撤回时为限得对抗之。"实务上常见案例为交付授权证书、交付收款的收据(Vgl. Bucher, Schweizerisches Obligationenrecht, Allgemeiner Teil ohne Deliktsrecht, 1979, S. 558)。《日本民法典》第109规定:"对于第三人表示以代理权授予者,在其代理权范围内,就该他人与第三人间所为之行为,负其责任。"第110条规定:"于代理人为其权限外之行为时,如第三人有确信其有权限之正当理由时,准用前条规定。"第111条规定:"代理权之消灭不得以之对抗善意第三人,但第三人因过失而不知其情事者,不在此限。"日本通说认为此三条均属表见代理[我妻荣:《民法总则》(新订),第364页]。关于第112条的适用,通说认为本条善意指对代理权存续的信赖(我妻荣:《民法总则》,1967年,第375页),其主要事例,如委任解除后,未取回委任状,受雇人解雇而未通知交易的相对人(四宫和夫:《民法总则》第4版,1987年,第269页)。

第 107 条所规定代理权的限制或撤回,其本身是否具有权利外观性,颇值推究。甲授权给乙,以甲的名义向丙租屋,其后甲向乙撤回授权,而乙仍以甲的名义向丙租屋时,其情形与乙自始未获授权而径以甲的名义向丙租屋之情形同,并无可使丙信赖乙有代理权的表征。准此以言,认为第 107 条非属表见代理,自有相当的理由。

为使代理权之限制或撤回,不得对抗善意第三人(相对人),尚需有使相对人正当信赖代理权继续存在的一定表征(权利外观),相对人始有保护的必要,对本人的归责,始具合理性。为调和代理制度上当事人的利益及交易安全,关于第 107 条所谓善意,应解释为系相对人有正当理由信赖代理权的继续存在,其主要情形有二:

(1)外部授权、内部限制或撤回。例如,甲对丙表示授予某乙代理权,向其购买 A 犬及 B 犬。若甲对乙撤回此项授权或限制其仅得购买 A 犬,而乙仍向丙购买 A、B 二犬时,丙对乙代理权继续存在的信赖,应受保护,而有第 107 条规定的适用。

(2)代理人向第三人提示本人交付的授权书。第 109 条规定:"代理权消灭或撤回时,代理人须将授权书,交还于授权者,不得留置。"立法目的显在防止代理人之滥用,害及授予人(参阅立法理由书)。之所以会害及授予人,乃代理人向第三人提示本人交付的授权书,会使相对人信赖代理权的存在。于此情形,善意的相对人得主张无权代理行为之效果归于本人。

第二款　授予代理权的表见代理

——"民法"第 169 条

一、试问于下列情形,丙得否主张甲应负授权人的责任:

1. 甲将身份证及印章交付给乙,委托办理户口登记,乙提示甲的身份证,盖用甲之印章为乙的债务作保证。

2. 甲将印章及支票并交某乙保管,乙以甲的名义向丙购买汽车,并签发支票,支付价金。

二、甲建筑公司将承包工程转包与乙,乙(小包)雇用丙等担任小工,均以甲公司名义为之,甲公司并不在意,工人丙等可否诉请甲公司给付报酬?

第169条规定:"由自己之行为表示以代理权授予他人,或知他人表示为其代理人而不为反对之表示者,对于第三人应负授权人之责任。但第三人明知其无代理权或可得而知者,不在此限。"此为关于授予代理权的两种表见代理,系实务上的重要问题。分别说明如下。

第一项 以自己行为表示以代理权授予他人的表见代理

一、构成要件

（一）须以自己行为表示以代理权授予他人

第169条谓:"由自己之行为表示以代理权授予他人。"指对外有授权于他人之表示,但实际上并未有代理权之授予。此种授权之表示,得向无代理权人对之为代理行为之相对人,或其他第三人（特定人或不特定人）为之。例如,甲电脑公司致函于丙等来往客户（或刊登报端）,表示新聘乙为业务经理,并授予代理权,实际上甲与乙间的雇佣契约因故未成立,或雇佣契约虽成立,但甲并未授予乙以代理权。诚如"最高法院"1973年台上字第782号判例所谓:"第169条所规定者为表见代理。所谓表见代理乃原无代理权,但表面上足令人信为有代理权,故法律使本人负一定之责任,倘确有授予代理权之事实,即非表见代理,自无该条之适用。"

此种由自己之行为表示以代理权授予他人者,对于第三人应负授权人之责任,必须本人有表见之事实,足使第三人信该他人有代理权之情形存在①,并且须以他人所为之代理行为,系在其曾经表示授予他人代理权之范围内为其前提要件。②

关于在何种情形,得认定"由自己之行为表示以代理权授予他人",实务上主要案例类型有二：

1. 允许他人以其名义为营业

例如,公司允许他人以其支店名义营业③；公司允许他人以公司名义为同一营业④；同意他人印制公司之名衔使用等。

2. 将印章交与他人保管使用

此为最具争议的案例类型。"最高法院"1955年台上字第1428号

---

① 1971年台上字第2130号判例。
② 1951年台上字第1281号判例。
③ 1939年上字第1573号判例。
④ 1956年台上字第461号判例。

判例认为将印章及支票既系交与他人保管使用,自足使第三人相信曾授予代理权,纵令该他人私自签发支票,应依第169条之规定负授权人责任。1967年台上字第2156号判例亦认为上诉人既将盖有本人私章及所经营工厂厂章之空白合约及收据,交由某甲持向被上诉人签订契约及收取定金,显系由自己之行为表示以代理权授予他人,自应负授权人之责任。

值得注意的是,1981年台上字第657号判例谓:"人们将自己印章交付他人,委托该他人办理特定事项者,比比皆是,倘持有印章之该他人,除受托办理之特定事项外,其他以本人名义所为之任何法律行为,均须由本人负表见代理之授权人责任,未免过苛。原审徒凭上诉人曾将印章交付与吕某之事实,即认被上诉人就保证契约之订立,应负表见代理之授权人责任,自属率断。"由此可知,交付印章与他人,是否构成表见代理,不可一概而论,应斟酌相关情事,审慎认定之。兹再提出三个最近判决,以供参照(请详细审究,比较案例事实及判断基准):

(1)按"民法"第169条规定之表见代理系为保护第三人而设,本人如有使第三人信以为其有以代理权授予他人之行为,而与该他人交易,即应使本人负授权人之责任。查不动产所有权状、印鉴章及身份证等均为办理抵押权设定登记必备之文件,衡情被上诉人应妥为保管,而赖○铃将系争不动产所有权状、被上诉人之印鉴章、身份证复印件连同印鉴证明交付代书蔡○福办理系争抵押权设定登记,果为被上诉人同意交付,是否非使第三人信以为其有以代理权授予他人之表见行为,洵非无疑,非无进一步研求之余地。原审未详加审究,徒以交付印章并非表见行为,且被上诉人于赖○铃委任蔡○福办理系争抵押权设定登记时未在场,遽认被上诉人并无足征表见代理之积极行为,而为不利上诉人之判决,亦有可议(2017年台上字第491号)。

(2)抵押权设定固为无因性之物权行为,然设定目的既系为担保一定之债权,衡诸抵押义务人多数兼为抵押债务人,提供不动产设定抵押权,为其借款担保之社会常态,则钟○珍执被上诉人所提供之印鉴章、所有权状、身份证等对象,以被上诉人名义向上诉人抵押借款时,被上诉人上开行为堪认表示以代理权授予他人之范围,是否仅限于设定抵押权之物权行为,而不及于借贷之债权行为,洵非无疑,非无斟酌之余地(2015年台上字第2453号)。

(3)查土地所有权状、印鉴章、身份证等均属有关产权之重要文件,衡情李○○应妥为保管,惟其申请印鉴证明之委托书、系争授权书、领据上之印章均系由林○○盖用,且日期不一,相隔数月。参以林○○于系争抵押权设定前,即曾于2006年5月18日以系争土地设定抵押权予诉外人郑○○,为原审认定之事实。则李○○长期任由林○○取用其印鉴章、身份证、土地所有权状,并以之办理抵押权,而未为反对之表示,似此情况,能否谓李○○之行为尚不足使上诉人信其有对林○○授以代理权,而有表见代理之情形,不无研求之余地。原审就此未详加审究,遽认上诉人所为李○○应负表见代理之授权人责任之抗辩为不可采,不无可议(2016年台上字第874号)。

综据前揭三个"最高法院"判决,可知交付所有权状、印鉴与身份证等有关产权重要文件,是否成立表见代理,涉及事实及法律评断问题,应就个案参酌下列因素而作综合性的判断:

(1)该等文件是否为本人同意交付(如何取得文件)。
(2)当事人间的亲谊等关系。
(3)使用文件期间。
(4)交付相关文件的使用目的。
(5)前曾否交付相关文件使用于相同事务(如办理贷款或保证)。

(二)须第三人(相对人)非明知其无代理权或可得而知

第三人明知他人无代理权,或依情形可得而知,而犹与他人为法律行为时,系出于第三人之故意或过失,本人自不负授权人之责任。

二、法律效果

(一)应负授权人责任

"民法"第169条本文规定:由自己之行为表示以代理权授予他人,或知他人表示为其代理人而不为反对之表示者,对于第三人应负授权人之责任。

第三人是否基于表见之事实,主张本人应负授权人责任,应由其决定。若第三人不为此项主张,法院不得径将法律上之效果,归属于第三人。易言之,即表见代理之本质为无权代理,须由第三人主张表见代理之事实且对此事实负举证之责,法院不得依职权认定之。须注意的是,表见代理原为无权代理,第三人得于本人承认前撤回之。

(二) 法律性质与表见授权人的行为能力

所谓"由自己之行为表示以代理权授予他人",非系授予代理权之意思表示,而是一种欠缺法效意思的事实通知,乃属准法律行为,应类推适用关于意思表示之规定,故此项表见代理法律效果的发生,亦需以表见授权人有行为能力为要件。(1963年台上字第1719号判例,1971年台上字第2130号判例)。

(三) 无过失责任

"最高法院"1955年台上字第1424号判例谓:"第169条系为保护善意第三人而设,故本人有使第三人信以为以代理权授予他人之行为而与之交易,即应使本人负其责任。又此本人责任系指履行责任而言,并非损害赔偿责任,故本人有无过失在所不问。"本件判例认表见代理的成立,不以本人有过失必要,固值赞同,但以此项责任系指履行责任,并非损害赔偿责任作为本人应负无过失责任的依据,非无研究余地。

第二项 知他人表示为其代理人而不为反对的表见代理

第169条所规定的第二种表见代理,系知他人表示为其代理人而不为反对之表示者,对于第三人应负授权人之责任。但第三人明知其无代理权或可得而知者,不在此限。例如,建筑公司如将工程转包包与小包,知小包以其名义为法律行为,而不为反对时,应对于第三人负授权人责任,故材料出卖人或工人得请求建筑公司给付价款或工资。①

所谓知他人表示为其代理人而不为反对之表示者,以本人实际知其事实为前提;主张本人知此事实者,应负举证之责。② 第三人明知其无代理权或可得而知者,本人不负授权人之责任,故本人对此应负举证责任。

---

① "司法院"司法业务研究会第1期研究意见。另参见1981年台上字第1041号判例:"上诉人明知朱某等表示为其代理人,以其名义订购系争货物,而未为反对之表示,致被上诉人信以为上诉人公司所购买,将检收校对单及统一发票上买受人记载为上诉人,并将货物送至上诉人工厂交付。按第169条规定,系争货物纵非上诉人所买,上诉人亦应负授权人之责任,至上诉人所称系争货款已由朱某签发支票支付,因支票未兑现,被上诉人始转向上诉人请求乙节,查支票乃无因及流通证券,系争货物,纵曾以朱某之支票为付款方式,亦不能因此即谓系争货物为朱某所购买而与上诉人间无表见代理关系,遂使上诉人借以解免其授权人之责任。兹朱某签付之支票既不能兑现,则被上诉人本于买卖关系,诉请上诉人给付货款及其法定迟延利息,即无不当。"

② 1979年台上字第1081号判例。

第三款　表见代理的结构分析

关于表见代理，"民法"设有第107条及第169条规定，兹就其权利外观、构成要件、法律效果、责任排除及适用范围，列表如下：

"民法"规定＼内容	权利外观	类型及要件	法律效果	责任排除	适用范围
第107条	1. 代理权继续存在 2. 权利外观	1. 代理权限制 2. 代理权撤回	不得对抗善意第三人	因过失而不知	1. 类推适用于代理权消灭？ 2. 法定代理？
第169条	授予代理权	1. 表示行为授权 2. 容忍授权	负授权人责任	明知或可得而知	法定代理？

兹参照上开图示，就表见代理的结构分五点加以说明：

（1）第169条规定表见代理，为判例学说所共认，其权利外观在于由自己之行为表示以代理权授予他人（表示行为授权），或知他人为其代理人而不为反对之表示（容忍授权）。在第107条规定，为使对本人的归责具有合理性，须有代理权继续存在的表征（如外部授权、内部撤回等），作为第三人善意正当信赖的基础。

（2）就法律效果言，第107条规定不得对抗善意第三人，第169条规定负授权人责任，用语虽异，其意则同，即相对人如主张其无权代理的效果直接归属于本人时，本人不得以未授予代理权对抗之。

（3）由自己之行为表示以代理权授予他人者，对于第三人应负授权人之责任，必须本人有表见之事实，足使第三人信该他人有代理权之情形存在，且须第三人基此表见之事实，主张本人应负授权人之责任，若第三人不为此项主张，法院不得径将法律上之效果，归属于第三人（1971年台上字第2130号）。

（4）就表见代理效果的排除言，第107条规定"但第三人因过失而不知其事实"，第169条规定"但第三人明知其无代理权或可得而知者，不在此限"，其意相同，均指表见代理的成立须以相对人善意无过失为必要。

（5）第107条系以代理权之限制或撤回为适用对象。然而相对人对代理权继续存在的信赖，于其他代理权消灭的情形，亦属有之。例如，甲建筑公司雇乙为售屋业务专员，授予代理权，并通知丙，甲终止乙雇佣契约时，乙的代理权随之消灭。若甲怠于通知丙，而乙仍以甲的名义与丙订立买卖契约时,其信赖状态与代理权之限制或撤回并无不同,基于同一法律理由(ratio leges),应类推适用第 107 条规定,甲亦不得以其代理权之消灭,对抗善意信赖代理权尚属存在之丙。①

(6)第 107 条规定对法定代理得否适用? 此攸关未成年子女及受监护人利益甚巨,宜采否定说。② 关于"民法"第 169 条规定的表见代理,"最高法院"1990 年台上字第 2012 号判例明确表示:"唯意定代理始有其适用,若法定代理则无适用该规定之余地。"

---

① 参见史尚宽:《民法总论》,第 499 页。
② 洪逊欣教授采肯定说(《中国民法总则》,第 497 页),史尚宽氏采否定说(《民法总论》,第 493 页)。

第四章 违约责任[①]

第一节 问题提出、规范模式、研究课题

一、问题提出

契约债务人应依债之本旨为给付，履行债务，例如物之出卖人应于约定的时间、地点，依让与合意交付符合约定质量之物并移转其所有权（第348条、第761条）。市场经济得以顺利运作，有赖于两只手的协力：1. 不可见的手：人为经济人，具有自利心，并具有所谓经济理性。2. 可见的手：法律规范。

债务人未依债之本质而为给付的，亦时有之，例如：

1. 给付不能：出卖的汽车于订约时或订约后灭失（客观不能）或被盗（主观不能）。

2. 不完全给付：出卖的汽车具有瑕疵，物非所值，发生车祸，买受人车毁人伤（给付具有瑕疵，给付不完全）。

3. 给付迟延：出卖的汽车未能于约定时间交付，买受人必须另租他车使用（虽能为给付，但届清偿期未提出给付）。

前述违约（债务不履行）的态样（类型），涉及法律规范机制构成的三个核心问题：

1. 规范模式：究应建立不同类型的违约责任，分别规定其成立要件及效果（构成要件模式）？抑或建立一个统一性的违约概念，适用于不同的违约态样（统一违约模式、法律效果模式）？

2. 归责原则：采过失责任原则？无过失（严格责任）原则？

[①] 陈自强：《契约法讲义Ⅲ：契约违反与履行请求》，元照出版有限公司2020年版；陈自强：《契约责任归责事由之再构成：契约法之现代化Ⅰ》，元照出版有限公司2012年版；游进发：《债务不履行之法律效果》，元照出版有限公司2019年版；比较法，G. H. Treitel, Remedies for Breach of Contract: A Comparative Account, 1988.

3. 违约责任效果：双务契约给付义务消灭与对待给付、损害赔偿、代偿请求权及解除契约等。

二、规范模式

违约责任在比较法有不同的规范模式，兹先提出台湾地区法的规范机制模式，再作详细论述（阅读条文！）：

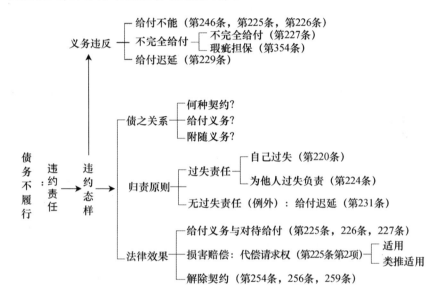

台湾地区现行法上的债务不履行制度系继受德国民法（1900），而以罗马法为其历史基础。近年来欧洲私法化启动各国和地区陆续从事修正债法，尤其是2002年的债法现代化及2020年大陆《民法典》的制定，促使对台湾地区现行"债法"的反省检讨及修正，将于相关部分加以论述。应先说明者有三：

1. 前揭图表显现违约债务不履行的基本构造及处理案例的思考模式。关于要件及效果将就各种违约态样作进一步的说明。

2. 三种违约态样得以并存，例如甲出卖某种类的土鸡给乙，给付迟延后交付病鸡，发生迟延给付及不完全给付。

3. 在三种违约态样中，给付迟延在日常生活最为常见。不完全给付系实务上重要问题。给付不能是违约责任体系构成的核心制度。

第二节　归责原则

第一款　违约责任的归责事由

违约责任有一个共同的要件,那就是要有可归责于债务人的事由!归责事由是违约责任的核心因素或概念。何谓:"因可归责于债务人之事由"或"不可归责债务人之事由"?"民法"第226条第1项规定:"因可归责于债务人之事由,致给付不能者,债权人得请求赔偿损害。"第227条第1项规定:"因可归责于债务人之事由,致为不完全给付者,债权人得依关于给付迟延或给付不能之规定行使其权利。"第230条规定:"因不可归责于债务人之事由,致未为给付者,债务人不负迟延责任。"

归责事由体现归责原则,系指因债务人的故意或过失,或虽无过失而应负责的事由。此应于具体案例就该当契约(买卖、赠与、委任等)的违约态样,依下例次序而为检查判断:

1. 法律规定的一般原则。
2. 法律特别规定。
3. 当事人的约定。

第二款　过失责任原则及无过失责任

一、过失责任

(一)过失责任及举证原则

"民法"第220条规定:"Ⅰ债务人就其故意或过失之行为,应负责任。Ⅱ过失之责任,依事件之特性而有轻重,如其事件非予债务人以利益者,应从轻酌定。"学说上称为过失责任,包括故意或过失。德国民法上合称为 Verschulden,大陆法称之为过错责任。之所以采过失责任,乃基于伦理的观念及私法自治的原则,旨在实践违约责任的平均正义,较诸无过失严格责任更具优越性。[①]

[①] 关于过失责任的优越性(Überlegenheit des Vershuldensprinzips),Hannes Unberath, Die Vertragsverletzung, Jus Privatum 120, 2006, S. 328. 深入专题性的研究,参见陈自强:《契约责任归责事由之再构成——契约法之现代化Ⅰ》,元照出版有限公司2012年版。

关键问题在于举证责任。《德国民法典》第280条明定过失推定。我民法未设明文。"民法"第230条规定："因不可归责于债务人之事由,致未为给付者,债务人不负迟延责任。"立法理由谓："查民律草案第368条理由谓使债务人任迟延之责者,其不为给付,是否须因债务人之故意或过失,关于此点,……立法例不一。本法为保护债务人利益起见,凡不为给付,若系本于天灾及其他不可抗力者,债务人不任迟延之责。此本条所由设也。"最高法院1932年上字第1956号判例谓："给付有确定期限者,债务人自期限届满时起当然负迟延责任,其因不可归责于债务人之事由致未为给付者,债务人虽不负迟延责任,但不可归责于债务人之事由,应由债务人负举证之责。"此项举证责任分配原则应适用于所有债务不履行的情形。盖债之关系系一种特别结合关系,故意或过失的事由属于债务人的支配领域,理应由债务人负举证责任。需说明的是,由债务人负过失的举证责任,与采无过失责任,实务运作上殆无不同,但于个案适用更见灵活。

(二)债务人的责任能力

> 甲同意17岁之子乙经营早餐店,丙购买不洁三明治,食后中毒,丙得否请求甲负连带损害赔偿责任？该不洁三明治系由甲制作时,其法律关系如何？

"民法"第221条规定："债务人为无行为能力人或限制行为能力人者,其责任依第一百八十七条之规定定之。"立法理由谓："谨按债务人为无行为能力人或限制行为能力人,其责任依第187条之规定者,即未成年或禁治产之债务人,应负赔偿责任之情形有四:(1)债务人有识别能力者,使与法定代理人连带负责,无识别能力者,使法定代理人负责。(2)法定代理人监督并未疏懈,或纵加监督,而其行为仍不能免者,不应使法定代理人负责。(3)不能依此种规定负责时,应斟酌债务人与债权人之经济状况,令债务人负全部或一部之责。(4)于其他之人,在无意识或精神错乱中所为之行为,致第三人受损害者,亦应斟酌债权人债务人双方之经济状况,使负全部或一部之责。均须明白规定,以杜无益之争论也。故设本条以明示其旨。"应说明者有三:

1. 违约责任的规范意旨及法律构造不同于侵权责任,不宜全部准用"民法"第187条规定。甲同意其17岁之子乙经营早餐店,顾客丙因食物不洁中毒,甲不应就此违约行为(不完全给付)负责。丙与乙间既有契约关系,丙仅得向乙请求损害赔偿。

2. 应将"民法"第187条的适用限缩于识别能力,即债务人的故意或过失须以有识别能力为前提(过错能力 Verschuldensfähigkeit;归责责任 Zurechnungs-fähigkeit),相当于未成年人的侵权能力(第188条)。

3. "民法"第224条本文规定:"债务人之代理人或使用人,关于债之履行有故意或过失时,债务人应与自己之故意或过失负同一责任。"所谓代理人指法定代理人。法定代理人履行未成年人的债务有故意或过失时,应与债务人负同一责任。

(三)故意

故意,指明知而有意为之。例如甲出卖A车给乙,复将该车让售于丙并移转其所有权,其对乙之给付不能,系属故意。故意以认识其违法性(义务违反)为必要(通说)。无违法性的认识虽排除故意,但仍应就其误认违法性而负过失责任。

故意除直接故意(明知有意为之,dolus directus),尚包括所谓的间接故意(dolus eventualis),即虽非有意为之,但其行为结果的发生并不违背其本意。在法之适用上二者并无区别。

(四)过失

违约责任上的过失分为重大过失及轻过失。轻过失又分为未尽与处理自己事物同一注意的过失及违反善良管理人注意的过失,分述如下:

1. 重大过失:显然未尽交易上应为注意的过失。例如甲出卖A自行车给乙,未上锁放在户外而被盗,致给付不能;医生手术开刀未取出患者腹内纱布。

2. 具体过失:未尽与处理自己事务同样注意的过失。例如甲受乙无偿委任于外出期间为其花盆浇水,应尽与处理自己事务为同一之注意(第535条)。应与处理自己事务为同一注意者,如有重大过失,仍应负责(第223条)。

3. 抽象过失:未尽善良管理人之注意的过失。此相当于《德国民法典》第276条规定的"未尽交易上必要的注意",应采客观化的判断基准,于具体个案,就债务人得否预见其行为的结果(预见性)及防范避免可能性,依债务人的职业、年龄及契约的内容等类型化因素加以判断。

二、无过失责任

"民法"采过失原则,债务人应就故意或过失负责。无过失责任系属例外。"民法"设有两个规定(请探究立法理由):

1. 债务人给付迟延中的不可抗力。"民法"第 231 条规定:"Ⅰ债务人迟延者,债权人得请求其赔偿因迟延而生之损害。Ⅱ前项债务人,在迟延中,对于因不可抗力而生之损害,亦应负责。但债务人证明纵不迟延给付,而仍不免发生损害者,不在此限。"

2. 场所主人责任就不可抗力不必负责。"民法"第 606 条规定:"旅店或其他供客人住宿为目的之场所主人,对于客人所携带物品之毁损、丧失,应负责任。但因不可抗力或因物之性质或因客人自己或其伴侣、随从或来宾之故意或过失所致者,不在此限。"

三、归责事由

(一)一般原则

关于违约的归责事由,法律未设特别规定时,原则上债务人应尽善良管理人的注意(第 220 条),例如在买卖、租赁、雇佣、承揽及旅游契约等。

(二)法律特别规定

法律特别规定多属减轻债务人的注意义务:

1. 赠与。"民法"第 410 条规定:"赠与人仅就其故意或重大过失,对于受赠人负给付不能之责任。"第 411 条规定:"赠与之物或权利如有瑕疵,赠与人不负担保责任。但赠与人故意不告知其瑕疵或保证其无瑕疵者,对于受赠人因瑕疵所生之损害,负赔偿之义务。"

2. 委任。"民法"第 535 条规定:"受任人处理委任事务,应依委任人之指示,并与处理自己事务为同一之注意,其受有报酬者,应以善良管理人之注意为之。"受有报酬的委任,如医疗行为(类推适用委任)。

(三)当事人约定

本于契约自由原则,当事人得就其应归责的事由,加以约定,其情形有二:

1. 故意或重大过失之排除

"民法"第 222 条规定:"故意或重大过失之责任,不得预先免除。"兹举两个实务见解,以供参照:(1)依"民法"第 222 条规定,重大过失虽不得预先免除,但仅欠缺善良管理人之注意或欠缺与处理自己事务为同一之注意者,并非所谓重大过失,原审未予详稽,率以上诉人未尽善良管理人之注意,即属重大过失,进而断定两造所订预先免除之特约无效,自有违误(1976年台上字第2421号)。(2)债务人因欠缺善良管理人之注意而发生之轻过失责任,依"民法"第222条反面解释,非不得由当事人依特约予以免除(1972年台再字第62号)。

善良管理人之注意固得依特约排除,但应受"民法"第247条之1关于定型化契约规定的规制。《德国民法典》第309条第7项明定以定型化条款排除侵害生命、身体健康的过失责任,其条款无效,可供参考。

2. 无过失责任的约定

当事人得约定就违约应负无过失责任。其属个别约定的,得适用"民法"第72条(公序良俗)及第148条第2项(诚信原则)。关于定型化契约条款,应受"民法"第247条之1规定的规范。无过失责任的约定,除担保契约外,常见于买卖、租赁、旅游等契约关于质量的保证,此应就契约的内容依契约解释加以认定。

第三款　履行辅助人责任:代理人或使用人责任

一、为他人故意、过失而负责:履行辅助人责任

在现代分工社会,常需借助他人从事法律交易,例如代理制度,由代理人代为意思表示或代受他人意思表示(第76条)。雇用他人从民事一定的职务(第188条)。尤其是经由代理人或使用人履行债务,"民法"第224条规定:"债务人之代理人或使用人,关于债之履行有故意或过失时,债务人应与自己之故意或过失负同一责任。但当事人另有订定者,不在此限。"本条规定债务人应就他人履行债务的故意或过失负责,在理论及实务至为重要,因为在现代契约社会,其契约债务的履行殆皆由代理人或使用人为之,例如出卖人由使用人交付其物并移转所有权给买受人。"民法"第224条系属所谓的归责规范(Zurechnungsnorm),作为一种桥梁使债务人承担第三人行为的责任。①

二、要件及效果

(一)要件

"民法"第224条所规定第三人故意或过失的归责,须具备四个要件:

---

① 关于归责规范,参见拙著:《民法总则》,北京大学出版社2022年重排版,第456页。

①须有债之关系。
②须系代理人或使用人。
③须系履行债务。
④须有故意或过失。

为利于理解,图示如下:

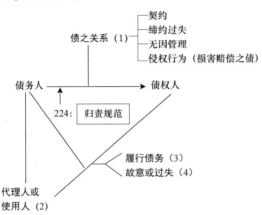

1. 债之关系

债之关系包括契约、缔约过失(第245条之1,先契约债之关系)、无因管理。侵权行为发生法定损害赔偿债之关系,债务人(加害人)使用他人履行损害赔偿之债务,亦应就其故意或过失负责。例如甲毁损乙的汽车,甲使丙修理厂修理该车,甲就丙因过失损害该车的不完全给付(第227条),亦应负责。

2. 代理人或使用人

(1)代理人

何谓法定代理人?1979年3月21日第3次民事庭推总会决议(二):院长交议:"民法"第224条所指之代理人,是否包括法定代理人在内?有甲、乙二说:甲说:"民法"第224条所谓代理人,包括意定代理人及法定代理人而言。乙说:本条所谓代理人,指意定代理人而言,法定代理人则不包括在内。以上两说,应以何说为是?提请公决。决议:采甲说。

本书认为"民法"第224条所谓代理仅指法定代理人,不包括意定代理人。例如甲同意17岁之子乙经营自助餐厅,甲以法定代理人身份履行债务(制作便当、交付其物并移转其所有权),乙应就甲的故意或过失,负同一责任。所谓法定代理人应作广义解释,包括监护人、破产管理人。

(2)使用人

使用人,指债务人所使用于履行债务之人,又称为履行辅助人。应说明的有三:

①使用人系依债务人的意思为其履行债务之人,例如店员送货,餐厅厨师做菜,医院的医师为病人开刀等。使用人是否知悉其系为债务人履行债务,在所不问。

②使用人不以受债务人监督为必要(社会从属性),独立承揽人亦得为使用人,例如出租人使用水电行修缮出租房屋,出卖人使用宅急便交付商品。在此二例,水电行或宅急便公司为直接履行辅助人,其由直接履行辅助人使用于修缮房屋的水电工或送货的司机,为间接履行辅助人。使用人包括直接履行辅助人及间接履行辅助人。

③使用人不包括非用于履行债务之人,例如商品的制造者。甲向乙厂商进货空调,出卖于丙,乙非甲履行债务的使用人,甲不承担乙制造瑕疵空调的故意或过失。甲的店员丁装设空调具有瑕疵,丁为使用人,甲应承担丁的过失,负不完全给付损害赔偿责任(第227条)。

(3)履行债务

法定代理人或使用人须系履行债务人对债权人的债务,包括债之关系所发生的主给付义务、从给付义务及附属义务。例如出卖人的店员于送货途中因过失车祸致商品(如运动器材)灭失(给付不能,第226条),或对运动器材的使用未为正确的说明,致买受人因不当使用受伤(违反附随义务,不完全给付,第227条)。

常被提出的是,履行辅助人"利用履行债务的机会"侵害债权人的权利时,债务人应否依"民法"第224条负同一责任?例如甲承揽粉刷乙的房屋,甲的受雇人丙乘粉刷房屋时偷窃乙房间内的古董时,甲应否就丙的侵害行为负损害赔偿责任?

传统见解认为侵害行为须与履行辅助人的工作(例如粉刷房屋)具有一定内在关系,此不应包括故意的犯罪行为,债权人应承担家中财物被盗的风险。值得重视的是,学说上的有力见解认为,债务人负有保护债权人权益的附随义务,其因履行债务而重大增加窃盗的机会时,债务人仍应就其使用人的犯罪行为负责。[1] 准此见解,在前举之例,应作如下的区别:使用人窃取屋内的古董时,债务人应予负责,因为屋内粉刷增加盗窃机会。使用人工作完毕后离去时顺手牵羊,取走屋外的兰花时,债务人不必负责,盖此乃一般生活风险,此项风险并未因屋内粉刷而增加,不应归由债务人承担。

4. 故意或过失

使用人系履行债务人债务,其故意或过失应就债务人自己为使用人的行为时,得否视为违反契约义务加以认定。应说明的有四:

①关于识别能力(过错能力),应就债务人本身而为认定。

②关于过失的态样,亦应就债务人而为认定。例如债务人(赠与人)应就故意或过失而负责时(第410条),须使用人有故意或重大过失时,债务人始负同一责任。

③过失的判断基准,亦应就债务人其人而为判断。例如甲由乙承揽修理计算机,乙的使用人丙亦须有债务人乙应具的注意程度。

④债务人不得预先免除自己的故意或过失,但得约定排除使用人的故意。须注意的是,债务人纵得排除使用人的故意,但仍应就其选任使用人的自己过失负责。

(二)法律效果

债务人应就其法定代理人或使用人履行债务的过失,负同一责任。所谓负同一责任,即无论债务人自己有无故意或过失,均应承担其履行辅助人的故意或过失,因有可归责事由而负违约责任。

(三)旅游定型化契约的机制

以定型化契约排除使用人的故意或过失,在实务上甚为常见,最高法院一个关于旅游契约的判决具有启示性。"最高法院"1991年台上字第792号判决谓:"旅行契约系指旅行业者提供有关旅行给付之全部于旅客,而由旅客支付报酬之契约。故旅行中食宿及交通之提供,若由旅行业者洽由他人给付者,除旅客已直接与该他人发生契约行为外,该他人即为旅行业者之履行辅助人,如有故意或过失不法侵害旅客之行为,旅行业者应负损害赔偿责任。纵旅行业者印就之定型化旅行契约附有旅行业者就

---

[1] Joussen, Schuldrecht I, Allgemeiner Teil, S. 127; Brox/Walker, Allgemeines Schuldrecht, 43. Aufl., 2019, S. 218.

其代理人或使用人之故意或过失不负责任之条款,但因旅客就旅行中之食宿交通工具之种类、内容、场所、质量等项,并无选择之权,此项条款殊与公共秩序有违,应不认其效力。本件上诉人许○樟与妻许○英参加被上诉人之非洲旅行团,一切行程、食宿、交通、游览等,全由被上诉人一手安排,许○樟、许○英毫无选择余地。同行旅客证人陈○椿、张○稻在原审证称:在肯亚行程,出发前雇用之汽车已有故障,致落后前三部车甚远,司机心急,在有两道车轮沟状之泥巴路开快车追赶,以致翻车,许○樟受伤,许○英死亡等语,果非子虚,被上诉人能否以其免责特约,而推卸其履行债务之过失责任,即值推求。原审徒以上开情词,为不利上诉人之判断,殊有可议。上诉论旨,指摘原判决不当,求予废弃,非无理由。"①

三、"民法"第 224 条(履行辅助人责任)及第 188 条(雇用人侵权责任)的区别

1. 甲参加乙旅行公司举办的武陵农场赏樱团,乙租用丙公司游览车,因丁司机驾驶疏失发生车祸,甲受重伤。

2. 甲到乙医院治疗心脏病,因丙医生未善尽说明义务,甲同意手术,发生严重后遗症,甲健康受损。

在现代分工社会生活,常需借助他人履行债务或执行一定职务,从而发生损害赔偿的归责问题。在前揭二个案例,甲得否向乙请求损害赔偿,其请求权基础为何?

关于债务履行辅助人(代理人或使用人),民法设有规定,前已说明。关于雇用他人从事一定职务,"民法"第 188 条规定:"Ⅰ 受雇人因执行职务,不法侵害他人之权利者,由雇用人与行为人连带负损害赔偿责任。但选任受雇人及监督其职务之执行,已尽相当之注意或纵加以相当之注意而仍不免发生损害者,雇用人不负赔偿责任。Ⅱ 如被害人依前项但书之规定,不能受损害赔偿时,法院因其声请,得斟酌雇用人与被害人之经济状况,令雇用人为全部或一部之损害赔偿。Ⅲ 雇用人赔偿损害时,对于为侵权行为之受雇人,有求偿权。"②兹将二者法律构造简示如下:

---

① 关于本件判决的评释,参见拙著:《定型化旅行契约的司法控制》,载《民法学说与判例研究》(第七册),北京大学出版社 2009 年版,第 27 页。

② 关于"民法"第 188 条雇用人侵权责任的规范功能、要件及效果,请参见拙著:《侵权行为》(第三版),北京大学出版社 2016 年版,第 494 页以下。

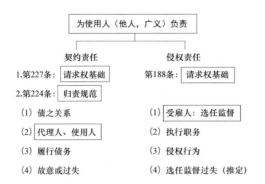

"民法"第224条涉及违约责任（债务不履行），第188条系侵权责任，乃民事责任制度核心问题，务请明辨二者的异同（规范目的、法律构造、成立要件，包括使用人与受雇人的区别与举证责任等）及适用关系，尤其要认真彻底演练前揭二个案例。

第四款 体系构成、案例研习

一、案例

甲由乙营建公司承揽修缮屋顶及屋内天花板的工程，乙转交丙水电商承包，丙使用其受雇人丁施工。丁的施工不符一般工程基准，造成屋顶漏水，污损甲的墙壁及地毯。丁并利用施工机会盗窃甲屋内的花瓶及屋外的兰花。甲得否向乙请求损害赔偿？

二、体系构成

学习法律、处理案例，要认识法律体系构成，才能按图索骥，发现争点。兹将违约责任的归责事由，图示如下（请参阅前揭相关部分说明，并阅读条文）：

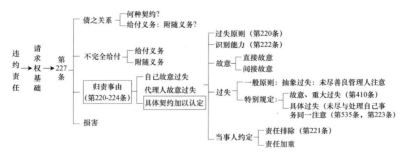

三、解答

(一) 解题结构

处理案例的思考步骤：1. 彻底理解案例事实。2. 针对问题。3. 寻找请求权基础。4. 建构解题架构。兹将前揭案例的解题结构简示如下：

```
甲对乙
(一) 契约责任
Ⅰ 请求权基础：227
    1. 债之关系：承揽契约(490)
    2. 不完全给付
       (1) 给付义务：屋顶施工漏水
       (2) 附随义务(保护义务)
           ①毁损墙壁地板
           ②偷窃古董、兰花
    3. 归责事由
       (1) 债务人(乙营建公司)自己的故意或过失：
           善良管理人注意(220)
       (2) 使用人过失：224：负同一责任
           ①债之关系
           ②使用人：丙、丁
           ③履行债务
           ④故意或过失：
              A. 善良管理人注意
              B. 以债务人本身为判断基础
       (3) 争议问题：债务人应否对使用人偷窃屋内古董、屋外兰花行为负责？
           ①通说：利用机会犯罪行为
           ②区别说：风险分配
    4. 损害
Ⅱ 结论
(二) 侵权责任(188)(省略，自行研究)
```

解题结构可供整理思路，发现问题，凸显重点论证，供他人检验。勤于演练，先写成文字，熟能生巧，终能在脑中构思。解题架构透明，有助于考试答题，律师承办案件，法院作成判决书及写作论文。

(二)解答〔请再研读案例,先作解答,再参考下文,检讨修正改进〕

Ⅰ甲得向乙营建公司(简称乙)依"民法"第227条规定请求损害赔偿,须具备四个要件:1.甲与乙间有债之关系。2.乙为不完全给付。3.有可归责于乙之事由。4.甲受有损害。

1. 乙承包修缮甲的屋顶,订立承揽契约(第490条)而有债之关系。

2. "民法"第227条所称给付,应作广义解释,包括给付义务(完成一定工作),及保护债权人的人身及财产权益不受侵害的附随义务。乙公司承揽,转丙承包修缮甲的屋顶,丁施工,发生漏水并污损墙壁地毯,系违反给付义务及保护义务的不完全给付。

3. 债务人应就其故意或过失负责(第220条),关于承揽人的归责事由"民法"未设特别规定,应负善良管理人的注意义务。关于屋顶的修缮,债务人乙本身并无故意或过失,问题在于乙应否承担其使用人的故意或过失。

"民法"第224条规定:"债务人之代理人或使用人,关于债之履行有故意或过失时,债务人应与自己之故意或过失负同一责任。但当事人另有订定者,不在此限。"

(1)甲与乙有承揽契约债之关系,前已叙明。

(2)使用人指依债务人意思而为一定行为之人,不以有社会从属关系为必要,独立承揽人(丙)及其受雇人(丁)均包括在内,丁亦为乙履行对甲债务的使用人。

(3)履行债务,包括给付义务(修缮屋顶)及保护义务(附随义务)。

(4)履行债务是否尽善良管理人注意,应就债务人本身而为判断,丁须尽承揽人乙应具的注意程度。丁疏于一般施工规则,具有过失,乙应负同一责任而有可归责事由(第224条)。债务人对其使用人履行债务已尽善良管理人注意,应负举证责任,不因其对使用人的选任监督已尽相当注意而免责。

问题在于乙应否就丁窃取甲屋内古董负同一责任?通说采否定说,其理由系认为使用人的加害行为须与其承担履行债务行为具有一定的内在关联,对其使用人利用机会的犯罪行为不必负责。此项见解,固有所据,值得研究的是,债务人应否负责,学说上有认为须视其履行债务行为是否重大增加使用人窃盗的风险,以保护债权人的利益。此说具有一定的说服力。依此见解,使用人丁在屋内施工,重大增加窃取古董的风险,债务人乙应予负责。反之,丁于施工后离去之际顺手牵羊窃取甲放在屋外的兰花,乙不必负责,盖此乃一般生活风险。

4. 债务人乙的使用人丁修缮屋顶致漏水而污损墙壁地毯,并于施工中窃取甲屋内古董及施工后窃取甲屋外兰花,致甲受损害。

Ⅱ 结论

1. 甲得向乙依"民法"第227条第1项及第2项规定请求屋顶漏水、墙壁、地毯污损的损害赔偿。

2. 关于丁趁施工之际窃取甲的财物,依通说见解,乙对此利用机会的犯罪行为不必负责。依风险分配理论,屋内施工行为重大增加使用人窃盗风险,债务人乙应负同一责任,而对甲为损害赔偿责任。屋外兰花被盗,则属一般生活风险,乙不必负责。

第三节　给付不能

第一款　问题提出、规范模式

给付不能是违约责任最典型的态样,为债务不履行的核心问题。兹先举一个简单的案例加以说明:

> 甲出售某名贵手机给乙,价值10万元,乙以12万元转售于丙。发生如下情事:
> 1. 该手机于订约时,业已灭失。
> 2. 该手机于订约时被盗(或该手机为丁所有)。
> 3. 该手机于订约后灭失。
> 4. 该手机于订约后被盗(或甲的店员将该手机让售于丁)。

请先彻底思考以下四个问题:

1. 区别四个案例的异同。
2. 法律规范:要件及效果?
3. 查阅"民法"规定、建构规范模式,探究解释适用的问题。
4. 现行法规范模式的检讨。

兹先提出以下现行"民法"的规范模式,以供参照阅读以下论述(查阅条文):

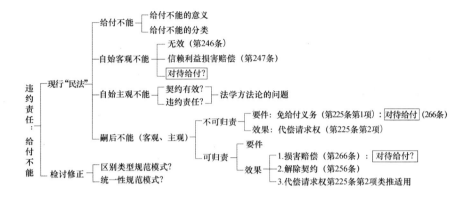

第二款　给付不能的意义及分类

一、给付不能的分类及实益

给付不能系债务不履行的基本典型。何谓给付不能？"民法"未设规定。顾名思义指债务人"不能"依债的本质而为"给付"。例如买卖标的物灭失或被盗（不能依让与合意交付其物，第761条）；画家眼睛失明，不能完成顾客预订的画作；承揽拆除旧屋，该屋于拆除前夕遇地震倒塌；歌星因其子病危住院，前往探视，"不能"出席演唱会。"最高法院"向来认为"民法"上所谓给付不能，系指社会观念给付已属不能者而言（1931年上字第3180号判例、2017年台上字第1741号）。此项判断基准概括抽象，为理解给付不能及其所涉及的问题，应区别不同给付不能的态样，加以观察。

（一）自始不能、嗣后不能；客观不能、主观不能

1. 自始不能、嗣后不能

自始不能，指契约成立时，给付既已不能，例如甲于3月1日上午10点出卖A瓶给乙，该瓶已于当日上午10点前灭失。嗣后不能指契约成立后给付不能，就前举之例言，A瓶于上午10点后灭失。

2. 客观不能、主观不能

客观不能，指对任何人言，给付均属不能，例如出卖的A瓶灭失、承揽拆除的旧屋倒塌。主观不能，指仅债务人自己不能为给付，例如出卖的A瓶被盗，在此情形买卖当事人虽得为让与合意，但出卖人不能交付其物（第761条）。其他主观不能的情形，例如出卖他人之物，所有人不愿转

让;画家眼睛失明无法作画;歌星探视病危子女,不能出席演唱会。

前述给付不能的分类系传统古老的见解,攸关"民法"给付不能的架构及解释适用的问题(请阅读第 246 条、第 225 条、第 226 条)。结合二者,图示如下:

(二)物理不能与法律不能:真正不能

1. 物理不能

物理不能,指依自然法则不能提出给付,例如名琴灭失、房屋烧毁、让与的债权业已消灭。物理不能除客观不能外,亦包括主观不能,例如眼睛失明,难以医治。值得研究的是,甲妇请乙作法,未能使其夫回心转意回家重聚,是否构成给付不能?

2. 法律不能

法律不能,指给付为法律所禁止,例如法律禁止烟毒买卖(在此情形,买卖契约因违反法律规定无效,第 71 条),法律限制某物料的进出口,承揽工程依建筑法规定须有建照,其未能获得建照时,发生法律给付不能。物理不能及法律不能学说上称为真正不能,或固有意义的给付不能。

(三)事实不能、经济不能、属人性不能

1. 事实不能

事实不能,指给付在物理上虽属可能,但衡诸给付费用,事实上有所不能,教科书上常举的案例包括挟泰山以超北海、海底捞针。值得注意的是,现代科技发达,以前不能之事,今已成为可能,例如登陆月球、移山开路。

事实不能系债务人给付费用与债权人给付利益的比例性衡量问题,其具重大不比例性时,得认系事实不能。例如甲在日月潭游船上出卖价值 1000 元的手表给乙,交付之际船因风浪摇动,该手表掉落湖中,打捞费用为 10000 元,显失比例性,应认系给付不能。此须依契约内容、诚信原则及可归责债务人的事由加以判断,其具重大不比例性时,构成给付不能,此属例外,应从严认定。例如甲误认其父遗物中的小提琴为遗产而出售于乙,其后确知该琴为丙所有。甲请丙让售该琴,丙索取不合理高价。在此情形得认成立事实不能,甲免给付义务。

2. 经济不能

经济不能(wirtschaftliche Unmöglichkeit),例如甲承包乙的工程,因能源危机,原物料高涨,经济上难以负担完成该项工程。此涉及给付与对待给付等值性,属于情事变更问题(第227条之2)。

3. 属人性给付不能

属人性给付不能(persönliche Unmöglichkeit)的典型案例,例如歌星因幼子病危住院,不能出席其演唱会,此涉及人一般行为自由的利益,《德国民法典》第275条第3项明定债务人得提出给付不能的抗辩,而免给付义务,在台湾地区"民法"上得依"诚实信用原则"而为认定。

(四)全部不能、部分不能

给付不能包括全部不能及部分不能。"民法"第226条规定:"Ⅰ因可归责于债务人之事由,致给付不能者,债权人得请求赔偿损害。Ⅱ前项情形,给付一部不能者,若其他部分之履行,于债权人无利益时,债权人得拒绝该部之给付,请求全部不履行之损害赔偿。"此涉及给付的可分性:

1. 不可分给付:一只牛,一个手表,一本书。于此等情形,不发生部分给付不能问题。

2. 可分给付:(1)甲向乙购买五本书,其中一本书灭失时,原则上仅该书构成给付不能。(2)甲向乙购买一套连续性漫画书,其中一册灭失时,其他部分的给付对于债权人无利益时,债权人得拒绝该部分的给付,请求全部损害赔偿。债权人有无利益,应依契约目的加以判断。

(五)一时不能、永久不能

关于给付不能,值得重视的是一时不能与永久不能。给付不能通常指永久不能而言,如出卖之物灭失,受雇人因车祸致残障不能服劳务。一时不能,例如建筑执照尚未核发;产品厂房失火,两个月内不能出货。在此等情形,债权人究系仍有给付请求权,抑或其请求权因给付不能归于消灭?

问题在于一时给付不能在何种情形得视同永久不能,此应就个案加以认定。若契约目的因一时给付不能难以达成,依诚信原则衡量双方当事人利益,不可期待一方或他方当事人维持契约时,应视同永久给付不能,给付请求权消灭。例如在前述厂房失火案例,机器零件需由武汉进口,武汉工厂因新冠肺炎疫情停工,何时复工难以预料,其一时不能提供机器、零件,得认系永久不能。

兹再就定期行为加以说明:

1. 绝对定期行为:甲向乙订制某日结婚所穿礼服,或甲向乙购买某日结婚所用花篮。此系属依契约性质或当事人之意思表示,非于一定时期为给付不能达成契约目的之绝对定期行为。设乙未适时完成制作结婚礼服,或于结婚典礼宾客散去前仍未送达花篮,构成给付不能。

2. 相对定期行为:甲承揽于一个月内完成对乙新开发产品的鉴定,甲迟未完成鉴定时,尚不因经过给付期间而成为给付不能,系属相对定期行为。乙得定相当期间催告甲履行,如甲于期限内不履行时,乙得解除契约(第254条)。

二、《德国民法典》第275条关于给付不能的规定[①]

关于给付不能,值得特别提出的是《德国民法典》于2002年债法现代化增订第275条规定,分为4项:

第1项:给付对债务人或任何人为不能时,排除其给付请求权。

第2项:如给付所需费用,于考虑债之关系的内容及诚实信用原则,与债权人的给付利益具不比例性而失衡者,债务人得拒绝给付。在衡量债务人可期待的努力时,并应斟酌债务人对给付障碍是否具有可归责事由。

第3项:如债务人须亲自提出给付,衡量此一给付所面对的障碍,与债权人的给付利益相较不能期待者,债务人亦得拒绝给付。

第4项:债权人的权利依民法第280条、第283条至第285条、第311a条及326条而定。

《德国民法典》第275条规定革命性地改变了德国给付障碍法关于给付不能的构造,可供现行法解释适用及债法修正的参考,分五点加以说明:

1. 对给付不能作统一性规定,不再区别客观不能(Unmöglichkeit)或主观不能(Unvermögen),统称为 Unmöglichkeit。尤其是废除旧《德国民法

[①] 参见黄立:《德国新债法之研究》,元照出版有限公司2009年版,第107页(德国新民法债务不履行规定的分析);黄松茂:《债务不履行体系之再构成——给付不能概念之重生与再造》,载《政大法学评论》第151期。

典》第 306 条关于自始客观契约无效的规定（相当于台湾地区"民法"第 246 条），肯定其契约的效力，而使债务人负履行利益损害赔偿责任（《德国民法典》第 311a 条）。

2.《德国民法典》第 275 条第 1 项规定所谓的真正不能（echte Unmöglichkeit），包括物理不能及法律不能。给付不能时，排除给付请求权（原给付请求权，primäre Leistungspflicht）。此系得由法院依职权审查的抗辩（Einwendung）。

3.《德国民法典》第 275 条第 2 项规定因重大不合比例性费用而排除给付义务。此相当于传统所谓的事实不能（faktische Unmöglichkeit），例如大海捞针；出卖他人之物，出卖人愿向物之所有人购买该物，以对买受人给付，物之所有人要求天价。须注意的是，此项规定不适用于所谓经济不能（wirtschaftliche Unmöglichkeit），此乃给付与对待给付等值性而为情事变更问题（《德国民法典》第 313 条）。须特别注意的是，第 2 项规定的给付不能系非真正给付不能，应由债务人主张拒绝给付的抗辩权（Einrede）。

4.《德国民法典》第 275 条第 3 项规定因不可期待属人性给付而排除给付义务，又称为道德不能（moralische Unmöglichkeit），此属债务人得拒给付的抗辩权（Einrede）。立法理由书举出二种情形：歌星探视病危住院的子女，不能登台演唱。外籍劳工不能提供劳务系因须返国短暂服兵役，否则将被判死刑。关于此等道德给付不能应从严认定。

5.《德国民法典》第 275 条第 4 项规定因给付不能免除给付义务而生因违反义务而发生损害赔偿、解除契约以及对待给付问题。关于对待给付，依《德国民法典》第 326 条第 1 项规定，债务人依第 275 条第 1 项至第 3 项规定免除给付时，其对待给付请求权原则上亦同归消灭。

德国债法现代化重构了以给付不能为核心的给付障碍法（Leistungsstörungsrecht），其主要目的有二：1. 检讨反省更新传统民法制度。2. 纳入欧洲私法体系，增加德国民法在欧洲私法发展的竞争力。为便于理解德国给付障碍法的构造，图示如下：

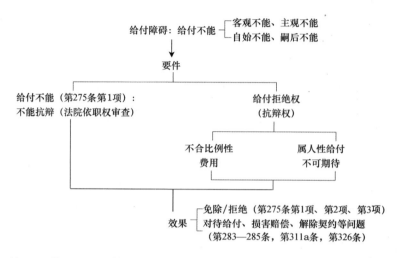

德国现代化的给付不能体现德国法学概念形成及体系构成的能力,但准用性规定过于复杂,造成理解及法律适用上的困难。如何参考德国民法给付障碍法,反省修正台湾地区民法债务不履行制度,是一个值得深入研究的重要课题①,将于论述台湾地区规定之后再作简要说明。

第三款　自始客观不能②

——"民法"第 246 条规定的存废

一、"民法"第 246 条的适用

"民法"第 246 条规定:"Ⅰ以不能之给付为契约标的者,其契约为无效。但其不能情形可以除去,而当事人订约时并预期于不能之情形除去后为给付者,其契约仍为有效。Ⅱ附停止条件或始期之契约,于条件成就或期限届至前,不能之情形已除去者,其契约为有效。"关于本条的适用,先举二例:

1. 甲向乙购买 A 车,该车于订约时业已灭失(自始客观不能)。

2. 甲向乙购买 A 车,该车于订约时被盗不知去处(或乙的店员将 A 车出卖于丙,并移转其所有权)。

---

① Joussen, Schuldrecht I, Allgemeiner Teil, S. 350 f.
② 参见拙著:《给付不能》,载《民法学说与判例研究》(第一册),北京大学出版社 2009 年版,第 223 页。

试问在现行"民法"上此两种契约的效力有无不同？应否区别？试说明理由，加以论证。

"民法"第246条第1项规定："以不能之给付为契约标的者……"可知系指自始不能。问题在于所谓"不能之给付"，究系仅指客观不能，或包括客观不能及主观不能？如何解释？

二、自始客观不能与契约的效力

(一)法律解释方法论

"民法"第246条所称给付不能，应限制解释为自始客观不能，此具法律解释方法论意义，分四点加以论证：

1. 文义解释：就文义言，所谓不能之给付是否仅指客观不能，抑或包括主观不能，未臻明确。

2. 立法理由："谨按民律草案第513条及第517条谓当事人，得自由以契约订定债务关系之内容，而其标的，则以可能给付为必要。故以客观之不能给付(不问其为相对的不能或绝对的不能)为标的之契约，法律上认为无效，所以防无益之争议也。但系主观之不能给付，其契约仍应认为有效，使债务人负损害赔偿之责，此无待明文规定也。"

3. 体系解释(比较法)：所谓契约以不能之给付为标的者无效，系基于罗马法学家Celus所创"impossibilium nulla est obligatio"而来，为欧陆各国和地区法典所采用，旧《德国民法典》第306条规定："Ein auf unmögliche Leistung gerichteter Vertrag ist nichtig."《瑞士债务法》第20条规定："Ein Vertrag, der einen unmöglichen oder widerrechtlichen Inhalt hat oder gegen die guten Sitten verstosst, ist nichtig."德瑞二国民法所谓"Unmöglichkeit"系专指客观不能而言，不包括主观不能"Unvermögen"。台湾地区"民法"第246条系仿自德瑞民法，此从比较法的观点言，得采相同的解释。

4. 规范意旨：当事人双方意思表示一致时，契约即为成立，为贯彻私法自治原则，应尽量承认其效力。契约以客观不能之给付为标的者无效，此项理论的依据何在，颇有争论。此并非基于逻辑的必然性，盖法律在此种情形，尽可承认契约的效力，而令债务人赔偿因其不能履行致债权人所受的损害。又依"民法"第350条规定，出卖之债权或其他权利纵不存在，买卖契约仍为有效，由是可知，以客观不能之给付为标的者，契约仍为有效，逻辑观点上并非不可能。Larenz教授认为《德国民法典》第306

条规定系基于事实需要而作的价值判断,盖在给付客观不能的情形,契约自始即失其目的,失其客体(zweck-, sinn-, und gegenstandslos),故使之不发生任何效力。契约以客观不能之给付为标的者无效,既难有一令人完全满意之理论依据,则在主观不能的情形,债务人犹可履行,自无使契约无效的必要,自规范意旨言,亦应作限制之解释。

(二) 实务案例

1. 给付不能的概念:"民法"第246条第1项前段规定以不能之给付为契约标的者,其契约无效。该项所称之"不能之给付"者,系指依社会观念,其给付自始不能依债务本旨实现者而言,亦即凡依社会通常观念,得强制债务人实现债务本旨者,即非不能之给付,否则,即难谓其契约为无效(2014年台上字第810号)。本件判决对给付不能的定义系在表示其为客观不能。为期明确,应认其给付不能系指,对任何人皆为不能之客观不能,此为通说及立法理由的用语。

2. 共有物:共同共有人中之一人,以共同共有物所有权之移转为买卖契约之标的,并非所谓以不能之给付为契约标的,其移转所有权之处分行为,虽因未经其他共同共有人之承认不能发生效力,而其关于买卖债权契约则非无效(1944年上字第2489号)。出卖共有物,同于出卖他人之物,其不能移转所有权系属主观不能。

3. 债权与双重让与:"最高法院"曾有判决认为:债权人为双重让与时,第二受让人系受让不存在之债权,原属标的不能,依"民法"第246条第1项规定之类推适用,第二次债权让与契约应为无效(2013年台上字第1825号)。

值得赞同的是"最高法院"2016年台上字第1834号判决:"在债权双重让与之场合,先订立让与契约之第一受让人依'债权让与优先性'原则虽取得让与之债权,但第二受让人之让与契约,并非受让不存在之债权,而系经债权人处分现存在之他人(第一受让人)债权,性质上乃无权处分,依'民法'第118条规定,应属效力未定,此为本院最新之见解。而无权利人就权利标的物为处分后,取得其权利者,其处分自始有效,同条第2项定有明文。"

4. 农地买卖:按私有农地所有权之移转,依2000年1月26日修正删除前之"土地法"第30条规定,其承受人以能自耕者为限,如承买人当时系无自耕能力之人,须于订约时明白约定由承买人指定登记与任何有自耕能力之第三人,或具体约定登记于有自耕能力之特定第三人,或约定待承买人自己有自耕能力时为移转登记,或其他预期于不能之情形除去后为给付者,其契约始为有效,否则,即系以不能之给付为契约标的,依"民法"第246条第1项前段规定为无效(2006年台上字第1682号)。

三、契约无效的法律效果

(一)"民法"第247条:信赖利益的损害赔偿

"民法"第247条规定:"Ⅰ契约因以不能之给付为标的而无效者,当事人于订约时知其不能或可得而知者,对于非因过失而信契约为有效致受损害之他方当事人,负赔偿责任。Ⅱ给付一部不能,而契约就其他部分仍为有效者,或依选择而定之数宗给付中有一宗给付不能者,准用前项之规定。Ⅲ前二项损害赔偿请求权,因二年间不行使而消灭。"兹举两个判决,以供参照:

1. 本条规定系契约成立后,债务人有依契约内容而为履行之义务,纵其契约标的为给付不能,不免罹于无效,而对于非因过失信其契约为有效,致受损害之他方当事人,仍负赔偿责任(1963年台上字第518号判例)。

2. 契约因出卖人以不能之给付为标的而归无效者,买受人所得请求赔偿之范围,依"民法"第247条第1项自以因信赖契约有效所受之损害为限,此即所谓消极的契约利益,亦称之为信赖利益。例如订约费用、准备履行所需费用或另失订约机会之损害等。至于积极的契约利益,即因契约履行所得之利益,尚不在得为请求赔偿之列(1962年台上字第2101号判例)。"民法"第247条规定可视为一种法定缔约上过失责任。

甲向乙购买A画,价金100万元,支出订约费用1万元、鉴定费用2万元,并以120万元让售于丙,其后发现该画于订约时业已灭失。乙于订约时知或可得而知其事,甲信其契约为有效。兹就此例建构"民法"第247条的请求权基础:

〔一〕要件
  1. 契约因以不能之给付为标的而无效(第246条)
  2. 当事人一方订约时知其不能,或可得而知(违反缔约信息义务)
  3. 他方当事人信契约为有效而受损害
〔二〕效果
  1. 信赖利益损害赔偿
  2. 不得超过履行利益

(二) 双务契约的给付

在买卖等双务契约因自始客观不能无效时,一方当事人所为之给付欠缺法律上原因,得依不当得利规定请求返还(第 179 条)。

四、"民法"第 246 条的存废:《德国民法典》修正

"民法"第 246 条及第 247 条古典传统的规定,具有两个特色:1. 契约以自始客观不能为其标的者,其契约无效。2. 当事人一方仅负信赖利益损害赔偿责任。作者早年在大学学习法律时曾思考过两个问题:

1. 为何要区别客观不能及主观不能:出卖之物灭失或被盗,衡诸买受人利益,有无区别必要?

2. 为何要区别自始不能及嗣后不能?出卖之物在订约(上午 10 时)前灭失(上午 10 时前 1 分钟),自始不能,契约无效。反之,在订约后灭失(上午 10 时后 1 分钟),嗣后不能,契约有效。此项区别有无逻辑合理性?

值得提出的是德国 2002 年债法现代化,毅然废除旧《德国民法典》第 306 条,增设第 311a 条规定:"Ⅰ 契约的效力不因债务人依民法第 275 条第 1 项至第 3 项规定不必提出给付,且其事由于契约成立时既已存在而受影响。Ⅱ 债权人得依选择请求替代给付的损害赔偿或民法第 284 条所定范围支出费用的赔偿。……"其重点有三:

1. 所谓给付不能,包括客观不能与主观不能。
2. 肯定契约的效力。
3. 肯定债权人得请求替代给付的损害赔偿。

《德国民法典》第 311a 条规定改变德国民法给付不能法的构造,创造了一个无原给付义务的契约(ein Vertrag ohne primäre Leistungspflicht)。此项增订规定,对台湾地区"债法"未来的修正具有重大的参考价值。

第四款 自始主观不能
——法学方法论问题

> 甲向乙买 A 古瓶,价金 10 万元,甲以 12 万元转售该瓶于他人。乙的店员丙在乙出卖 A 瓶之前,已将该瓶以 13 万元出售于丁,并移转其所有权,乙疏未查询。丁拒乙以 15 万元买回该瓶而对乙为给付。(请先彻底思考甲的请求权基础)

本案例涉及自始主观不能,产生三个法学方法论的问题:

1. "民法"第 246 条所谓不能之给付,应限制解释为自始客观不能,前已说明。

2. 依"民法"第 246 条的反面推论,契约以自始主观不能为标的者,其契约有效。

3. 关于给付不能的违约责任,民法未设规定,违反规范计划,系属法律漏洞,应类推适用"民法"第 225 条、第 226 条关于嗣后给付不能的规定。

关于前揭案例的解答,请参照下文关于嗣后不能的论述,建构请求权基础(自行写成书面)。

```
甲对乙的请求权基础:类推适用"民法"第 226 条
(一)债之关系:买卖契约
    1. 成立
    2. 有效
        (1)买卖标的物自始主观不能
        (2)契约有效
            ①第 246 条:自始客观不能:契约无效(限制解释)
            ②自始主观不能:契约有效(第 246 条反面推论)
            ③类推适用第 226 条
(二)要件
    1. 给付不能
    2. 归责事由(220,224)
    3. 受有损害
(三)效果
    1. 损害赔偿
    2. 代偿请求权
        (1)第 225 条第 2 项:不可归责于债务人
        (2)可归责于债务人的事由:类推适用第 225 条第 2 项
```

第五款　嗣后不能

给付不能分为自始不能及嗣后不能。自始客观不能,契约无效(第 246 条)。自始主观不能,系"民法"未设规定的法律漏洞,应类推适用嗣后不能的规定。"民法"对嗣后不能(包括客观不能及主观不能)设有规定(第 225 条、第 226 条),就其给付不能是否可归责于债务人,规定不同的法律效果,分述如下:

第一项　不可归责于债务人事由的给付不能："民法"第 225 条

一、案例

试说明下列案例的法律关系：

1. 甲向乙承租房屋，经营餐厅；因新冠肺炎疫情几无收入，对乙表示无资力支付租金，系给付不能，应免给付义务。

2. 甲向乙购买乙在黎山某果园全部苹果，价金 100 万元，先支付 20 万元。该果园的苹果因台风全部灭失。甲请求乙交付同类型苹果。

3. 甲歌星与乙订约，某日某时在乙的年终尾牙会演唱。甲因寡母病危住院拒绝到场演唱，前往医院探视其母。

4. 甲的车库门前因他人停车，急事不能外出，请乙拖车公司处理，约定费用 2000 元。乙的工作人员到达时，该车已经开走。

二、要件及效果

(一)"民法"第 225 条的法律构造

"民法"第 225 条规定："I 因不可归责于债务人之事由，致给付不能者，债务人免给付义务。II 债务人因前项给付不能之事由，对第三人有损害赔偿请求权者，债权人得向债务人请求让与其损害赔偿请求权，或交付其所受领之赔偿物。"兹图示其法律构造：

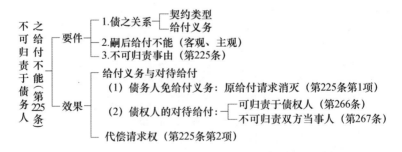

(二)要件

1. "民法"第 225 条的适用，须当事人间有债之关系，包括约定之债（契约）及法定之债（无因管理、侵权行为）。关于契约债务，应先认定其为何种契约，何种给付义务。

2. 本条所称给付不能指嗣后不能,包括客观不能(出卖之车灭失、房屋倒塌、土地禁建)及主观不能(出卖汽车被盗、画家眼睛失明)。

3. 关于不可归责之事由,原则上系指无故意或过失,如汽车遭洪水冲走,房屋因地震倒塌,画家眼睛发生病变(关于归责事由详见本书第289页)。

(三)效果

1. 给付不能,因不可归责于债务人事由时,债务人免给付义务。

2. 关于双务契约对待给付(例如价金、租金),"民法"未设明定,应视其给付不能系可归责于债权人(第267条)或不可归责于双方当事人(第266条)而定(阅读条文!)。

三、案例解说

(一)金钱债务

租金系金钱债务。民法上所谓给付不能,系指依社会观念其给付已属不能者而言,买受人无支付价金之资力,按诸社会观念,不得谓为给付不能(1933年上字第3180号)。金钱债务不容有不能之观念,即有不可抗力等危险,亦应由其负担,决不能借口损失及人欠未收以冀减免责任(1931年上字第233号)。有无资力偿还,乃系执行问题,不得据为不负履行义务之抗辩(1930年上字第1733号)。之所以采此见解,有认为金钱债务系种类之债,亦有认为债务人对金钱债务应担保其给付能力而负无过失责任。出租人无力支付租金,无论其事由如何,均不成立给付不能。准此见解,甲向乙承租房屋,经营餐厅,不能以新冠肺炎疫情几无收入,主张无资力支付租金,系给付不能而免给付租金义务。

(二)种类之债

甲向乙购买某果园全部苹果,系所谓的限制种类之债。在一般种类之债,物之出卖人负有在市场上获取该种类之物而为给付的义务,承担其风险,须种类之物全部灭失,始得谓为给付不能。在限制种类之债,于该种类灭失时,即发生给付不能,买受人不得请求出卖人交付其他尚存同种类苹果。

(三)属人性给付不能

歌星因探视母病危,不能演唱,非属所谓真正给付不能(物理不能或法律不能)。为顾及债务人的行为自由及人格利益,《德国民法典》第275条第3项特别规定于衡量阻碍债务人给付的事由及债权人给付利益,不能期待债务人提出给付时,债务人得拒绝给付。我"民法"未设此规定,应依诚实信用原则,衡量当事人利益而判断债务人提出给付的可期待性。

(四) 目的达成①

甲与乙订立拖车承揽契约,乙有为甲完成一定之工作(拖车),甲有于俟工作完成,给付约定报酬(2000元)之义务(第490条)。本件案例异于一般给付不能的特色,在于给付效果系因债务人给付行为以外的事由而发生,构成乙的给付不能(学说称为目的达成,Zweckerreichung)。此种给付不能,非由承揽人(债务人)的行为所引起,非属其应予负责的范畴,系不可归责于双方当事人,依"民法"第225条第1项规定乙免给付义务,甲亦免支付报酬。问题在于承揽人的员工已经到达拖车现场,不得请求任何报酬,显非合理。在承揽契约,工作因定作人所提供工作具有瑕疵不能完成,而无可归责于承揽人的事由时,承揽人得对其所给付工作部分(包括给付的准备行为)请求相当报酬(参照《德国民法典》第645条),我"民法"未设明文,应依契约解释而为肯定。乙拖车公司得向甲请求准备拖车必要行为的费用。

第二项 可归责于债务人事由的给付不能

一、案例及法律构造

甲为避免子女争产及节税,与乙订立借名登记契约,将A屋(价值1000万元)以乙之名义登记,乙死亡后,其子丙办理遗产登记,将该屋让售于知情之丁(价金1200万元),并办理所有权移转登记。试问甲得对丙、丁主张何种权利?甲得否向丙请求交付其出卖该屋的价金1200万元?

"民法"第226条规定:"Ⅰ因可归责于债务人之事由,致给付不能者,债权人得请求赔偿损害。Ⅱ前项情形,给付一部不能者,若其他部分之履行,于债权人无利益时,债权人得拒绝该部之给付,请求全部不履行之损害赔偿。"本条规定可归责于债务人事由的给付不能,系实务及理论的重要问题,图示其法律构造,请参照以下说明,彻底理解,并应用于处理具体案件:

---

① Larenz, Schuldrecht, Ⅰ, S. 20; Looschelders, Schuldrecht AT, Rn. 726.

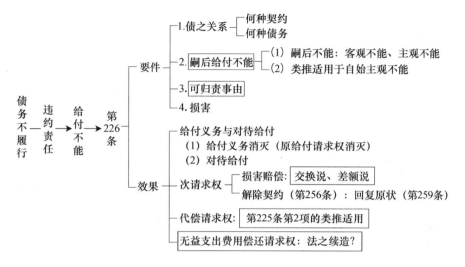

二、要件及效果

(一)要件

1. 须有债之关系,认定系何种契约,当事人间的给付义务。

2. 须为嗣后不能。嗣后不能指契约订立后的给付不能,包括客观不能及主观不能。按"民法"第226条第1项之给付不能,债权人得请求损害赔偿者,与同法第232条因给付迟延而生之损害赔偿,两者不同。前者指因可归责于债务人之事由,致给付不能者言;其给付不能,包括自始主观不能、嗣后客观或嗣后主观不能。后者系指因债务人之给付拒绝或给付迟延,迟延后之给付,于债权人已无利益者,债权人得拒绝其给付,并得请求赔偿因不履行而生之损害赔偿言(2016年台上字第1403号)。需说明的是,"民法"第226条系指嗣后不能,不包括自始主观不能,而系类推适用。

兹举三个实例,说明如何认定给付不能:

1. 给付不能与不完全给付的区别:两造签订系争合约,由被上诉人委托上诉人从事系争新药之临床试验,上诉人已交付系争新药计划报告,唯因该项计划报告具有缺失,遭"卫生署"不准备查,既为原审认定之事实,则上诉人已依系争合约提出给付,虽其给付不符合债务本旨,究与应有所为而不能为,而以消极的不给付侵害被上诉人债权之情形不同,自非依社会观念已属不能之给付不能可比(2011年台上字第2091号)。

2. 出卖他人之物与给付不能:特定物唯其所有权人能为合法处分,出卖第三人之物,依社会通常观念,第三人(即所有权人)殊无配合出卖人将买卖标的物交付并移转所有权予买受人之理。是出卖人于签订买卖契约后,向第三人取得物之所有权,或以契约或其他合法法律行为,使第三人担负出卖人上开给付义务,即可认为出卖人有履行义务之可能。如第三人之给付义务因故解除而消灭,则自其解除义务时起,应认出卖人无履行之可能,已陷于给付不能,其可归责于出卖人者,买受人得依同法第 256 条之规定,解除契约(2016 年台上字第 1403 号)。

3. 抵押权人声请拍卖出售的土地:土地出卖之后,该土地于其后被抵押权人声请拍卖,致对上诉人移转登记之请求,成为给付不能(1981 年台上字第 211 号判例)。

4. 股票给付不能:本件系争执行名义系命上诉人将其名下御○公司记名股票,背书转让予被上诉人,该执行名义并无不能执行之情,上诉人陈称其持有御○公司之 136 万股股份已经该公司发行实体股票,执行法院系以被上诉人逾期未补正查报系争股票之所在地,及可代为采买登记于上诉人名下之御康公司股票,依"强制执行法"第 28 条之 1 第 1 款规定驳回被上诉人强制执行之声请,为原审认定之事实。上诉人持有御○公司之股份既已发行实体股票,倘无其他证据证明该股票已消失或类此情形,可否以被上诉人搜索不着,即认上诉人给付股票之义务已陷于给付不能,尚非无疑。原判决径以御○公司非属上市柜公司,难期被上诉人查报上诉人之股票所在,被上诉人强制执行之声请因未补正遭驳回之情,遽认上诉人依系争执行名义应为之给付,已因可归责于己之事由陷于不能,已属速断(2017 年台上字第 1741 号)。

(二)效果

1. 履行利益损害赔偿:给付义务与对待给付

因可归责于债务人之事由,致给付不能时,债务人的原给付请求权消灭,发生替代给付不能的损害赔偿请求权(次给付请求权),"最高法院"有两个判例,可供参照:

(1)物之出卖人应负交付其物于买受人并使其取得该物所有权之义务,固为"民法"第 348 条第 1 项所明定。惟债之给付不能时,除系因可归责于债务人之事由所致者,债权人得依同法第 226 条第 1 项规定,请求损害赔偿外,不得仍请求履行契约(1950 年台上字第 411 号判例)。

(2) 租赁契约成立后,依"民法"第 423 条之规定出租人固负交付租赁物于承租人之义务,唯此仅为出租人与承租人间债之关系,出租人违反此项义务而将租赁物租与他人,并经交付时,则其交付租赁物之义务,即已不能履行,承租人对于出租人,只能依"民法"第 226 条第 1 项请求赔偿损害,不得再行请求交付租赁物(1951 年台上字第 599 号判例)。

关于买卖、租赁等双务契约的对待给付(价金、租金),"民法"未设明文,解释上应认为并不消灭,如何处理,将于下文再为说明。

2. 代偿请求权

给付不能所发生的代偿请求权,是一个重要问题,涉及法之解释及续造问题,将于下文详作说明。

(三) 案例解说:借名登记(此为重要案例,请认真研读,先自行解答)

1. 甲对丁的请求权

甲得对丁依"民法"第 767 条请求返还 A 屋(或涂销所有权登记),须甲为该屋所有人,丁无权受让该屋所有权,关键问题在于丙是否为无权处分。"最高法院"最近见解采有权处分说,2017 年 2 月 14 日 2017 年度第 3 次民事庭会议决议认为:"不动产借名登记契约为借名人与出名人间之债权契约,出名人依其与借名人间借名登记契约之约定,通常固无管理、使用、收益、处分借名财产之权利,然此仅为出名人与借名人间之内部约定,其效力不及于第三人。出名人既登记为该不动产之所有权人,其将该不动产处分移转登记予第三人,自属有权处分。"依此见解,丁无论善意与否均取得 A 屋所有权。甲对丁无"民法"第 767 条的所有物返还请求权。

2. 甲对丙的请求

甲得对丙依"民法"第 226 条规定请求损害赔偿,须甲与丙间有债之关系,因可归责于丙的事由,致给付不能,甲受有损害。"最高法院"2015 年台上字第 1399 号判决:"查借名登记之契约,其成立侧重于借名者与出名者间之信任关系,性质与委任关系类似,应类推适用'民法'第 550 条规定,除契约另有订定或因契约事务之性质不能消灭者,因当事人一方死亡而消灭。此际借名者或其继承人自可依借名契约消灭后之借名标的物返还请求权请求出名者或其继承人返还该标的,如该标的物因可归责于债务人之事由,致给付不能者,借名人得依'民法'第 226 条第 1 项之规定请求赔偿损害,且该项损害赔偿之债,性质上为原债权之延长,属于原债权之变形,与原债权具有同一性,其请求权之消灭时效,应自原债权之请求权可行使时起算。"

据此判决内容可知,(1)甲与丙间具有类似委任的债之关系。(2)丙给付不能。(3)有可归责于丙的事由。(4)甲受有损害。甲得对丙依"民法"第226条规定请求损害赔偿。

关于甲得否对丙请求价金1200万元,涉及"民法"第225条的适用及类推适用,具法律漏洞及推类适用法之续造重大的意义,将于下文再为说明。

本件案例具理论及实务重要性,为便于理解,将其基本法律关系图解如下:

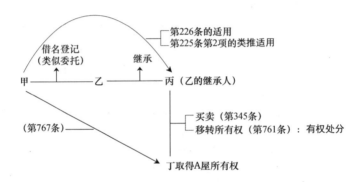

三、履行利益的损害赔偿

(一)履行利益

因可归责于债务人之事由致给付不能者,债权人得请求损害赔偿(第226条),其得请求赔偿者为债务不履行替代给付的履行利益。履行利益又称为积极损害,其应赔偿者,系使债权人处于债务人为履行时的状态。在物之买卖,买受人得请求赔偿未能给付之物的市价,亦得请求购买代替之物所支出必要的费用。此外并得请求所失利益。例如甲以100万元向乙购买A画,于该画因乙的过失灭失时,甲得向乙请求赔偿100万元(最低损害)。设甲以120万元将该画转售时,甲得向乙请求20万元的损害赔偿(所失利益)。

在前揭卖画之例,给付物价值的判断时点为何?设灭失之画于起诉时市价110万元,甲得否向乙请求赔偿110万元?

"最高法院"2013年台上字第195号判决谓:"'民法'第226条第1

项规定债务人因嗣后不能所负之损害赔偿责任,系采取完全赔偿之原则,且属'履行利益'之损害赔偿责任,该损害赔偿之目的在于填补债权人因而所生之损害,其应回复者并非'原有状态',而系'应有状态',应将损害事故发生后之变动状况考虑在内。故给付标的物之价格当以债务人应为给付之时为准,债权人请求赔偿时,债务人即有给付之义务,算定标的物价格时,应以起诉时之市价为准。"依此见解,在上举之例,甲得向乙请求该画起诉时的市价110万元。

(二)差额说或交换说

在双务契约,债权人得主张替代给付的损害赔偿,有争论的是,如何处理债权人的对待给付? 有差额说(Differenztheorie)与交换说(Austauschtheorie)二种见解:

1. 差额说:债权人的对待给付义务归于消灭,其交换关系不复存在,债权人的损害赔偿请求权自始存在于原给付(包括结果损害)与对待给付之间的差额。

2. 交换说:债权人的对待给付仍属存在,在债务人方面,则以支付损害赔偿的义务替代其原给付义务,此项赔偿义务通常体现于其给付的金钱价额。债权人请求损害赔偿时,应同时提出对待给付,其交换关系原则上仍属存在而有所修正。

兹举二例加以说明:

(1)买卖:甲将价值10000元的A画,以8000元出卖于乙。契约成立后,因甲的过失致画灭失时,依差额说,乙的损害赔偿请求权自始限于其差额2000元。依交换说,买受人乙仍应支付价金(8000元),其替代出卖人甲应为交付其标的物及移转其所有权的损害赔偿的价额为10000元,甲或乙为抵销时,乙得向甲请求2000元的损害赔偿。

(2)互易:甲以价值8000元的A画与乙时值10000元的B画互易,在双方履行前,乙的B画灭失。依差额说,甲得向乙请求2000元的损害赔偿。依交换说,甲仍有给付A画的义务,其替代乙给付B画(因灭失而给付不能)的价额赔偿为10000元,甲请求乙赔偿10000元时应同时交付A画并移转其所有权。

就前揭二例加以分析,在对待给付为金钱时(如买卖,此为通常情形),差额说或交换说适用的结果基本上相同。但于互易契约则有不同。为顾及债权人利益,应肯定债权人得选择差额说或交换说,行使其损害赔偿请求权。

四、代偿请求权：代偿利益

(一)"民法"第 225 条的适用

"民法"第 225 条第 2 项规定："债务人因前项给付不能之事由，对第三人有损害赔偿请求权者，债权人得向债务人请求让与其损害赔偿请求权，或交付其所受领之赔偿物。"学说上称为代偿请求权，图示其构造如下：

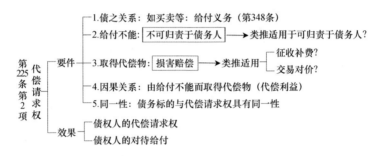

兹举二例加以说明：

1. 甲向乙购买 A 琴(价金 10 万元)，因丙的过失致该琴灭失，乙无可归责事由，而丙对乙赔偿该琴价格或 B 琴(价值 11 万元)时，甲得向乙请求让与其对丙的损害赔偿请求权，或交付其所受领的价额或 B 琴。

2. 甲向乙购买 A 屋，该屋因意外火灾灭失，甲得向乙请求让与该屋保险金请求权或交付其受领的保险金。债权人请求替代利益请求权时，因为此项利益系在替代债务人的给付，债权人仍应为对待给付。

需特别说明的是两个消灭时效的重要问题：

1. 债权人给付请求权的消灭时效：按"民法"第 225 条第 2 项规定之代偿请求权，其立法本旨乃在于债务人给付不能时，使债权人得向债务人请求让与其损害赔偿请求权，或交付其所受领之赔偿物，以替代原债务之标的，保障债权人之利益。准此，即应以债务人有"给付义务"为前提，始可能因其给付不能而发生代偿请求权。倘原来之债权已罹于消灭时效期间，债务人本得拒绝给付而无给付义务，自不可能再有给付不能，而发生代偿请求权及其时效期间重新起算之情事。否则即与时效制度原期确保交易安全，维护社会秩序之目的有违。故债权人之请求权如已罹于消灭时效期间，经债务人为拒绝给付之抗辩时，债务人即无给付义务，显不可能再发生因其给付不能,而由债权人行使代偿请求权之余地(2008年台上字第819号)。

2. 代偿请求权的消灭时效:"民法"第225条第2项所定之代偿请求权,系请求债务人让与其对第三人之损害赔偿请求权,或交付其所受领之赔偿物,通说认系新发生之债权,其消灭时效应重新起算。是被上诉人因上开土地被征收所生之代偿请求权,其消灭时效自征收补偿款核发时起算,至被上诉人提起本件诉讼止,亦未逾15年。准此,原审认定被上诉人之请求权,未逾15年之消灭时效,应无不当(2008年台上字第623号)。

(二)代偿请求权类推适用与法之续造

1. 类推适用于征收土地补偿:代偿利益的扩大

"民法"第225条第2项明定的代偿利益为损害赔偿。"最高法院"1991年台上字第2504号判决:"政府征收土地与上诉人(即出卖人)之补偿地价,虽非侵权行为之赔偿金,惟系上诉人于其所负债务陷于给付不能发生之一种代替利益,此项补偿地价给付请求权,被上诉人(即买受人)非不得类推适用'民法'第225条第2项之规定,请求让与。"本件判决具有两个意义:

(1)类推适用"民法"第225条第2项,使代偿利益包括土地征收补偿金(租赁建物拆迁补偿费,2016年台上字第37号)。

(2)排除不当得利的适用("最高法院"1991年8月23日,1991年度第4次民事庭会议决议)。

2. 类推适用于可归责于债务人事由的给付不能

"最高法院"在2016年台上字第2111号判决关于借名登记借名人出卖登记标的物的案件,认为:"按'民法'第225条第2项所定之代偿请求权之立法目的,系基于衡平思想,旨在调整失当之财产价值分配,保护债权人之利益,使债权人有主张以债务人对于第三人之损害赔偿请求权或受领自第三人之赔偿物代替原给付标的之权利,其因不可归责于债务人之事由直接转换之利益(如交易之对价)与损害赔偿,发生之原因虽有不同,但性质上同为给付不能之代替利益,应类推适用上开规定,得为代偿请求权之标的。又依'民法'第225条第1项、第2项规定之文义,固须不可归责于债务人之事由致给付不能者,债权人始得主张代偿请求权。惟因可归责于债务人之事由致给付不能者,参酌'民法'第225条第2项规定之立法理由谓'其不能给付,"不问其债务人应否负责",须以债务人所受之损害赔偿或其所有之损害赔偿请求权,代债务之标的,以保护债权人之利益',应认债权人得选择行使损害赔偿请求权('民法'第226条第1项)或代偿请求权以保护其利益。"应说明者有三:

(1)"最高法院"作成一个具有创造性的判决,进一步完善台湾地区"民法"违约责任的体系,应值肯定赞同。

(2)本件判决就"民法"第225条第2项关于代偿请求权的规定,创设了二个类推适用:

①将损害赔偿(法定代偿)类推适用于交易之对价(交易代偿)。

②将代偿请求权类推适用于可归责于债务人的给付不能。其类推适用及论证内容具有法学方法论上的意义。

(3)本件判决创设形成了代偿请求权的一般原则,对所有债之关系均得适用。尤其是在双重买卖,第一买受人亦得向出卖人再度让售买卖标的物的价金。例如甲向乙购买A屋,价金1000万,乙将该屋以1200万元让售于丙,并移转其所有权时,甲得向乙请求让与其对丙的价金请求权,或交付其所受领的价金。①

五、无益费用请求权:法之续造的课题

(一)问题提出

　　甲租赁乙所有的房屋,准备经营意大利餐厅。甲于约定交付期日前先购买餐具,支出广告宣传费用。其后因可归责于乙的事由致该屋灭失(或乙将该屋让售于他人并移转其所有权)而给付不能时,甲得否向乙请求该预购餐具及开店广告宣传等无益支出的费用?

首先需说明的,此类因信赖将取得保有给付,由于债务不履行而无益支出的费用(vergebliche Aufwendung),非属债务不履行的损害赔偿,盖于债务依其本旨而为履行时,债权人仍须为此等支出。问题在于债权人的信赖应否受到保护?

(二)德国民法

为保护债权人的信赖,德国判例创设了所谓的"收益获利推定理论"

---

① 参见拙著:《民法思维:请求权基础理论体系》,北京大学出版社2022年重排版,第336页,案例〔28〕。

(Rentabilitätsvermutung),认为债权人通常可期待契约履行,以所获收益涵盖其费用支出,此项信赖应受保护。但认为此项"收益获利推定"系针对营利性契约,不适用于非营利性契约,例如租赁场所从事公开演讲活动,不能因屋主给付不能而请求其无益支出的费用(广告费用等)。

《德国民法典》2002年债法现代化增订第284条一般性规定:"请求损害赔偿代替原给付时,债权人亦得请求信赖其可受领给付所为的支出,而依公平方式原得支出者作为替代补偿。但其目的纵无债务人的义务违反亦无法达成时,不在此限。"本条的适用要件为:

1. 因可归责于债务人的给付不能,致发生替代给付的损害赔偿请求权,其适用对象包括非营利性契约。

2. 须因信赖可受领给付而为费用支出。

3. 因债务人义务违反,致支出费用目的不达。其支出费用之目的,纵无债务人义务的违反亦无法达成时,例如租赁某屋经营餐厅,因该屋系属危屋依法不能营业时,承租人无支出费用请求权。

4. 所为支出与给付本身须具合理的比例性。例如购买1000元的画而订制10000元的画框(所谓的奢侈费用),不具比例性,不得请求。

债权人得请求无益费用支出的情形:

1. 房屋租赁:承租人得请求出租人赔偿广告宣传等费用。

2. 画框买卖:买受人得请求出卖人支付订制画框的合理费用。

3. 某社团租借场所举办选举餐会,出租人因不同意其政治立场而拒绝时,虽不具营利性,承租人仍得请求出租人赔偿其无益支出的筹备费用。

债权人得选择请求债务不履行损害赔偿或无益费用支出请求权。

(三) 台湾地区"民法"的发展

在台湾地区"民法"应否或如何建构无益费用支出的请求权基础,实具研究价值。为保护债权人的信赖,应采肯定见解,依法院造法的途径,并于"民法"债编修正时增订相关条文,更进一步完善违约制度,促进法律的发展。

第三项 不可归责于双方当事人事由的给付不能

给付不能因不可归责于双方当事人之事由者,例如出卖之车被洪水冲走、房屋遭地震倒塌、受雇人因意外车祸残废、画家因眼疾失明等。在此情形,其法律效果为:

1. 债务人(如物之出卖人、出租人、雇用人、承揽人)依"民法"第225条第1项规定免给付义务。

2. 关于对待给付(如价金、租金、报酬等),"民法"第266条规定:"Ⅰ因不可归责于双方当事人之事由,致一方之给付全部不能者,他方免为对待给付之义务;如仅一部不能者,应按其比例减少对待给付。Ⅱ前项情形,已为全部或一部之对待给付者,得依关于不当得利之规定,请求返还。"须注意的是,此系一般原则,法律设有例外规定,例如"民法"第373条规定:"买卖标的物之利益及危险,自交付时起,均由买受人承受负担,但契约另有订定者,不在此限。"此之所谓危险系指价金(对待给付)的危险,即出卖人虽免给付义务(给付危险)时,买受人仍有支付价金的义务。①

第四项　可归责于债权人事由的给付不能

"民法"第267条规定:"当事人之一方因可归责于他方之事由,致不能给付者,得请求对待给付。但其因免给付义务所得之利益或应得之利益,均应由其所得请求之对待给付中扣除之。"例如甲出售 A 车给乙,价金 50 万元,约定某日交付,乙在该日前使用 A 车,因过失发生车祸,致 A 车灭失。在此情形,其法律效果为:

1. A 车灭失,其给付不能系不可归责于出卖人甲(债务人),甲免交付其物并移转其所有权的给付义务(第761条、第225条)。

2. 该 A 车之给付不能系因可归责于他方当事人(买受人乙,债权人)之事由,依"民法"第267规定,甲得向乙请求对待给付(价金,第367条),但应扣除其免于给付的利益,例如免交付 A 车及移转其所有权所应支出的费用。

第六款　给付不能体系的构成

一、台湾地区"民法"及德国民法的比较

台湾地区"民法"上的给付不能基本上系继受旧德国民法的制度,德国2002年债法现代化重构了给付不能体系,前已说明。为便于参照,图解如

---

① 参见拙著:《民法思维:请求权基础理论体系》,北京大学出版社2022年重排版,第321页,案例[24]。

下(请慎思明辨,研究案例,区别异同,理解规范意旨,不要强行记忆):

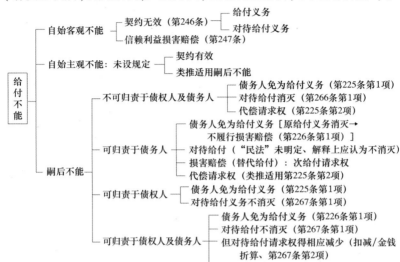

(一)台湾地区"民法"上的给付不能:类别化的规范模式

兹归纳为三点加以说明:

1. 给付义务:给付不能时,不论其有无可归责于债务人之事由,给付义务消灭,债权人无履行请求权(原给付请求权),此乃事理之当然,盖给付义务既已消灭,如何请求履行?此项原则体现罗马"不能之事无债务"(impossibilium nulla obligatio est)的法谚。在此情形,仅发生得否成立替代给付损害赔偿请求权(次给付请求权)的问题。

2. 对待给付:双务契约的对待给付原则上因给付义务消灭而消灭(第266条),其例外情形者,例如因可归责于债权人事由之给付不能(第267条),或法律特别规定(如第373条)。

3. 次给付请求权:因可归责于债务人的事由致给付不能时,债权人得请求损害赔偿(替代给付损害赔偿请求权,第255条)、解除契约(第256条)。

(二)德国民法上的给付不能:以违反义务为核心的统一性规范构成

德国法上的债务履行制度原采同于台湾地区"民法"类型化的规范模式。2002年债法现代化重构了以违反义务为核心的体系,但仍保留给付不能制度而有所创新,简述如下(请特别注意其不同于台湾地区现行

"民法"规定的特色):

1. 要件

(1)给付不能(真正不能:物理不能、法律不能,§275 I):法院就给付不能的抗辩,应依职权加以审究。

(2)不合比例性给付费用的不能给付(事实不能,§275 II):债务人的抗辩权。

(3)不具可期待的属人性给付不能(道德不能,§275 III):债务人的抗辩权。

2. 效果

(1)给付义务消灭(原给付请求权消灭)(§275 I)。

(2)对待给付:双务契约的对待给付原则上归于消灭[§326(2)]。给付不能系完全或主要由债权人所致者,或在债权人受领迟延中非因不可归责债务人的事由致给付不能时,债务人保有对待给付请求权,但应扣除因免给付义务所节省费用或劳务所得利益。

(3)次给付请求权:次给付请求权的请求权基础,系《德国民法典》第280条,其第1项规定:"债务人违反基于债之关系上的义务,债权人得请求因此所生损害的赔偿。但债务人对其义务违反无可归责时,不在此限。"(此为由债务人负举证责任的规定。)因给付不能而发生的次请求权有三:

①替代给付损害赔偿[§280(1)]

②代偿请求权(§284):适用于所有的给付不能,不问债务人有无归责事由。

③无益支出费用请求权(§285)。

(4)对待给付的返还:债权人已为对待给付的返还,依《德国民法典》第346条至348条关于解除契约的规定[§326(4)],不同于台湾地区"民法"依不当得利请求返还的规定(第266条第2项),不发生所受利益不存在,免返还义务的问题(第182条)。

(5)解除契约:债务人依《德国民法典》第275条之1第1至3项规定免给付义务时,债权人得解除契约[§326(5)]。其不同于台湾地区"民法"的特色在于解除契约不以债务人有可归责事由为要件。

由前述说明,可知德国民法关于给付不能有许多创新,不同于德国传统民法及台湾地区现行"民法"的规定。

二、台湾地区"民法"的发展

比较法研究的主要目的有三:1. 知彼知己,更能认识理解本地法。2. 以法比较作为本地法解释及法之续造的方法。3. 立法修正的参考。分述如下:

(一)知彼知己,更能认识理解本地法

台湾地区"民法"给付不能制度的特色及问题在于区别给付不能的类型而规定其要件及效果。《德国民法典》第275条规定使我们更深刻检讨区别自始客观不能及自始主观不能的合理性。尤其理解给付不能的概念及其所涉及的三个核心问题:

1. 给付义务因给付不能而消灭。
2. 双务契约的对待给付。
3. 次给付请求权,包括损害赔偿、解除契约等。

(二)"民法"的解释及法之续造

在台湾地区"民法"的解释上,可参照《德国民法典》第275条规定,认定给付不能的概念。尤其是肯定事实不能(给付费用不具比例性)、道德不能(属人性给付的不可期待性,例如歌星探视病危母亲,不能出席演唱会)的拒绝给付抗辩权。

关于法之续造,应提出的有二:1. 参考《德国民法典》第284条规定,认为在给付不能的情形下,不论其是否有可归责于债务人之事由,债权人均有代偿请求权。肯定第225条第2项对于有可归责于债务人事由致给付不能时的类推适用。2. 经由法之续造或立法引进无益费用请求权。

(三)债务不履行法的修正

"民法"债编修正的主要任务在于促进债务不履行制度的现代化及国际化,并以给付不能为其重点,参考德国民法规定及其实务经验,塑造一个简易合理的规范体系。其根本问题在于是否继续维持现行法上债务不履行(给付障碍)类型化(给付不能、不完全给付、给付迟延)的规范模式,作必要的调整;抑或创设一个以义务违反为核心的统一性规范机制。

第四节　不完全给付

——"民法"第 227 条:"民法"发展史的回顾与展望

第一款　台湾地区"民法"发展的里程碑

"民法"第 227 条规定:"Ⅰ因可归责于债务人之事由,致为不完全给付者,债权人得依关于给付迟延或给付不能之规定行使其权利。Ⅱ因不完全给付而生前项以外之损害者,债权人并得请求赔偿。"又"民法"第 227 条之 1 规定:"债务人因债务不履行,致债权人之人格权受侵害者,准用第一百九十二条至第一百九十五条及第一百九十七条之规定,负损害赔偿责任。"此二条规定体现台湾地区"民法"结合学说、实务(判例)、立法,以长达半世纪的努力,创造了不完全给付制度,具有里程碑的重大意义。发展过程的回顾有助于更深刻理解当前的问题,思考未来开展的方向。分五点加以说明:

一、学说:旧"民法"第 227 条是否是不完全给付的争论

旧"民法"第 227 条规定:"债务人不为给付或不为完全之给付者,债权人得声请法院强制执行,并得请求损害赔偿。"问题争点在于何谓"不为完全给付",除量的不完全外,是否包括质的不完全(德国法上的积极侵害债权,例如出卖之鸡有病,感染买受人的鸡群)。在 20 世纪 60 年代,学说作有深刻的讨论,虽未获共识,但有益于解理认识不完全给付的基本问题。①

二、"最高法院"决议:肯定不完全给付及出卖人对物之瑕疵的补正义务

基于前述 60 年代后期学说关于不完全给付的阐释之后 10 年,"最高法院"在 1988 年 4 月 19 日,1988 年度第 7 次民事庭会议作成了创设性的决议:"出卖人就其交付之买卖标的物有应负担保责任之瑕疵,而其瑕疵系于契约成立后始发生,且因可归责于出卖人之事由所致者,则出卖人除负物之

---

① 参见钱国成:《不完全给付与物之瑕疵担保责任》,载《法令月刊》第 29 卷 6 期;郑玉波:《不为给付与不为完全之给付》,载《法令月刊》第 30 卷 2 期;拙著:《不完全给付之基本理论》,载《法学丛刊》第 74 期。

瑕疵担保责任外,同时构成不完全给付之债务不履行责任。买受人如主张:

一、出卖人应负物之瑕疵担保责任,依'民法'第360条规定请求不履行之损害赔偿;或依同法第364条规定请求另行交付无瑕疵之物,则在出卖人为各该给付以前,买受人非不得行使同时履行抗辩权。

二、出卖人应负不完全给付之债务不履行责任者,买受人得类推适用'民法'第226条第2项规定请求损害赔偿;或类推适用给付迟延之法则,请求补正或赔偿损害,并有'民法'第264条规定之适用。

又种类之债在特定时,即存有瑕疵者,出卖人除应负物之瑕疵担保责任外,并应负不完全给付之债务不履行责任。并此说明。"

本件决议具有三点重要意义:

1. 肯定不完全给付制度,但并未明确其请求权基础。

2. 认定在出卖人应负物之瑕疵担保责任,而其瑕疵系于契约成立后始发生,其因可归责于出卖人之事由所致者,出卖人除负物之瑕疵担保责任,同时构成不完全给付债务不履行责任。

3. 在适用不完全给付的情形,出卖人得类推适用给付不能或给付迟延规定请求补正或损害赔偿。

三、立法:不完全给付制度的创设

在"最高法院"1988年度决议后约10年,于1999年修正"民法"债编,以"最高法院"决议为基础修正第227条(请再阅读条文内容)。值得特别提出的是其立法理由:"……次按债务不履行之种类,除给付迟延及因可归责于债务人之事由致给付不能两种消极的债务违反外,更有另一种不完全给付之积极的债务违反,即因可归责于债务人之事由,提出不符合债务本旨之给付。此在学者间已成通说,实务上亦承认此种债务违反之态样,惟法条上尚欠明白之规定,学者虽有主张现行条文中所谓'不为完全之给付'即属关于不完全给付之规定者,但其规定之效果,仍欠周详。按不完全给付,有瑕疵给付及加害给付两种,瑕疵给付,仅发生原来债务不履行之损害,可分别情形,如其不完全给付之情形可能补正者,债权人可依迟延之法则行使其权利;如其给付不完全之情形不能补正者,则依给付不能之法则行使权利。为期明确,爰修正本条为不完全给付之规定。二、不完全给付如为加害给付,除发生原来债务不履行之损害外,更发生超过履行利益之损害,例如出卖人交付病鸡致买受人之鸡群亦感染而死亡,或出卖人未告知机器之特殊使用方法,致买受人因使用方法不当引起机器爆破，伤害买受人之人身或其他财产等是。遇此情形，固可依侵权行为之规定请求损害赔偿，但被害人应就加害人之过失行为负举证责任，保护尚嫌不周，且学者间亦有持不同之见解者，为使被害人之权益受更周全之保障，并杜疑义，爰于本条增订第 2 项，明定被害人就履行利益以外之损害，得依不完全给付之理论请求损害赔偿。"

四、"民法"第 227 条的解释适用

"民法"第 227 条修正后，判例与学说共同担负二个重要任务：
1. "民法"第 227 条的解释适用。
2. "民法"第 227 条不完全给付与物之瑕疵担保的适用关系。

五、未来的发展

未来发展的重要课题，是更深刻检讨不完全给付制度及实务案例，尤其是如何促进不完全给付与物之瑕疵责任的一体化。

第二款 "民法"第 227 条的解释适用

一、案例及规范体系

（一）案例

1. 雇佣：甲证券公司雇用乙为会计。乙办事疏懒，账目错误，致甲公司误为支出遭受损害。乙利用职务私卖客户股票致甲赔偿客户损失。乙离职后泄露甲公司营业秘密。

2. 医疗契约：甲女到乙医院治疗乳癌，乙雇用的丙医师未善尽说明义务，甲同意实施手术，手术后发生严重副作用，健康受损。丙医师私拍乙的隐私照片。

3. 买卖：(1) 甲向乙购买某汽车，乙的销售经理丙疏未查知该车的刹车机件于契约成立后因意外事故严重受损，而交付该车于甲。甲因刹车机件故障发生车祸，车毁人伤。(2) 设该车刹车机件瑕疵于契约成立时既已存在，甲得主张何种权利？

4. 承揽：甲由乙承揽整修旧屋，乙的工人丙等施工不当致屋顶漏水，污损墙壁，不慎毁损甲的家具。丙等在屋内抽烟，甲以患有严重气喘为由多次劝阻丙等不听。

（二）规范体系

请再研读前揭四个案例，应会发现其所涉及的，不是给付不能，也不是给付迟延,而是所谓的不完全给付。不完全给付指未依债之本旨而为完全给付。要处理不完全给付的具体案例,必须建构规范体系,包括要件、效果及适用关系,来回思考于具体案例与规范体系之间,寻找其请求权基础。兹将不完全给付规范体系图示如下(要理解,不要强记):

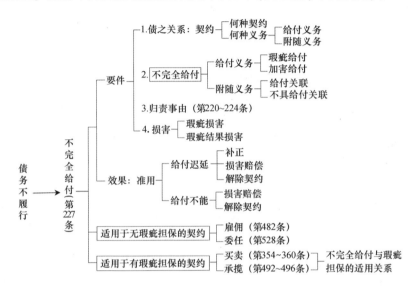

二、要件

(一)债之关系

债之关系包括契约之债及法定之债(无因管理、侵权行为等)。关于契约之债,应明确认定其为何种契约(雇佣、委任、买卖、承揽等,因其涉及不完全给付瑕疵担保责任)。此外并应就各该契约认定给付义务及附随义务。

(二)不完全给付

1. 不完全给付的意义

关键的问题,系何谓"不完全给付"。所谓给付,应从宽解释,包括给付义务(主给付义务、从给付义务)及附属义务(如协力义务、说明义务、保护义务等)(关于此等义务的区别及内容,参见本书第27页)。附随义务包括与给付具有关联及与给付不具关联的附属义务。给付之不完全,指给付未依债之本质,分为瑕疵给付及加害给付。前者指给付本身具有瑕疵。后者指不完全给付侵害债权人的人身、财产利益(所谓的完整利益)。

不完全给付在日常生活颇为常见,例如:

（1）出卖过期食品（瑕疵给付）。

（2）出卖病猪，感染其他猪群（瑕疵给付、加害给付）。

（3）出租车司机超速驾驶，发生车祸，乘客受伤（瑕疵给付、加害给付）。

（4）律师迟误上诉期间或误算消灭时效期间，致委任人受有损害（瑕疵给付、加害给付）。

（5）会计师误算委任人营业税额，致委任人遭罚款（瑕疵给付、加害给付）。

（6）花肥的出卖人误告使用方法，致买受人的花卉受损（违反具给付关联的附随说明义务，瑕疵给付、加害给付）。

（7）承揽人修缮房屋，盗取定作人屋内财物（违反不具给付关联的附随保护义务）。

（8）雇主盗用受雇人的个人资料（违反不具给付关联的附随保护义务）。

2. 实务案例

值得特别提出的是实务上的案例：

（1）珠宝出卖人交付鉴定书的从给付义务："最高法院"2012年台上字第2098号判决："按'民法'第199条第1项规定：基于债之关系，债权人得向债务人请求给付。故债之核心在于给付，而给付义务，可分为主给付义务及从给付义务。此外，债之关系，尚可能发生当事人间之附随义务。主给付义务，系指基于债之关系所固有、必备，并能决定债之关系类型之基本义务，从给付义务系指为准备、确定、支持及完全履行主给付义务之具有本身目的之义务，附随义务则非给付义务，系指债务人有使债权人之给付利益获得最大满足，并保护债权人之人身或其他财产法益不会因债务之履行而受损害之义务。系争和解契约约定，被上诉人提供之珠宝应经合格珠宝鉴定人之鉴定并出具鉴定书予上诉人，依此约定，被上诉人有提供经合格珠宝鉴定人出具之鉴定书予上诉人之给付义务，该给付义务似非仅属被上诉人之附随义务。果尔，则能否径认被上诉人依系争和解契约约定应交付鉴定书之义务为附随义务，即滋疑问。"

本件判决的意义，在于建构契约上的义务群，包括主给付义务、从给付义务及附随义务，并认定提供珠宝鉴定书系从给付义务，而非附随义务。

（2）医疗契约说明义务系从给付义务："最高法院"2010年台上字第2428号判决："按对人体施行手术所为侵入性之医疗行为，本具一定程度之危险性,修正前'医疗法'第46条(现行法为第63条)第1项前段并规定:医院实施手术时,应取得病人或其配偶、亲属或关系人之同意,签具手术同意书及麻醉同意书;在签具之前,医师应向其本人或配偶、亲属或关系人说明手术原因,手术成功率或可能发生之并发症及危险,在其同意下,始得为之。寻绎上揭有关'告知后同意法则'之规范,旨在经由危险之说明,使病人得以知悉侵入性医疗行为之危险性而自由决定是否接受,以减少医疗纠纷之发生,并展现病人身体及健康之自主权。是以医院由其使用人即医师对病人之说明告知,乃医院依医疗契约提供医疗服务,为准备、确定、支持及完全履行医院本身之主给付义务,而对病人所负之'从给付义务'(又称独立之附随义务,或提升为给付义务之一种)。于此情形,该病人可独立诉请医院履行,以完全满足给付之利益,倘医院对病人未尽其告知说明义务,病人固得依'民法'第227条不完全给付之规定,请求医院赔偿其损害。"

本件判决肯定医疗契约的说明义务系从给付义务,得独立诉请医院履行,以满足给付利益,对于明确医疗关系及医疗法的发展,具有重要意义。

(3)委托经营土地契约的协力义务:"最高法院"2017年台上字第1514号判决:"查被上诉人依系争实施要点第5点第1项第2款规定与上诉人签订系争契约,委托上诉人经营系争土地,上诉人增加系争土地为经营回收业,应向新竹县政府为变更回收业登记证,被上诉人有协助证明上诉人已得其同意使用系争土地之协力义务,为原审所认定。果尔,上诉人向新竹县政府办理变更回收业登记证时,该府以○○○号函要求上诉人向被上诉人确认系争土地是否得作为应回收废弃物回收业相关业务使用,倘上诉人确有出示该函予被上诉人,纵系以口头请求,何以不得认已请求被上诉人履行前揭协力义务?"

契约上的协力义务(租赁契约取得营业执照,承揽契约申请建照)是实务上的重要问题(参照2009年台上字第222号、2009年台上字第1801号),"最高法院"在本件判决肯定其得请求履行。究属附随义务或从给付意义,仍有研究余地。

(4)劳工离职后守密义务(后契约附随义务):"最高法院"2005年台上字2406号判决谓:"查上诉人于原审主张:被上诉人离职后未保守雇主之营业秘密,反而趁伊公司业务中断之际掠夺伊公司之年度合约客户,并将伊原已进行之项目服务由采杰公司完成、收费,自已违反后契约义务,伊自得依'民法'第227条及第226条给付不能之规定,请求损害赔偿等情,自属重要之攻击方法,原审恝置不论,遽为上诉人败诉之判决,难谓无判决不备理由之违法。"

本件判决具有两个重要意义:

①肯定后契约义务。

②后契约义务包括给付义务(如发给离职证明书)及附随义务。本件判决涉及与给付义务不具关联的附随义务(保护义务)。

(5)契约成立前或无契约的不完全给付(附随性的保护义务):"最高法院"2014年台上字第144号判决在一个涉及保险契约招标所负之信息揭露及说明义务,认为:"债务人违反契约之附随义务,固应依'民法'第227条之规定负不完全给付之债务不履行损害赔偿责任。惟所谓契约之附随义务,乃指契约成立生效后,为辅助实现债权人之给付利益或保护债权人人身或财产上利益,于契约发展过程基于诚信原则或契约漏洞之填补所生之义务,属于契约整体义务群之一环,与契约之主给付义务及从给付义务相同,必于契约成立生效后始能发生,在此之前,尚无契约之附随义务可言。"

本件判决初视平常,实则具有三个重要问题:

①肯定契约整体性义务群,包括主给付义务、从给付义务及保护债权人完整利益的附随义务。

②缔约过失责任(第245条之1),在解释及立法上应否包括附随性的保护义务?

③契约无效时,被害人得否以加害人未尽保护义务,而主张应依不完全给付负赔偿责任,建构一个无给付义务而以保护义务为内容的债之关系?①

(三)归责事由

关于不完全给付的归责事由,视契约类型而定,通常指故意或过失而言(第220条)。兹举一个实务判决,以供参照:"最高法院"2014年台简上字第7号判决谓:"按出租人除应以合于所约定使用、收益之租赁物交付承租人外,并应于租赁关系存续中保持其合于约定使用、收益之状态,此观"民法"第423条之规定自明。此项出租人之租赁物保持义务,固

---

① Canaris, Schutzgesetze-Verkehrspflichten-Schutzpflichten, Festschrift für Larenz, 1983.

应于租赁期间内继续存在,使承租人得就租赁物为约定之使用收益状态,惟倘承租人于订约时,已知租赁物之一部为违章建筑,出租人又未保证该违章建筑部分无拆除之危险,则就该违章建筑遭拆除而无法保持租赁物合于约定使用、收益之状态,自为承租人于订约时所得预期,即难谓系可归责于出租人之不完全给付,而令其负'民法'第227条第2项规定之加害给付赔偿责任。"

(四)损害赔偿

不完全给付的成立,须以债权人受有损害为要件,并具有相当因关系。不完全给付损害赔偿的特色,在于区别所谓瑕疵损害(Mangelschaden)及加害给付(Mangelfolgeschaden,瑕疵结果损害)。此项源自德国民法的损害类型,原系用于区别积极侵害债权(positive Forderungsverletzung)及物之瑕疵担保责任。例如甲出卖病鸡给乙,其它鸡亦受感染死亡。鸡有病系瑕疵损害,其它鸡亦受感染死亡系瑕疵结果损害。在违反附随保护义务的情形,例如雇主泄露受雇人个人资料;承揽整修房屋,污损地毯。加害给付的损害赔偿,旨在保护债权人的人身或财产的完整利益。

三、法律效果

(一)瑕疵给付:瑕疵损害

因可归责于债务人事由,致为不完全给付时,就瑕疵给付,债权得依关于给付迟延或给付不能的规定行使权利:

1. 瑕疵不能补正:例如出卖的机器毁损不能修复,食品有毒。在诸此情形,类推适用第226条第2项规定,买受人得拒绝受领该不完全之给付,请求全部不履行之损害赔偿(第226条);如愿受领,则就因该瑕疵所生损害,得请求赔偿。在未为赔偿以前,得拒绝自己之给付(2016年台上字第1675号)。

2. 瑕疵可能补正:例如出卖之汽车刹车机件故障,因买卖契约交付的土地特定范围被他人占用。在诸此情形,类推适用给付迟延之法则,买受人得拒绝受领该不完全给付而请求补正。瑕疵系因可归责于出卖人之事由所致者,并得请求赔偿补正前所受之损害(第231条第1项)。若补正后之给付于买受人无利益,买受人得拒绝受领而请求赔偿因不履行而生之损害(第232条)。在出卖人补正或赔偿损害以前,买受人得行使同时履行抗辩权。物之买受人定相当期间催告出卖人补正瑕疵,逾期仍不补正时得解除买卖契约(第 254 条)。

(二)加害给付:瑕疵结果损害:完整利益的保护

"民法"第 227 条第 2 项规定:"因不完全给付而生前项以外之损害者,债权人并得请求赔偿。"本条系规定加害给付损害赔偿,其保护的系债权人的完整利益,包括人格权、财产权及财产利益(纯粹经济上损失),传统上称为瑕疵结果损害,分述如下:

1. 违反给付义务(主给付义务及从给付义务):其常见的事例,如食物中毒,买受人健康受损。游览车发生车祸,乘客受伤。未善尽告知义务,病患同意手术致健康遭受损侵害。承揽人的鉴定不实,致定作人误买膺画。

2. 违反具有给付关联的附随义务(保护义务等):运动器材出卖人提供错误说明书,致买受人不当使用而受伤。餐厅服务员窃取顾客交付保管的财物。承揽人修缮电线不当,发生火灾。

3. 违反不具给付关联的附随义务(保护义务):雇主滥用受雇人个人资料。受雇人泄露雇主营业秘密。

因前述不完全给付致完整利益所受损害,债权人均得依民法第 227 条第 2 项规定请求赔偿。

(三)"民法"第 227 条之 1:人格权的保护

"民法"第 227 条之 1 规定:"债务人因债务不履行,致债权人之人格权受侵害者,准用第一百九十二条至第一百九十五条及第一百九十七条之规定,负损害赔偿责任。"本条系 1999 年债编修订所增,立法理由谓:"债权人因债务不履行致其财产权受侵害者,固得依债务不履行之有关规定求偿。惟如同时侵害债权人之人格权致其受有非财产上之损害者,依现行规定,仅得依据侵权行为之规定求偿。是同一事件所发生之损害竟应分别适用不同之规定解决,理论上尚有未妥,且因侵权行为之要件较之债务不履行规定严苛,如故意、过失等要件举证困难,对债权人之保护亦嫌未周。为免法律割裂适用,并充分保障债权人之权益,爰增订本条规定,俾求公允。"

本条的规范目的在使被害人就其人格权受侵害得依"民法"第 194 条、第 195 条规定,请求非财产上损害的相当金额赔偿(慰抚金),实务上颇为常见,例如医生手术疏误,病患身体遭受侵害。食物不洁,买者中毒。游览车或公交车发生车祸,乘客死亡。本条的增订具有法律发展的重大

意义,分三点说明:

1. 本条规定涉及侵权责任与契约责任的竞合。我实务上原采法条竞合说,认为契约关系排除侵权责任。其后改采请求权竞合说,肯定契约责任与侵权责任的竞合。①

2. 在契约责任与请求权竞合的基础上,更进一步肯定契约债务不履行而侵害人格权时,得准用侵权行为规定请求慰抚金损害赔偿,强化对人格权的保护,并具整合契约责任与侵权责任的功能。

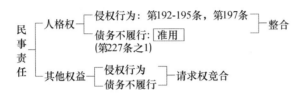

3. "民法"第 227 条之 1 规定创设在契约责任得请求慰抚金的法律原则。德国 2002 年债法现代化修正《德国民法典》第 253 条规定,肯定因债务不履行侵害人格权益时,被害人亦得请求非财产上损害的金钱赔偿(痛苦金)。大陆于 2020 年制定的《民法典》于第 996 条规定:"因当事人一方的违约行为,损害对方人格权并造成严重精神损害,受损害方选择请求其承担违约责任的,不影响受损害方请求精神损害赔偿。"

第三款　不完全给付与物之瑕疵担保

一、无瑕疵担保的契约与有瑕疵担保的契约

(一)无瑕疵担保的契约

民法契约未设有瑕疵担保的,例如租赁、雇佣、委任、旅游等。在此等契约,应适用"民法"第 227 条关于不完全给付的规定,例如出租具有瑕疵汽车,致承租人车祸受伤;劳工因过失毁损雇主的机器设备;病患因医生的医疗疏误,健康受损;游客因旅行社提供不洁食物中毒。在诸此情形,债权人(被害人)得依"民法"第 227 条规定行使其权利。

---

① 参见拙著:《契约责任与侵权责任之竞合》,载《民法学说与判例研究》(第一册),北京大学出版社 2009 年版,第 205 页。

(二) 有瑕疵担保的契约

值得注意的是，民法关于买卖、承揽契约设有瑕疵担保责任，形成了"特别的不完全给付法"（德国学说上称为自我给付障碍法，eigenes Leistungsstörungsrecht）。买卖契约物之瑕疵担保与不完全给付的适用关系，系民法理论及实务的重要问题，以下专就此作详细的说明。

二、不完全给付与物之瑕疵担保的法律结构

(一) 法律结构的比较

兹以下表呈现不完全给付与物之瑕疵担保法律结构的异同（务请阅读条文）：

比较　　　　事项	物之瑕疵担保责任与不完全给付	
	不完全给付(227)	物之瑕疵担保责任(354以下)：
性质	债务不履行	法定担保责任（通说）
成立要件	1. 债务人须可归责 2. 不完全给付：物有瑕疵	1. 无过失责任 2. 物有瑕疵、买受人检查义务等（354~358） 3. 责任排除：366
法律效果	1. 瑕疵给付：补正请求权，债权人不欲补正、债务人拒不补正或不能补正者，债权人得请求损害赔偿（瑕疵损害），并解除契约 2. 加害给付：瑕疵结果损害赔偿	1. 减价或解除契约(359) 2. 无补正(修补)请求权 3. 不履行损害赔偿(360)
权利行使期间	消灭时效15年(125)	1. 解除权或减少价金请求权：除斥期间：依"民法"第365条，通知后6个月，自物交付时起5年 2. 360条损害赔偿请求权：实务：消灭时效，15年(125)

(二) 物之瑕疵担保责任的特色

物之瑕疵亦属不完全给付，但"民法"设有特别规定，出卖人无交付无瑕疵之物的给付义务，仅负法定担保责任，并对其要件及效果设有完整的规定，形成了自我规范体系。立法目的在于顾及买卖契约当事人的利益：

1. 对出卖人言，尽速了结物之瑕疵的争议。
2. 对买受人言，在维护价金与物之价值的对等价值。

体现于二种特色：

(1)买受人无物之瑕疵补正请求权。
(2)买受人的损害赔偿请求权,依"民法"第360条规定,限于出卖之物缺少出卖人所保证的质量,或出卖人故意不告知物之瑕疵等两种情形。

(三)二个核心问题

相较于物之瑕疵担保责任,不完全给付债务不履行规定具有两个有利于买受人的规定:

1. 瑕疵补正请求权。
2. 瑕疵给付及加害给付的损害赔偿请求权。

不完全给付与物之瑕疵担保责任的适用问题,在于如何解释相关规定,使买受人在一定情形得主张前述不完全给付二个有利的请求权。

三、不完全给付与物之瑕疵担保的适用关系

关于不完全给付与物之瑕疵担保,德国旧民法与台湾地区"民法"设有基本上相同的规范模式。值得特别提出的是法之适用的方法论。德国判例学说强调应维护规范体系,物之出卖人不负修补瑕疵义务。关于损害赔偿请求权,认为物之瑕疵担保的债务不履行损害赔偿,限于瑕疵损害(Mangelschaden,如鸡有病),至于所谓瑕疵结果损害(Mangelfolgeschaden,鸡群遭受感染死亡)则适用积极侵害债权(不良给付,相当于不完全给付)。此种解释产生如何区别"瑕疵损害"与"瑕疵结果损害"的长期争论,直至2020年德国债法现代化将物之瑕疵担保纳入债务不履行,始告终局解决。

台湾地区实务系采造法的方式,肯定买受人的瑕疵修补请求权及损害赔偿请求权,以物之瑕疵发生时点,区别适用物之瑕疵担保与不完全给付。"最高法院"2011年台上字第1468号判决谓:"按不完全给付,系指债务人所为之给付,因可归责于其之事由,致给付内容不符债务本旨,而应负债务不履行损害赔偿之责任;至物的瑕疵担保责任,系指存在于物之缺点,乃物欠缺依通常交易观念或当事人之决定,应具备之价值、效用或质量,所应负之法定无过失责任。二者之法律性质、规范功能及构成要件均非一致,在实体法上为不同之请求权基础,在诉讼法上亦为相异之诉讼标的,法院于审理中自应视当事人所主张之诉讼标的之法律关系定其成立要件。又出卖人就其交付之买卖标的物有应负担保责任之瑕疵,而其瑕疵系于契约成立后始发生,且因可归责于出卖人之事由所致者,出卖人除负物的瑕疵担保责任外,同时构成不完全给付之债务不履行责任,亦即

此际物的瑕疵担保责任与不完全给付之债务不履行责任,形成请求权竞合之关系,当事人得择一行使之。"

本件判决的意义有二:

1. 认定不完全给付与物的瑕疵担保责任系基于不同的请求权基础。

2. 不完全给付得适用于契约成立后发生的瑕疵(嗣后瑕疵),买受人有瑕疵修补请求权、瑕疵给付及加害给付的损害赔偿请求权。瑕疵于契约成立前既已存在的(自始瑕疵),买受人不得主张不完全给付,仅得主张物之瑕疵担保请求权,仅得依"民法"第360条规定请求不履行损害赔偿。

"最高法院"以瑕疵发生的时点,区别适用不完全给付与物之瑕疵担保,旨在一方面维持物之瑕疵担保制度,一方面保护买受人,是一种折中创造性的发展。问题在于以物之瑕疵为区别适用时点,欠缺合理基准,造成适用歧异,不具一贯性而受到批评。值得提出的有三:

1. "最高法院"是否仍将维持此种以瑕疵发生时点区别适用的见解?自始瑕疵,究应如何处理?

2. 或有认为应采全面竞合说,即不论物之瑕疵发生的时点,均有不完全给付的适用,使买受人有瑕疵补正请求权及损害赔偿请求权。问题在于此将全面淘空现行规范体系,超越法之续造的界限,并未建立法之适用一贯性的体系。

3. 期待"最高法院"能作出明确的见解,并详为论证。

四、买卖物之瑕疵担保与不完全给付债务不履行一体化

买卖物之瑕疵担保责任源自罗马法,系民法最古老的传统制度。德国判例学说创设的积极侵害债权,台湾地区"民法"增设第227条规定不完全给付,其主要目的均在于保护被害人的人身健康及财产权(完整利益),如何一方面维护物的瑕疵担保制度,一方面有所调整补充,是法学上一个艰巨的工作。无论采取法条竞合,或以物之瑕疵的发生时点,或区别瑕疵损害及瑕疵结果损害,重构其适用关系,均有难以契合之处而发生争议。根本解决之道在于立法修正,将物之瑕疵担保纳入债务不履行体系。首先应提出的是现行法及实务的发展现况:

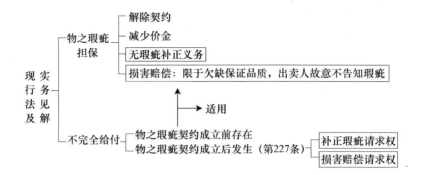

合理完善的体系建构,系将物之瑕疵担保纳入债务不履行(不完全给付),使其一体化。兹提出四个基本原则,作为进一步深入研究其规范内容的课题:

1. 维持现行"民法"物之瑕疵责任的基本构造。

2. 修正"民法"第349条规定为:出卖人应使买受人取得无瑕疵之物,并应担保第三人就买卖之标的物,对于买受人不得主张任何权利。出卖人负有使买受人取得之物无物之瑕疵及权利瑕疵的给付义务,即以物之无瑕疵为出卖人的主给付义务。

3. 修正"民法"第359条规定为:买卖之物有瑕疵时,买受人得请求出卖人修补瑕疵或另行交付无瑕疵之物。修补瑕疵或另行交付无瑕疵之物(二者合称后补履行,Nacherfüllung),不以出卖人有归责事由为要件。

4. 删除"民法"第360条规定,增订:于有归责于债务人之事由时,买受人得依"民法"第227条规定请求不履行的损害赔偿。

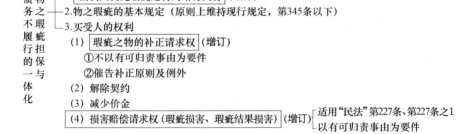

五、案例研习

请再研读前揭四个案例,参照本书说明,自行解答。学习法律最有效率的方法是结合请求权基础方法与案例研习。为便于复习参考,作简要说明:

〔1〕雇佣契约

甲得向乙依"民法"第227条规定请求损害赔偿,须甲与乙间有债之关系,乙因不完全给付,有可归责事由,致甲受有损害。甲与乙间有雇佣契约债之关系(第482条)。乙办事疏误致账目错误,系服劳务义务(主给付义务)的不完全给付。乙利用职务私卖客户股票,系违反对雇主忠实及保护的附随义务。乙离职后泄露甲的营业秘密,系违反后契约保密的附随义务。乙因故意或违反善良管理人的注意的过失,具有可归责之事由,致甲受有损害。甲得依"民法"第227条规定向乙请求损害赔偿。

〔2〕医疗契约

1. 医院违反告知义务

甲得向乙医院依"民法"第227条及第227条之1规定请求损害赔偿,须甲与乙间有债之关系,乙医院不完全给付,有可归责之事由,致侵害甲的身体健康(人格权)受有损害。甲与乙医院订立医疗契约,其性质类似有偿的委任契约,依"民法"第529条及第535条后段规定,乙医院应负善良管理人的注意义务。乙医院本身对甲的手术负有说明告知的从给付义务(参照2010年台上字第2428号、2013年台上字第192号)。丙医生系乙医院履行债务的使用人,因未尽善良管理人注意而未对甲善尽告知说明义务,乙医院应与自己的过失负同一责任(第224条),而具有可归责的事由,致甲的身体健康受有损害。甲得向乙医院依"民法"第227条及第227条之1规定请求损害赔偿。

2. 医生侵害病患的隐私权

甲得否向乙医院依"民法"第227条及第227条之1规定请求损害赔偿?问题在于乙医院就丙医生利用履行债务机会私自拍摄甲女隐私照片的侵权行为(或犯罪行为),应否负不完全给付责任。此应视该履行债务的行为是否重大增加侵害乙的隐私权之风险而定。乳癌检查直接触及身体隐私部位,具有重大提升侵害隐私权的机会,乙医院应就丙医生的故意侵害行为负同一责任(第224条)。甲得向乙医院依"民法"第227条及

第227条之1规定请求损害赔偿。

〔3〕买卖契约

Ⅰ 甲得否向乙依"民法"第227条规定请求因车祸所受车毁人伤的损害,涉及物之瑕疵担保与不完全给付的适用关系。乙交付甲的汽车的刹车机件故障,具有瑕疵,系不完全给付。关于物之瑕疵担保责任,"民法"设有特别规定,出卖人无补正瑕疵的义务。关于债务不履行损害赔偿,限于缺少出卖人保证的质量,或出卖人故意不告知瑕疵的情形(第360条)。为保护买受人,实务上认为物之瑕疵系于契约后始发生者,仍得成立不完全给付之债务不履行责任,形成请求权竞合关系,当事人得择一行使之("最高法院"2017年台上字第1648号)。在本件案例,出卖的汽车刹车机件故障的瑕疵系在契约成立后发生,甲得选择行使"民法"第227条规定的权利。

甲与乙间有买卖契约债之关系,乙交付有瑕疵的汽车系不完全给付,乙的销售经理丙因过失未发现该车瑕疵,乙应与自己的过失负同一责任(第224条)。而有可归责事由,并致甲受有车毁及人伤的损害,甲就其身体健康人格法益所受侵害,得向乙依"民法"第227条及第227条之1,准用第192条至第195条规定请求财产上或非财产上的损害赔偿。

Ⅱ 在本件案例,若出卖之汽车的瑕疵(刹车机件故障)在契约成立时既已存在,依"最高法院"2011年台上字第1648号判决,无不完全给付与物之瑕疵担保的竞合关系,仅得适用物之瑕疵担保的规定,不完全给付与物之瑕疵担保系处于普通法与特别法的关系,在物之瑕疵担保未设特别规定时,仅得适用不完全给付的一般规定。

关于因物之瑕疵担保所生损害赔偿,得参考《德国民法典》2002年修正前的通说见解,区别瑕疵损害及瑕疵结果损害(加害给付),前者适用物之瑕疵担保规定(第360条),后者仍得适用不完全给付。依此见解,在本件案例,甲因物之瑕疵的不完全给付发生车祸,身体健康遭受侵害,系属加害给付的瑕疵结果损害,甲得向乙依"民法"第227条及第227条之1规定请求损害赔偿。

〔4〕承揽契约

甲得向乙依"民法"第227条规定请求屋顶漏水、家具污损的损害赔偿,须当事人间有债之关系,乙为不完全给付,有可归责之事由,甲受有损害为要件。

甲与乙间订有承揽契约(第490条)，乙负有为甲整修旧屋的义务。乙的工人丙等施工不当，致屋顶漏水，污染墙壁系因给付义务的不完全履行，致发生瑕疵损害及加害给付(瑕疵结果损害)。丙等施工之际毁损甲的家具系违反保护债权人完整利益不受侵害的附随义务。丙等系乙履行债务的使用人，乙应就丙等的过失负同一责任(第224条)。甲得否向乙依"民法"第227条规定请求损害赔偿，问题在于不完全给付与承揽契约瑕疵担保的适用关系。

"民法"第492条明定承揽人完成工作，应使其具备约定之质量，及无减少或灭失价值，或不适于通常或约定使用之瑕疵。工作有瑕疵时，定作人有修补请求权(第493条、第494条)。"民法"第495条第1项规定："因可归责于承揽人之事由，致工作发生瑕疵者，定作人除依前二条之规定，请求修补或解除契约，或请求减少报酬外，并得请求损害赔偿。"所谓损害赔偿包括瑕疵损害及瑕疵结果损害。关于此项损害赔偿的性质，"最高法院"2012年台上字第661号判决认为："因可归责于承揽人之事由，致工作发生瑕疵者，定作人固得依'民法'第495条第1项规定，对承揽人同时或独立行使修补费用偿还请求权与损害赔偿请求权，然该项损害赔偿请求权，属于债务不履行责任(不完全给付)之性质，要与同法第493条第2项所定之修补费用偿还请求权，法律性质、构成要件、规范功能及所生法效均未尽相同。申言之，定作人直接行使此项不完全给付责任之损害赔偿请求权时，既非行使'民法'第493条所定瑕疵担保责任之修补费用偿还请求权，自应回归民法债编通则有关'不完全给付'之规范，并适用同法第227条第1项之规定。若其瑕疵给付可能补正者，依给付迟延之规定行使其权利；其不能补正时，则依给付不能之规定发生法律效果。"

综据上述，甲得向乙依"民法"第227条规定结合第495条规定请求其屋顶漏水、墙壁污损及家具毁损的损害赔偿。

Ⅲ 甲就乙的工人丙等在屋内吸烟不听劝阻，得否依"民法"第227条规定请求解除契约，须乙系违反不完全给付的保护义务。甲与乙间有修建房屋的承揽契约，丙等系乙履行债务的使用人，在施工期间吸烟损害患有气喘病的甲的健康，不听甲多次劝阻，违反承揽契约的保护义务，该附随义务之违反足以破坏当事人间的信赖关系，不可期待继续维持承揽契约(关于违反附随义务的解除契约，参照"最高法院"2015年台上字第

799号判决)。乙应就丙等的过失负同一责任(第224条),具有可归责事由,甲得依"民法"第227条准用给付不能、给付迟延之规定解除契约。

第五节 给付迟延与受领迟延

违约责任债务不履行的类型除给付不能、不完全给付外,尚包括给付迟延。给付迟延在日常生活甚为常见。此外尚有所谓的债权人受领迟延。台湾地区"民法"将二者合称为迟延(第229条至第241条),各具不同的规范目的、要件及效果,分述如下:

第一款 给付迟延

一、法律构造与请求权基础

给付迟延,指给付已届清偿期,因可归责于债务人之事由,而未为给付。请先阅读"民法"第229条至第235条规定,理解法律规范内容,运用想象力构思社会生活的案例,思考于法律与案例之间,建构请求权基础。试就下列案例说明甲得向乙主张何种权利?

〔1〕甲经营旅游业,因新冠肺炎疫情形势缓和,向乙租用游览车,约定于当年中秋节前三日交车,乙迟未交车,甲另以高价向他人租车并遭受营业损失。

〔2〕甲因食用乙经营的自助餐厅的不洁食物而中毒,乙答应赔偿20万元医药费,因会计疏失久未履行。甲支付费用请丙律师催告乙于某日前付款,乙未为给付。半个月后甲请丙律师再次催告,乙始为给付。

〔3〕甲于10月1日向乙购买某A瓶,价金50万元,约定10月10日交付。甲于10月3日将该瓶以60万元出售于丙。乙未于10月10日交付A瓶于甲,10月12日发生地震,该瓶灭失。

〔4〕甲支付5000元向乙订购花篮,约定必须于某日送到某饭店,作为结婚贺礼。乙的店员丙迟延至婚礼结束、宾客散去后始送达花篮。甲知其事,即向乙请求返还5000元。

兹参照"民法"第229条至第235条建构债务人给付迟延的要件及效果,请就前揭案例"按图索骥",说明甲对乙的请求权基础。

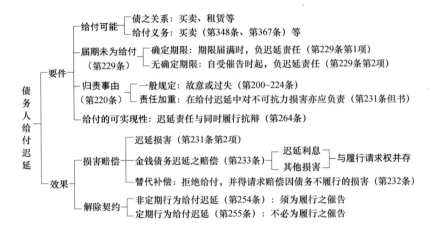

二、成立要件

（一）给付须为可能

给付迟延责任，须当事人间有债之关系而发生给付义务。债之关系包括约定之债（契约）及法定之债（无因管理、不当得利、侵权行为损害赔偿）。其给付须为可能。给付不能与给付迟延互为排除，不能同时并存。但在给付迟延中得发生给付不能（例如出卖人迟延给付某车，该车遭火灾灭失，或被盗解体），应分别适用给付迟延与给付不能的相关规定。

（二）于给付期届满仍未为给付

"民法"第229条规定："Ⅰ给付有确定期限者，债务人自期限届满时起，负迟延责任。Ⅱ给付无确定期限者，债务人于债权人得请求给付时，经其催告而未为给付，自受催告时起，负迟延责任。其经债权人起诉而送达诉状，或依督促程序送达支付命令，或为其他相类之行为者，与催告有同一之效力。Ⅲ前项催告定有期限者，债务人自期限届满时起负迟延责任。"本条第2项所称或为其他相类之行为，应包括"民法"第129条第2项所定事项在内，债权人开始执行行为或声请强制执行，并使债务人得以知悉时，应与催告有同一之效力（2017年台上字第1384号）。

1. 确定期限

给付有确定期限，多依日历而定（如某年某月某日），亦有依节日（如今年中秋节）。当事人依"民法"第227条之2第1项"契约成立后，情事变更，非当时所得预料，而依其原有效果显失公平者，当事人得声请法院增、减其给付或变更其他原有之效果"之规定,请求法院增加给付者,就增加数额部分为形成之诉,应待法院判决确定后,主张得请求增加给付者之权利及相对方之义务内容始告确定。倘权利人得据此权利义务关系而为给付请求,义务人之给付期限,应自法院为增加给付判决确定后始告届满,并自翌日起负迟延责任(2011年台上字第859号)。

2. 无确定期限

给付无确定期限,包括未定期限及定有期限而其届至之时期不确定二种情形,前者称不定期债务。后者称不确定期限之债务(例如货物进口后10日)(2008年台上字第1049号)。无确定期限的给付,经债权人催告而未给付,自催告时起,负迟延责任(第229条第2项、第3项)。

"催告",乃债权人请求给付之意思通知,为催告时无须具备使其发生迟延效力之效果意思,是为准法律行为(类推适用法律行为的规定),仅须表示特定债权,请求债务人给付之意思为已足,无须表明其确定之金额或数量。倘催告之内容与债之标的有关,纵催告之金额或数量,较债务本旨应为之给付为多者,其催告在债务本旨范围内,亦仍然发生其效力(2007年台上字第171号)。

(三) 可归责于债务人

"民法"第230条规定:"因不可归责于债务人之事由,致未为给付者,债务人不负迟延责任。"本条规定意义有二:

1. 给付迟延须有可归责于债务人的事由。
2. 举证责任的分配。

给付有确定期限者,债务人自期限届满时起当然负迟延责任。其因不可归责于债务人之事由致未为给付者,债务人虽不负迟延责任,但不可归责于债务人之事由,应由债务人负举证之责(1932年上字第1956号判例)。

(四) 给付的可实现性

迟延责任的发生,除给付期届满未为给付外,尚需具有可实现性,此涉及同时履行抗辩。"最高法院"2007年台上字第322号判决谓:"按双务契约当事人之请求权系互相独立,仅其实现因他方当事人行使抗辩权而互相发生牵连而已。双方当事人均享有同时履行抗辩权,纵一方当事人未依债务本旨提出自己之给付,系就自己所负债务,应否负给付迟延责任之问题,仍非不得催告他方履行所负之债务,他方在未行使同时履行抗辩权以前,仍可发生迟延责任之问题,必须行使以后,始能免责。"

三、给付迟延的效果

(一) 损害赔偿

1. 迟延损害赔偿

"民法"第 231 条第 1 项规定:"债务人迟延者,债权人得请求其赔偿因迟延而生之损害。"迟延损害包括积极损害及消极损害,例如出租人迟延交付房屋致承租人无法适时营业,虽不包括使债务人负迟延责任的催告费用,但应包括催告给付的费用。实务上重要的案例,系买卖双方当事人约定由买受人负担土地增值税者,其数额以双方依约应办理移转登记之时为计算之基准点。因出卖人迟延办理移转登记,致增加该税额负担时,则此项增值税额之增加,与出卖人迟延办理移转登记间,即非无因果关系,超出原应缴纳之税额部分,依约买受人本无须负担,为达契约目的,而以出卖人之名义向税捐机关缴交该项税额,买受人自受有损害,依"民法"第 231 条第 1 项应由出卖人负赔偿之责(2002 年台上字第 2632 号)。

债务人之迟延责任,因债务人依债务之本旨提出给付而消灭。所谓消灭,乃指以后免迟延责任而言,若以前已生迟延之效果,并非因此当然消灭,故债权人就以前迟延所生之损害,仍得请求赔偿(1969 年台上字第 715 号判例)。

值得注意的是给付迟延与侵权行为的关系。最高法院认为给付迟延与侵权行为,性质上虽属相同,但因债务人之迟延行为侵害债权,在民法上既有特别规定,自无关于侵权行为规定之适用(1954 年台上字第 639 号判例)。又"最高法院"1954 年台上字第 752 号判例谓:"侵权行为,即不法侵害他人权利之行为,属于所谓违法行为之一种。债务不履行为债务人侵害债权之行为,性质上虽亦属侵权行为,但法律另有关于债务不履行之规定。故关于侵权行为之规定,于债务不履行不适用之。'民法'第 231 条第 1 项,因债务迟延所发生之赔偿损害请求权,与同法第 184 条第 1 项,因故意或过失不法侵害他人之权利所发生之损害赔偿请求权有别,因之基于'民法'第 231 条第 1 项之情形,所发生之赔偿损害请求权,无同法第 197 条第 1 项所定短期时效之适用,其请求权在同法第 125 条之消灭时效完成前,仍得行使之,应为法律上当然之解释。"

本件判例"最高法院"认为债务不履行乃侵权行为的特别规定,系传统见解。依今日见解,债务不履行与侵权行为系属请求权竞合,给付迟延之所以不成立侵权行为,因其损害债权之行为不具备侵权行为的要件。

"民法"第184条第1项前段规定所称的权利,并不包括债权在内。

2. 金钱债务迟延的损害赔偿:迟延利息

"民法"第233条规定:"Ⅰ迟延之债务,以支付金钱为标的者,债权人得请求依法定利率计算之迟延利息。但约定利率较高者,仍从其约定利率(第1项)。Ⅱ对于利息,无须支付迟延利息(第2项)。Ⅲ前二项情形,债权人证明有其他损害者,并得请求赔偿(第3项)。"此为实务上的重要问题,分四点加以说明:

(1)"民法"第233条第1项关于法定迟延利息,当事人得以特约排除。定期金钱债务当事人间纵有无利还本的特约,然其所免除者当为定期内之利益,苟逾期仍未清偿,债权人自可请求定期以后的迟延利息。

(2)所谓迟延以支付金钱为标的者,例如买受货物所负的价金支付义务、慰抚金债权、身体健康受侵害所请求回复原状的金钱赔偿("民法"第213条第2项)。

(3)"民法"第233条第2项所谓利息包含迟延利息在内,故对于迟延利息,亦无须支付迟延利息(1933年上字第1484号判例)。所谓利息并不包括租金在内,故"民法"第233条第2项规定不能适用于租金,于承租人就租金的支付负迟延责任时,出租人仍得请求依法定利率计算的迟延利息。

(4)本条第3项所称其他损害,例如通货膨胀、货币大幅贬值。因金钱债务迟延给付而生迟延利息请求权,应适用"民法"第126条所定利息请求权短期消灭时效,因5年间不行使而消灭。

3. 债务不履行损害赔偿:替补损害

"民法"第232条规定:"迟延后之给付,于债权人无利益者,债权人得拒绝其给付,并得请求赔偿因不履行而生之损害。"所谓赔偿因债务不履行而生之损害,学说上称为替补损害。例如租车旅行,出租人迟延给付时,承租人必须准时出发,得拒绝给付,并请求须高价另租他车所受损失,此为替代给付的损害赔偿。迟延后之给付于债权人无利益之事实,应由债权人负举证之责(1933年上字第2450号判例、2006年台上字第228号)。

4. 债权人的履行请求权

在给付迟延,债权人除得请求迟延损害赔偿外,仍得请求债务人履行。债权人请求赔偿因不履行而生的损害,系以此赔偿替代原来给付,自不得再行请求履行。

(二) 给付迟延中的不可抗力责任

"民法"第 231 条第 2 项规定:"前项债务人,在迟延中,对于因不可抗力而生之损害,亦应负责。"例如出卖之屋非因出卖人的过失,在给付迟延中遭火灾毁损,出卖人仍应就给付不能所生的损害负责。但出卖人得证明该地区发生地震引起火灾,纵不迟延交付该屋仍不免于灭失时,不应负责。其他案例,例如借用人未如期返还借用物,该物因意外事故灭失。

(三) 解除契约

1. 非定期行为

"民法"第 254 条规定:"契约当事人之一方迟延给付者,他方当事人得定相当期限催告其履行,如于期限内不履行时,得解除其契约。"债务人迟延给付时,须经债权人定相当期限催告其履行,债务人于期限内仍不履行时,债权人始得解除契约。债权人为履行给付之催告,如未定期限,难谓与前述"民法"规定解除契约之要件相符,自不得依上开法条规定解除契约。至若自债权人催告后经过相当期间而债务人仍不履行时,基于诚实信用原则,可发生该条所定之契约解除权者,应以债权人催告时定有期限而不相当(过短)者,始有其适用(2013 年台上字第 2166 号)。

债权人于履行期届至之前,非不得为有效之催告,惟"民法"第 254 条之相当期限,不自催告之时起算,而应自履行期届至时起算,此种催告效力之发生,以履行期之届至为停止条件,故履行期届至前,债权人若以债务人于履行期不履行,而再经过所订之相当期限仍未履行,则为解除契约之意思表示者,此项意思表示即为附有法定条件(以解除权之发生为条件)之解约意思表示,同时含有附法定条件(以履行期之届至为催告效力发生条件)之催告性质,催告及解约系在履行期届至前,其催告及解约不生效力(2001 年台上字第 1964 号)。

2. 定期行为

"民法"第 255 条规定:"依契约之性质或当事人之意思表示,非于一定时期为给付不能达其契约之目的,而契约当事人之一方不按照时期给付者,他方当事人得不为前条之催告,解除其契约。"所谓依契约之性质,非于一定时期为给付不能达其契约之目的者。系指就契约本身,自客观上观察,即可认识非于一定时期为给付不能达其契约目的的情形而言。所谓依当事人之意思表示,非于一定时期为给付不能达其契约之目的者,必须契约当事人间有严守履行期间的合意,并对此期间的重要性(契约之目的所在)有所认识,例如定制结婚礼服,告以系为当年 6 月 6 日结婚之用,必须于该日交付。

四、债务人于履行期前拒绝履行:期前违约责任

(一)重要的法律问题

债务人于履行期间届满前拒绝履行债务(给付拒绝)的,时常有之,例如出卖人对买受人明确表示因仍须使用出售的房屋,拒绝于约定日期交付该屋并移转其所有权。承揽人表示因原物料价格高涨,不愿完成承包工作。在此等情形,债权人得否径行解除契约? 抑或必须等候至期限届满,始得解除契约?

(二)比较法上的共识

1. 德国民法的现代化

我民法上的债务不履行系继受德国法,德国法实务及多数学者长期以来肯定债务人于履行期前拒绝履行(Erfüllungsverweigerung)系积极侵害债权(positive Forderungsverletzung)的一种。在双务契约,不论其拒绝履行是在履行期之前或其后,债权人均得不经催告解除契约,请求债务不履行的损害赔偿。① 2002 年的德国债法现代化采此见解,明定在履行期前,债务人严肃认真、终局明确地(ernst und endgültig)拒绝履行时,债权人得请求替代给付损害赔偿(《德国民法典》第 281 条第 2 款)或解除契约,不以定期催告履行为要件。

2.《联合国国际货物销售合同公约》

德国债法现代化的修正,深受 1980 年《联合国国际货物销售合同公约》(The United Nations Convention on Contracts for the International Sale of Goods,简称 CISG)的影响,其关于履行期前拒绝给付的规定,系参考该公约第 72 条的规定:"1. 若在契约履行期前明确显示一方当事人将会严重违反契约时,他方当事人得解除契约。2. 若时间允许时,意图解除契约的当事人须对他方当事人给予合理的通知,使其得提供履行的必要担保。3. 若他方当事人业已表示其不履行债务时,不适用前项要求。"

CISG 第 72 条规定所谓的 anticipatory breach of contract(德文 antizipierter Vertragsbruch),此种期前违约规则系英美契约法的制度,经由德国

---

① BGHZ 2, 310; 49, 56; Emmerich, Das Recht der Leistungsstörungen, S. 332 f.; Looschelders, Schuldrecht AT, S. 588, 619, 704, 707.

著名学者 Rabel 的研究引入《联合国国际货物销售合同公约》。CISG 第 72 条关于期前违约的规则旨在对债权人提供预防性的保护,分别规定二种救济方法:(1)一方当事人的通知义务,使他方得提供履行债务的必要担保(CISG 第 72 条第 2 项)。(2)一方当事人表示不履行其契约债务时,他方当事人得解除契约,不适用前项要求(CISG 第 72 条第 3 项),并得请求损害赔偿(CISG 第 74 条)。

值得特别提出的是,参照 CISG 第 72 条,2020 年中国《民法典》第 563 条第 1 款第 2 项规定,在履行期限届满前,当事人一方明确表示或以自己的行为表明不履行主要债务时,当事人可以解除合同。

(三)台湾地区"民法"的发展

1. 学说见解:债务不履行的独立类型

台湾地区"民法"学说多认为债务人拒绝履行为系一种独立的债务不履行形态,认为债权人可以不经催告而解除契约。债权人因为债务人的拒绝履行而另行购入契约标的物或者另雇他人,给付对于债权人已无利益时,即使债务人再行表示愿意给付,债权人亦有权拒绝受领而不构成受领迟延,并有权请求全部不履行的损害赔偿。债权人如果有先为给付的义务,则可依"民法"第 265 条关于不安抗辩权的规定,拒绝先为给付。债权人可声请强制执行。①

2. 实务见解

(1)传统见解:严守给付期限

"最高法院"2004 年度台上字第 42 号判决谓:"债务不履行包括给付不能、给付迟延及不完全给付三种,其形态及法律效果均有不同。所谓给付不能,系指依社会观念,其给付已属不能者而言;若债务人仅无资力,按诸社会观念,不能谓为给付不能。给付迟延,则指债务人于应给付之期限,能给付而不为给付;倘给付可能,则债务人纵在期限前,预先表示拒绝给付,亦须至期限届满,始负迟延责任。至于不完全给付,则指债务人提出之给付,不合债之本旨而言。"本件判决具有两个意义:

①肯定债务不履行包括给付不能、给付迟延及不完全给付三种类型。

②认为倘给付可能,债务人纵在期限前预先表示拒绝给付,亦须至期

---

① 参见史尚宽:《债法总论》,第 408 页以下;刘春堂:《民法债编通则(一)契约法总论》,第 327 页。

限届满始负迟延责任。

(2)最近见解:抛弃期限利益

值得特别提出的是,在一个买卖工程用钢筋的案例,买受人通知出卖人不再采购而预示拒绝给付,"最高法院"2016年台上字第1424号判决认为:"债务人于履行期限前即对债权人预示将来届期后拒绝给付,应认债务人已抛弃原有期限利益,债权人即得依给付迟延相关规定行使解除、终止之权,并请求债务人赔偿因其拒绝所致之损害。"

3. 本书见解:不完全给付的特殊态样

前揭"最高法院"所采抛弃期限利益,固具创意,但系属一种债务人意思的"拟制"。另一种可采的见解,系认为拒绝履行乃属"民法"第227条不完全给付的一种特殊态样。基于债之关系,债务人负有顾及债权人利益或忠实协力的义务,不得从事不符契约本旨之行为,尤其是在履行期前认真严肃、明确地拒绝履行。于此种情形,不可期待债权人坐等履行期限届满始得诉请履行,而应认定预先拒绝履行本身无正当理由,并有可归责的事由时,构成义务违反,债权人得依"民法"第227条规定解除契约,并请求损害赔偿。

五、案例研习

请参考前关于债务人给付迟延的法律构造、要件及效果的说明,就前揭四个案例,自行研究,写成书面,再对照以下简要解说,加以补充修正。

〔案例1〕迟延给付出租的游览车

甲得向乙依"民法"第231条规定请求赔偿其租车费用及营业损失,须乙应负迟延责任,并有可归责之事由。乙基于租赁契约,负有以游览车交付于甲使用收益的义务(第421条)。甲与乙约定于中秋节前三日交车,其给付有确定期限,乙自期限届满时,负迟延责任(第229条第1项)。债务人应就不可归责之事由,负举证责任,若乙未能证明其非因未尽善良管理人注意不能交车,即有可归责之事由。甲另以高价租用他车,并遭受营业损失,系因乙给付迟延而生之损害。甲得向乙依"民法"第231条规定请求赔偿其租车费用及营业损失。

〔案例2〕不完全给付损害赔偿的迟延给付

甲得否向乙依"民法"第231条、第233条规定请求损害赔偿?甲与乙间因食物中毒,发生不完全给付损害赔偿之债的关系(第227条、第

227条之1)。乙表示支付20万元医药费,无确定期限。乙于甲的律师为催告后未为给付,自催告时负迟延责任,应就其会计履行债务的过失,负同一责任(第224条)。乙经甲的律师再为催告,始为给付。在此情形,甲得依"民法"第231条规定向乙请求赔偿因迟延而生的损害。此项损害不包括使乙负迟延责任的第一次律师催告费用,因其非因给付迟延而发生,不具相当因果关系。甲得请求第二次律师催告费用。乙对甲应为给付20万元损害赔偿及第二次律师催告费用,系以金钱为给付标的,甲得向乙"民法"第233条规定请求依法定利率计算的迟延利息。

〔案例3〕给付迟延与给付不能

甲得向乙依"民法"第226条第1项规定请求损害赔偿,须因可归责于乙的事由,致A瓶给付不能,而受损害。甲与乙间有买卖契约,乙对甲负有交付A瓶及移转其所有权的义务(第348条)。乙未于约定确定期限10月10日提出A瓶的给付,应负迟延责任(第229条)。债务人原则上应就其故意或过失负责(第220条)。"民法"第231条第2项规定,债务人在迟延中,对于因不可抗力而生的损害,亦应负责。但债务人证明纵不迟延给付,而仍不免发生损害者,不在此限。乙未于约定期限提出A瓶的给付,应负迟延责任,该瓶于10月12日因地震灭失,其客观给付不能,虽非因乙的过失,乙对此不可抗力而生的损害,亦应负责。甲受有不能以60万元转售该瓶(价金50万元)所受损害10万元。甲得向乙依"民法"第226条第1项规定请求10万元的损害赔偿。①

〔案例4〕定期给付

甲得向乙依"民法"第259条第3款请求5000元,须已依"民法"第255条规定解除买卖契约为要件。甲向乙订购花篮,成立买卖契约。甲向乙请求返还订购花篮支付价金5000元,解释上得认为系对乙为解除契约的意思表示(第258条)。问题在于甲有无解除契约的原因。

"民法"第255条规定,依契约之性质或当事人之意思表示,非于一定时期为给付不能达其契约之目的,而契约当事人之一方不按照时期给付者,他方当事人得不为第254条之催告,解除其契约,不以债务人有可归责事由为要件。订购结婚花篮就该契约本身即可认识,其非于一定时期

---

① 相关案例,参见拙著:《民法思维:请求权基础理论体系》,北京大学出版社2022年重排版,第346页,案例〔31〕。

给付不能达其目的,债务人并应严守履行时间的合意,以达目的。乙的店员丙迟至婚礼结束、宾客散去后,始送达花篮,不能达其契约之目的,甲得径行解除其契约,依"民法"第 259 条第 3 款规定向乙请求返还其受领的价金 5000 元。

第二款 债权人受领迟延

一、规范意旨与法律构造

（一）债权人的协力与债权人受领迟延责任

给付迟延指债务人届清偿期未为给付。受领迟延指债务人依债务本旨提出给付,债权人拒绝受领或不能受领。给付的提出有无须债权人协力的,例如不为营业竞争、不参加投标等不作为给付,不发生受领迟延问题。大多数的给付须要债权人的协力,兼需债权人的行为。在买卖契约,买受人须受领标的物的占有并为让与合意（第 761 条）。在雇佣（劳务）契约,雇主须提供服受雇人劳务的可能性,例如学生须在家接受补习。在医疗契约,病人须到医院接受诊察。在承揽契约,西装的定作人须要试穿等。在诸此情形,因债权人未为协力,致债务人未能完成其给付行为而为债务之履行,"民法"于第 234 条至第 240 条（请阅读条文）明定债权人迟延责任,以保护债务人,其重点有二:

1. 不以债权人有无可归责事由（故意或过失）为要件。
2. 减轻债务人责任。

（二）法律构造与案例研习

兹先提出如下债权人受领迟延责任的要件及效果的法律构造（阅读条文!）:

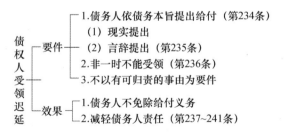

请参照前揭债权人受领迟延的法律构造及下文说明,思考研究下列二个案例:

1. 甲以电话向乙购买英国 Wedgwood 某类型全套茶具。乙的店员丙于约定期间,送到甲处,甲因车祸住院未能受领,丙商请甲的邻居丁转交。一周后丁见甲出院回家,急于交付茶具,因过失不慎跌倒,茶具全毁。甲向乙要求交付同类茶具,乙认无给付义务,并向甲请求支付价金,有无理由?

2. 甲为报考大学音乐系,聘请乙小提琴家某日到家授课,4小时报酬 5000 元。乙于约定时间到达甲处,甲因重感冒疑似新冠肺炎,乙不能授课,徒劳往返。乙得否向甲请求约定的报酬?

二、债权人受领迟延的要件

(一)债务人依债务本旨提出给付

1. 给付的可履行性

"民法"第 315 条规定:"清偿期,除法律另有规定或契约另有订定,或得依债之性质或其他情形决定者外,债权人得随时请求清偿,债务人亦得随时为清偿。"债权人有受领给付之权利,除"民法"第 367 条、第 512 条第 2 项等法律特别规定,契约有特别订定外,不负受领给付之义务。故债权人对于已提出之给付拒绝受领者,通常只负迟延责任,债务人不得强制其受领给付(1940 年上字第 965 号判例)。债权人受领迟延,须债务人得为给付,其给付具有可履行性。受雇人因病不能提出给付,不发生雇用人受领迟延。

2. 依债务本旨提出给付

(1)现实提出:债务人须依债务本旨现实提出给付,即须于正当时期、正当处所、以正当之标的物,实行提出于债权人,债务人不能辄行提出给付,使债权人任迟延之责。其未依债务本旨提出的,不生提出的效力,债权人拒绝受领,不负迟延责任。例如:其应履行之债务曾经判决确定者,该给付之提出未与判决本旨相符(1943 年上字第 4328 号判例)。债务人仅提出给付之一部,除法律别有规定外,不得谓为依债务本旨之提出,自不生提出之效力(1934 年上字第 98 号判例)。在种类之债,出卖人所提出之物,不具中等质量(第 200 条第 1 项)。

(2)言辞提出:债权人预示拒绝受领之意思,或给付兼需债权人之行为者,债务人得以准备给付之事情,通知债权人,以代提出(第 235 条但书),此为实务上常见的重要问题。给付兼需债权人之行为者,债务人依

"民法"第235条但书规定,固得以准备给付之事情,通知债权人,以代提出,惟其准备给付之事情仍需依债务本旨实行,始生提出之效力(2011年台上字第794号)。

最具启示性的是,"最高法院"2014年台抗字第400号判决,在一件关于强制执行的案例所表示的法律见解:"债务人以准备给付之事实,通知债权人,以代给付之提出,仍需其准备之给付合乎债务本旨,始生提出之效力。而依土地登记规则第34条规定,申请登记,除另有规定外,应提出登记申请书、登记原因证明文件、已登记者,其所有权状或他项权利证明书、申请人身分证明、其他由'中央地政机关'规定应提出之证明文件。故为履行不动产所有权移转登记义务,债务人自应备妥合乎上开规则所定办理所有权移转登记所需文件,并通知债权人,始符债务本旨。"

所谓给付兼需债权人的行为,指须债权人的协力而言。例如出卖人移转房屋所有权,买受人未提供相关文件。西装定作人未依约定时间前往西服店试穿衣服。在此等情形,债务人亦得以准备给付之事情,通知债权人,以代提出。

(二)一时受领不能:债权人不负迟延责任

"民法"第236条规定:"给付无确定期限,或债务人于清偿期前得为给付者,债权人就一时不能受领之情事,不负迟延责任。但其提出给付,由于债权人之催告,或债务人已于相当期间前预告债权人者,不在此限。"立法理由系认应使债权人有受领给付之准备。若债务人提出给付时,而因债权人一时有不能受领之情事,遽使任迟延之责,未免过酷。然若债务人之给付,系本于债权人之催告,或债务人已于相当期间前预告债权人时,则此时之债权人,已有受领之准备,自仍须负迟延之责任。例如甲向乙租用冰箱,约定一周内送至甲处(无确定期限),不能期待甲一周内随时在家等候受领。但如约定某日某时交付,甲未准备受领,自须负迟延责任。

三、受领迟延的法律效果

(一)债务人不免除给付义务

受领给付,系债权人的权利,除法律有特别规定或契约另有订定外,不负受领给付之义务,前已述及。债务人不因债权人受领迟延而免其给付义务。债务人所负债务既仍存在,如不履行,并不能当然免责。

双务契约之一方当事人受领迟延者，其原有同时履行抗辩权，并未因之归于消灭。故一方当事人于其受领迟延后，他方当事人请求给付者，一方当事人仍非不得提出同时履行之抗辩。除他方当事人应为之给付，因不可归责于己之事由致给付不能，依"民法"第225条第1项规定，免其给付义务者外，法院应命他方当事人为同时履行之对待给付（2006年台上字第1201号）。

（二）债务人责任的减轻

债权人受领迟延的法律效果在于减轻债务人责任，分述如下：

1. 债务人责任之减轻：在债权人迟延中，债务人仅就故意或重大过失，负其责任（第230条）。例如甲出卖某捷克水晶灯给乙，甲的店员丙于约定期间送货至乙处，乙未能受领，丙回店途中因轻过失发生车祸致该灯灭失，系非因可归责之事由致给付不能，甲免给付义务。依"民法"第225条第1项规定，乙亦免支付价金。

2. 利息支付之停止：在债权人迟延中，债务人无须支付利息（第238条）。

3. 孳息返还范围之缩小：债务人应返还由标的物所生之孳息或偿还其价金者，在债权人迟延中，以已收取之孳息为限，负返还责任（第239条）。

4. 费用赔偿之请求：债权人迟延者，债务人得请求其赔偿提出及保管给付物之必要费用（第240条）。债务人之给付兼须债权人之行为而不行为，债权人既系受领迟延。而债权人受领迟延，仅为权利之不行使，除有"民法"第240条之适用，债务人得请求其赔偿提出及保管给付物之必要费用，或当事人间另有特别约定外，殊不负任何之赔偿责任（2012年台上字第774号）。甲出售水蜜桃给乙，乙迟延受领，甲得请求赔偿提出及保管的费用，但不得请求水蜜桃腐败的损害。设水蜜桃不符中等质量时，甲未依债务本旨提出给付，乙不负迟延责任，甲不得请求提出及保管的必要费用。

5. 不动产占有之抛弃："民法"第241条规定："Ⅰ有交付不动产义务之债务人，于债权人迟延后，得抛弃其占有。Ⅱ前项抛弃，应预先通知债权人。但不能通知者，不在此限。"例如甲向乙租屋经营餐厅，租期届满，甲因新冠肺炎疫情，不愿续租，交付该屋于乙，乙受领迟延，甲得抛弃该屋的占有，但须预先通知乙。该发出的通知，因邮差误投，纵未到达乙,仍生通知的效力。

四、案例研习

〔1〕破碎的 Wedgwood 茶具:受领迟延与给付不能

1. 甲向乙请求给付 Wedgwood 茶具

甲得否向乙依"民法"第 348 条规定请求交付 Wedgwood 茶具并移转其有权?

甲与乙订立购买某类型 Wedgwood 茶具的买卖契约,甲得向乙请求交付其物并移转其所有权(第 348 条)。给付物系以种类指示,系属赴偿之债,出卖人乙选定某套 Wedgwood 茶具,交由店员丙于甲处提出给付,完结交付其物的必要行为,使该套茶具成为特定物。

甲因交通事故住院,不能受领丙提出的茶具,不问有无过失,自提出时起,甲应负迟延责任。乙的店员丙商请甲的邻居丁转交该茶具于甲,丁系乙履行债务的使用人,丁因过失致茶具灭失,乙应与自己的过失负同一责任(第 224 条)。"民法"第 237 条规定:"在债权人迟延中,债务人仅就故意或重大过失,负其责任。"丁无重大过失,乙就茶具灭失的给付不能,无可归责之事由,依"民法"第 225 条第 1 项规定,乙免给付义务。甲对乙的请求权消灭。

甲不得向乙依"民法"第 348 条规定请求同种类 Wedgwood 茶壶。

2. 乙对甲请求给付价金

承上所述,该经特定的 Wedgwood 茶具,因不可归责于乙的事由而灭失,致全部给付不能,乙免给付义务,甲亦免为给付价金的对待给付(第 266 条)。乙无向甲依"民法"第 367 条规定请求支付价金的权利。

〔2〕雇佣契约雇主受领迟延

乙得否向甲依"民法"第 482 条规定请求约定的报酬?甲与乙订有雇佣契约,乙应于一定期限为甲服劳务(小提琴授课),甲应给付报酬 5000 元(第 482 条)。乙于约定期日到达甲处授课,甲对于乙提出的给付,因病不能受领,应负迟延责任(第 234 条),并致授课给付不能。此属不可归责于双方当事人的给付不能,依一般原则,乙免补课的给付义务,甲免给付报酬的对待义务(第 266 条)。问题在于雇佣契约系因欠缺雇主的协力致未能提出给付的情形,受雇人受契约拘束不能自由使用其劳动时间。为保护受雇人,应肯定其得请求契约报酬,始足保护受雇人。台湾地区"民法"未设相关规定。《德国民法典》第 615 条明定:

"1. 劳务权利人受领劳务迟延者,义务人无补服劳务的义务,仍得就因迟延致未能给付的劳务,请求约定的报酬。2. 但义务人因不服劳务所减省,或转向他处服劳务所取得或故意怠于取得的价额,应予扣除。"此一规定可作为法理,在我"民法"上从事法之续造,创设一个雇佣契约法上重要的原则。应说明者有二:

1.《德国民法典》第615条旨在肯定劳动力系收入的主要来源,攸关劳动者生计,不能期待其补为给付,不得适用所谓无劳动无报酬的原则。

2. 2002年德国债法现代化增订《德国民法典》第615条第3项,明定第1项及第2项规定准用于雇主应承担劳务丧失的风险。此系指判例学说所创设的企业风险理论(Betriebsrisikolehre),即雇主应承担因原料短缺、电力中断、天灾等事由致劳动者不能提供劳务的风险,而仍有给付报酬的义务。

第六节　违约责任的法律效果[①]
——损害赔偿与解除契约

关于违约责任,台湾地区"民法"规定给付不能、不完全给付、给付迟延三种类型,分别规定其成立要件及法律效果,系采所谓的成立要件引导的规范模式。在处理具体案件时,应就得否发生某种法律效果,作为法律问题(如因购买瑕疵车发生车祸,车毁人伤,请求损害赔偿),探寻该当的违约类型,来回思考于成立要件与法律效果,从事法之适用。

违约责任的法律效果有二:
1. 损害赔偿。
2. 解除契约。

第一款　违约责任与损害赔偿

一、损害赔偿的基本原则

"民法"关于损害赔偿设有一般原则(第213条至第217条等)及特

---

① 详细体系性的论述,参见拙著:《损害赔偿》,北京大学出版社2017年版;陈自强:《契约法讲义Ⅳ:违约责任与契约消解》,元照出版有限公司2018年版。

别规定(第 192 条至第 197 条等)。兹先说明其一般原则:

1. 回复原状与金钱赔偿:"民法"第 213 条规定:"Ⅰ负损害赔偿责任者,除法律另有规定或契约另有订定外,应回复他方损害发生前之原状。Ⅱ因回复原状而应给付金钱者,自损害发生时起,加给利息。Ⅲ第一项情形,债权人得请求支付回复原状所必要之费用,以代回复原状。"

本条规定体现回复原状的基本原则,但兼采金钱赔偿,以保护被害人。有无损害应采差额说,比较损害发生前的状态与损害发生后的状态,就其差额加以认定。例如甲驾卡车闯红灯撞到出租车,出租车司机乙受伤,车毁损,乙得就其身体健康及车辆毁损向甲请求回复原状(医治人身,修理出租车),或支付回复原状所必要费用(医疗费用、出租车修缮费用)。

2. 金钱赔偿的特别规定:"民法"第 214 条规定:"应回复原状者,如经债权人定相当期限催告后,逾期不为回复时,债权人得请求以金钱赔偿其损害。"所谓金钱赔偿,指回复原状所需费用。又依"民法"第 215 条规定:"不能回复原状或回复显有重大困难者,应以金钱赔偿其损害。"其所称金钱赔偿,指客观价值而言(如出租车的价额)。

3. 赔偿范围(所受损害、所失利益):"民法"第 216 条:"Ⅰ损害赔偿,除法律另有规定或契约另有订定外,应以填补债权人所受损害及所失利益为限。Ⅱ依通常情形,或依已定之计划、设备或其他特别情事,可得预期之利益,视为所失利益。"本条第 1 项规定损害赔偿范围,包括所受损害(如身体健康受侵害,机车受损)及所失利益(因身体健康受侵害,不能使用出租车而减少营业收入)。第 2 项系关于所失损害范围的推定规定(如出租车司机通常收入等)。

4. 损益相抵:第 216 条之 1:"基于同一原因事实受有损害并受有利益者,其请求之赔偿金额,应扣除所受之利益。"本条规定损益相抵原则,例如身体受伤住院医疗费用的损害赔偿,应扣除其节省的饮食费用等。

5. 与有过失:第 217 条:"Ⅰ损害之发生或扩大,被害人与有过失者,法院得减轻赔偿金额,或免除之。Ⅱ重大之损害原因,为债务人所不及知,而被害人不预促其注意或怠于避免或减少损害者,为与有过失。Ⅲ前二项之规定,于被害人之代理人或使用人与有过失者,准用之。"本条规定过失相抵,例如甲出租车司机超速驾车发生车祸而受伤,且未适时就医时,对损害的发生及扩大与有过失,法院得减轻或免除赔偿金额。

6. 生计斟酌:第 218 条:"损害非因故意或重大过失所致者,如其赔偿致赔偿义务人之生计有重大影响时,法院得减轻其赔偿金额。"本条规定赔偿义务人生计关系的酌减,具有社会意义,但实务上案例甚少。

兹据上述,以下图建构违约责任损害赔偿的规范体系(请阅读条文):①

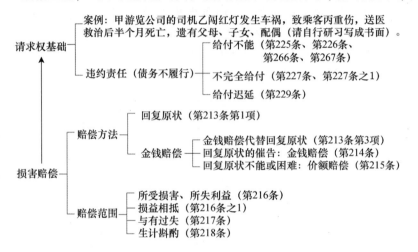

二、违约责任的损害赔偿

关于违约责任的损害赔偿,应说明的有三:

1. 一般规定的适用:"民法"第 213 条至第 218 条关于损害赔偿的一般规定,对违约责任的损害赔偿均得适用。

2. 受保护的利益及损害的种类:侵权责任损害赔偿的重点在于人身权益和物的损害赔偿。尤其是人格法益受侵害的非财产损害的金钱赔偿(慰抚金)。违约责任所保护的利益,体现于两种损害:

(1)信赖利益与履行利益

违约责任的损害可分为信赖损害(消极利益)及履行损害(积极利益)。前者指因信赖契约有效而受的损害(第 246 条、第 247 条)。后者指因债务不履行而受的损害。无论何者均包括所受损害及所失利益,此种分类至为重要,图示如下:

---

① 参见拙著:《损害赔偿》,北京大学出版社 2017 年版。

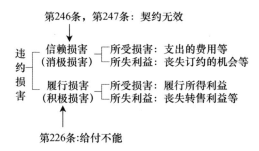

(2) 瑕疵损害与瑕疵结果损害(完整利益)

违约责任的重点在于保护财产利益(纯粹经济上损失),在不完全给付,除给付本身的瑕疵损害外,更扩张及于人身所有权及纯粹经济上损失(瑕疵结果损害,完整利益的保护,第 227 条之 1)。

3. 当事人特约及违约金

在违约责任的损害赔偿,应优先适用当事人的特别约定。此等条款应受定型化契约的规制(第 247 条之 1)。应注意的是关于违约金,"民法"第 250 条规定:"Ⅰ当事人得约定债务人于债务不履行时,应支付违约金。Ⅱ违约金,除当事人另有订定外,视为因不履行而生损害之赔偿总额。其约定如债务人不于适当时期或不依适当方法履行债务时,即须支付违约金者,债权人除得请求履行债务外,违约金视为因不于适当时期或不依适当方法履行债务所生损害之赔偿总额。"第 2 项规定旨在明确违约金,除当事人另有订定外,不具违约罚之性质,而系债务不履行中之给付迟延及不完全给付所生损害赔偿额之预定。当事人约定有违约金者,一旦有所约定之债务不履行情事发生,债权人不待举证证明其损害系因债务不履行所致及其数额之多寡,即得按约定之违约金,请求债务人支付。债务人亦不得证明债权人未受损害,或实际损害额不及违约金数额,而请求减免(2014 年台上字第 194 号)。债务已为一部履行者,法院得比照债权人因一部履行所受之利益,减少违约金(第 251 条)。"民法"第 252 条规定:"约定之违约金额过高者,法院得减至相当之数额。"故约定之违约金苟有过高情事,法院即得依此规定核减至相当之数额,并无应待至债权人请求给付后始得核减之限制。此项核减,法院得以职权为之,亦得由债务人诉请法院核减(1990 年台上字第 1612 号判例)。

三、违约责任的体系及案例研习

(一)违约责任的思考模式

兹参照本书关于违约责任的论述,建构违约责任的体系及请求权基础(阅读条文!):

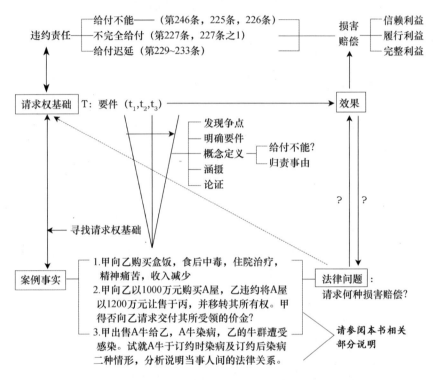

1. 法律问题,始于案例、理解案例,明确提出法律问题。

2. 来回于案例事实与法律规范之间,从案例的事实寻找请求权基础,从请求权基础认定要件事实。

3. 解析构成要件(要件因素),针对案例事实加以定义,从事法之适用上的涵摄、论证。

4. 从法律效果的正义、公平及常识,重新检视法之适用的妥当性。

(二)案例研习

1. 案例

〔1〕甲向乙购买 A 古琴,乙不知该琴于订约时,因借用人丙的过失致该琴灭失。甲得否向乙请求其支出的缔约费用及转售的利益,或请求乙

交付其受领丙的损害赔偿(或保险金)。

〔2〕在前揭买卖古琴之例,设乙不知其店员已将该琴以高价让售于丙,并移转其所有权时,甲得否向乙请求赔偿转售该琴的利益,或丙购买该琴的价金?并说明检讨案例〔1〕及案例〔2〕异同的立法意旨。

〔3〕甲向乙酒商购买法国某种类葡萄酒10瓶,预付价金10万元。乙选定该种类葡萄酒于约定时日,送至甲的住处,甲因外出发生车祸住院未能受领。丙遇甲的友人丁来访,托其转交。丁过失不慎致葡萄酒灭失。试说明甲与乙间的法律关系。

〔4〕在前揭买酒之例,设乙依甲请求将该酒送至丙处作为生日礼物。乙选定10瓶葡萄酒,托住在该处友人丁代送,途中发生车祸,葡萄酒全部灭失。试比较案例〔3〕,说明当事人间的法律关系。

〔5〕甲向乙租赁A屋,经营海鲜餐厅,约定某日交屋。甲准备某日开业,雇用员工,并制作海报举宣传费用。该屋因乙的过失遭火灾灭失(或乙将该屋让售他人)。甲得否向乙请求损害赔偿?

〔6〕甲由乙承揽整修房屋,乙的工人丙施工不当,致屋顶漏水,并毁损甲的地毯。丙不听甲的劝阻,在屋内吸烟喝酒,并窃取甲房内财物。甲得向乙行使何种权利?

〔7〕甲出借A车给乙,约定须于某日返还,以便外出旅行。乙迟未返还,甲租用他车,回家后发现乙的车库意外失火,A车灭失。甲得否向乙请求损害赔偿?

2. 研习方法

(1)前揭案例旨在综合复习违约责任的基本理论。

(2)请采鉴定型请求权基础方法,解答前揭七个违约责任的基本案例。

(3)务必认真构思解题架构,先自行写成书面(!),再与同学讨论,并请教任课教授。勤于演练,塑造思考模式,培养法律思维能力!

第二款 解除契约

一、概说

(一)意义及区别

1. 法定解除、约定解除

解除契约系指契约当事人一方行使解除权,使契约溯及地消灭,发生

回复原状的债之关系(通说)。契约解除权发生的原因有二:

(1)约定解除:即由契约当事人于订约的同时或其后,约定当事人一方或双方有解除契约的权利。

(2)法定解除:此系因债务不履行而发生,包括给付不能(第256条)、给付迟延(第254条、第255条)、不完全给付(第227条)、物之瑕疵担保责任(第359条)。

"民法"关于解除权的规定,适用于约定解除与法定解除。在约定解除权,当事人就其解除权发生之原因、解除权行使之方法、解除后之效果,有特别约定者,应依其约定。

2. 解除契约与合意解除

契约之合意解除与法定解除权之行使,其性质不同,效果亦异。前者为契约行为,即以第二次契约解除第一次契约,其契约已全部或一部履行者,除有特别约定外,并不当然适用"民法"第259条关于回复原状之规定。后者为单独行为,其发生效力与否,端视有无法定解除原因之存在,既无待他方当事人之承诺,更不因他方当事人之不反对而成为合意解除(1974年台上字第1989号判例)。契约之解除,出于双方当事人之合意时,无论有无可归责于一方之事由,除经约定应依"民法"关于契约解除之规定外,并不当然适用"民法"第259条之规定,倘契约已为全部或一部之履行者,仅得依不当得利之规定请求返还其利益(1970年台上字第4297号判例)。

3. 解除契约与终止契约

(1)解除与终止的区别

契约之解除,系使契约自始归于消灭,以回复订约前的状态。契约的终止,则使契约终止时起嗣后归于消灭,其已经发生的效力,不生回复原状问题。二者效力不同,应予明辨。

(2)合意终止与法定终止

终止契约亦分为合意终止与法定终止。契约之合意终止为契约行为。法定或约定终止权之行使则为单独行为。后者发生效力与否,端视有无法定或约定终止之事由存在,既无待他方当事人之承诺,自不因他方当事人之同意或未为反对之意思表示而成为合意终止。而约定终止权人于终止以前,如已有损害赔偿请求权,不因约定终止权之行使而受影响(2012年台上字第1180号)。

(3)继续性债之关系的终止

按继续性供给契约,乃当事人约定一方于一定或不定之期限内,向他方继续供给定量或不定量之一定种类、质量之物,而由他方按一定之标准支付价金之无名契约。"民法"就不定期之继续性契约,如租赁、消费借贷、雇佣、委任等,均以得随时终止为原则,此由"民法"第450条第2项、第478条后段、第488条第2项、第549条第1项规定至明(请阅读条文!)。是无名之不定期继续性供给契约,应可类推适用"民法"相关规定,允许契约当事人有任意终止契约之权(2013年台上字第2243号)。又递延性商品(服务)之预付型不定期继续性契约,消费者已将费用一次缴清,嗣后始分次、分期或持续取得商品或服务,递次或持续发生对价给付之效果。当事人间须具有相当之信赖,而因其具有长期性、继续性之拘束力,应使消费者有任意终止之机制,以求衡平,且消费者无从为同时履行之抗辩,尤应赋予任意终止之权利,以资调和,准此,消费者自得类推适用"民法"继续性有名契约如租赁之任意终止规定,予以终止(2011年台上字第1619号)。

契约除当事人为合致之意思表示外,须经债务人继续之履行始能实现者,属继续性供给契约,而该契约倘于中途发生当事人给付迟延或给付不能时,"民法"虽无明文得为终止契约之规定,但为使过去之给付保持效力,避免法律关系趋于复杂,应类推适用"民法"第254条至第256条之规定,许其终止将来之契约关系,依同法第263条准用第258条规定,向他方当事人以意思表示为之(2014年台上字第2499号)。

(4)契约终止准用解除权之规定

"民法"第263条规定:"第二百五十八条及第二百六十条之规定,于当事人依法律之规定终止契约者准用之。"终止契约,即不使契约继续进行,其性质与契约之解除相同。故当事人依法律之规定终止契约者,亦得准用关于解除契约之规定,即终止契约,应向他方当事人以意思表示为之。当事人一方有数人者,其意思表示,应由全体或向全体为之,已为终止契约之意思表示,不得撤销,及契约之终止,不妨碍损害赔偿之请求。

(二)解除契约的法律构造

"民法"将解除契约规定于第254条至第259条,图标其法律结构如下(阅读条文):

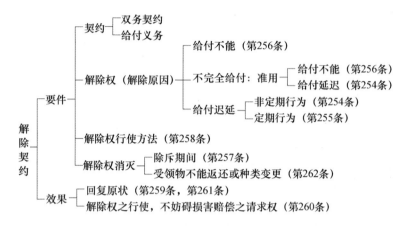

基本案例:甲出卖 A 瓶给乙,价金 50 万元,乙先付 20 万元,约定于一个月后某日付清 30 万元。一周后乙于将该瓶以 55 万元出售于丙,并依让与合意交付该瓶。乙投资股市失利,届期未能清偿价金,经甲定相当期间催告,乙未为履行。试问甲解除契约时,得向乙、丙行使何种权利?

二、要件

(一)双务契约

解除契约适用于双务契约(买卖、租赁等),不适用于单务契约。例如甲赠乙某物,因可归责于甲的事由,致给付不能、不完全给付或给付迟延时,乙仅得请求损害赔偿,而不能解除契约。因为解除契约的主要功能在于免除自己的给付义务,请求返还已为的给付。

(二)解除权的发生

法定解除的发生须有法定原因:

1. 给付不能

债权人于有"民法"第 226 规定的情形,得解除契约(第 256 条)。依本条规范意旨,债权人毋庸定期催告,即得解除契约。

2. 不完全给付

在不完全给付的情形,债权人得依给付不能或给付迟延的规定行使权利(第 227 条),包括解除契约在内。在给付瑕疵不能补正的情形(如出卖有毒食品),债权人得径行解除契约。在瑕疵可以补正的情形,适用关于给付迟延规定。

值得特别提出的是,违反附随义务的不完全给付时,得否请求解除契约?

在一件涉及承揽契约定作人未及时提供必要信息,影响其后续设计工作,违反协力义务的案件,"最高法院"2015年台上字第799号判决采肯定见解,认为:"契约之附随义务既为履行给付义务或保护当事人人身或财产上之利益,基于诚信原则而发生,则债务人未尽此项义务,债权人除得依不完全给付之规定行使其权利外,该附随义务之违反若足以影响契约目的之达成,使债权人无法实现其订立契约之利益,而与违反契约主给付义务之结果在实质上并无差异者,债权人自亦得依法行使契约解除权。"

本件判决深具有意义,其要件须附随义务之违反足以影响契约目的之达成,此外尚应考虑当事人间的信赖关系。例如整修房屋的承揽人严重违反保护义务(如在屋内吸毒)、破坏信赖关系,定作人得解除契约。

3. 给付迟延

(1)非定期行为:契约当事人之一方迟延给付者,他方当事人得定相当期限催告其履行,如于期限内不履行时,得解除其契约(第254条)。在买卖契约,买受人对于出卖人有受领标的物之义务,为"民法"第367条所明定,故出卖人已有给付之合法提出而买受人不履行其受领义务时,买受人非但陷于受领迟延,并陷于给付迟延,出卖人非不得依"民法"第254条规定据以解除契约(1975年台上字第2367号判例)。买受人一方支付价金之履行期有特别重要之意思表示,如买受人一方不按照时期履行者,则出卖人一方自得依同法第255条之规定,不经催告径行解除其契约(1957年台上字第1685号判例)。

在非定期行为,解除权发生的要件有二:

①债务人须负迟延责任。

②债权人定相当期限催告其履行,而不履行。

给付无确定期限者,债务人于债权人得请求给付时,经其催告而未为给付,自受催告时起,负迟延责任。而债权人非因债务人迟延给付当然取得契约解除权,仍须定相当期限催告其履行,于期限内不履行时,始得解除契约(2013年台上字第2115号)。债权人催告不定期限,不发生解除契约的问题。债权人所定催告期限虽不相当,但若自催告后经过相当期限债务人仍不履行时,基于诚实信用原则,应认债权人已酌留相当期限,以待债务人履行,自有该条所定契约解除权之适用(2011年台上字第

2199号)。

(2)定期行为:依契约之性质或当事人之意思表示,非于一定时期为给付不能达其契约之目的,而契约当事人之一方不按照时期给付者,他方当事人得不为前条之催告,解除其契约(第255条)。所谓依契约之性质,非于一定时期为给付不能达其契约之目的者。系指就契约本身,自客观上观察,即可认识非于一定时期为给付不能达其契约目的之情形而言。所谓依当事人之意思表示,非于一定时期为给付不能达其契约之目的者,契约当事人间必须有严守履行期间之合意,并对此期间之重要(契约之目的所在)有所认识,如定制手工艺品一套,并告以系为本月5日赠送亲友之用,必须于本月4日交付(1975年台再字第177号判例)。其他情形,例如订制生日蛋糕、结婚礼服、殡葬花篮等,均须于约定时期给付。

(三)解除权的行使

1. 行使期间(除斥期间):解除权的行使,未定有期间者,他方当事人得定相当期间,催告解除权人于期限内确答是否解除,如逾期未受解除之通知,解除权即消灭(第257条)。立法理由谓:"……解除权,有附期限者,有不附期限者。后者情形,须设除斥期间,使相对人有使解除权消灭之权利,始足以保护相对人之利益。盖解除权为不依时效而消灭之权利,无此规定,别无消灭之法,于相对人甚不便也。"解释上应认为"民法"第257条规定亦得适用于法定解除。

2. 解除契约的意思表示:解除权之行使,应向他方当事人以意思表示为之(第258条第1项),此为须有相对人受领的单方行为,具形成权的性质。此项意思表示,得明示或默示为之,并依意思表示解释方法加以认定(第98条)。解除契约的意思表示亦得于诉状为之,于诉状送达他方时发生效力(1943年上字第2108号判例)。契约当事人之一方有数人时,解除契约的意思表示应由其全体或向其全体为之(第258条第2项)。如甲、乙共同向丙购买某屋,丙解除契约的意思表示应向甲、乙为之,甲、乙解除契约时,亦应全体向丙为之。

(四)解除权的消灭

"民法"第262条规定:"有解除权人,因可归责于自己之事由,致其所受领之给付物有毁损、灭失或其他情形不能返还者,解除权消灭;因加工或改造,将所受领之给付物变其种类者亦同。"此等情事,须发生于解除契约之前。立法理由谓:"查民律草案第547条理由谓有解除权人,因归责于己之事由,致不能履行回复原状之义务,若仍使其有解除权人,有害相对人之利益,故应使其解除权消灭。又同律第548条理由谓有解除权人,因加工或改造,将其所受领之给付物,变为他种类之物时,亦应使其解除权消灭,否则解除后必须回复原状,而物已变更,相对人受之,未必能有利益也。"

需说明的是,在法定解除,解除权人通常不知其有解除权,为平衡当事人利益,应就可归责之事由,限制解释为未尽其与处理自己事务同一的注意,或其物之毁损减失非因物之瑕疵,例如买受人不慎使用刹车机件故障的汽车而发生车祸。

三、法律效果

(一)二个法律效果

解除契约的法律效果有二:

1. 使迄未履行的给付义务归于消灭。"民法"对此认系当然,未设明文。

2. 使已履行的给付发生回复原状请求权。"民法"第259条规定:"契约解除时,当事人双方回复原状之义务,除法律另有规定或契约另有订定外,依左列之规定:一、由他方所受领之给付物,应返还之。二、受领之给付为金钱者,应附加自受领时起之利息偿还之。三、受领之给付为劳务或为物之使用者,应照受领时之价额,以金钱偿还之。四、受领之给付物生有孳息者,应返还之。五、就返还之物,已支出必要或有益之费用,得于他方受返还时所得利益之限度内,请求其返还。六、应返还之物有毁损、灭失或因其他事由,致不能返还者,应偿还其价额。"

(二)解除权仅生债之效力

由"民法"第259条规定的内容,可知契约的解除仅具债权效力。如甲出卖某车给乙,并让与其所有权,共作成二个法律行为(契约),一为买卖契约(债权契约),一为物权契约(第761条)。甲因乙迟不支付价金而依法解除契约时,其所解除的仅是债权契约,并不及于物权契约,此为重要问题,有两个"最高法院"判决,可资参照。

1. 最高法院1939年上字第2113号判例谓:"'民法'第254条所谓解除契约,固指解除债权契约而言,但本于债权契约而成立物权移转契约后,如有解除契约之原因,仍得将该债权契约解除。债权契约解除时,物权契约之效力虽仍存在,而依'民法'第259条之规定,受物权移转之一方,负有将该物权移转于他方以回复原状之义务,不得谓物权契约一经成立,债权契约即不得解除。"

2. "最高法院"1973年台上字第1045号判例谓:"出卖人解除已经履行之买卖契约,该买卖标的物(机器),倘现在由第三人占有,买受人不过负向第三人取回该物返还于出卖人之义务('民法'第259条第1款),非谓买卖契约一经解除,该物即当然复归于出卖人所有,出卖人自不得本于所有权,向第三人主张权利。"

契约的解除既仅发生债权效力,物权变动不因此而受影响。在不动产买卖的情形,出卖人仅能请求买受人办理所有权移转,不能请求涂销买受人所有权登记。

(三) 解除契约法律性质的再理解

1. "最高法院"的见解:直接效果说与不当得利的适用关系

关于解除契约的效力,台湾地区判例及学说系采所谓的直接效果说,认为契约之效力因解除而溯及地消灭,未履行之债务当然免除,已履行者,应负回复原状的义务,从而发生"民法"第259条规定与不当得利的适用关系,"最高法院"有分歧:

(1)"民法"第259条系不当得利的特别规定(特别规定说):当事人行使解除权后,依"民法"第259条及第260条规定,除请求回复原状外,并得请求损害赔偿,亦即"民法"第259条乃不当得利之特别规定,仅适用于解除契约后之回复原状义务,其范围与一般不当得利不同(2005年台上字第1874号)。

(2)"民法"第259条与不当得利的竞合(请求权竞合说):解除契约发生后,双方即负有回复原状之义务。契约既因解除而溯及地消灭,则因契约之履行而受益之一方,即欠缺法律上之原因,其所受利益虽原有法律上之原因,而其后原因已不存在者,依"民法"第179条后段之规定,即属不当得利。因履行契约而为给付之一方,得依"民法"第259条之规定,行使回复原状请求权,亦得行使不当得利返还请求权,此即请求权之竞合,有请求权之债权人,得就二者选择其一行使,请求权之行使已达目的者,其他请求权即行消灭,如未达目的者,仍得行使其他请求权(2004年台上字第957号)。

(3)"最高法院"最近见解:契约一经解除,契约即溯及归于消灭,与自始未订立契约同。因此契约解除后,当事人在契约存续期间所受领之给付,即成为无法律上之原因,自亦构成不当得利,该受损害者倘舍解除契约后回复原状请求权而行使不当得利请求权,应非法所不许,此观"民法"第179条后段立法理由揭橥:"其先虽有法律上之原因,而其后法律上之原因已不存在(如撤销契约、解除契约之类),亦应返还其利益"自明(2011年台上字第2号)。

本件判决系采"民法"第259条规定解除契约后回原状请求权与不当得利请求权的竞合说。

2. 解除契约性质的再理解:回复原状清算关系

台湾地区判例学说所采解除契约的直接效果说,见诸立法理由书,源自德国传统见解,但在德国早被扬弃,改采一种新的理论,认为解除权的行使,并不使契约溯及地消灭,而是向后(ex nunc)发生一种回复原状的清算关系(Abwicklungsverhältnis),原契约的基础仍然存在,债之同一性不因此而受影响。此乃解除权性质的再理解,期待"最高法院"能够重新省视传统见解,改除新的理论,促进"民法"的进步。分四点说明如下:

(1)回复原状清算关系理论较符合"民法"第259条解除契约回复原状的规范目的及内容。

(2)排除不当得利的适用,避免"民法"第259条究系不当得利的特别规定,或与不当得利发生竞合的争论。比较言之,以特别规定说较为可采。解除契约回复原状(第259条)与不当得利返还义务的规范意旨或法律效果不同(尤其是不当得利所受利益不存在免负返还义务,第182条),无论是采特别规定说或请求权竞合说,均有研究余地。尤其是"最高法院"最近见解采竞合说,一方当事人得选择行使"民法"第259条的权利,他方当事人得选择行使不当得利请求权,难谓符合法之适用的原则性及一贯性。

(3)"最高法院"2014年台上字第2429号判决谓:"按自契约之解除效果言,于契约有效时,基于债务所为之给付,均应返还,始能回复契约订立前之状态;则契约有效时,基于债务不履行所生损害亦应一并赔偿,方可达回复原状之趣旨。'民法'第260条规定即系在立法政策上,对于契约解除之溯及效力,酌加限制,允许当事人得就债务不履行所生损害,请求赔偿,亦即在此范围内,契约之效力仍然存续。是其损害赔偿请求权,自不分行使解除权之当事人抑相对人,均不因解除权之行使而受妨碍。"此项判决见解在于说明"民法"第260条的立法趣旨。采回复原状清算关系说,更能为"民法"第260条"解除权之行使,不妨碍损害赔偿之请求"的规定提供理论基础。

(4)回复原状清算关系说,肯定原契约的基础仍然存在,使保证契约的责任仍能及于回复原状义务,例如甲出卖A车给乙,由丙负履行的保证责任,因甲给付迟延,而乙解除契约时,就保证契约当事人的意思作合理客观的解释,应认其保证责任及于甲返还受领价金的义务。

(四)回复原状的债之关系

1. 法定债之关系

解除契约的目的除免除自己的给付义务外,在于请求返还自己所为的给付,从而发生如何回复原状的法定债之关系,兹就"民法"第259条的规定,说明如下:

(1)受领之给付物的返还

①由他方所受领之给付物,应返还之(第259条第1款)。例如买卖契约解除时,买受人应依让与合意交付占有,返还受领物之所有权(第761条)。在租赁契约,应为租赁物占有的返还。

②受领之给付为金钱者,应附加自受领时起之利息偿还之(第259条第2款)。金钱给付包括买卖价金、租金、承揽的报酬等。

③受领之给付为劳务或为物之使用者,应照受领时之价额,以金钱偿还之(第259条第3款)。劳务包括服劳务(雇佣契约)、医疗行为(委任)、一定工作的给付(承揽,如音乐会、旅游)等。例如劳务契约解除后,其劳务的价额,原则上依当时约定的报酬。在租车使用的情形,原则上应偿还相当于租车的费用。汽车买卖契约解除后,买受人应返还其使用汽车的利益,依租用汽车通常的价额加以计算。

(2)给付物之孳息的返还

受领之给付物生有孳息者,应返还之(第259条第4款)。孳息包括物之孳息(果实、动物之产物及其他依物之用法所收获之出产物)及权利孳息(利息、租金及其他因法律关系所得之收益)(第69条)。受领人就已收取的孳息,固应返还。其未收取孳息时,如何处理?解释上应认为其依通常情形应为收取而未收取时,须偿还其价额。

(3)支出之费用的返还

就返还之物,已支出必要或有益之费用,得于他方受返还时所得利益之限度内,请求其返还(第259条第5款)。关于本款的适用,"最高法院"2008年台上字第2478号判决可供参照:"查系争房屋于被上诉人因出卖与上诉人交付上诉人占有,上诉人并对系争房屋整修装潢,支付自来水、瓦斯管线费、房屋税、系争土地地价税、房屋装潢费、网络装设费、铝纱门、预留冷气管线、不锈钢罩等费用,乃原审确定之事实。果尔,上诉人支出上开有关系争房屋、土地费用,或系政府对房屋、土地所有人应课之税收,或因其装潢、管线等施作发生添附,并增加使用便利而增益系争房屋之价值,可否谓仅上诉人使用系争房屋、土地所生之费用,或为个人生活所需,而对系争房屋、土地无必要或无利益,而不能依'民法'第259条第5款规定,请求返还前开费用,即有推敲之余地。原审未予尽察,遽为不利于上诉人之论断,自属可议。"

(4) 原物不能返还的价额赔偿

应返还之物有毁损、灭失或因其他事由,致不能返还者,应偿还其价额(第259条第6款)。所谓其他事由致不能返还,例如解约前将受领物让售他人、被盗等。其因加工、改造将所领之给付物变其种类者亦同。不能返还,有无可归责事由在所不问。

(5) 同时履行抗辩

当事人因契约解除依"民法"第259条规定而生之相互义务,准用"民法"第264条至第267条规定。

(6) 契约解除后的给付不能

"民法"第259条关于受领给付物毁损等规定,系适用于解除契约前发生的情事。解除契约后,受领人负有返还给付物的义务。关于其给付不能等,应适用违约责任的一般规定。

2. 德国债法关于解除契约的现代化

值得提出的是,2002年德国债法现代化,全面修正解除契约法,包括解除要件(《德国民法典》第323条至326条)及法律效果(《德国民法典》第346条)的特别规定。兹就解除的法律效果,说明如下:

(1)关于受领物的毁损灭失,应返还价额。但因物依其指定方法而为使用所生的毁损,不在此限(《德国民法典》第346第2款第3项)。

(2)于下列三种情形,返还价额义务消灭(《德国民法典》第346条第3款):

①于加工或变更给付物之际出现导致得解除契约之瑕疵(例如使用面粉制作面包时发现其具有瑕疵)。

②给付物之毁损或灭失系可归责于债权人,或在债权人处亦将发生相同损害。

③在法定解除的情形,在解除权人方面发生物之毁损或灭失,虽然解除权人已尽其与处理自己事务同一的注意。之所以设此规定,因在法定解除权,债权人通常不知其将因解除契约而负返还受领物的义务。

前述德国民法关于解除契约法律效果的规定,衡酌解除契约的规范意旨与当事人利益,具有合理性,在台湾地区"民法"得作相同解释,或作为法理,就相关规定作目的性限缩,从事法之续造。

(五)解除契约与损害赔偿

解除权的行使不妨碍损害赔偿之请求(第260条)。此项规定并非积极地认有新赔偿请求权发生,乃原已发生的赔偿请求权,不因解除权的行使而受妨碍,系专指因债务不履行的损害赔偿而言,不包括因契约消灭所生的损害(1966年台上字第2727号判例)。"民法"第249条第3款所定的加倍返还定金系损害赔偿的性质,主契约纵已解除,仍非不得请求加倍返还定金。① 在契约前已发生之违约罚性质的违约金请求权,亦不因解除契约而失其存在。②

四、案例解说

请再彻底研读前揭基本案例,理解当事人间的法律关系,思考解题构造(先自行解答,写成书面):

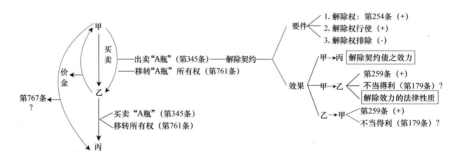

---

① "最高法院"1978年8月29日1978年度第9次民事庭推总会议决议(三)。
② "最高法院"1973年10月30日1973年度第3次民事庭推总会议决议(四)。

(一) 契约解除

关于甲对乙、丙的请求权,首须认定甲得否解除其与乙的买卖契约。甲以 50 万元出卖 A 瓶与乙,成立买卖契约(第 345 条)。乙先支付 20 万元,但未于约定期间支付 30 万元,应负迟延责任(第 229 条第 1 项)。甲定相当期间催告乙履行,乙于期限内不履行,甲得行使解除权(第 254 条),向乙以意思表示为之,而为买卖契约的解除(第 258 条)。

(二) 甲对丙的请求权

甲得向丙依"民法"第 767 条规定,请求返还 A 瓶,须甲为所有人,丙为无权占有。甲基于买卖契约依让与合意交付 A 瓶(第 761 条),乙再将该瓶所有权移转于丙,并为交付(第 761 条),丙为 A 瓶所有人。甲解除其与乙的买卖契约,仅具债之效力,非谓买卖契约一经解除,A 瓶即当然归于出卖人甲所有,甲自不得本于其所有权,向丙主张其权利,请求返还 A 瓶(参照 1973 年台上字第 1045 号判例)。

(三) 甲与乙间的法律关系

1. 甲对乙的请求权

(1) 甲解除契约时,得向乙请求返还给付物 A 瓶的所有权(第 259 条第 1 款)。乙在甲解除前将 A 瓶以 55 万元出售于丙,并移转其所有权,不能向丙取回 A 瓶返还于甲,应返还其价额。乙应返还的价额,应依客观交易价额加以计算。甲不得向乙请求返还让售该瓶于丙的价金 55 万元,得以对待给付(价金 50 万元)作为应返还价额的计算基准。设乙以低于价金 50 万元的价额,让售于丙时,其应返还的,仍为客观的价额,设乙将 A 瓶赠送于丙时,就其不能返还,仍应偿还价额,不能主张所受利益不存在。

(2) "最高法院"肯定当事人行使解除权后,除依"民法"第 259 条规定请求回复原状外,并得成立不当得利。有判决认为"民法"第 259 条系不当得利的特别规定(2005 年台上字第 1874 号)。最近见解认为契约一经解除,契约即溯及地归于消灭,自亦构成不当得利,当事人得舍解除契约后回复请求权,而行使不当得利请求权,肯定二者的竞合关系,有请求权者,得就二者选择其一行使(参照 2004 年台上字第 957 号、2011 年台上字第 2 号)。就"最高法院"见解比较言之,应以特别规定说较为可采。

(3) 应强调的是,"最高法院"之所以肯定解除契约时的不当得利请求权,系以契约解除溯及地使契约归于消灭,此系传统见解,源自德国法,自有所据。但在德国早已扬弃此项见解,改采一种新的理论,认为解除权的行使并不使契约溯及地消灭,而是发生一种回复原状的清算关系,原契约基础仍然存在,债之同一性不因此而受影响,不发生不当得利请求权。此乃解除权效力的再理解,具有以下优点:①符合"民法"第259条规定的规范意旨及内容。②避免适用不当得利的争议。不当得利与"民法"第259条规定内容范围不同(尤其是第182条所受利益不存在),任由双方当事人选择行使,造成法之适用欠缺原则性及一贯性。③使保证责任仍得继续存在。④可以合理说明"民法"第260条关于解除契约不影响损害赔偿的规定。采取解除契约回复原状清算关系说,有助于法律适用及台湾地区"民法"进步。

2. 乙对甲的请求权

甲以50万元出卖A瓶,乙先付20万元,余款30万元给付迟延。甲解除契约,其对30万元的给付请求权归于消灭。乙得向甲请求返还其受领的价金20万元,并附加自受领时起的利息(第259条第2款)。

结论:甲解除契约,得向乙请求不能返还A瓶的价额(50万元)。乙得向甲请求返还受领的价金20万元并附加利息,其所生相互义务准用"民法"第264条至第267条,并得依第264条行使同时履行抗辩权。

第七节 契约的确保
——定金与违约金

第一款 契约法律人与案例思考

甲与乙商谈购买某屋(或由乙承揽建屋顶花园)。为确保契约的成立及明确契约履行或不履行的责任,请您提供法律意见。契约法律人的任务在于规划契约,实现契约目的,减少交易成本,前已再三提及。关于契约的确保,必须理解运用"民法"关于定金及违约金二个制度(请先阅读"民法"第248条至第251条及相关判决),并运用想象力构思案例,始能针对具体契约内容的形成,提供最有利于当事人的法律见解。先举一个关于定金的案例以供参照:

甲以2000万元向乙购买A屋,支付定金100万元。试问:

1. 试说明定金的意义、种类、定金契约的成立、法律性质。
2. 乙得否主张虽受有定金,契约实未成立?
3. 甲或乙及得否抛弃定金或退还定金而解除契约?当事人已着手履行契约时,得否解除?
4. 乙将该屋出卖于丙,并移转其所有权,甲丧失转售利益250万元。甲未解除契约(或解除契约)时,得向乙就定金、损害赔偿主张何种权利?

第二款 定 金①

一、定金的意义

定金系契约当事人之一方为确保契约的履行为目的,交付于他方之金钱或其他给付。析述如下:

1. 定金的客体须为金钱或其他给付:定金不限于金钱,亦得为其他代替物(如稻米、果实),通说认为不代替物不得充当定金,盖因受定金的当事人,如因可归责于自己的事由,致契约履行不能时,应加倍返还定金(第249条第3款),其所收受的定金如属不代替物,则无法如此办理。实则,定金亦得为不代替物(如某画),其理由系于应加倍返还的情形,得以加倍偿还价额的方法为之。

2. 定金须由当事人的一方交付他方:定金常见诸买卖、租赁、承揽等。定金通常系由债务人交付,但亦得由债权人交付,交付之一方称为付定金当事人,收受之一方称为受定金当事人。

3. 定金系以确保契约之履行为目的:定金最主要之目的,在于确保契约的履行。以此目的而交付金钱或其他给付(代替物或不代替物),即为定金,是否使用定金的名称,则非所问。

二、定金的种类及认定

(一)定金的种类

定金依其作用的不同,可分为下列四种:

1. 成约定金:系以定金的交付,作为契约成立的要件。

---

① 参见刘春堂:《民法债编通则(一)契约法总论》(增订版),三民书局2011年版,第403页以下。

2. 证约定金：系以定金的交付，作为契约成立的证明。

3. 违约定金：系以定金的交付，作为契约不履行的损害赔偿，即交付定金的一方当事人不履行契约债务时，不得请求返还；收受定金之他方当事人不履行契约债务时，应加倍返还其所收受定金。

4. 解约定金：系以定金的交付，作为解除契约之代价。

此外，尚有所谓的立约定金（亦称犹豫定金）（2002年台上字第635号），即关于契约之订立，预定一考虑时间，而交付定金，如不于该期间内订立契约时，收受定金之当事人得没收其定金。由于其系在契约成立以前交付定金，用于担保契约之成立，故与前述的定金之目的系在担保契约之履行者，有所不同。"民法"第248条规定，于"立约定金"固无适用的余地，惟仍应类推适用"民法"第249条之规定，除当事人另有订定外，于交付立约定金之一方拒不成立主契约时，即不得请求返还定金；反之，受定金之一方拒不成立主契约时，则应加倍返还定金（2007年台上字第2565号）。"最高法院"2013年台上字第69号判决谓："契约当事人在成立契约以前所交付，用以担保契约成立为目的之定金，称之为立约定金（亦称犹豫定金）。此项定金与以主契约之存在为前提之定金（诸如证约定金等是），在性质上固属有间，然契约成立后，立约定金即变更为确保契约之履行为目的，自有'民法'第249条规定之适用。故如因可归责于受定金当事人之事由，致不能成立契约者，立约定金之效力自仍应类推适用同条第3款之规定，由该当事人加倍返还其所受之定金。至于立约定金乃在契约成立之前所交付，自可以此反证契约（本约）尚未成立，而无'民法'第248条所规定：'订约当事人之一方，由他方受有定金时，推定其契约成立'之适用。"

(二) 定金种类的认定

前述定金种类，并非相互排斥，得为并存，例如兼具定约定金、违约定金或解除定金的性质。究属何种定金，应依当事人的合意，就具体契约依契约解释方法加以认定。

(三) "民法"第248条规定：成约定金的推定

关于定金的目的或作用，当事人未明订，其意思难以认定时，"民法"第248条设有推定的规定："订约当事人之一方，由他方受有定金时，推定其契约成立。"此项规定推定定金系属成约定金，符合当事人通常的意思及交易惯例。当事人得反证,主张契约因意思未合致而不成立。[①]

三、定金契约的成立及性质

收受定金,须经当事人之合意,称为定金契约,定金契约的性质有二:

1. 从契约:定金以确保契约之履行为目的,故须有被担保的契约存在,定金契约始能存在,该被担保的契约(如买卖、租赁、承揽等)为主契约,定金契约系附随于主契约的从契约。

2. 要物契约:定金契约,除须有当事人的合意外,尚须有交付金钱或其他给付的行为,定金契约始能成立,故为要物契约。至于定金的交付时期,通常多于主契约订立同时为之,但不以此为限,应视定金种类而有不同。成约定金应于契约成立时交付。证约、违约、解约定金,得于契约成立后交付,唯须于契约履行前为之。定金一经交付,其所有权即移转予受定金当事人。

四、定金的效力

(一)两个基本规范目的

定金一经交付,推定契约成立(第248条)。契约履行或不履行时,如何处理已交付的定金?此涉定金的效力,"民法"第249条设有规定(请再阅读条文)。要理解及解释第249条4款规定,首须认识其规范目的:

1. "民法"上的定金,除成约定金外,悉具违约定金的性质。
2. 契约不履行时,定金系最低赔偿额的认定。

(二)契约履行时定金之效力

"民法"第249条第1款规定:"契约履行时,定金应返还或作为给付之一部。"所谓契约履行时,系指如期履行,或迟延履行、不完全履行而可以补正者而言。

(三)契约不履行时定金之效力

"民法"第249条第2、3、4款关于定金效力的规定,仅适用于债务人不能给付或不完全给付而不能补正的情形:

[①] 旧"民法"第248条规定:"订约当事人之一方,由他方受有定金时,其契约视为成立。"1999年新修正第248条立法理由谓:"当事人交付定金之目的,应加当事人之意思决之,纵令订约当事人之一方已由他方受有定金,亦不能由法律拟制其契约一律为成立。现行条文末句规定其契约'视为'成立,则不问当事人交付定金之目的为何,既收定金,即认契约为成立,未免忽视当事人之真实,爰将'视为'改为'推定',倘有反证,许为相反之主张,俾能符合订约者之原意。"

1. 定金不得请求返还："民法"第249条第2款规定："契约因可归责于付定金当事人之事由，致不能履行时，定金不得请求返还。"即受定金之当事人得没收定金。所谓付定金之当事人系指债务人而言，盖因可归责于债权人之事由致履行不能时，无债务不履行损害赔偿的问题。惟契约如因可归责于受定金当事人之事由，致付定金当事人（债务人）债务不能履行时，依"民法"第249条第2款的反面推论，付定金之当事人除免履行义务（第225条）外，自亦得请求返还其所付之定金。

2. 加倍返还定金："民法"第249条第3款规定："契约因可归责于受定金当事人之事由，致不能履行时，该当事人应加倍返还其所受之定金。"所谓受定金当事人，指债务人而言。"民法"第249条第3款仅就履行不能而为规定，故于给付迟延或受领迟延不适用之，但因给付迟延或受领迟致履行不能时，仍得适用之（1929年沪上字第238号判例）。须注意的是，于不完全给付而不能补正之情形，自亦应涵摄于"不能履行"之概念下，而有其适用（2007年台上字第1234号）。

因"民法"第249条第3款之规定仅适用于履行不能之情形，故债务人仅系不为给付或迟延给付，而非不能履行者，债权人自不得依该条款之规定请求加倍返还定金（1982年台上字第2992号判例）。

契约如因可归责于付定金当事人之事由，致受定金当事人之债务不能履行者，依"民法"第249条第3款的反面推论，受定金之当事人固可免为履行义务（第225条），其所收的定金则应照原数（非加倍）返还。在双务契约，受定金之当事人除免为履行之义务外，仍得请求付定金之当事人为对待给付（第267条）。在此情形，如对待给付与定金属于同一种类，则定金可返还而作为对待给付的一部，如对待给付与定金非属于同一种时，仍应照原数返还。

3. 返还定金："民法"第249条第4款规定："契约因不可归责于双方当事人之事由，致不能履行时，定金应返还之。"盖契约既系因不可归责于双方当事人之事由，致不能履行，自不发生债务不履行责任问题，当事人一方所收受之定金自应即返还。关于买卖契约，"最高法院"2011年台上字第2076号判决谓："契约因不可归责于双方当事人之事由，致不能履行时，定金应返还之。'民法'第249条第4款定有明文。按被上诉人于签立系争买卖预约时所交付之定金，系以担保买卖契约本约之成立为目的之所谓立约定金。若本约成立，立约定金即变更为确保契约之履行为目的,固有'民法'第249条规定适用;本约如未成立,定金之效力仍应类推适用该条文之规定。"

(四)其他损害赔偿之请求

兹提出一个重要问题:契约因可归责于受定金当事人之事由,致不能履行时,该当事人应加倍返还其所受定金(第249条第2、3款),债权人除没收外,得否更依"民法"第226条规定请求损害赔偿?

"最高法院"2014年台上字第179号判决谓:"当事人间就定金之效力未作特别约定者,依该条规定,原则上应属违约定金,并为最低损害赔偿额之预定,其因可归责付定金当事人事由致债务不能履行,他方所受损害倘不及定金时,定金固不得请求返还,惟如所受损害超过定金时,他方仍得依'民法'第226条规定请求额外之赔偿。"此项见解,可资赞同。

五、案例解说

前揭案例(请再阅读!)涉及若干定金的基本问题,参照前述简要说明如下:

1. 定金与契约之成立:定金依其目的或作用,可分为成约定金、证约定金、违约定金、解约定金及所谓的立约定金(犹豫定金),究为何种定金,应依当事人约定及契约解释加以认定。"民法"第248条规定:"订约当事人之一方,由他方受有定金时,推定其契约成立。"在案例〔1〕,乙得依此规定主张虽受有定金,契约实未成立,但应负举证责任。

2. 解约定金:当事人得以定金之交付,作为自由解除契约的代价。解约定金契约的内容依契约解释而为认定。若肯定有此解约定金,交付定金之一方当事人得抛弃定金,解除契约。收受定金之他方当事人得加倍返还其所收受定金,以解除契约。于解约定金的情形,当事人固得抛弃或加倍返还定金而解除契约,惟此项解除须于相对人着手履行前为之,相对人已着手履行时,则不得再为此项解除权之行使(1983年台上字第85号判例)。

3. 定金与损害赔偿:甲向乙购买A屋(价金2000万元),并支付定金100万元。乙将A屋出卖他人并移转其所有权时,对乙而言系因可归责之事由致给付不能(第226条)。乙受有转售利益150万元,兹分甲未解除契约及解除契约二种情形说明定金的效力:

(1)甲未解除契约:买卖契约因可归责于出卖人乙的事由,致不能履行,甲得依"民法"第249条第3款规定,请求乙加倍返还其所受领之定金100万元。当事人未就定金的效力作特别规定,依"民法"249条第3款规定,应属违约定金,并为最低损害赔偿额之预定,甲因可归责于乙的事由致给付不能,丧失转售利益250万元,其所受损害(250万元)超过应加倍返还的定金(200万元),仍得依"民法"第226条规定请求额外的赔偿50万元。

(2)甲解除契约:房屋出卖人(债权人)因可归责之事由致给付不能时,买受人(债权人)得解除契约。"民法"第260条规定:"解除权之行使,不妨碍损害赔偿之请求权"。"民法"第249条第3款规定所定加倍返还定金具损害赔偿性质,主契约(买卖契约)纵已解除,仍得请求加倍请求返还定金[1998年8月29日第九次民事庭推总会决议(三)]。

第三款 违约金①

第一项 案例思考与体系构成

甲向乙购买A屋(或由乙承建A屋),价金2000万元。甲准备经营餐厅,与乙约定于3月1日交屋,若乙每迟延一日交屋须支付2万元;若不能交屋则乙须支付200万元作为赔偿。试问(请先查阅"民法"相关规定):

1. 何谓违约金?当事人订立何种违约金?为何要订定违约金?

2. 违约金契约的订立、法律性质及控制?就婚约的履行,得否订定违约金?

3. 乙违约时,甲得向乙主张何种权利?其请求权基础?消灭时效?

4. 法院得否依职权审查,认为违约金过多,不具相当性,加以酌减?酌减的基准?是否包括债务人故意或重大过失?债务人支付违约金后,法院得否酌灭?

"民法"第250条规定:"Ⅰ当事人得约定债务人于债务不履行时,应支付违约金。Ⅱ违约金,除当事人另有订定外,视为因不履行而生损之赔偿总额。其约定如债务人不于适当时期或不依适当方法履行债务时,即须支付违约金者,债权人除得请求履行债务外,违约金视为因不于适当时

---

① 姚明斌所著《违约金论》(中国法制出版社2018年版)是具有学术价值的重要著作。

期或不依适当方法履行债务所生损害之赔偿总额。"第1项肯定依契约自由原则,当事人得订定债务不履行的违约金。第2项明定除当事人另有订定外,其所定的违约金系指因债务不履行所生损害之赔偿总额(损害赔偿总额预定性违约金、损害赔偿违约金)。须特别注意的是,所谓另有订定,系指当事人得于损害赔偿违约金外另订定惩罚性赔偿金(惩罚性违约金)。当事人得就同一契约订定损害赔偿违约金及惩罚性违约金。例如在前揭案例,其约定迟延一日须拟支付2万元,系惩罚性违约金;给付不能时,须支付200万元,赔偿其损失,系损害赔偿违约金。违约金多见于买卖、工程承揽及竞业禁止等情形。

债务已为一部履行者,法院得比照债权人因一部履行所受之利益,减少违约金(第251条)。约定之违约金额过高者,法院得减至相当之数额(第252条)。

违约金,顾名思义,系以金钱为客体。"民法"第253条规定:"前三条之规定,于约定违约时应为金钱以外之给付者准用之。"学说上称为准违约金。例如比萨店与顾客约定,若未准时送达,超过10分钟时,另送一个小比萨。

关于违约金,有若干相类似的概念,系实务上常见的争议问题,应予区辨(!!)。学习法律在于体系构成,明辨异同,兹提出以下图示,以供参考:

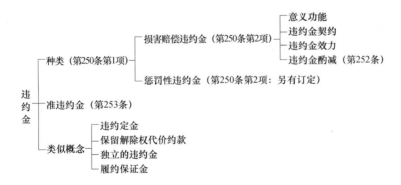

第二项　违约金的法律构造

一、违约金的意义与功能

(一)意义

违约金,指以确保债务的履行为目的,由当事人约定债务人不履行债

务时,所应支付的金钱。说明如下:

1. 违约金之标的物须为金钱,其以金钱以外之给付充之者,只能准用违约金之规定(第253条),称为违约金。

2. 当事人得约定债务人于债务不履行时,应支付违约金(第250条)。违约金系于债务人有债务不履行之情事时,始应支付。违约金债务的发生,系以主债务不履行为停止条件,乃附条件的债务,并从属于其所担保的主债务。

(二)功能

当事人之所以订定违约金,其目的或功能有二:

1. 预防作用:违约金系一种压力工具,用于防止债务不履行。违约金的数额(尤其是惩罚性违约金),通常取决于如何使债务人感受压力,避免债务不履行。

2. 简化损害赔偿:在赔偿性违约金,其损害赔偿的总额事先预定,债权人不必证明其所受损害(财产上损害或非财产上损害),有助于简化损害赔偿,减少交易成本。

二、违约金的种类

违约金分为两类:1.损害赔偿总额违约金(赔偿性违约金,第250条第2项本文)。2.惩罚性违约金。前者为原则,后者须当事人另有订定,前已提及。究为何种违约金,依当事人契约的订定,并依契约解释而为认定。如无从依当事人之意思认违约金之种类,则依"民法"第250条第2项规定,视为赔偿性违约金。此种分类体现违约金的效力,俟于下文再为讨论。

三、违约金契约的订立、法律性质及控制

(一)订立、法律性质

违约金契约因当事人合意而订立。违约金系以确保债务之行为目的,故须有被担保的债务存在,违约金契约始能存在。该被担保的债务通常系基于契约而发生(例如基于买卖、租赁、承揽),是为主契约。违约金契约系附随于此等契约或债务,故为从契约。违约金契约因当事人的合意而成立,于有债务不履行发生时始支付,故为诺成契约。

违约金除契约外,亦得依单独行为而订定,例如在依遗嘱负担的债务,得依遗嘱定其违约金。

就约定债务或法定债务(如侵权行为损害赔偿),均得订定违约金。

违约金从属主债务(违约金的从属性),前已说明。主债务因契约不发生或消灭(如解除、终止),或遗嘱无效等事由不存在时,违约金亦不存在。

(二)控制

违约金契约不得违反强行规定(第71条)。"民法"第975条规定:"婚约,不得请求强迫履行。"此系强行规定,婚约违约金的约定,应属无效。违约金契约不得违反公序良俗(第72条),并有"民法"第74条(暴利行为)的适用。违约金条款应受定型化契约的规制(第245条)。

四、类似概念的区辨

(一)违约定金与违约金

契约当事人一方,以保契约之履行为目的,而交付他方之金钱或其他代替物,无论其使用之名称如何,均为定金。唯因作用之不同,尚可分类。其作为不履行契约之损害赔偿者,称之为违约定金(1988年台上字第767号)。违约金乃债务不履行损害赔偿总额的预定或惩罚。二者的作用不同,从而在同一契约得为违约定金与违约金的订定。

(二)真正违约金与不真正违约金:不具独立性的违约金与具独立性的违约金

违约金契约为从契约,以主契约之有效存在为前提。如就法律上无从以契约强制之行为或不行为,约定为一定金额之给付或金钱以外之给付,以保障其履行者,并无主契约之存在,要与"民法"第250条所谓之违约金契约有别,而属于不真正违约金契约。然不真正违约金契约所约定之违金过高者,法院为维持公平之原则,仍非不得类推适用"民法"第252条规定,酌减至相当之数额(1984年台上字第2793号)。

依前揭"最高法院"判决,违约金分为真正违约金(有主债务存在)及不真正违约金(无主债务存在)。前者在德国民法称为不具独立性的违约金(unselbständiges Strafversprechen),后者称为具独立性的违约金(selbständiges Strafversprechen)。① 此种区别在于其违约金的约定与主债务间的从属性。例如甲与乙约定戒烟,乙若违反约定吸烟时,每吸一根烟应支付1000元。在此情形并无主债务存在,系属不真正违约金(独立性违约金),得类推适用"民法"第250条规定。

---

① Brox/Walker, Allgemeines Schuldrecht, 32. Aufl., 2007, S. 103; HK-BGB/Schulze, § 339 Rn. 2.

(三) 保留解除权之代价

违约金系当事人约定契约不履行时，债务人应支付之惩罚金或损害赔偿额之预定，以确保债务之履行为目的。至若当事人约定一方解除契约时，应支付他方相当之金额，则以消灭契约为目的，属于保留解除权之代价，两者性质迥异(1979年台上字第3887号判例)。

(四) 履约保证金

履约保证金系约定契约当事人之一方依约履行债务，而由该当事人或第三人于契约履行前所交付之金钱(公共工程委员会发布之"押标金保证金暨其他担保作业办法"第8、19、20条及"政府采购法"第30、32、66条规定参照)，乃在契约履行前即由债务人先行交付，为金钱担保之一种，其性质原则上为要物契约，其作用旨在使债权人担保其债权快速实现，而要求债务人预先给付一定之金额，以备将来债务人发生债务不履行之损害赔偿时，债权人得从中扣除或由债权人全数抵充之；违约金则为当事人于缔约时，约定就契约债务人于债务不履行、不于适当或不依适当方法履行债务时，由债务人支付一定之金额，作为赔偿额预定或惩罚("民法"第250条第2项参照)，旨在确保契约之履行，属于不要物契约(诺成契约)。二者性质不同，故履约保证金是否得于不履行契约或不依约履行时，充作违约金，应依契约解释之原则，综观契约约定之内容，探求当事人之真意，以决定其法律上之性质。倘当事人并无充作违约金之合意，该项履约保证金之返还请求权，即应于约定返还期限届至，或契约因解除或终止而失效后，而无债务人负担保责任之事由发生，或纵有应由债务人负担保责任之事由发生，惟于扣除债务人应负担保责任之赔偿金额后犹有余额者，债务人始得请求返还该履约保证金或其余额(2015年台上字第2436号)。

第三项 违约金的效力

违约金的效力，指债权人得就违约金行使其权利的要件及效果。兹就损害赔偿总额违约金及惩罚性违约金说明如下：

一、损害赔偿总额违约金

损害赔偿总额预定性违约金，指债务不履行而生损害之赔偿总额。其约定如债务人不于适当时期或不依适当方法履行债务时，即须支付违约金者，债权人除得请求履行债务外，违约金视为因不于适当时期或不依适当方法履行债务所生损害之赔偿总额(第 250 条第 1 项、第 2 项)。兹分别说明其要件及效果。

(一)要件

1. 债务不履行包括给付不能、不完全给付及给付迟延,均须以有可归责于债务人的事由为要件。所谓不适当时期或不适当方法履行债务,指给付迟延或不完全给付而言。关于因不履行而生损害赔偿,请参阅本书相关部分的说明。就何种态样的债务不履行得请求支付违约金,应依当事人的订定。

2. 给付不能,包括自始主观不能及嗣后不能(第 226 条),不适当时期履行(给付迟延),债权人除请求履行外,并得请求不履行的违约金。例如甲迟延交付出租的汽车,其交付于承租人无利益时,承租人得拒绝出租人的履行,而请求债务不履行所生损害(第 232 条)的违约金。在不适当履行(不完全给付)的情形,例如甲承揽修缮乙的房屋,因施工不善而漏水,致毁损乙的古董家具时,乙得请求补正(第 493 条、第 227 条),并就其所受损害(第 227 条)请求支付违约金。

3. 违约金,有属于惩罚之性质者,有属于损害赔偿约定之性质者。金钱债务因债务人迟延给付而支付违约金者,应视为赔偿因迟延而生之损害所支付之金额。债权人不得更请求迟延利息及其他之损害,此观"民法"第 250 条第 2 项规定自明(2002 年台上字第 1947 号判例)。

(二)效果

1. 当事人间的效力

(1)按违约金,有属于惩罚之性质者,有属于损害赔偿约定之性质者。金钱债务约定因债务人迟延给付时应支付之违约金者,应视为赔偿因迟延而生之损害所支付之金额。债权人不得更请求迟延利息及赔偿其他之损害,此观"民法"第 250 条第 2 项规定自明(2014 年台上字第 194 号)。

(2)"最高法院"2014 年台上字第 194 号判决认为,在此种损害总额预定性违约金:"债务人亦不得证明债权人未受损害,或实际损害额不及违约金数额,而请求减免。"但在 2016 年台上字第 33 号判决,"最高法院"则认为:"债务人亦得证明债权人未受损害,或实际损害额不及违约金数额,而请求减免,以符'无损害即无赔偿'之原则。查上诉人未依约给付两期价金,被上诉人亦未依约定期日交付系争仪器,为原审确定之事实。原审认定上诉人应负债务不履行责任,命其给付约定违约金;就同属违约之被上诉人,却以上诉人未证明其因被上诉人之给付迟延受有任何损害为由,否准其以依约得请求之违约金,与其所负上揭给付违约金之债务相抵销,而非命被上诉人举证证明上诉人未因此而受有损害,或实际损害额不及违约金数额,依上说明,亦有违误。"此涉及违约金的基本问题,分三点加以说明:

①"最高法院"有分歧,是否要以后之判决的见解取代前之判决的见解,不得确知,应由大法庭作成统一解释。

②债务人以债权人未受损害或实际损害额不及违约金数额,请求减免,"最高法院"认系基于"无损害即无赔偿"原则。"无损害即无赔偿"乃损害赔偿计算问题,而"民法"第250条规定并非损害赔偿计算问题,系预定赔偿总额与实际损害,显相悬殊,不具比例性,应如何酌减的问题。二者规范目的不同。

③在惩罚性违约金,不适用所谓"无损害即无赔偿"原则。但仍得以比例性原则认定违约金须否酌减至相当数额。

2. 消灭时效

在一个涉及工程承包的案件,"最高法院"2011年台上字第532号判决谓:"按违约金有赔偿性违约金及惩罚性违约金,前者系以违约金作为债务不履行所生损害之赔偿总额;后者则系以强制债务之履行为目的,确保债权效力之强制罚,于债务不履行时,债权人除得请求支付违约金外,并得请求履行债务,或不履行之损害赔偿。二者性质及效力各自不同,请求权时效自应视其法律性质而分别适用。……倘上诉人请求所据之约定属惩罚性违约金约定,其请求权性质是否仍有'民法'第514条短期消灭时效之适用?亦非无疑,均待厘清。乃原审未加推阐明晰,说明其心证之所由得,即径谓上诉人之违约罚款请求权属债务不履行损害赔偿请求权性质,应适用一年短期时效规定,并据为上诉人不利之判决,自嫌速断,难昭折服。"此为重要问题,应说明者有二:

(1)"最高法院"肯定在损害赔偿总额预定性违约金,其消灭时效,应依主债权的请求权而定。关于惩罚性违约金,"最高法院"似系认为不适用债务不履行损害赔偿请求权的消灭时效(短期1年消灭时效),而应适用"民法"第125条规定的15年一般时效。

(2)本书认为惩罚性违约金的作用虽不同于损害赔偿总额预定性违约金,但其目的同在于担保主债务(主债权)的履行,其请求权消灭时效期间亦应同于主债权请求权的时效期间（德国通说，BGHZ 130，295）。例如甲出租某屋给乙，就其租金订有惩罚性违约金时，其请求权亦应适用"民法"第126条规定的5年短期消灭时效。

二、惩罚性违约金

关于惩罚性违约金，"民法"未设明文，须当事人另有订定（第250条）。当事人约定惩罚性违约金者，除得请求债务履行或债务不履行损害赔偿外，并得请求违约金。兹说明其要件及效果：

（一）要件

须有惩罚性违约金的订定。至于就何种债务不履行（给付不能、给付迟延、不完全给付）得请求违约金，依当事人约定，不以发生损害为必要。在前揭购屋案例，甲与乙约定，每迟延给付一日应支付2万元违约金，具惩罚性质，无论甲是否受有损害，损害额多少，每迟延一日甲均得向乙请求支付2万元。

（二）效果

惩罚性违约金请求权，依当事人所定要件而发生。此项违约金旨在惩罚，于债务不履行损害赔偿外，得并为请求。

三、解除、终止契约与违约金：违约金债权的独立性

已发生的违约金，无论是损害赔偿总额违约金或惩罚性违约金，其请求权既已发生，具独立存在性（违约金债权独立性），不因其后主契约解除或终止而谓无违约情事，自无因主契约解除或终止而随同消灭之理（1972年台上字第1922号判决、1996年台上字第147号、1997年台上字第1084号）。衡诸违约金的目的，"最高法院"见解应值赞同。

第四项　违约金酌减

一、一部履行的酌减

"民法"第251条规定："债务已为一部履行者，法院得比照债权人因一部履行所受之利益，减少违约金。"法院得依职权为此项裁量，不必依债务人之声请，亦不受债务人声明之拘束。立法目的在于维护公平原则，防止债权人二重得利，应从债权人的观点认定其因一部履行所受的利益。

二、金额过高的酌减

为确保债务的履行，以违约金作为一种压力手段，约定的违约金常有过高的情事，为保护债务人，"民法"第252条规定："约定之违约金额过

高者,法院得减至相当之数额。"本条的适用系实务上的重要问题,整理相关判决,说明如下:

(一)契约自由与契约正义

违约金之作用,为节省债权人于债务人不履行债务或不为适当之履行时,对债务人请求损害赔偿之举证成本,以期缩短诉讼之时程,并督促债务人依约履行债务。基于契约自由原则,当事人对于其所约定之违约金数额,应受其拘束,以贯彻私法自治之精神。至当事人所约定之违约金过高者,为避免造成违背契约正义等值之原则,法院得依"民法"第252条规定,减至相当程度(2016年台上字第2289号)。如何酌减违约金应兼顾契约自由与契约正义。

(二)法院职权与辩论主义

《德国民法典》第343条规定,法院酌减过高的违约金,应依当事人声请。在台湾地区"民法",违约金的酌减,法院得以职权为之,其目的在于使法院得依衡平考虑的控制,保护债务人。实务上违约金的酌减,多系因当事人声请。法院宜避免主动介入当事人的私法自治及契约自由。诉请法院酌减时,是否予以酌减,或酌减多少,为法院的职权,并不受债务人声明所拘束。法院酌减违约金时,其酌减之根据及标准,应于判决内充分说明,否则即属判决不备理由。

违约金的酌减,固为法院判断之权限,非谓法院须依职权搜集、调查有关当事人约定之违约金额是否有过高之事实,而因此排除债务人就违约金过高之利己事实,依辩论主义所应负之主张及举证责任。况违约金之约定,为当事人契约自由、私法自治原则之体现,双方于订约时,既已盱衡自己履约之意愿、经济能力、对方违约时自己所受损害之程度等主、客观因素,本诸自由意识及平等地位自主决定,除非债务人主张并举证约定之违约金额过高而显失公平,法院得基于法律之规定,审酌该约定金额是否确有过高情事及应予如何核减至相当数额,以实现社会正义外,当事人均应同受该违约金约定之拘束,法院亦应予以尊重,使符契约约定之本旨(2007年台上字第1065号)。

(三)违约金酌减的标准及案例

1. 酌减标准:比例原则

法院酌减违约金属形成判决,应衡量违约金的数额与实际损害,是否显相悬殊,不具比例性(比例原则)。数额是否相当,须依一般客观事实,社会经济状况,债务人若能如期履行债务时,债权人可得享受之一切利益,以及当事人所受损害情形,以为酌定标准。

须注意的是,违约金有属于损害赔偿约定之性质者,有属于惩罚性质者,效力各自不同(2015年台上字第984号)。属损害总额预定性者,该违约金即系作为债务人于债务不履行时之预定损害赔偿总额,其目的旨在填补债权人因其债权不能实现而受之损害,并不具有惩罚之色彩,法院于衡量当事人所约定之违约金是否过高时,自应以债务人所应赔偿债权人之金额作为主要之准据,初与债权人主观之归责情形无关。又关于损害赔偿之范围,民法系采完全赔偿主义,除法律另有规定或契约另有订定外,应以填补债权人所受损害及所失利益为限,"民法"第216条第1项定有明文,故法院对于损害赔偿总额预定性之违约金,应首重考虑债权人实际所受之积极损害及消极损害(所失利益),以断定其酌定之违约金是否过高(2016年台上字第679号)。

2. 双方当事人的故意或过失

最高法院认为违约金与债务人的故意或过失则无关系,即不得以债务人之不履行债务是否出于故意或重大过失为酌定标准(1940年沪上字第18号判例),此就损害赔偿违约金而言,固值赞同。就惩罚性违约金而言,似应考虑违约金作为压力工具的手段,而斟酌债务人故意或过失的轻重。值得研究的是,债权人的故意或过失,应否为酌减标准? 在损害赔偿总额预定性违约金,得适用过失相抵原则(第217条)。在惩罚性违约金,其债务不履行系因债权人事由而发生时,为期公平,应予斟酌。

3. 契约解除或终止后所生损害应否斟酌

违约金之约定,虽不因契约之解除或终止而随同消灭,唯依"民法"第260条或"民法"第263条准用"民法"第260条规定之意旨推之,其因契约终止后所生之损害(1996年台上字第1474号),及因契约解除所生之损害,均不在斟酌之列。从而原审依"民法"第252条规定,酌减两造约定之违约金,竟依被上诉讼提出之计算表所列,将转售可能跌价损失,重行出售之佣金、增值税、代书费等未来可能遭受之损失,作为被上诉人之损失依据,自属可议(1997年台上字第1084号)。

4. 违约金与法定利率

违约金,除经法院依法予以酌减外,债务人要应照约履行,不得以约定之违约金额超过法定利率甚多,而拒绝履行,且无"民法"第205条规定之适用①,惟此项约定之违约金额,自亦不得过高而失公平,故得依"民法"第252条规定,约定之违约金额过高者,法院得减至相当之数额(1990年台上字第1612号判例)。

(四)债务人支付违约金后,法院得否酌减?

债务人已支付违约金后,法院得否认为原约定之违约金额过高而酌减?"最高法院"1990年台上字第1915号判例谓:"约定之违约金过高者,除出于债务人之自由意思,已任意给付,可认债务人自愿依约履行,不容其请求返还外,法院仍得依'民法'第252条规定,核减至相当之数额。"此项判决旨在调和契约自由与契约正义。

第五项　准违约金

"民法"第253条规定:"前三条之规定,于约定违约时应为金钱以外之给付者准用之。"学说上称为准违约金。例如甲向乙购买某果园一定数量的苹果,约定于某日交付,并订定乙迟延一日,应交付苹果若干作为惩罚。交付苹果不合中等质量时,乙应交付若干上等质量,作为赔偿。在此等准违约金的情形,应准用"民法"第249条至第252条规定。

"最高法院"1954年台上字第576号判例谓:"关于迟延利息谷部分,原审以该项食谷债务既非以支付金钱为标的之债,纵令债务人到期未能清偿,应负迟延之责,亦不容债权人依'民法'第233条之规定请求迟延利息。惟迟延利息原有违约金之性质,如该项契约当事人之真意,其约定债务人给付迟延时应支付迟延利息,即系关于违约金之订定,自应依'民法'关于违约金之规定而为实质上之裁判,不得以其契约字面用语为迟延利息,遽予一概驳回。"本件肯定约定以食谷作为违约金的标的,系属准违约金,而有"民法"关于违约金规定的准用。

---

①　"民法"第205条规原规定:"约定利率,超过周年百分之二十者,债权人对于超过部分之利息,无请求权。"2021年1月20日修正公布第205条规定:"约定利率,超过周年百分之十六者,超过部分之约定,无效。"配套修正其施行法,明定自公布后6个月施行,及新旧法之适用规定。

第三编　无因管理

第一章　利益衡量与体系构成

试分析下列五则案例,明辨其异同及当事人的利益关系,尝试由此建立"无因管理"的体系、要件及效果：

1. 甲受乙委任,出租 A 屋。
2. 乙有 A 屋,有意出租,乙因病住院不克处理,甲知其事,乃以乙的名义出租给丙。
3. 乙有 A 屋,预定外出 1 年,雇甲看管。甲明知乙无意出租,但为乙的利益,仍将 A 屋出租给丙。
4. 甲为自己利益,擅以自己名义出租乙所有之 A 屋给丙,收取租金。
5. 甲误乙所有的 A 屋为其父的遗产,出租给丙。

第一节　概　　说

请阅读前揭(例题),慎思明辨,衡量当事人利益,加以分类,思考如何规定当事人间的法律关系。学习法律之人,常在研读(或记忆!)他人业已建立的概念体系,应加强观察案例,探究建立概念体系的过程,培养体系构成及就现行法规定加以体系化的能力。借着无因管理,学习体系化的法律思维。明辨异同是法律人的基本能力。

前揭例题涉及所谓的无因管理,即未受委任,并无义务而管理他人事务。"无因"者,指无法律上的义务。无因管理制度源自罗马法,称为

Negotiorum gestio(管理他人事务),最早适用于为不在之人(尤其是远征在外的军人)管理事务。其后历经发展,于19世纪,经德国法学者深入精细的研究,建立其理论体系,规定于《德国民法典》(第677条至第688条),称为 Geschäftsführung ohne Auftrag(无委任之事务管理)①,而为台湾地区所继受。

制定法律必须针对复杂的社会经济生活,区别其异同,形成概念,建立体系,而此实为艰巨的工作。就无因管理言,最为关键的问题有二:一为本人的利益及意思;一为管理人的管理意思。就前者言,如何因管理事务是否利于本人,合其意思,而异其法律效果?就后者言,应如何加以区别处理为他人或为自己管理事务?

现行"民法"关于无因管理设有7个条文(第172条至第178条),关于其解释适用,疑义甚多,解决之道,首在把握立法上的利益衡量与价值判断(请研读条文)。②

第二节 真正无因管理与不真正无因管理

基于法律上义务而管理他人事务,其依法律行为而为的,以委任最属常见,即当事人约定,一方委托他方处理事务(如出租房屋),他方允为处理(第528条)。其依法律规定而发生的,例如,父母对未成年子女特有财产之管理(参阅第1088条、第1100条)。

无法律上义务而管理他人事务,可分为两类:

(1)为他人管理事务。例如,救助昏迷于途之人;为远行的邻居修缮遭台风毁损的房屋。属利他的管闲事者(Dawson教授称之为altruistic intermeddle,《圣经》上好的撒马利亚人)。此为"民法"所称的无因管理,学说上称为真正无因管理。

---

① 美国法学家 J. P. Dawson 在其著名的论文"Negotiorum gestio: The Altruistic Intermeddler"[74 Haw. L. Rev. 817(1961)],认为德国学者的研究及德国规定过于精细。

② 参见拙著:《无因管理制度基本体系之再构成》,载《民法学说与判例研究》(第二册),北京大学出版社2009年版,第54页,附有较详细之资料;郑玉波:《无因管理之研究》,载《社会科学论丛》,第13期(1963年);何孝元:《无因管理之成立要件及其效力》,载《中兴法学》,第2卷第1期(1971年);凌博志:《无因管理之研究》,政治大学法律学研究所硕士论文(1972年);罗秀莲:《无因管理之研究》,中国文化大学法律学研究所硕士论文(1993年);林易典:《无因管理》,三民书局2014年版,本书系关于无因管理的专著,具参考价值。

(2)为自己而管理他人事务。学说上称为不真正无因管理(准无因管理),其情形有二:

①不法管理:明知系他人之事务,仍作为自己的事务而为管理,例如,擅将他人之屋,出租给第三人而收取租金(第177条第2项)。

②误信管理:误信他人之事务为自己之事务而管理之。例如,误他人之房屋为己有而出租。关于为自己而管理他人事务,应依侵权行为及不当得利规定加以处理。为便于理解,将无因管理的体系图示如下:

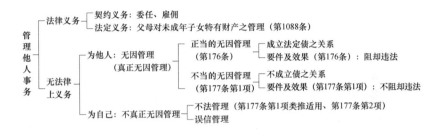

第三节　真正无因管理的类型构成

一、规范意旨

无法律上义务而为他人管理事务(真正无因管理),究应如何规范,首先必须考虑的是,此乃干预他人事务(如修缮他人房屋,出租他人房屋),原则上应构成侵权行为。唯人之相处,贵乎互助,见义勇为,乃人群共谋社会生活之道。因此法律一方面需要维护"干涉他人之事为违法"的原则,一方面又要在一定条件下,容许干预他人事务得阻却违法,俾人类互助精神,得以发扬。显然地,对此问题有不同的思考方法及解决途径。①

---

① 英美法的个人主义思想,禁止干预他人事务,诚如 Dawson 教授所云,英美法不鼓励好的撒马利亚人(to discourage good Samaritans)。关于好的撒马利亚人与法律,参见拙著:《侵权行为》(2105),第118页。英国法 Bowen LJ TE Falcke v. Scottish Imperial Insurance ZR(1887, 34 Chd 234 (CA), 248)的判决理由谓:"The general principle is, beyond all question, that work and labour done or money expended by one man to preserve or benefit the property of another do not according to English law create any lien upon the property saved or benefited, nor, even if standing alone, create any obligation to repay the expenditure." 值得注意的是,近几年来,相关论述增多,可供参考:Dawson, "Rewards for the Rescue of Human Life?", in: James M. Ratchffe (ed.), The Good Samaritam and the Law, 1966, p.63; Heilman, "The Rights of the Voluntary Agent Against His Principal in Roman Law and in Anglo-American Law", 4 Tennessee L. Rev. 34, 76 (1926); Peter Birks, "Negotiorum gestio (转下页)

无因管理(Negotiorun Gestio)是罗马法原创的制度,前已论及。罗马法上虽具个人主义的特征,但个人主义从未成为罗马人的理念,认为协助他人(纵使未经请求),符合社会伦理规范者,应经由法律合理规定当事人间的权利关系。立法者及法学家所应致力者,乃如何调和上开"禁止干预他人事务"及"奖励人类互助精神"两项原则。此涉及无因管理的体系构成问题。

二、传统见解

关于"民法"上无因管理的构成,传统见解认为是一个统一的制度、单一的类型[①],其主要论点有三:

(1)未受委任,并无义务,而为他人管理事务者,应构成无因管理(第172条)。

(2)第176条规定:"管理事务,利于本人,并不违反本人明示或可得推知之意思者,管理人为本人支出必要或有益之费用,或负担债务,或受损害时,得请求本人偿还其费用及自支出时起之利息,或清偿其所负担之债务,或赔偿其损害。"又第177条第1项规定:"管理事务不合于前条之规定时,本人仍得享有因管理所得之利益,而本人所负前条第一项对于管理人之义务,以其所得之利益为限。"此两条所规定的,系指管理义务的履行,即管理事务的实施而言。

(3)凡未受委任,并无义务,而为他人管理事务者,均可阻却违法,管理人违反本人明示或可得推知之意思,而为事务之管理者,亦不例外。易言之,只要有"为他人之意思",任何干预他人事务之行为,均属合法。

三、无因管理体系的再构成

前述传统见解,自有所据,应提出说明的有三:

(一)管理事务方法与管理事务承担的区别

未受委任,并无义务,而为他人管理事务者,应成立无因管理(第172条前段)。第172条规定:"……其管理应依本人明示或可得推知之意思,以有利于本人之方法为之。"系指管理事务之实施(Ausführung der

---

(接上页)and the Common Law", 24 Current Legal Problems 110(1971); idem, "Restitution for Services", 27 Current Legal Problems 13 (1974); Lee J. W. Aitken, "Negotiorum gestio and the Common Law: A Jurisprudential Approach", 11 Sydney LR 566 (1988). 简要精辟说明,Zimmermann, The Law of Obligations: Roman Foundations of Civilian Tradition, 1996, p. 448.

① 参见郑玉波:《民法债编总论》,第81页、第94页的图解。

Geschäftsführung)而言。

应特别指出的是,第 176 条规定:"管理事务,利于本人,并不违反本人明示或可得推知之意思,……" 乃指管理事务之承担(Übernahme der Geschäftsführung)而言①,与第 174 条谓:"管理人违反本人明示或可得推知之意思,而为事务之管理者……",其意义相同。此点极为重要,特举一例加以说明:

(1)某甲遇见 3 岁幼童乙迷途,加以收留,应成立无因管理。甲收留幼童,此项行为本身(管理事务之承担),利于本人(甲童或其父母),并不违反本人明示或可得推知之意思,应有第 176 条之适用。依第 172 条规定,甲应依本人明示或可得推知之意思,以有利于本人之方法为之。若乙童身体不适,甲为乙求神拜佛治病,未延医诊疗致乙患重病。于此情形,甲未尽其管理上之义务(管理事务之实施),应依不完全给付债务不履行之规定(第 227 条),负损害赔偿责任;但仍得依第 176 条规定,请求其收留乙所支出之费用。

(2)甲之邻人乙,以卖鲜鱼为业,每晨必担鲜鱼赴市,某日乙将房屋锁好,置一担鲜鱼于户外,而人不知何去,久未归来,时烈日当空,鲜鱼有腐烂之虞。甲雇车送鲜鱼至市场设法售卖。于此情形,甲管理乙之事务(管理事务之承担),利于本人,并不违反本人可推知之意思,应有第 176 条之适用,甲得向乙请求偿还支出之费用。设甲因未尽必要之注意,以远低于市价出售鲜鱼时,其管理事务之实施,未依本人可得推知之意思,以有利于本人之方法为之(第 172 条后段),应依债务不履行规定,负损害赔偿之责。

(二)违法阻却

管理事务利于本人,并不违反本人明示或可得推知之意思,得违法阻却性,系通说见解。

有争论的是,第 177 条"管理事务不合于前条之规定"之情形得否阻却违法。所谓管理事务不利于本人,或违反本人明示或可得推知之意思,系指管理事务之承担而言。可举三例加以说明:①甲在后院种植稀有治癌药草多年,新搬进的邻居,以为是杂草丛生,于甲赴深山采集新品种

---

① 第 176 条规定系仿《德国民法典》第 683 条及《瑞士债务法》第 402 条而制定,德、瑞判例学说均采此见解。同说见史尚宽:《债法总论》,第 64 页。

期间,雇工拔除之。②甲有宋代漆盘,再三表示系传家之宝,绝不出售。某日甲遭车祸住院,费用甚巨,乙虽明知甲的意思,仍赴甲宅取漆盘而贱售之。③甲有旧宅,外墙颇为破旧,乙不知其为古迹,以为甲无钱修缮,乃雇工以油漆漆之。

于诸此情形,传统见解仍肯定得阻却违法。洪文澜先生采不同见解,认为:"管理事务不利于本人,或违反本人明示或可得推知之意思者,适法之无因管理不能成立,本人与管理人间之法律关系,应依关于不当得利及侵权行为之规定而定之。"①此项见解,可资赞同。侵害他人权益的行为是否因特殊事由而得阻却违法,乃法律上的价值判断。拔除他人多年种植的药草,贱卖他人绝不出售的漆盘,油漆他人的古迹,其管理事务之承担本身,或不利于本人,或违反其意思,均属不当干预他人事务,衡诸本人的利益及一般法律原则,不能因管理人有"为他人管理事务"的主观意思,即可阻却违法,而使该侵害他人权益的行为具有合法性。

(三)两个基本类型

基于上述对传统见解的分析,本书拟采另一种思考的方向,将现行"民法"的无因管理分为两个基本类型:第一,第176条规定的"适法无因管理"(正当的无因管理)。第二,第177条规定的"不适法无因管理"(不当的无因管理)。

应说明者有三:

(1)关于此项分类,现行"民法"上的法律文义及体系虽未臻明确,然学说的任务乃在于建立符合法律上利益衡量与价值判断的理论体系。若干条文如何纳入此种理论体系,难免争议。其可确信的是,此项体系构成有助于从不同观点了解无因管理制度的基本问题,并可提供处理实例的思考层次。

(2)德国通说采此类型,分别称为 berechtigte Geschsäftsführung ohne Auftrag 及 unberecthtigte Geschäftsführung ohne Auftrag。台湾地区学说及"最高法院"判决称为适法无因管理及不适法无因管理。② 应与不法管理

---

① 洪文澜:《民法债编通则释义》,第89页。
② 参见洪文澜:《民法债编通则释义》,第89页;"最高法院"1963年台上字第3083号判决谓:"管理事务违反本人明示或可得推知之意思者,虽不能成立适法之无因管理,惟因管理事务而本人受利益,致管理人受损害者,则管理人仍得依关于不当得利之规定,请求返还其利益。"

(不真正无因管理)加以区别,特别注明其为正当的无因管理与不当的无因管理。①

(3)在处理实例时,首应考虑是否成立无因管理,再依序检讨适法(正当)的无因管理及不适法(不当)的无因管理。

---

① 日本学者亦采此用语,参见谷口知平、甲斐道太郎编:《注释民法》(十八),有斐阁,1991年,债权(十九),第129页以下(第132页)。

第二章　无因管理的成立

甲见邻近房屋失火,即持灭火器前往救助,身负重伤。试问:

1. 设甲之救火徒劳无功时,能否成立无因管理?
2. 设该屋系乙所有,出租给丙,设定抵押权给丁,投火灾保险于戊产物保险公司,并已出卖给庚时,对何人成立无因管理?
3. 设甲救火之目的,亦在于避免己屋遭受波及时,得否成立无因管理?
4. 设甲系受监护宣告人或限制行为能力人时,得否成立无因管理?
5. 设救火者,系某市的消防队时,得否成立无因管理?

第172条规定:"未受委任,并无义务,而为他人管理事务者,其管理应依本人明示或可得推知之意思,以有利于本人之方法为之。"前段所规定的,为无因管理的构成要件;后段所规定的,为管理事务之实施。无因管理的构成要件有四:

(1)管理事务。
(2)管理他人事务。
(3)为他人管理事务。
(4)未受委任,并无义务。

一、管理事务

所谓"管理事务",与委任契约上的"处理事务"(第528条),其意义相当,即凡任何适于为债之客体的一切事项均属之;但单纯之不作为,则不包括在内。管理事务得为事实行为,如救助溺水之人、收留迷途之幼童;亦得为法律行为,如购买物品、出租房屋、招工修缮房屋、为人保证。管理事务系法律行为时,管理人得以自己名义或以本人名义为之;其以本人名义为之时,尚发生无权代理的问题。

须注意的是,无因管理重在管理事务本身,目的是否达成,与无因管理之成立无关。例如,乙宅失火,甲持灭火器参加救火,身负重伤,纵火势未减,乙宅全毁,救火目的虽未能达成,无因管理仍可成立,甲得享有第176条规定的权利(参阅例题)。

二、管理"他人"的事务

(一)客观的他人事务

无因管理的成立,须以管理"他人"的事务为要件。他人的事务,有在客观上得依事务在法律上的权利归属,加以判断的。例如,清偿"他人"的债务、修缮"他人"所有的房屋、救助溺水之人等(客观的他人事务)。

(二)中性的事务

事务本身系属中性,无法依其在法律上的权利归属,判断究属何人的,亦常有之,如购买维也纳合唱团演唱会入场券、承租房屋等。于此等情形,该事务是否属于"他人",客观上无从判断,应依管理人的主观意思定之,因管理人有为他人管理的意思,而成为他人事务(主观的他人事务)。

三、"为他人"管理事务

(一)判断基准

1. 客观他人事务？主观他人事务？

"为他人"管理事务,系无因管理最重要的一项基本要件,旨在决定无因管理的当事人,并限定无因管理的适用范围,乃无因管理的核心概念。

"为他人"管理事务,指管理人认识其所管理的,系他人事务,并欲使管理事务所生的利益归于该他人(本人)而言。管理人误他人事务为自己事务,而为管理时,系属误信管理(不真正无因管理),不成立无因管理。管理人认识其所管理的,系他人事务,但系出于为自己之利益时,则属不法管理。管理人有无为他人管理事务之意思,在客观的他人事务(如修缮他人遭台风毁损的屋顶、救助溺水之人)中,通常可依其情形判断有无为他人之意思。在主观的他人事务中,管理人就其有为他人管理事务之意思,应负举证责任。

为他人尽扶养义务,亦属为他人管理事务。实务上认为扶养义务的范围,不仅包括维持日常生活、衣食住行之费用,且包括幼少者之教育费及死亡者之殡葬费。故甲死亡时,身旁无亲人,甲之友人乙为其支出殡葬费,乙得对甲之配偶及子女依无因管理之规定,请求返还其所支出之费用。

2. 管理人认识本人的必要？

无因管理的成立,虽以管理人有为他人管理事务的意思为要件;但管理人对于本人为谁,并无认识的必要,纵对于本人有误认,亦不妨就真实的本人成立无因管理。① 例如,甲误认迷途的 A 犬为乙所有,加以收留时,对于乙虽不能成立无因管理,但对该狗的所有人丙,则成立无因管理。

3. 本人为多数人

无因管理的本人,亦得为多数人。例如,甲见友人乙驾车撞伤路人丙,即送丙赴医救治。于此情形,通常可认为甲有为乙及丙管理事务的意思,对乙、丙均可成立无因管理。

值得提出讨论的是如下的案例:甲见邻宅失火,即持灭火器前往救助,身体受伤,查该屋系乙所有,出租与丙居住,设定抵押权给丁,投火灾保险于戊保险公司,出卖于庚,但迄未移转其所有权(参阅例题)。于此情形,甲为管理人,甚为显然,但谁为本人？首先应肯定的是,甲有为屋主乙救火的意思。丙租屋居住,对于非因其重大过失而生之火灾,虽对租赁物不负赔偿责任(第434条),但火灾攸关其人身安全及财产,亦得认甲有为丙管理事务的意思,仍可成立无因管理。至于对抵押权人、保险公司或该屋的买受人,救火之人通常欠缺为其管理事务的意思,应不成立无因管理,以适当限制无因管理制度的适用范围。

4. 兼为自己利益

在前举救火之例,设甲之救火系因其屋有遭受波及之虞时,能否成立无因管理？对此应采肯定见解,为他人之意思与为自己之意思可以并存,为他人管理事务兼具为自己利益,无碍于无因管理之成立。

(二) 案例分析

下列五种案例类型具有争议,说明如下:

1. 父母医治受伤之未成年子女

甲驾车不慎撞伤 6 岁之乙,乙之父丙送医救治,支出医药费 5 万元。于此情形,甲应对乙负侵权行为损害赔偿责任(第 184 条第 1 项前段)。丙之医治乙,系尽父母对于未成年子女的保护、教养义务(第 1084 条),不

---

① 《德国民法典》第686条设有明文:"管理人对于本人其人误认者,由真实之人享受权利,负担义务。"可资参照。

能认为有为乙管理事务之意思,故不成立无因管理。

2. 夫延医为妻治病:第三人利益契约

甲为其妻(乙)治病,丙医生不能以甲无资力,而转向乙依无因管理规定请求其所支出之费用。盖在此种第三人利益契约,应认丙系履行其对甲契约上之义务,非为乙管理事务。

3. 连带债务之清偿

甲与乙不慎驾车撞伤丙,应对丙连带负损害赔偿责任(第185条)。设甲对丙履行损害赔偿债务时,得否对乙依无因管理之规定请求返还其应分担之部分?此应采否定说。盖于此情形,甲系对丙尽其法律上之义务,并无为乙清偿债务之意思。甲应依第281条规定向乙求偿。

4. 委任或承揽契约不成立或无效

甲受乙委任处理事务,于处理事务之后,始发现委任契约不成立或无效。于此情形,甲自始认为在于履行委任契约上之义务,欠缺为乙管理事务之意思,不成立无因管理,应适用不当得利规定。

甲承揽修理乙所有轮船的部分机件,增加修理其他机件时,得否成立无因管理?1950年台上字第1553号判决谓:"上诉人如确曾就契约外增加修理机件,而其修理之机件又确有利于被上诉人,并不违反被上诉人明示或可得推知之意思者,则上诉人为被上诉人支出之有益费用,依第176条第1项之规定即非不得请求偿还。"此项见解,原则上可资赞同,即对于本人虽负有契约上义务,如明知超过范围而仍为事务之管理时,就超过部分仍可成立无因管理。

5. 道路交通自我牺牲行为

值得提出讨论的是,道路交通上的自我牺牲行为(Selbstopferung im Strassenverkehr)。某甲驾车,虽尽注意之能事,突见乙骑摩托车自陋巷飙驶而出,甲为避免撞伤乙,急速左转,落入水沟,车毁人伤。于此情形,设乙有故意或过失时,甲得依侵权行为之规定,向乙请求损害赔偿(第184条第1项前段)。有疑问的是,设乙因无识别能力或其他事由不成立侵权行为时,甲得否依无因管理之规定,请求乙赔偿其所受之损害(第176条)。

问题在于甲是否有为乙管理事务(使乙不受伤害)之意思。甲采取紧急措施,避免撞伤乙,事出仓促,在瞬息之间,甲究竟为自己或为他人管理事务,或兼具二者,诚难判断。鉴于甲驾车并无过失,倘不采取紧急措施,纵使撞伤乙,亦可不负侵权责任,而乙因甲之自我牺牲行为而免于遭受损害,肯定甲具有为乙管理事务之意思,亦有相当理由。德国实务上采此见解,可供参考。①

四、须未受委任,并无义务(无法律上之义务)

第172条所谓"未受委任,并无义务"而为他人管理事务,系指无法律上之义务而言。所谓"未受委任",乃无契约上义务的例示,故因雇佣、承揽、合伙等契约而管理他人事务者,自不成立无因管理。例如,甲受乙委任与乙之债权人丙订立保证契约,甲代为履行乙之债务时,系尽其契约上之义务,对乙及丙均不成立无因管理。惟设甲未受乙委任而为保证时,对丙清偿乙之债务系尽其契约上义务,固不成立无因管理,但对乙而言,甲并无契约上义务,得成立无因管理。设甲受乙委任而为保证,于对丙清偿后,发现委任契约不成立时,对乙而言,究应成立无因管理或不当得利,不无疑问。本书认为应成立不当得利。盖于此情形,甲并无为乙管理事务之意思。

所谓"并无义务",则指无法律上之义务而言。例如,父母对于未成年子女有教养之义务,对其财产有管理之义务,故其为子女医病支出医药费、修缮子女之特有财产,均不成立无因管理。消防队从事救火行为、警察救助遭遇灾难之人,乃尽其法令上之义务,不成立无因管理。

五、管理人须有行为能力?无因管理之法律性质

无因管理之本人,不必具备意思能力,故对无行为能力人或限制行为能力人亦得成立无因管理。

有争议的是,管理人是否须有行为能力,此涉及无因管理的法律性质。在罗马法,无因管理系属准契约之一种,在德国学说上曾认为无因管理系准法律行为,故应类推适用民法关于法律行为之规定,以管理人有行为能力为必要。目前德国通说已扬弃此项见解,肯定无因管理系属事实行为,不适用"民法"总则编关于法律行为之规定,故无因管理之成立,不以管理人有行为能力为要件。台湾地区通说向来持此见解,可资赞同。无因管理本身虽为事实行为,但其所管理他人事务之行为(如救助溺水之人),亦得为法律行为(如送溺水之人赴医救治)。此种法律行为(如医疗契约),得以管理人名义或以本人名义为之。

---

① BGH NJW 1960, 390. 详细参见拙著:《无因管理制度基本体系之再构成》,载《民法学说与判例研究》(第二册),北京大学出版社2009年版,第54页。

第三章 适法的无因管理

——正当的无因管理

时居严冬,寒流过境,报社记者某甲清晨下班回家途中,在中兴桥上见某乙跳河自杀。甲颇识水性,即跃入水中,挣扎良久,救乙上岸,雇出租车送乙前往附近医院医治。甲支出车费及医院挂号等费用共计3000元,衣裤干洗费300元,并以自己名义雇人为必要之照顾,费用2000元,迄未支付。甲本患感冒,因河水冰冷,转成肺炎,支出医药费20000元,3天不能上班,减少收入8400元。又某乙所戴名贵钻戒手表,被甲于救助中不慎扯落河中。试问甲与乙间之法律关系如何?

在处理无因管理问题时,首先应考虑的是,得否成立无因管理,此应依上述构成要件加以认定。其次应再检讨的是,是否为第176条规定之"适法的无因管理"(正当的无因管理)。

第一节 构成要件

适法无因管理的成立须具备二个要件:
一、须为无因管理
未受委任,并无义务,而为他人管理事务(参阅前述说明)。
二、须管理事务利于本人,并不违反本人明示或可得推知之意思
(一)管理事务之承担
第176条所谓管理事务,系指管理事务之承担而言,前已论及。所谓利于本人,指管理事务之承担,对本人实质有利,客观有益,如救火、收留迷途孩童、代收挂号信件等。所谓明示之意思,指本人事实上已表示之意思,如落水之人高呼救命,管理人是否知悉本人所表示之意思,在所不问。

所谓本人可得推知之意思,指依管理事务在客观上加以判断之本人的意思,例如,见邻居之煤气泄漏,全家中毒,破门而入,从事救助,系合于本人可得推知之意思。上述要件须于管理人为事务之管理时,均告具备,始有第 176 条规定的适用。

(二) 案例分析

关于管理事务利于本人,并不违反本人意思之案例,前已再三提及,另举出若干特殊案例加以说明:

(1) 清偿他人之债。未受委任,并无义务而为他人清偿债务,系罗马法上典型无因管理的案例。此项事务之管理通常利于本人,并不违反本人之意思。惟倘该项债务已罹于时效或有其他抗辩权存在时,应认为管理人的清偿不利于本人。

(2) 承租人于租赁物增加设施。例如,甲承租乙屋,未得乙之同意于顶楼加盖房屋或围墙。1970 年台上字第 1005 号判决认为:"因上诉人之增加设施,所借用房屋之价值显然增加,在'民法'使用借贷一节内,虽无得请求偿还或返还其价值之明文,然依据外国立法例,既不乏得因无因管理或不当得利之法则,请求偿还或返还之规定,则本于诚实信用之原则,似非不可将外国立法例视为法理而适用。"依《德国民法典》第 547 条规定:"Ⅰ 出租人应偿还承租人于租赁物所支出之必要费用,但动物之承租人应负担动物之饲养费用。Ⅱ 出租人关于其他费用之偿还,依无因管理之规定。"所谓"依无因管理之规定",系指须具备无因管理之要件而言(Rechtsgrundverweisung)。德国实务上认为承租人于契约范围外增建设施,一般言之,多不利于本人。盖承租人增建设施而使用,并未因此提高租金,违反契约上的对价关系。① 此项见解,可供参考。

(3) 暴徒抢劫银行。暴徒抢劫银行,若有顾客试图制伏歹徒,遭枪击而受伤时,是否成立无因管理;其管理事务是否利于本人(银行),并不违反其意思,亦值研究。在德国,有认为其虽成立无因管理,但不合本人利益;盖引起枪杀,不免重大之伤亡。学者更有认为制服犯罪暴徒,系尽其国民之义务,不成立无因管理。在台湾衡诸社会一般奖励义行的观念,得否认为仍能成立无因管理,其管理事务利于本人,合其意思,故管理人就其所受之损害,得向本人请求损害赔偿,是一个值得研究的问题。

---

① Wollschläger, Geschäftsführung ohne Auftrag, 1976, S. 212.

三、"民法"第 174 条第 2 项规定:本人意思违反公序良俗

管理事务,除利于本人外,尚须不违反本人明示或可得推知之意思,始能成立正当的无因管理,管理人得享有第 176 条第 1 项所定之请求权。须注意的是,修正前第 176 条第 2 项规定,管理人管理事务虽违反本人之意思,但如其管理系为本人尽公益上之义务或为其履行法定扶养义务者(第 174 条第 2 项),仍有第 176 条第 1 项之请求权。新修正第 174 条第 2 项则增列"本人之意思违反公共秩序善良风俗者",不适用同条第 1 项规定。故管理人亦得主张第 176 条第 1 项之权利。①

所谓为本人尽公益上之"义务",兼指公法上之义务(如缴纳税捐)②及私法上之义务(如修缮他人具有危险性的建筑物)。此种义务之履行须为"尽公益",缴纳税捐及修缮危屋均属之。惟若因犯罪被判以罚金,拒不缴纳,他人为其代缴,则非属为本人尽公益,盖此违反刑罚之目的。③

所谓"为其履行法定扶养义务",例如,甲遗弃其妻,其妻贫病交迫,乙为甲妻延医治疗,供给食物。扶养义务,须为法定(第 1114 条以下规定),约定扶养义务不包括在内。

---

① 立法说明谓:"第 2 项立法意旨原在维护社会公益及鼓励履行法律上之义务,使热心公益及道义者,可无所顾虑。为使此旨更为贯彻起见,对于管理行为虽违反本人之意思,而本人之意思系违反公共秩序善良风俗者,例如,对自杀者之救助、对放火者之灭火,此种管理行为亦不应令管理人负管理无过失之损害赔偿责任。"并使管理人得有第 176 条第 1 项之请求权。

② 关于代缴税捐,有两则判决可供参考:(1)1983 年台上字第 3476 号判决谓:"关于讼争不动产买卖成立后应缴之税捐,依上述契约书第 6 条约定:纵其纳税义务人仍为卖方名义,亦应由买方即被上诉人负担。倘上诉人确曾为被上诉人代缴上开公法上之税捐,非不得依无因管理之规定请求被上诉人偿还其支出之费用(第 176 条规定参照)。"本件判决引用梁开天等主编:《最新综合审判实务——民法Ⅰ》,第 176 条第 1 项。(2)1984 年台上字第 4239 号判决:"两造所订合建契约第 4 条系指不论两造于何时分配房屋,办妥移转登记手续,有关税捐等于签约后,悉依所配比率负担,则被上诉人缴纳系争其分得土地之增值税,乃其履行上开特约之结果,似与上诉人是否依约履行移转义务无关。倘谓土地增值税原应由上诉人缴纳,被上诉人为期土地移转登记,于持确定裁判单独申请移转登记时,代为缴纳,则被上诉人依法(第 176 条参照)可向上诉人请求返还,亦不生预期利益损失之问题。"

③ "最高法院"1967 年台上字第 1815 号判例:"违警裁决书之送达,应向当事人为之,如向当事人以外为之者,不生送达之效力。当事人得提起诉愿之 5 日不变期间,在裁决书合法送达以前,不能进行。兹警局将应送达于上诉人之裁决书误送被上诉人,仅生送达不合法之效果,自难谓被上诉人代收裁决书为不法侵害上诉人权利之行为,至被上诉人未得上诉人之同意,擅自代向警局缴纳罚款,旨在善意代理他人履行义务,系属事务管理,核与侵害他人权利之情形有间,上诉人遽指被上诉人之代收裁决书及代缴罚款为侵权行为,谓其自由及名誉已受损害,据以请求被上诉人赔偿慰藉金,应为无据。"

第二节 法律效果

一、法定债之关系

（一）违法阻却

无法律上义务，而为他人管理事务，利于本人，并不违反其意思（或虽属违反其意思，但系为尽公益上之义务或履行法定扶养义务，或其意思违反公序良俗）者，成立正当的无因管理，发生法定债之关系，并具违法阻却的效果。例如，甲宅失火，乙破门入内救火，虽侵害甲的所有权，仍不成立侵权行为。

（二）侵权责任的竞合

1966年台上字第228号判例认为："无因管理成立后，管理人因故意或过失不法侵害本人之权利者，侵权行为仍可成立，非谓成立无因管理后，即可排斥侵权行为之成立。"例如，甲代收乙的包裹，虽不成立侵权行为，但甲因过失毁损包裹内的物品时，应构成侵权责任（第184条第1项前段），得与无因管理债务不履行责任（详见下文），发生竞合关系。

（三）不成立不当得利

须注意的是，正当的无因管理乃本人受有利益之法律上原因。例如，甲为乙修理遭受台风毁损的屋顶，乙虽受有利益，致甲受损害，但以无因管理为其法律上之原因，不成立不当得利。甲仅能依第176条规定请求乙偿还其所支出之费用。

二、管理人之义务

（一）管理人之主给付义务

第172条后段规定："其管理应依本人明示或可得推知之意思，以有利于本人之方法为之。"此乃管理人之主给付义务。关于此项义务之履行，管理人究应尽何种注意义务，"民法"未设明文。依第220条规定："债务人就其故意或过失之行为，应负责任。过失之责任，依事件之特性而有轻重，如其事件非予债务人以利益者，应从轻酌定。"无因管理人无法律上义务而干预他人事务，依其事件之特性，原则上应负善良管理人之注意义务。其未尽此项义务，致本人遭受损害时，应依债务不履行规定（尤其是不完全给付，第227条），负损害赔偿责任。兹举两例加以说明：

（1）甲收留迷失之孩童乙，其管理事务本身利于本人，并不违反其意思（管理事务之承担）。乙突患病，甲求神拜佛，怠于延医诊治，其管理事务之实施，未依本人之意思，不利本人，管理人甲有可归责之事由，应负赔偿责任（但甲仍得向乙依第 176 条规定请求偿还其所支出之费用）。

（2）甲见乙所有之房屋遭地震毁损，以自己名义雇丙修缮，其管理事务本身利于本人，并不违反本人之意思（管理事务之承担）。丙未尽善良管理人注意，致屋顶漏水，毁损乙之书籍。丙系甲之债务履行辅助人，其管理甲所承担事务的方法，未依本人乙之意思，不利于本人，甲对丙之过失，应与自己之过失负同一之责任（第 224 条），而依不完全给付债务不履行之规定（第 227 条），对乙负损害赔偿责任。

第 175 条规定："管理人为免除本人之生命、身体或财产上之急迫危险，而为事务之管理者，对于因其管理所生之损害，除有恶意或重大过失者外，不负赔偿之责。"此项减轻注意程度之规定，合乎情理，盖事出急迫，难期周全。例如，救助遭遇车祸之人，非因恶意或重大过失，致其手表遗失，不负赔偿责任。反之，救火之际，任意将名贵瓷器投掷户外，致其毁坏，具有重大过失，应负赔偿之责。如甲与乙有隙，乘救火之际，毁其物品，既出于动机不善之恶意，须负赔偿责任，更不待言。

（二）管理人之从给付义务

（1）通知义务。第 173 条第 1 项规定："管理人开始管理时，以能通知为限，应即通知本人。如无急迫之情事，应俟本人之指示。"此为管理人之从给付义务。当事人指示继续管理时，依其情形有时可解为系承认管理人之管理行为，依第 178 条规定，适用关于委任之规定。当事人指示停止管理，而管理人仍为管理时，应认为其管理事务违反本人之意思，自其违反指示而为管理时起，应适用第 174 条第 1 项及第 177 条规定。管理人违反通知义务者，亦应依债务不履行规定，负其责任。

管理人有无继续管理之义务？"民法"对此未设明文，学者有认为台湾地区"民法"虽未如《法国民法典》第 1372 条及《日本民法典》第 700 条设有继续管理之规定；但在解释上如终止其管理，反较未开始为有害者，管理人有继续管理之义务。亦有认为依第 173 条第 1 项规定，不发生继续管理义务之问题。本书认为无因管理类似于委任，终止管理类似于终止契约（参阅第 173 条第 2 项）；管理人有无继续管理义务，应类推适用第 549 条第 2 项规定，即管理人于不利于本人之时期终止管理者，应负损害赔偿责任,但因不可归责于管理人之事由,致不得不终止管理者,不在此限。①

(2)计算义务。第173条第2项规定:"第五百四十条至第五百四十二条关于委任之规定,于无因管理准用之。"此系将受任人之计算义务准用于无因管理,乃管理人之从给付义务:① 管理人应将管理事务进行之状况报告本人,管理关系终止时,应明确报告其颠末。② 管理人因处理事务所收取之金钱、物品及孳息,应交付本人。以自己之名义为本人取得之权利,应移转于本人。② ③ 管理人为自己之利益,使用应交付本人之金钱,或使用应为本人利益而使用之金钱者,应自使用之日起,支付利息。如有损害,并应赔偿。

三、本人之义务

管理事务利于本人,并不违反本人明示或可得推知之意思,或管理人管理事务虽违反本人之意思,但其管理系为本人尽公益上之义务,或为其履行法定扶养义务,或其意思违反公序良俗者,管理人享有下列各项请求权,并得由继承人继承之③:

---

① 德国通说,Larenz, Schuldrecht, Ⅱ/1, S. 448.
② "最高法院"1956年台上字第637号判例:"上诉人基于继承其父之遗产关系而取得系争房屋所有权,原与其叔某甲无涉,某甲之代为管理,曾用自己名义出租与被上诉人,如系已受委任,则生委任关系,依第541条第2项之规定,受任人以自己名义为委任人取得之权利,固应移转于委任人;如未受委任,则为无因管理。依第173条第2项之规定,关于第541条亦在准用之列,均不待承租之被上诉人同意而始生效。从而某甲将其代为管理之系争房屋,因出租于被上诉人所生之权利,移转于上诉人,纵使未得被上诉人之同意,亦难谓为不生效力。上诉人自得就系争房屋行使出租人之权利。"关于本件判例应说明者有三:(1)明确区别委任与无因管理,实值赞同。(2)肯定出租他人之物,其租赁契约亦属有效,尤值赞佩[参见拙著:《出租他人之物、负担行为与无权处分》,载《民法学说与判例研究》(第五册),北京大学出版社2009年版,第60页]。(3)受任人让与以自己名义为本人取得之权利,原则上不须得他人同意,就物权(所有权)言,固不待言,就债权言,亦为如此,惟倘其所让与非属债权(如基于租赁契约而生之租金请求权),而是基于债权契约而生当事人之地位(如基于租赁契约而生出租人之地位,契约承担),因涉及债务承担问题,应得他方当事人(如承租人)之同意(第301条)。
③ "最高法院"1978年12月5日,1978年第14次民事庭庭推总会议决定:"被害人因伤致死,其生前因伤所支出之医药费,被害人之继承人得依继承关系,主张继承被害人之损害赔偿请求权,由全体继承人向加害人请求赔偿。其由无继承权之第三人支出者,对于被害人得依无因管理或其他法律关系主张有偿还请求权,并得代位债务人(被害人之继承人)向加害人请求赔偿。"关于本件决议之评释,参见拙著:《为被害人支出医药费、无因管理及代位》,载《民法学说与判例研究》(第四册),北京大学出版社2009年版,第128页。值得注意的是,"民法"第192条第1项规定:不法侵害他人致死者,对于支出医疗及增加生活上需要之费用或殡葬费之人,亦应负损害赔偿责任。

（一）支出费用偿还请求权

管理人为本人支出必要或有益之费用，得请求偿还，并得请求自支出时起之利息。得请求返还之费用，以必要或有益者为限，是否必要或有益，依支出时的客观情事加以认定。

（二）清偿负担债务请求权

管理人因管理事务而负担之债务，得请求本人代为清偿。如管理人管理事务，系以本人名义订立法律行为时（如甲以乙之名义召丙修缮房屋）时，本人得承认该无权代理行为，使其法律效果归属本人，而免除管理人之债务。设本人不为承认，管理人亦得请求本人清偿其因无权代理依第110条应负的损害赔偿责任。管理人得请求本人代偿债务，亦应以必要或有益者为限。

（三）损害赔偿请求权

管理人因管理事务，致受损害时，得请求损害赔偿；损害与管理事务之间须有相当因果关系。例如，管理人救火而受伤者，得请求支出之医药费。通说认为管理人不能就其为他人管理事务，而请求报酬，例如，甲费时两日整理乙荒芜之庭院，不能主张相当于工资之对价，否则无因管理将成为变相之有偿契约。此项见解，基本上可资赞同。惟倘所管理之事务，系属管理人之职业范畴时，如医师救助遭遇车祸之人，则应肯定其有报酬请求权。① 管理人因管理事务而死亡时，如因救火或救助落水之人而丧生，德国通说认为应类推适用《德国民法典》第844条规定（相当于台湾地区"民法"第192条），使本人负担殡葬费或法定扶养费，可供参考。

"民法"第176条所谓"利于本人"，非系指履行义务的结果而言。本书曾再三强调第176条所谓管理事务利于本人，系指管理事务之承担本身，而非指管理事务之实施的结果而言。例如，甲见乙宅失火，奋不顾身参与救火，火势凶猛，乙宅尽遭焚毁，甲因救火而受伤。于此情形，乙虽不因甲救火之结果而获有任何利益，仍应依第176条规定赔偿甲所支出之医药费。第176条规定重在管理事务之承担本身是否利于本人，结果是否有利，是否超过本人所受之利益在所不问。即管理人不担保管理的结

---

① 德国通说，RGZ 149, 24; BGHZ 65, 384, 390; BGHZ 69, 6; Jauernig/Vollkommer, §683 Rn. 3a; Larenz, Schuldrecht, Ⅱ/1, S. 448.

果,本人应承担其危险性,此为罗马法以来所确立的原则。管理人未尽其管理义务时,应依债务不履行负损害赔偿责任,但其依第176条规定得主张之损害赔偿请求权,并不因此而受影响。例如,在救火之例,管理人因重大过失,掷名贵古董于地,以致毁损,虽应负损害赔偿责任,但仍得请求乙赔偿因救火受伤所支出之医疗费用。

第三节 例题解说:救助自杀之人

兹就前揭例题(救助自杀之人,请在阅读下文前,请先写成解题的书面),说明第176条解释适用的若干基本问题。

一、甲对乙之请求权

1. 请求权基础:"民法"第176条第2项

(1)甲得否依第176条第1项规定,向乙请求偿还其所支出之费用,清偿其所负担之债务,或赔偿其所受损害,须视甲对乙是否成立无因管理,而其管理事务是否利于本人,并不违反其明示或可得推知之意思而定。甲见乙跳河自杀,加以救助,系未受委任,并无义务而为他人管理事务,应成立无因管理。救助他人生命客观上属利于本人,但违反自杀者明示或可得推知之意思,故甲不能依第176条第1项主张其权利。

(2)"民法"第176条第2项规定,管理人管理事务虽违反本人之意思,但如其管理系为本人尽公益上之义务或为其履行法定扶养义务者(第174条第2项),仍有第176条第1项之请求权。问题在于救助自杀之人,是否为本人尽公益上之义务。第174条第2项所称"尽公益之义务",系指法律上义务,并不包括道德上之义务,否则将使不能强制的道德上义务经由无因管理而间接强制之。在现行"民法"上,个人并不负有不得自杀之法律义务。纵认为自杀系违反伦理道德,亦无上开规定之适用。通说认为本人之意思违背公序良俗者,其意思无须尊重,故第174条第2项应"类推适用"之,救助自杀之人,即属其例。① 为避免争议,修正第174条第2项特增列本人之意思违反公共秩序善良风俗者,不适用同条第1

---

① 参见史尚宽:《债法总论》,第63页;王伯琦:《民法债篇总论》,第48页。参见拙著:《无因管理制度基本体系之再构成》,载《民法学说与判例研究》(第二册),北京大学出版社2009年版,第73页。

项规定,从而甲得依第 176 条第 2 项规定,主张第 176 条第 1 项的请求权。

2. 甲得对乙主张之权利

(1)支出费用之偿还。甲得向乙请求偿还管理事务所支出之费用及自支出时起之利息。甲雇出租车送乙至医院,支出车费及医药费,均属必要费用或有益费用。甲为救乙,跳入河中,弄脏衣服,亦属为管理事务而为财产上的牺牲,为管理事务所必要,其干洗费用 300 元,并得请求偿还之。

(2)负担债务之清偿。甲以自己名义雇人,为乙处必要事务,工资 2000 元未付,甲得请求乙清偿之。

(3)损害赔偿。甲得向乙请求赔偿其因管理事务所受之损害。甲为救乙,感冒转成肺炎,与管理事务具有相当因果关系。甲因健康受损所得请求者,除积极损害(如支出医药费)外,尚包括因健康受损不能上班而减少之收入。至于慰抚金(参阅第 195 条),则不在请求之列。

关于管理人之损害赔偿请求权,亦有第 217 条过失相抵规定之适用。唯在第 175 条之情形,为贯彻其"立法意旨",须管理人对损害之发生,具有重大过失,法院始得减轻赔偿金额或免除之。

二、乙对甲之请求权

乙就其被扯落之名贵手表,得否依不完全给付债务不履行规定(第 227 条),向甲请求损害赔偿,端视甲是否有可归责之事由而定。原则上管理人应尽善良管理人之注意,依乙明示或可得推知之意思,以有利于乙之方法为事务之管理。惟依第 175 条规定,管理人为免除本人之生命、身体或财产上之急迫危险,而为事务之管理者,对于因其管理所生之损害,除有恶意或重大过失者外,不负赔偿之责。甲救助乙之生命,事出急迫,不慎扯落其手表,非因故意或重大过失,不负债务不履行之损害赔偿。

第四章 不适法的无因管理

——不当的无因管理

某甲与某乙相邻而居,素睦,时常相互协助。在乙外出探亲期间,适逢台风来袭,乙原居住的房屋遭受严重毁坏,甲以自己名义雇工修缮,支出必要费用2万元。甲于乙回来后,向乙请求返还支出之费用,乙表示于外出前已将该屋让售给丙,并已办理登记,并为交付。甲乃转向丙请求返还支出的费用,丙以早已预定于台风过境后拆除重建为理由加以拒绝。试问甲得向乙或丙主张何种权利?(请先自行研究,写成书面)

不适法的无因管理,指管理事务不利于本人,违反本人明示或可得推知之意思而言。此规定于第177条第1项规定:"管理事务不合于前条之规定时,本人仍得享有因管理所得之利益,而本人所负前条第一项对于管理人之义务,以其所得之利益为限。"兹就其构成要件及法律效果分别说明如下。

第一节 构 成 要 件

不适法无因管理的成立须具备二个要件:
一、须为无因管理
未受委任,并无义务,而为他人管理事务。
二、须管理事务不利于本人,违反本人明示或可得推知之意思
所谓管理事务,指管理事务之承担而言。其管理事务不利于本人,且违反本人之意思者,例如,清偿他人拒绝给付之罹于时效的债务、拆除他人具古迹价值的旧宅而为重建。其管理事务利于本人,但违反本人之意思者,例如,高价出售他人公开表示欲于死后赠与博物馆的艺术品。

第二节 法律效果

一、管理人的责任

(一)管理行为的违法性

管理事务不利于本人,或违反本人明示或可推知之意思,虽出于为他人管理事务,但不当干预他人事务,为保护本人之必要,应认其无违法阻却性,而适用侵权行为的规定。例如,违反本人意思出售旧家具,不知他人墙壁具艺术价值而为粉刷,误他人后院种植的药草为杂草而拔除时管理人应就其故意或过失,负侵权行为损害赔偿责任("民法"第184条第1项前段)。

(二)"民法"第174条第1项之适用

第174条第1项规定:"管理人违反本人明示或可得推知之意思,而为事务之管理者,对于因其管理所生之损害,虽无过失,亦应负赔偿之责。"其所谓"而为事务之管理者",指管理事务的承担,而非管理事务的实施。例如,甲培养新品种兰花,颇为名贵,乙明知甲不愿参展,为使甲名利双收,趁甲外出,径取该兰花参展趁机出售,不幸被盗,乙虽尽看管之能事,仍应负损害赔偿责任。

(三)"民法"第175条之适用:免除本人之生命、身体或财产上之急迫危险

"民法"第175条规定:"管理人为免除本人之生命、身体或财产上之急迫危险,而为事务之管理者,对于因其管理所生之损害,除有恶意或重大过失者外,不负赔偿之责。"此项减轻管理人责任之规定,于第177条所定情形,亦有适用余地。例如,甲宅失火,因投有保险,任其烧毁,乙参加救火,虽违反甲之意思,但旨在免除甲财产上急迫之危险,非有恶意或重大过失,对于因管理所生之损害,不负赔偿之责。本条的适用,不以事实上确有急迫危险而后可,但须以管理人非因过失确信急迫危险之存在为要件。例如,甲非因过失误信邻家乙夜半遭盗,破门而入,企图援助,仍得适用本条规定,减轻注意义务。

(四)"民法"第173条第1项之适用

第173条第1项通知义务之规定,于第177条之情形无适用余地。管理事务不利于本人,或违反本人之意思者,应即停止管理,不发生管理

人开始管理时以能通知为限,应即通知本人,如无急迫之情事,应等候本人指示的问题。

二、管理人对本人得主张的权利

在正当(适法)的无因管理,管理人得请求本人偿还其为本人支出必要或有益费用及自支出时起的利息。在不当(不适法)的无因管理"最高法院"2017年台上字984号判决谓:"上诉人已明白表示系争工程不予规划瓦斯工程,仅先施作表内管而已。倘被上诉人明知于此,犹执意代垫费用而向瓦斯公司申请埋设基地外之瓦斯管线,即有违反上诉人明示之意思,是否仍得本于无因管理请求偿还其代垫之费用?非无再酌之余地。"在此情形,管理人仅得依不当得利规定请求其代垫的费用。

三、本人对管理人得主张的权利

(一)本人得主张享有无因管理所得之利益

管理事务虽不利于本人,或违反本人之意思,本人仍得主张享有无因管理所得之利益。于此情形,本人所负"民法"第176条对于管理人之义务,以其所得之利益为限。分两种情形说明如下:

1. 管理事务,利于本人,但违反本人之意思

例如,甲有别墅,雇乙看管,乙违反甲之意思,出租给丙。甲得主张因乙管理事务所得之利益(租金);但亦应于所得利益范围内,偿还乙为其出租房屋所支出之必要或有益之费用(如订立契约及整修已毁损厨厕之费用),及自支出时起之利息。

2. 管理事务,不利于本人

例如,甲有某盆兰花存放乙处,乙知甲有意出售,乃以25000元出售与丙,低于市价5000元。于此情形,甲主张享有因乙管理所得之利益(价金)时,亦应于所得利益范围内,偿还乙为出售该盆兰花所支出之费用(如运费),及自支出时起之利息。

(二)本人不主张享有无因管理所得之利益时之法律关系

本人得不主张享有无因管理所得之利益。于此情形,本人与管理人

间的法律关系应依不当得利规定处理之。① 在前举乙以自己名义出租甲所有别墅之例,甲得依不当得利之规定,请求乙返还其所受之利益(租金),乙亦得依不当得利规定,请求甲返还其修缮别墅所受之利益。

第三节 例题解说:修缮他人预定拆除的房屋

一、成立无因管理?

在前揭例题,甲未受委任,并无义务,而修缮他人遭台风毁损的房屋,应成立无因管理(第172条)。甲修缮他人房屋,是为管理人,其所管理的,为客观的他人事务,故谁为本人,应依该事务的权利归属加以判断。如题旨所示,于甲为修缮前,乙将该屋出售于丙并移转其所有权,则甲所管理的,系丙的事务。管理人对于本人为谁,并无认识的必要;纵对于本人有误认,仍应就真实的本人成立无因管理。故甲误认该屋为乙所有,而加以修缮,仍对该屋所有人丙成立无因管理。

二、何种无因管理:甲对丙的请求权

甲得依第176条规定,向丙请求返还为其所支出之费用,须以管理事务利于本人,并不违反本人明示或可得推知之意思为要件。管理事务之承担,是否利于本人,应斟酌客观情事加以判断。甲修缮丙所有房屋之际,丙既已预定拆屋重建,其事务之管理,对丙非属客观有益,不符本人可推知之意思,乃不适法的无因管理,故无第176条第1项规定之适用。

应再检讨的是,甲得否依第177条第1项规定向丙请求返还其所支出之费用。本条所谓管理事务不合于前条之规定,系指管理事务之承担不利于本人或违反其意思,甲修缮丙预定拆除重建之房屋,不利于本人,不符其意思,已如上述,丙向甲表示拒绝支付修缮费用,应解释为其不欲主张享有因管理所得之利益,甲不得向丙依第177条规定请求所支出

---

① "司法行政部民事司"(1973)民司函字第413号函复台高法院之一则法律问题研究意见中列有三点见解,可供参考:(1)保证人受主债务人之委任而为保证者,可请求自支出时起之利息(即自主债务人免责之日起之利息)(第546条第1项、1929年上字第1561号判例)。(2)保证人虽未受主债务人之委任而为保证,但该保证利于主债务人并不违反主债务人明示或可推知之意思者,适用无因管理之法则,亦可请求自支出时起之利息(第176条第1项)。(3)保证人未受主债务人之委任而为保证,且该保证非利于主债务人或违反主债务人明示或可推知之意思者,应适用第181条不当得利之规定办理,此时不能请求自支出时起之利息,惟其所支付者,若以金钱为标的,似可适用第233条规定,得自请求之日起支付利息。

之费用。

在管理事务不利于本人,或违反本人意思的情形,于本人不主张享有因管理所得之利益时,当事人间财产损益变动,应适用不当得利规定。甲修缮丙即将拆除重建之房屋,丙是否受有利益?或虽受有利益,但所受利益已不存在,涉及不当得利的基本问题,暂置不论。

第五章 不真正无因管理[①]

某甲于其父不幸病故后,即将其父经常使用的时值40万元的BMW轿车加以钣金,支出5万元,再以50万元出售给丙,并依让与合意交付之。经查该车系乙所有,借给甲父使用。试问:

1. 设甲非因过失误信该车系其父所有时,当事人间之法律关系如何?

2. 设甲因过失不知该车系乙所有时,当事人间之法律关系如何?

3. 设甲明知该车系乙所有时,当事人间之法律关系如何?(请读者参照本节说明加以解答。)

第一节 误信管理

误信管理者,指误信他人的事务为自己的事务,而为管理。此类管理仅发生于客观的他人事务,例如,某甲误乙所有之汽车为其继承之遗产,先行钣金,再让售善意之丙(参阅例题)。关于误信管理,不能类推适用无因管理之规定,亦不能经本人承认而适用委任之规定。乙因甲对汽车为钣金所受之利益(第812条、第816条),甲因让售该车于丙所受之利益,均应依不当得利之规定(第179条以下),负返还之义务。设甲有过失时,尚应依侵权行为规定(第184条第1项前段),负损害赔偿责任。

[①] 参见郑玉波:《民法债编总论》,第207页;雷万来:《论准无因管理》,载《中兴法学》第17期,第213页。

第二节 不法管理

一、侵权行为及不当得利

不法管理,乃明知为他人之事务,仍作为自己之事务而为管理。此类管理亦仅发生于客观的他人事务。在上开例题,设甲明知该车系乙所有时,即属之。其他如出租他人之物,行使他人之无体财产权(著作权、专利权等),在实务上亦颇常见,原则上应适用侵权行为与不当得利之规定。

二、第177条第1项规定的类推适用或准用

如前所述,于不法管理,被害人得依侵权行为规定行使权利,然而依侵权行为之规定,只能请求损害赔偿(包括所受损害及所失利益);依不当得利亦只能以所受损害为最高限度。例如,甲将乙所有时值40万元之汽车,以50万元出售给丙,由丙善意取得时,则无论依侵权行为或不当得利规定,乙仅得请求40万元,对于超过之部分,则不得请求。倘甲因此而得保有此项超过的利益时,与情理显有不合,且足诱导他人为侵权行为,故就利益衡量及价值判断言,应由乙取得此项利益,较为妥适。问题在于乙的请求权基础为何?

台湾学者有认为得适用第177条。[①] 有认为得类推适用第177条。[②] 亦有认为本人依无因管理主张权利时,管理人不得主张自己之侵权行为以为对抗。[③] 就法学方法论言,以类推适用第177条规定较为稳妥。[④]

值得注意的是,"民法"修正于第177条增列第2项规定:"前项规定,于管理人明知为他人之事务,而为自己之利益管理之者,准用之。""立法理由"谓:"无因管理之成立,以管理人有'为他人管理事务'之管理意思为要件。如因误信他人事务为自己事务(误信的管理),或误信自己事务为他人事务(幻想的管理)而为管理,均因欠缺上揭主观要件而无适用无因管理规定之余地。同理,明知系他人事务,而为自己之利益管理

[①] 参见史尚宽:《债法总论》,第67页;参见郑玉波:《民法债编总论》,第208页。
[②] 参见洪文澜:《民法债编通则释义》,第90页。
[③] 参见王伯琦:《民法债篇总论》,第53页。
[④] 参见拙著:《无因管理制度基本体系之再构成》,载《民法学说与判例研究》(第二册),北京大学出版社2009年版,第106页。

时,管理人并无'为他人管理事务'之意思,原非无因管理。然而,本人依侵权行为或不当得利之规定请求损害赔偿或返还利益时,其请求之范围却不及于管理人因管理行为所获致之利益;如此不啻承认管理人得保有不法管理所得之利益,显与正义有违。因此宜使不法之管理准用适法无因管理之规定,使不法管理所生之利益仍归诸本人享有,俾能除去经济上之诱因而减少不法管理之发生,爰增第 2 项。"例如,甲擅将乙的钢琴让售给丙,将乙的房屋出租于丁时,乙得对甲准用第 177 条第 1 项规定,请求交付出卖钢琴的价金,及出租其屋的租金;但应偿还甲所支出必要或有益费用,及自支出时起之利息。

第 177 条第 2 项规定对不法管理的准用,须以管理人"明知"为他人之事务,而为自己之利益管理之者为要件,不包括"过失"在内,"过失的不法管理",应适用侵权行为及不当得利的规定。于故意的不法管理,其所以规定被害人得向加害人请求管理事务之所得,旨在吓阻不法,此于过失的情形,无适用的余地。

"专利法"规定发明专利权受侵害时,专利权人于请求损害赔偿时,得依其选择请求侵害人因侵害行为所得之利益("专利法"第 88 条、第 89 条,"商标法"第 66 条),乃属侵权行为损害赔偿的计算方法,而非基于不法管理。被害人得依"民法"第 177 条第 2 项,或依第 179 条关于不当得利的规定行使权利。

第六章 无因管理之承认

修正前第178条规定:"管理事务经本人承认者,适用关于委任之规定"。新修正条文为:"管理事务经本人承认者,除当事人有特别意思表示外,溯及管理事务开始时,适用关于委任之规定。"立法理由谓:"管理事务经本人承认者,适用关于委任之规定,惟究自管理事务开始抑自承认时始适用关于委任之规定,法无明文,在实用上易滋疑义、爰予明确规定。"此项规定源自《瑞士债务法》第424条。瑞士学者认为此项规定的意旨及适用范围未明,非无疑义①,如何解释适用,实值研究。②

一、适用范围

第178条仅适用于真正的无因管理,对所谓不真正的无因管理,则不适用之,亦无类推适用余地。关于不法管理,第177条第2项设有准用同条第1项规定,使本人得请求不法管理所获致的利益,此系以不法管理人系属明知为要件。在不法管理人非属明知时,不能借着类推适用第178条规定发生委任的效果,而使本人得主张委任人的权利(第540条至第542条)。

---

① 参见苏永钦:《无因管理本人之承认》,载《民法经济法论文集》(1),《政法大学法律学系法学丛书》(26),1988年,第123页。

② Hofstetter, Geschäftsführung ohne Auftrag, in: Schweizerisches Privatrecht Ⅶ, 1981, S. 191: „Der Sinn und Anwendungsbereich dieser Bestimmung sind unklar"。以下说明多参照 Hofstetter 氏的说明。

《大清民律》第926条规定:"管理事务,若本人追认管理人之行为,准用委任之规定。"立法理由谓:"谨按管理事务经本人追认管理人之行为时,立法主义有二:一、于前条第2项情形(注:指管理事务不利于本人违反其意思),亦俾管理人以与第1项相同之请求权。二、使本人与管理人之间准用委任之规定,第二种主义最适于理论,故本条采之。"民律第二次草案不设此规定。现行"民法"一方面设第177条规定(实质上同于承认事务之管理),一方面设第178条,乃兼采两种主义,实乃特殊罕见立法例,有无必要,深值深思。现行"民法""立法理由书"谓:"谨按管理事务经本人追认时,无因管理之本质,是否有所变更,立法主义有二。一、使管理人就其违反本人意思所支出之费用,得向本人求偿其全部。二、使本人与管理人之间,适用委任之规定。第二主义最适于理论,盖无因管理人所为之行为,一经本人承认,即变为有权代理也。本条特采用之。"现行"民法"实已兼采两种主义。又所谓因无因管理所为之行为,一经本人承认,即变为有权代理,混淆无因管理与无权代理。由是可知,立法者对第178条的性质及其与第177条的关系,未有清楚的认识。《大清民律》立法理由简略,疑义不少。

二、规范功能

第 178 条规定仅具拟制（Fiktion）的效力，旨在使经承认的无因管理，如同委任待之，而非在于使无因管理转变为委任契约。盖契约须经双方当事人互相表示一致始能成立（第 153 条第 1 项），不能仅依当事人一方之意思表示，使无因管理此项事实行为，转变成为契约。

《瑞士债务法》关于无因管理，并无相当于"民法"第 173 条准用委任第 540 条至第 542 条的规定，其设第 424 条，自有相当理由。又依第 177 条（新修正第 1 项）明定管理事务不利于本人，或违反本人意思时，本人仍得享有因管理所得之利益，其效果相当于对无因管理的承认，而适用委任的规定；此实为《瑞士债务法》设第 342 条的主要功能。准此以言，第 178 条规定有无存在必要，不无研究余地。[①]

三、承认的性质

本人对管理事务的承认，系单独行为、不要式行为、得为明示或默示、具形成权的性质。

四、委任规定的适用

对他人管理事务的承认，既系本人的单独行为，其适用关于委任的规定，自不应使管理人处于较无因管理不利的地位。分二点说明之：

(1) 其对管理人不利而不适用者，如第 546 条第 1 项、第 2 项规定，委任人对于受任人支出之必要费用或负担之必要费用应予偿还或代其清偿。依第 176 条第 1 项规定，管理人所得请求偿还或代为清偿之债务，包括必要或有益费用。为不使管理人因本人之承认致处于较不利之地位，有认为第 546 条应不适用，亦有认为在解释上得认为第 546 条所谓必要费用，实包含第 176 条之有益费用。本书认为在管理人于本人承认后得请求报酬的情形，应适用第 546 条规定；若管理人无报酬请求权时，应认为第 176 条规定之有益费用请求权，不因本人的承认而受影响。

第 551 条关于受任人继续处理之义务，不利于管理人，不应适用。

(2) 其对管理人有利，而应适用者，如第 535 条规定："受任人处理委任事务，应依委任人之指示，并与处理自己事务为同一之注意，其受有报

[①] 苏永钦教授建议第 178 条应予以删除；认为若欲扩大适用委任规定，可扩大第 173 条第 2 项准用范围；若欲给无因管理人较有利之规定，以鼓励民众"多管闲事"，则可修第 174 条、第 176 条有关管理人责任及求偿权之规定，使无因管理与委任之关系呈现更清晰之面目。强调"承认"之规定实无必要（《无因管理中本人之承认》，第 142 页），此项其见解可供参考。

酬者,应以善良管理人之注意为之。"在无因管理,管理人应尽善良管理人之注意。于本人为承认时,第 174 条关于管理人无过失责任的规定应不再适用;但第 175 条关于因急迫危险而为管理除有恶意或重大过失者外,不负责任的规定,为管理人的利益,仍应适用之。其他对管理人有利尚应适用的,如第 545 条(预付费用)、第 546 条第 2 项(本人担保代负债务)等。

值得注意的是,第 547 条规定,于委任契约纵未约定报酬,如依习惯或依委任事务之性质,应给予报酬者,受任人得请求报酬。此项规定对管理人有利,亦应适用之。例如,甲屋遭台风毁损,乙为之修缮,于甲承认其管理事务时,乙所得请求处理事务的报酬,不限于其所支出的费用(第 176 条第 1 项)。

五、管理人无权代理或无权处分

管理人为管理本人事务而为无权代理行为(如以本人名义租屋、购物),或无权处分(如以自己名义处分本人之物),亦属有之。本人对管理事务之承认通常可认为系对无权代理或无权处分的承认。唯本人仅对管理人的无权代理或无权处分为承认时,不得即认为系对管理事务之承认,而有第 178 条规定的适用。例如,甲知乙雅好集邮,甲未受委任,以乙名义向丙购买某件稀有邮票。于此情形,乙得不承认甲之管理事务,仅承认其购买邮票的无权代理,使买卖契约发生效力,而得向丙请求交付邮票,并移转其所有权(第 348 条)。

主要参考书目

一、中文书籍

王伯琦：《民法债篇总论》，1956年版

史尚宽：《债法总论》，1954年版

林诚二：《债法总论新解》（上、下），2010年版

邱聪智：《新订民法债编通则》（上、下），2000/2011年版

洪文澜：《民法债编通则释义》，1954年版

孙森焱：《民法债编总论》（上、下），2020/2020年版

梅仲协：《民法要义》，1955年版

黄　立：《民法债编总论》，1996年版

黄茂荣：《债法总论》（一、二），2009/2004年版

刘春堂：《民法债编通则（一）契约法总论》，2011年版

郑玉波：《民法债编总论》，1998年版

郑冠宇：《民法债编总论》，2015年版

戴修瓒：《民法债编总论》，1955年版

二、德文书籍

（一）教科书

Brox, Allgemeines Schuldrecht, 19. Aufl. 1991; Besonderes Schuldrecht, 17. Aufl. 1991.

Enneccerus/Lehmann, Recht der Schuldverhältnisse, 15. Aufl. 1958.

Esser/Schmidt, Schuldrecht (7. Aufl.), Bd. I, Allgemeiner Teil, 1991.

Esser/Weyers, Schuldrecht (7. Aufl.), Bd. II, Besonderer Teil, 1991.

Fikentscher, Schuldrecht, 18. Aufl. 1992.

Flume, Allgemeiner Teil des bürgerlichen Rechts, Bd. II, Das Rechtsgeschäft, 3. Aufl. 1979 (zitiert: Flume, Rechtsgeschäft)

Larenz, Allgemeiner Teil des bürgerlichen Rechts, 7. Aufl. 1989 (zitiert:

Larenz, AT)

　　Larenz/Wolf, Allgemeiner Teil des bürgerlichen Rechts, 8. Aufl. 1997 (zitiert: Larenz/Wolf, AT)

　　Larenz, Lehrbuch des Schuldrechts, Allgemeiner Teil, 14. Aufl. 1987 (zitiert: Larenz, Schuldrecht, I); Besonderer Teil, Halbband I, 13. Aufl. 1987 (zitiert; Larenz, Schuldrecht, II/1)

　　Larenz/Canaris, Lehrbuch der Schuldrechts, Bensonderer Teil, Haband II, 14. Aufl. 1994 (zitiert: Larenz / Canaris, Schuldrecht II/2)

　　Medicus, Allgemeiner Teil des BGB, 6. Aufl. 1994 (zitert: Medicus, AT)

Medicus, Bürgerliches Recht, 16. Aufl. 1993.

（二）德国民法注释书（Kommentare）

Erman Handkommentar zum Bürgerlichen Gesetzbuch, 15. Aufl. 2017.

Münchener Kommentar zum Bürgerlichen Gesetzbuch, 7. Aufl. 2015.

Palandt, Bürgerlichen Gesetzbuch, 79. Aufl. 2019.

Soergel Kommentar zum Bürgerlichen Gesetzbuch, 13. Aufl. 2000 ff.

Staudinger Kommentar zum Bürgerlichen Gesetzbuch, 13. Aufl. 1993 ff.

三、德文略称

Abs.	Absatz
AcP	Archiv für die civilistische Praxis
Anm.	Anmerkung
Aufl.	Auflage
BGHZ	Entscheidungen des Bundesgerichtshofs in Zivislsachen
BVerfGE	Entscheidungen des Bundesverfassungsgerichts
ff.	folgende
Hrsg.	Herausgeber
IherJb.	Iherings Jahrbürcher der Dogmatik des bürgerlichen Rechts
JuS	Juristische Schulung
JZ	Juristenzeitung
MDR	Monatsschrift für deutsches Recht
NJW	Neue juristische Wochenschrift

RabelsZ	Rabels Zeitschrift für Ausländisches und Internationales Privatrecht
Rn.	Randnummer
S.	Seite
VersR	Versicherungsrecht

索　引

Jhering(耶林)　219

一　画

一方债务契约　121,122
一时的契约　128,129-130,133

三　画

广义债之关系　4-5,42-43

四　画

无权代理　57,179,220,222-223,225,237,242-243,252-253,255-256,259-277,280,282,401,411,424
无权代理规定的类推适用　270
无过失责任　22,225,237,267,281,286-287,289-290,311,336-337,424
无因管理　2-3,5-6,310,329,344,393-412,414,416-417,419-424
无因管理之承认　422
无偿契约　15,123-127,188
不可归责于双方当事人事由的给付不能　321
不可归责于债务人事由的给付不能　310,312,319
不当的无因管理　414
不完全给付　29-30,33-35,40-41,44,59,63,125,128,131,151,187,189,213,284-286,288,291-292,296-297,313,325-329,332-338,340-343,350-351,358,361,364,366-367,379-380,387,389,397,408-409,413
不完全债权　18-19
不法管理　395,398,401,420-422
不要式契约　110,111,127,194
不要因契约　118
不适法的无因管理　414,417
不真正义务　27,37-38,42
不真正无因管理　394-395,399-401,419
分配正义　67-69
双方代理　260
双方债务契约　121

五　画

正当的无因管理　398-399,405,407-408
本约　134-137,203,378,380-381
可归责于债务人事由的给付不能　310,312,319
可归责于债权人事由的给付不能　322
平均正义　67-68,210,286
占有辅助人　239,244-248
归责事由　225,227,230,236,246,286,289,295-297,309,311,332
归责原则　56,227,237-238,284,286

代表 244-248
代理 239,290-291
代理权之授予是否为债之发生原因？ 256
代理权的范围 258,260,263
代理权的种类 257,258
代理权的消灭 261
代理权的滥用 261
代理权继续存在的表见代理 273
代理权授予 115,240,248-258
代理权授予行为的无因性 254-255
代理权授予行为的独立性 253
代理权授予行为的瑕疵 251
代理权授予的方式 249
代理制度 239-240,243,247,257,273,275-277,290
"民法"上的归属规范 244
民商合一 49

六 画

过失责任原则 284,286
有偿契约 109,122-124,194,411
团体协约 80,82-85,110-111
先契约义务 27,35-36,53,217,227-230,232,235,237-238
优等悬赏广告 199-200
自己代理 260-261
自始主观不能 308-309,313,325,387
自始客观不能 46,56,225,304-305,308-309,325
自然债务 16,19-21
后契约义务 35-36,40,332
交错要约 152,175-176,178
好意施惠关系 185-188,203

七 画

违约责任 215,284,
违约责任与损害赔偿 358
违约金 361,376,382-392
劳动关系 82-85,184
劳动契约 80,82-85,104,111,134,148,184
私法自治 65-66,72-74,76,78-79,81,98,113,172,239,286,390
附随义务 27,30-35,37-38,40-42,56,213-214,292,296-297,329-332,334,340,342,367

八 画

表见代理 264,273
事实上契约关系 182,185
非典型契约 100,103,105-106,108-110,138,140
典型契约 100,103-109,116,120-123,140,210
物之瑕疵担保 56,59,99,131,231,235,327-328,335-339,341
使者 244,246-248
受领迟延 343
定金 376
定型化契约 52-54,64,86-99,232,293,385

九 画

承诺 62,82,92,102,119,152-173,175,177-178,195-196,201,203,241,247,260,270,364
契约不成立 168,177,180-181,232,238
契约正义 51,67,70,78,390,392

索 引

契约成立　68,138,176,234,236,238
契约自由　54,61-63,65-70,72-80,
　　82-84,221,390,392,
契约自由基本权利的防御权功能　72
契约自由基本权利的第三人效力　73
契约的确保　376
契约法　50,61,68-69,78,183,214
契约法律人　202,214-218,376
契约原则　61,70,190
契约缔约　150
契约解释　202
契约漏洞的填补　202
要式契约　110
要因契约　118
要约　153,194,203,247
要约拘束力　158,159,161-162,164
要物契约　116,125-127,135,379,386
适法的无因管理　405
狭义债之关系　1,4,42-44
误信管理　395,401,419
给付义务　5,16,27,31-33,38,40-44,
　　109,139,143,214,257,313-314,318,322-
　　325,330,332,334,336,339,366
给付不能　27,30,63,125,128,150,284-
　　285,298-328,343-344,350,352,357,
　　366,373,387,389
给付迟延　29-30,59,125,128,131,
　　284-286,325-327,329,343,364,366-
　　367,387

十　画

损害赔偿与解除契约　358
真正无因管理　394-395
债之发生原因　5,256-257
债之关系　1,198,223,291,296,309,316,
　　329,372
债之关系上的义务群　27,38
债之意义　1-2
债务与责任　22
债权的物权化　13
债权契约　2,99-104,112-115,118-119,
　　135,369-370
债权契约类型自由　99,104
债权相对性　8,10,14
债法与特别法　51
债法的编制体系　46
"消费者保护法"　86,88,91,95-96
诺成契约　116,118,127,135,384
预约　115-118,134-137,203
继续性契约　128-133
继续性债之关系　128,130-131,134,365

十一　画

悬赏广告　71,190
授予代理权的表见代理　277

十二　画

雇佣契约　2,28-29,40,82-83,100-101,
　　132,134,148,254,256,340,357
强制缔约　80-82,233
缔约上过失　6,53,56,151,218

十三　画

嗣后不能　299,308-309,311,313,387
解除契约　27,29,38,44,79,303,314,323-
　　325,342-343,358,363-378,381-382
意定代理权　248,257
意思实现　102,152,172-173,176,184,195

十五　画

履行辅助人责任　290,294